UNIVERSITÉ CATHOLIQUE
ET COLLÈGES THÉOLOGIQUES, O. P. ET S. J. DE LOUVAIN

SPICILEGIUM SACRUM LOVANIENSE

FASCICULE 16

AUGUSTIN FLICHE

CORRESPONDANT DE L'INSTITUT
DOYEN DE LA FACULTÉ DES LETTRES DE MONTPELLIER

LA RÉFORME GRÉGORIENNE

III

L'OPPOSITION ANTIGRÉGORIENNE

LOUVAIN

« SPICILEGIUM SACRUM LOVANIENSE »

BUREAUX

RUE DE NAMUR, 40

1937

A. 10

AVANT-PROPOS

Il n'est pas étonnant que l'œuvre accomplie par le pape Grégoire VII, telle qu'elle a été exposée dans le précédent volume, ait suscité de violentes réactions : la réforme morale, par laquelle le pontife a voulu imposer la pratique du célibat au clergé occidental, a soulevé les clameurs des prêtres «nicolaïtes»; la centralisation ecclésiastique a été mal accueillie par un épiscopat peu préparé à recevoir les nouvelles directions romaines ; enfin et surtout la déposition du roi de Germanie Henri IV, lors du concile de mars 1080, a donné naissance à un schisme qui se prolongera au-delà de la mort de Grégoire VII (25 mai 1085). Ce sont là autant de formes de l'« opposition antigrégorienne » à laquelle sont consacrées les pages qui suivent [1].

Cette opposition n'est pas seulement une opposition de fait, se manifestant tantôt par la désobéissance du clergé aux prescriptions pontificales, tantôt par l'offensive des souverains

---

[1] Nous avons eu l'occasion de publier sur ce sujet quelques travaux d'approche que nous avons utilisés ou repris dans tel ou tel chapitre de ce volume, non sans des remaniements parfois assez importants pour certains d'entre eux déjà anciens : *L'Election d'Urbain II*, dans le *Moyen âge*, 2e série, t. XIX, 1916, p. 356-394 ; *Guy de Ferrare, Etude sur la polémique religieuse en Italie à la fin du XIe siècle*, dans le *Bulletin italien*, t. XVI, 1916, p. 105-140 et t. XVIII, 1918, p. 114-131 ; *Les théories germaniques de la souveraineté à la fin du XIe siècle*, dans la *Revue historique*, t. CXXV, 1917, p. 1-67 ; *Ulric d'Imola, Etude sur l'hérésie nicolaïte en Italie au milieu du XIe siècle*, dans la *Revue des sciences religieuses*, t. II, 1922, p. 127-139 ; *Les versions normandes du Rescrit d'Ulric (Ibid ; t. V, 1925, p. 14-34) ; Le pontificat de Victor III*, dans la *Revue d'histoire ecclésiastique*, t. XX, 1924, p. 387-412 ; *Quelques aspects de la littérature polémique pendant la seconde moitié du XIe siècle* dans *Mélanges de philologie, d'histoire et de littérature offerts à Joseph Vianey*, Paris, 1934. Les trois rédactions de la « *Defensio Heinrici regis* » de Petrus Crassus, dans *Comptes Rendus de l'Académie des Inscriptions et Belles-Lettres*, 1934, p.284-296.

temporels et plus spécialement de Henri IV d'Allemagne qui, de sa propre autorité, institue un antipape qu'il s'efforce ensuite d'installer par les armes sur le Siège apostolique. Elle s'incarne aussi dans des œuvres littéraires où sont condensés les griefs de ceux qui, à des titres divers, ont été atteints par les décrets réformateurs et qui ont voulu justifier leur insoumission par des argments juridiques ou canoniques.

On ne saurait assez souligner l'importance des polémiques, nées de la Réforme grégorienne et des sanctions qui en ont été la conséquence. Elles sont à l'origine de toute une série d'idées nouvelles aussi bien sur le pouvoir impérial et royal que sur la constitution de l'Église. En face des théories grégoriennes sur les rapports du Sacerdoce avec les pouvoirs laïques s'est dressée une théorie de l'absolutisme monarchique qui puisera ses arguments non seulement dans une interprétation des textes scripturaires et canoniques, mais aussi dans le droit romain ressuscité pour la circonstance, et s'accompagnera bientôt d'une conception de l'Empire, fondée sur la tradition antique, tandis qu'à l'intérieur de l'Église un rude assaut sera livré à l'autorité pontificale telle que la concevait Grégoire VII et que l'on recherchera les moyens d'en limiter l'exercice.

Il ne faut pas oublier toutefois que, le plus souvent, ces idées ne sont exprimées qu'en vue de leur application. Les traités, lettres ou pamphlets, où elles jaillissent pour la première fois, poursuivent un but pratique et immédiat qui est de confondre Grégoire VII et, à partir de 1080, d'assurer le triomphe de l'antipape ; leurs auteurs, soucieux avant tout de défendre tels intérêts ou de servir telles ambitions, n'ont sans doute pas eu conscience de la répercussion, parfois lointaine, que pourraient avoir les thèses qu'ils soutenaient avec tant d'ardeur passionnée. Aussi, pour quiconque voulant faire œuvre non pas de juriste ou de canoniste, mais d'historien, l'étude des doctrines est-elle inséparable de celle des faits qui les ont produites : on ne peut, par exemple, expliquer la théorie de l'absolutisme monarchique d'un Petrus Crassus ou les conceptions si originales d'un Benzon d'Albe, si l'on fait abstraction de la politique de Henri IV dans ses rapports avec le Saint-Siège. Il apparaît donc indispensable, pour fixer la physionomie des doctrines et pour en apercevoir les nuances, de les replacer dans le milieu où elles ont vu le jour, de scruter les intentions et les tendances de ceux qui les ont énoncées ; les analyser et les classer en les groupant autour de quelques grandes rubriques ne saurait suffire si l'on veut rendre compte comme doit le faire l'histoire ecclésiastique, d'une réalité mouvante et complexe.

Expliquer par quel concours de circonstances sont nées les théories antigrégoriennes, montrer la relation qui existe à tout moment entre les faits politiques ou religieux et les thèses dont ils sont l'occasion, sans négliger le coefficient personnel de chaque écrivain, dégager les idées contenues dans les divers traités ou pamphlets, déterminer les sources auxquelles elles ont été puisées et les méthodes suivant lesquelles ces sources ont été adaptées au but à atteindre, dégager enfin la valeur de l'œuvre accomplie et son influence sur les controverses futures, telles ont été les préoccupations qui ont présidé à la rédaction du présent volume.

Une fois de plus, nous tenons à remercier la direction du *Spicilegium sacrum Lovaniense* d'avoir bien voulu accueillir les résultats de nos recherches et surveiller avec tant de zèle éclairé l'exécution matérielle de cet ouvrage. Nous exprimons également notre gratitude à notre ancienne étudiante, Melle Hélène Mégray, professeur agrégé au lycée de Nîmes, pour le concours si utile qu'elle nous a prêté dans la confection des tables.

Montpellier, 15 novembre 1936.

A. FLICHE.

LISTE DES ABRÉVIATIONS

CASPAR · · · · · · · · · · *Das Register Gregors VII*, herausgegeben von Erich CASPAR, dans les *Monumenta Germaniae Historica*, série in-8°, *Epistolae selectae*, t. II, 2 volumes, Berlin, 1920.

Codex Udalrici · · · · · *Udalrici Bambergensis codex*, dans JAFFÉ, *Monumenta Bambergensia* (t. V de la *Bibliotheca rerum germanicarum*), Berlin, 1869.

Constitutiones et acta · *Legum sectio IV, Constitutiones et acta publica Imperatorum et Regum*, dans les MGH, série in-4°, Hanovre, 1893 et suiv.

DUEMMLER · · · · · · · · · Voir *Libelli de lite*.

JAFFÉ-WATTENBACH · · *Regesta Pontificum romanorum ab condita Ecclesia ad a.* 1198, Leipzig, 1885, 2 volumes.

Libelli de lite · · · · · · *Libelli de lite Imperatorum et Pontificum saeculis XI et XII conscripti*, dans les MGH, serie in-4°, Hanovre, 1891-1897, 3 volumes.

MANSI · · · · · · · · · · · *Sacrorum conciliorum nova et amplissima collectio*, Florence, 1759 et suiv.

MGH · · · · · · · · · · · · *Monumenta Germaniae historica*.

PL · · · · · · · · · · · · · *Patrologiae cursus completus*, accurante J. P. Migne, série latine, Paris, 1845-1855.

SS · · · · · · · · · · · · · *Scriptores* (voir MGH).

CHAPITRE PREMIER

L'OPPOSITION NICOLAÏTE

I. — LE RESCRIT D'ULRIC

Le but poursuivi par la papauté à partir de l'avènement de Léon IX (1048) a été avant tout la répression du nicolaïsme ou désordre des mœurs du clergé. Soucieux de faire refleurir dans l'Église la vertu de pureté, Léon IX (1048-1054), Nicolas II (1059-1061), Alexandre II (1061-1073) ont interdit aux évêques et aux clercs tout commerce charnel. En 1074, Grégoire VII reprend et coordonne leurs décisions en les appuyant de sanctions efficaces [1].

La plaie que ces différents papes se sont efforcés de cicatriser était particulièrement vive. Les prêtres impudiques n'étaient nullement disposés à renoncer aux plaisirs de la couche nuptiale. Aussi résistèrent-ils avec la dernière âpreté aux injonctions pontificales et, afin de justifier leur opposition par des raisons juridiques, ils essayèrent de prouver, que, pour prévenir le concubinage et d'autres désordres pires encore, l'Église avait toujours toléré le mariage des clercs.

Cette préoccupation a donné naissance à une série de traités

---

[1] Voir t. I, p. 156, 335-337, 355-356 ; t. II, p. 138-142.

ou de pamphlets qui s'échelonnent sur un espace de vingt années, de 1060 à 1080, et dont le premier en date est le « Rescrit » d'Ulric [1].

I

L'attribution de cette lettre a donné lieu à quelques difficultés. La plupart des manuscrits qui l'ont conservée, et dont aucun n'est antérieur au XIIe siècle, l'intitulent « Rescrit par lequel le bienheureux évêque Ulric répond au pape Nicolas qui avait parlé de la continence du clergé en des termes nullement exacts ni canoniques, mais impies et injustes ». A l'époque du concile romain de février 1079, elle était placée sous le patronage de saint Ulric, évêque d'Ausbourg, et elle fut condamnée comme telle par Grégoire VII [2]. Or l'épiscopat de saint Ulric (923-973) ne coïncide ni avec le pontificat de Nicolas Ier (858-867), ni avec celui de Nicolas II (1059-1061). Aussi a-t-on cru jusqu'ici que l'on était en présence d'une lettre supposée, écrite au lendemain de la promulgation du décret de Grégoire VII sur le célibat ecclésiastique (1074). A notre avis, cette opinion ne peut être admise : le titre indiqué a été ajouté après coup et dans deux manuscrits, dont l'un est ancien, le nom d'Ulric est remplacé par celui de Volusianus, évêque de Carthage, prélat tout-à-fait inconnu [3]. Cette divergence laisse entrevoir une certaine incertitude au sujet de l'auteur ; l'initiale Ů, par laquelle commence le titre, a été interprétée de façon différente par les copistes : les uns ont lu *Uodalricus*, les autres *Volusianus*. L'attribution du traité au saint d'Augsbourg n'a donc pas été universellement admise de prime abord. Il y a, au contraire, tout lieu de supposer qu'elle a été imaginée au début du pontificat de Grégoire VII ; au moment de l'apparition du décret de 1074, le *Res-*

---

[1] La lettre a été éditée sous le titre de *Pseudo-Udalrici epistola de continentia clericorum* par L. DE HEINEMANN, dans les *Libelli de lite imperatorum et pontificum saeculis XI et XII conscripti*, t. I, p. 254-260.

[2] Cfr BERNOLD DE CONSTANCE, *Chronicon*, a. 1079 (MGH, SS, t. V, p. 436).

[3] Cfr *Libelli de lite*, t. III, p. 588, et DUEMMLER, *Eine Streitschrift für die Priesterehe*, dans les *Sitzungsberichte der koeniglich-preussischen Akademie der Wissenschaften*, Berlin, 1902, t. I, p. 421-423.

crit était déjà connu et les protestations que Lambert de Hersfeld prête aux clercs allemands en dérivent évidemment [1]. Or le décret de Grégoire VII reproduit, à peu de chose près, le troisième canon du concile de Latran réuni par Nicolas II en 1059 [2]. Étant donné que le *Rescrit* fut adressé à un pape Nicolas, il nous paraît plus logique d'admettre qu'il a été composé peu après 1059 par un évêque nommé Ulric ; en 1074, il présenta un renouveau d'actualité et, pour lui conférer plus d'autorité, on le gratifia à cette date d'un parrainage plus illustre.

Une observation attentive du texte confirme cette hypothèse et décèle une rédaction antérieure à 1074. D'abord, la lettre d'Ulric représente une version primitive ; les arguments en faveur des prêtres mariés se réduisent, comme on le verra plus loin, à quelques passages de l'Écriture et à l'histoire de Paphnuce que reproduiront les écrivains ultérieurs en y ajoutant d'autres citations. De plus, certains passages du traité paraissent viser très directement des opuscules de Pierre Damien, cardinal-évêque d'Ostie, l'un des conseillers de Nicolas II. Ulric incrimine le pape d'avoir « cédé à de fâcheuses suggestions » ; or c'est à Nicolas II qu'est dédié le *De Celibatu sacerdotum* de Pierre Damien [3]. Ulric reproche aux adversaires du mariage sacerdotal de limiter aux laïques la prescription de saint Paul : *A cause de la fornication que chacun ait son épouse* [4] ; Pierre Damien ne croit pas qu'on puisse interpréter autrement la première épître aux Corinthiens [5]. On relève encore une discussion du même genre au sujet de l'autorité de saint Grégoire le Grand, invoquée à tort, si l'on en croit Ulric, par l'évêque d'Ostie [6]. Si l'on ajoute enfin que la sodomie tient une large place dans les préoccupations des deux écrivains, il apparaît clairement que la lettre d'Ulric constitue une protestation contre les idées semées à Rome dans l'entourage de Nicolas II par le grand apôtre de l'ascétisme.

Ce rapprochement permet de conclure que, contrairement

---

[1] LAMBERT DE HERSFELD, *Annales*, a. 1074 (MGH, SS, t. V, p. 217-218).
[2] Cfr *supra*, t. I, p. 335, et t. II, p. 138-139.
[3] PIERRE DAMIEN, *Opusc.* XVII (PL, CXLV, 379-388).
[4] I *Cor.*, VII, 2.
[5] PIERRE DAMIEN, *Opusc.* XVIII, I, 4 (PL, CXLV, 392-394).
[6] PIERRE DAMIEN, *Opusc.* XVIII, II, 2 (PL, CXLV, 402).

à ce que l'on a cru jusqu'ici, Ulric était italien. Au reste, aucun prélat allemand n'a porté ce nom autour de 1050 [1]. Au contraire, les évêques qui gouvernaient à cette date les diocèses de Bénévent, Fermo et Imola s'appelaient Ulric. Ulric de Bénévent et Ulric de Fermo ont souscrit aux canons du concile du Latran, tandis qu'Ulric d'Imola y est resté étranger. Ce dernier est donc vraisemblablement l'auteur du *Rescrit*, d'autant plus qu'une bulle de Grégoire VII, écrite en 1073, c'est-à-dire dès la première année du pontificat [2], reproche aux fidèles de son diocèse d'être peu fidèles aux directions romaines. Bref, il paraît certain que le *Rescrit* a été composé vers 1060 par Ulric, évêque d'Imola de 1053 à 1063 ; très divulgué par la suite, il fut attribué, après 1074, à saint Ulric d'Augsbourg.

II

La lettre ou, pour employer le terme consacré, le *Rescrit* d'Ulric, a donc pour objet de réfuter les théories de Pierre Damien auxquelles le concile de Latran, en 1059, avait accordé une consécration solennelle [3]. Les deux antagonistes se proposent, au moins en apparence, le même but ; ils veulent supprimer la fornication, la sodomie et les autres impuretés par lesquelles se déshonorait le clergé du xie siècle. Mais, pour l'évêque d'Ostie, le seul remède qui soit conforme à la tradition de l'Église, c'est le célibat. Ulric prétend au contraire que, pour prévenir les désordres qu'il déplore, il est indispensable de reconnaître canoniquement le mariage des clercs et de n'obliger personne à la continence « par une impérieuse contrainte. » Avec une règle plus douce, dit-il, les clercs ne commettraient plus ni adultères, ni incestes, ni péchés contre nature, ni aucune de ces fautes graves qui provoquent le scandale ; les fidèles, qui contempleraient les chastes hyménées de leurs pasteurs, n'auraient plus à se voiler la face

---

[1] Cfr HAUCK, *Ulrich, B. von Augsburg*, dans *Realencyclopädie für protestantische Theologie und Kirche*, t. XX, 1908, p. 213.

[2] GRÉGOIRE VII, *Registrum*, I, 10 (édit. CASPAR, p. 16-17 ; édit. JAFFÉ, p. 20 ; PL, CXLVIII, 292).

[3] Cfr *supra*, t. I, p. 334-337.

à la vue de leurs passions désordonnées et n'entendraient plus soutenir « qu'il est plus honnête de goûter en cachette les charmes de plusieurs femmes que de vivre au grand jour en compagnie d'une seule. »

La théorie d'Ulric est donc celle-ci : le pape a fait fausse route en prescrivant le célibat ; il aurait dû, pour combattre avec fruit la fornication, autoriser tous les clercs qui n'avaient pas expressément contracté le vœu de chasteté à conclure une union légitime, reconnue par l'Église.

Présentée sous cette forme, la thèse est assez nouvelle. Sans doute, la question du mariage sacerdotal s'était posée plus d'une fois depuis les temps apostoliques, mais il ne semble pas qu'elle ait pénétré dans le domaine littéraire avant le milieu du XIe siècle [1]. Le célibat est en effet pour le clergé une pieuse pratique, presqu'aussi ancienne que l'Église elle-même, mais, comme on l'a fort bien dit, il n'a pas été à l'origine « l'application d'une loi formelle, le développement régulier d'une institution apostolique [2]. » Au IVe siècle, les conciles occidentaux l'ont peu à peu érigé à l'état de règle, mais, comme il était en général permis aux évêques et aux clercs de vivre sous le même toit que leurs épouses, la discipline a subi bien des infractions. A certaines époques de relâchement moral, au VIIIe siècle surtout, sous le gouvernement de Charles Martel en Gaule, de Witiza en Espagne, les clercs ont mal supporté la loi qui leur imposait un dur renoncement : le plus souvent, ils la tournèrent et, au lieu de se livrer à de bruyantes manifestations, ils prirent secrètement des concubines. D'autre

---

[1] A la fin du IVe siècle, Helvidius, Jovinien et Vigilance ont revendiqué pour les évêques, clercs et diacres mariés le droit de cohabiter avec leurs épouses ; mais leurs théories ne sont connues que par certaines allusions des Pères, en particulier de saint Jérôme dans son traité *Adversus Vigilantium* ; d'ailleurs saint Jérôme lui-même considère le célibat comme un usage, non comme une loi. Il est à remarquer aussi que la question du mariage sacerdotal a été à peine effleurée lors du schisme de Photius, en 868. Sans doute les Orientaux rompirent-ils alors avec la discipline romaine, mais Photius, dans son encyclique (PG, CII, 720 et suiv.) ne consacre que quelques lignes au débat (c.XXXI), et se contente d'invoquer l'autorité du sixième concile.

[2] VACANDARD, *Les origines du célibat ecclésiastique*, dans *Etudes de critique et d'histoire religieuse*, t. I, 1905, p.72.Cfr aussi FUNK, *Cälibat und Priesterehe im christlichen Alterthum*, dans *Kirchengeschichtliche Abhandlungen und Untersuchungen*, Paderborn, 1897, t. I, p. 121-155 et A. FLICHE et V. MARTIN, *Histoire de l'Église depuis les origines jusqu'à nos jours*, t. II, 1935, p. 388-389.

part, papes et évêques ont plus d'une fois fermé les yeux et
les décisions des conciles, qui renouvelaient l'interdiction, sont
en général restées lettre morte ; aussi les coupables jugèrent-ils
plus sage de ne pas rompre un prudent silence par des reven-
dications mal fondées. Mais, au milieu du XIᵉ siècle, Nicolas
II a la prétention d'appliquer les décrets qui enjoignaient
aux clercs de rester chastes. Aussitôt Ulric élève la voix et
se fait fort de prouver que le pape s'est « écarté de la sainte
mesure », qu'il a méconnu les textes les plus sacrés de l'Écriture, en voulant « obliger » les clercs à renoncer à leurs épouses,
au lieu de les y « engager avec douceur. » Il glisse sur les arguments de fait et ne soutient guère, comme l'avaient fait
la plupart des opposants, que le célibat soit contraire aux exigences de la nature humaine ; il se cantonne plutôt sur le terrain juridique et canonique ; tout en admettant, en somme,
que l'état de chasteté est moralement supérieur, il se refuse
à déclarer illicites les mariages contractés par les prêtres.

Les sources de sa démonstration sont peu nombreuses : elles
se ramènent à quelques rares textes de l'Écriture et des Pères,
dont l'interprétation est parfois douteuse. Ulric cite notamment le passage bien connu de saint Matthieu : *Il y en a qui
se sont rendus eunuques à cause du royaume des cieux ; aussi
tous ne comprennent pas cette parole. Que celui qui peut comprendre comprenne* [1], et il reproche au pape d'avoir substitué
à la parole du Maître : *Que celui qui peut comprendre comprenne*,
sa propre doctrine, qui pourrait s'énoncer ainsi : « Que celui
qui ne peut comprendre soit frappé d'anathème. » En d'autres
termes, le Christ n'aurait pas fait de la continence une obligation formelle pour ses disciples, et saint Paul, intervenant à
son tour, confirmerait la parole évangélique, quand il écrit
dans la première épître aux Corinthiens : *Au sujet des vierges,
je n'ai pas de précepte du Seigneur, mais je donne un
conseil* [2].

Et comme, ajoute Ulric, l'apôtre pensait que, sous les apparences de la chasteté, beaucoup d'hommes se laisseraient
aller aux pires désordres, il a donné cet avis plus explicite
encore : *A cause de la fornication, que chacun ait son épouse*[3].

---

[1] MATTH., XIX,11-12.

[2] I *Cor.*, VII, 25.

[3] I *Cor.*, VII, 2.

Pierre Damien objectait que ce texte s'appliquait aux seuls laïques [1] ; Ulric, sans apporter aucun argument précis à ce sujet, rejette cette interprétation : « Le commandement de l'apôtre : *que chacun ait son épouse*, n'excepte personne, sinon celui qui fait vraiment profession de continence ou celui qui a prononcé devant le Seigneur le vœu de garder toujours sa virginité…Ceux qui n'ont pas consenti à un tel vœu ne peuvent être astreints au célibat, car *il faut que l'évêque soit sans reproche, époux d'une seule femme* [2] et, pour bien montrer que cette sentence ne s'applique pas uniquement à son église, saint Paul généralise son précepte : *Si quelqu'un*, dit-il, *ne sait pas gouverner sa propre maison, comment s'acquittera-t-il du soin de l'Église de Dieu* [3] ? *Que les diacres soient maris d'une seule femme, gouvernant bien leurs enfants et leur propre maison* [4]. »

Ces divers passages de la première épître aux Corinthiens et de la première épître à Timothée constituent l'argument décisif d'Ulric. Toutefois la conclusion qu'il en tire n'est pas aussi radicale que celle des adversaires du célibat à l'époque de saint Jérôme. Le docteur reproche aux évêques partisans de Vigilance de n'ordonner prêtres que des diacres ayant pris femme [5]. Le polémiste du xie siècle ne va pas aussi loin : il n'admet pas plus l'obligation du mariage que celle de la chasteté, et, à cet égard, il interprète l'épître à Timothée dans son sens le plus large [6]. Il n'en est pas moins vrai qu'en accusant Nicolas II d'avoir transgressé les préceptes du Christ et de saint Paul, il se rend coupable de quelque exagération.

Dans le chapitre XIX de saint Matthieu, Ulric isole un verset : *Il y en a qui se sont rendus eunuques à cause du royaume des cieux. Que celui qui peut comprendre comprenne* [7]. Or ce

---

[1] PIERRE DAMIEN, *Opusc.* XVIII, 1, 4 (PL, CXLV, 392-393).

[2] I *Tim.*, III, 2.

[3] *Ibid.*, III, 5.

[4] *Ibid.*, III, 12.

[5] S. JÉRÔME, *Liber contra Vigilantium*, II (PL, XXIII, 340-341).

[6] On peut en effet, dans la parole de saint Paul : δεῖ τὸν ἐπίσκοπον εἶναι μιᾶς γυναικὸς ἄνδρα, mettre l'accent ou sur δεῖ (ce qui impliquerait l'obligation du mariage pour l'évêque) ou sur μιᾶς. Cette dernière interprétation, comme le montre fort bien VACANDARD, (*op. cit.*, p. 73 et suiv.), est certainement plus conforme à la vérité: saint Paul veut que l'évêque soit monogame, qu'il n'ait pas successivement deux femmes ; il ne peut l'avoir astreint au mariage après avoir conseillé aux clercs, dans le chapitre VII de la première épître aux Corinthiens, de garder le célibat.

[7] MATTH., XIX, 12.

précepte, un peu obscur en lui-même, reçoit presque aussitôt son commentaire. Un jeune homme riche se détache de la foule, avide de recueillir la parole du Christ ; il a observé tous les commandements et voudrait parvenir à une forme de vie plus parfaite. Jésus lui enjoint de vendre tous ses biens, puis de le suivre, et, comme les apôtres, inquiets et étonnés, l'interrogent sur les conditions du salut, il ajoute : *En vérité, je vous le dis, vous qui m'avez suivi, au renouvellement de toutes choses, quand le Fils de l'Homme sera assis sur le trône de sa gloire, vous serez de même assis sur douze trônes pour juger les douze tribus d'Israël. Et quiconque aura quitté à cause de mon nom ses frères ou ses sœurs ou son père ou sa mère ou son épouse ou ses enfants ou ses terres ou ses maisons recevra le centuple et héritera de la vie éternelle* [1]. Le renoncement à tous les biens de ce monde et aux plaisirs de la chair est donc considéré comme un état supérieur qui convient aux apôtres, à ceux qui veulent former le cortège immédiat du Christ ; aussi la continence est-elle devenue l'apanage des ministres de l'autel et les partisans du célibat ont-ils pu apercevoir dans le chapitre utilisé par Ulric un argument en faveur de leur thèse.

De même, saint Paul voit dans le mariage indissoluble le meilleur remède à la fornication, mais il exalte la chasteté qu'il considère comme un état supérieur au mariage. Ici encore Ulric, pour les besoins de sa cause, ne cite le texte qu'incomplètement. *A cause de la fornication, que chacun ait son épouse,* s'écrie-t-il avec l'Apôtre [2], mais celui-ci continue : *Je vous dis ceci par manière de concession et non pas de commandement. Je voudrais au contraire que tout le monde fût comme moi, mais chacun a son don particulier que Dieu lui a accordé, l'un celui-ci, l'autre celui-là. Aux hommes qui n'ont point de femme et aux veuves je dis : il vous est bon de rester comme moi. Mais s'ils ne peuvent garder la continence, qu'ils se marient ; il vaut mieux se marier que se consumer de désir.* [3] Saint Paul souhaite donc que «tout le monde soit comme lui» et, lorsqu'il invite les âmes éprises d'un idéal plus religieux à s'abstenir de tout lien charnel, il songe vraisemblablement aux clercs plus spécialement adonnés au culte divin, car il ajoute aussitôt : *Celui qui n'est pas marié se préoccupe de ce qui regarde*

---

[1] MATTH., XIX, 27-29.
[2] I *Cor.*, VII, 2.
[3] *Ibid.*, VII, 6-9.

le Seigneur, afin de plaire au Seigneur. Celui qui est marié au
contraire se préoccupe des choses du monde afin de plaire à son
épouse, et il est divisé [1]. Ce passage étant ainsi reconstitué,
il faut, semble-t-il, apercevoir dans les versets de la première
épître à Timothée, qui tolèrent la présence d'une femme aux
côtés de l'évêque et du diacre, une concession temporaire,
nécessitée par l'état moral d'une société encore pénétrée de
paganisme, mais qui, après plusieurs siècles de christianisme,
n'avait plus aucune raison d'être. L'histoire du clergé aux
premiers siècles chrétiens justifie, semble-t-il, cette interprétation et condamne celle d'Ulric ; elle permet de concilier
les deux épîtres de saint Paul qui tout d'abord paraîtraient
se contredire : le célibat, dès l'origine, a été en honneur parmi
les évêques, les prêtres et les diacres sans être une obligation
formelle ; mais peu à peu, en Occident du moins, l'usage a
pris force de loi. Aussi Ulric est-il beaucoup plus embarrassé
quand, pour accabler ses adversaires il veut prouver que
l'Église, d'accord avec l'Écriture, a toujours toléré le mariage
sacerdotal, que ses canons contredisent la thèse de Nicolas II.

Il était naturel d'interroger les Pères. Or saint Ambroise,
saint Jérôme, saint Augustin, d'autres encore ont vivement
combattu les hérétiques qui revendiquaient pour les évêques
et les prêtres mariés le droit de conserver leurs épouses après
leur ordination [2]. Invoquer leur autorité en faveur du mariage
sacerdotal ne manque pas de hardiesse. Ulric cite cependant,
comme des arguments en faveur de sa thèse, deux passages,
l'un de saint Augustin, l'autre de saint Jérôme, qui n'ont
aucun rapport avec le débat : « Je vous exhorte, dit l'évêque
d'Hippone, dans la crainte du Christ, au nom du Christ, vous
qui ne possédez plus de biens temporels, à ne pas les convoiter,
et, vous qui en possédez, à ne pas en tirer orgueil. Je vous le
dis, si vous en possédez, vous n'êtes pas damnés, mais vous
êtes damnés si vous en concevez de l'orgueil, si à cause d'eux
vous vous donnez de grands airs, si par vanité vous oubliez
votre condition humaine [3]. » Il faudrait, selon Ulric, voir là

---

[1] I *Cor.*, VII, 32-33.

[2] On trouvera les principaux textes dans VACANDARD, *op. cit.*, p. 104,
n. 3 et 4. Ils proviennent surtout du *De officiis* de saint Ambroise, du traité de
saint Jérôme contre Jovinien et du *De coniugiis adulterinis* de saint Augustin.

[3] Cfr S. AUGUSTIN, *Enarratio in ps.* CXX, 3 (PL. XXXVII, 1606-1607). Le
texte n'est pas exactement cité par Ulric, mais le sens général est conservé.

un commentaire de la parole de saint Paul : *Vous n'avez pas
d'épouse, ne recherchez pas une épouse. Vous êtes lié à une épouse,
ne cherchez pas à rompre* [1]. L'épouse est assimilée à un bien
temporel ; et telle est en effet la pensée de saint Augustin
qui veut rassurer ceux des fidèles qui craignaient que le mariage
ne fût un obstacle au salut ; mais le clergé n'est pas en cause.
De même, saint Jérôme critique les vierges « qui vantent leur
pudeur et font montre de leur chasteté avec un visage impudent, alors que leur conscience se comporte autrement [2] ».
Est-ce là une raison suffisante pour le compter parmi ceux
qui tolèrent le mariage sacerdotal ?

En somme, Ulric n'a pu tirer des textes patristiques aucun
argument décisif ; il a dû, comme il arrivera souvent aux polémistes du XIᵉ siècle, se contenter d'attribuer à un passage
d'une portée générale une valeur spéciale qu'il n'a pas. D'autres,
après lui, essaieront d'augmenter le nombre de ces références
en interprétant, suivant la même méthode, les canons conciliaires et les décrétales, mais ces différents textes viendront
se grouper autour des deux *auctoritates* invoquées dans le *Rescrit*, à savoir le sixième canon apostolique et la *Tripartita
historia* de Cassiodore.

Le sixième canon est ainsi conçu : « Que l'évêque ou le
prêtre ne répudie pas sa propre épouse sous prétexte de religion ; s'il la rejette, qu'il soit excommunié ; s'il persévère, qu'il
soit déposé. » Le sens n'est pas douteux : tout clerc, marié
avant son ordination, peut conserver sa femme auprès de lui.
De même, le dix-septième canon n'exclut des ordres sacrés
que celui qui s'est marié deux fois depuis son baptême. Ulric
a donc le droit de s'appuyer sur ce témoignage, mais il oublie
ou il ignore que les Canons des apôtres sont une composition
apocryphe du IVᵉ siècle, à laquelle certains écrivains du XIᵉ
siècle, comme le cardinal Humbert, refusaient toute autorité [3].
Ils ne prouvent qu'une chose : c'est que, comme on l'a déjà
remarqué, le célibat ecclésiastique était au IVᵉ siècle un usage,
mais non une loi formelle.

La même remarque s'applique à l'autre texte cité par le
polémiste. Cassiodore raconte dans la *Tripartita historia* [4] que

---

[1] I *Cor.*, VII, 27.
[2] S. Jérôme, *Commentarium in Jeremiam*, II, 7 (PL, XXIV, 730).
[3] Cfr *supra*, t. I, p. 277.
[4] Cassiodore, *Tripartita historia*, II, 14.

les pères du concile de Nicée (325) ayant voulu décréter que les évêques, prêtres et diacres devraient, après la consécration, renoncer à leurs épouses ou à leurs fonctions, Paphnuce, un des martyrs victimes de la persécution de Maximin, déclara que le fait de contracter mariage avec une seule femme ne pouvait être considéré comme une atteinte à la chasteté. Bref, il persuada au concile de ne pas établir la loi du célibat qui serait aussi bien pour les prêtres que pour leurs épouses un encouragement à la fornication. On ne prit donc aucune décision et chacun fut libre d'agir à son gré.

Il n'y a pas lieu de contester l'authenticité de cet incident, que Cassiodore a rapporté d'après le récit original de Socrate [1] ; le concile de Nicée n'a pas légiféré en la matière et il est possible qu'il ait obéi à la suggestion de Paphnuce [2]. Ulric est donc fondé à soutenir que Nicolas II a donné des directions différentes de celles qui sont prêtées au concile, mais il se garde bien de noter qu'au IVe siècle déjà certains synodes étaient beaucoup plus catégoriques [3] ; suivant le procédé habituel à ses contemporains, il laisse de côté les textes contraires à sa propre théorie et ne cherche pas à faire jaillir la vérité en confrontant les auteurs qui lui sont favorables avec ceux qu'on pourrait lui opposer.

Aussi bien le *Rescrit* d'Ulric n'a-t-il, pris en lui-même, qu'une valeur assez faible : en faveur du mariage sacerdotal il n'apporte aucun argument original. Il n'en a pas moins un intérêt historique réel : il est le premier monument de l'opposition nicolaïte au XIe siècle, la version originelle qui servira de canevas à toutes les autres.

A cet égard, ses conclusions méritent de retenir l'attention : Ulric reproche à Nicolas II d'avoir outrepassé ses droits en ordonnant aux clercs de s'abstenir de leurs épouses au lieu de leur conseiller affectueusement de garder la continence ; le pape aurait dû les avertir (*monere*) et non pas les contraindre (*cogere*). Par là, le polémiste conteste le pouvoir absolu de lé-

---

[1] SOCRATE, I, XI (PG, LXVII, 101-104).

[2] Sur l'authenticité de l'anecdote rapportée par Socrate, Sozomène et Cassiodore, cfr VACANDARD, *op. cit.*, p. 94-98.

[3] C'est le cas par exemple du concile d'Elvire, réuni en 300, qui enjoint à tous les évêques, prêtres et diacres de s'abstenir de tout commerce avec leurs épouses, et qui menace de déposition quiconque enfreindra cette règle (c. XXXIII dans MANSI, II, 11).

giférer en matière ecclésiastique revendiqué par le Saint Siège.
Pourtant, il n'ose pas conseiller la désobéissance formelle. Il
cite la parole de saint Grégoire le Grand : « Il faut redouter
la sentence du pasteur, qu'elle soit juste ou injuste [1] » ; mais le
commentaire qu'il en donne est beaucoup plus modéré que
celui des opposants du IXᵉ siècle. Auxilius, lorsqu'il défendait
les ordinations du pape Formose, utilisait déjà ce texte pour
conclure finalement que « si l'excommunication avait trait à
nos négligences ou à nos offenses, il fallait la craindre et l'observer dans toute sa rigueur, jusqu'à ce que nous ayons donné
satisfaction ou obtenu notre pardon » ; mais, ajoutait-il, « si
elle est dictée par des motifs manifestement hostiles à Dieu,
on ne saurait la redouter ou s'y conformer, quel que soit celui
qui l'ait ordonnée [2]. » Il ne semble pas qu'Ulric ait connu
cette interprétation de l'homélie de saint Grégoire ; il n'envisage pas la possibilité d'une révolte contre la sentence pontificale ; il attire simplement l'attention de Nicolas II sur la responsabilité qu'il encourt. « Quoi de plus grave, s'écrie-t-il,
quoi de plus digne de la pitié générale que de vous voir, vous,
le pontife du siège le plus élevé, dont les décisions sont acceptées par toute l'Église, vous écarter, si peu que ce soit, de
la sainte mesure ? [3] » Que le pape se débarrasse donc de ses
mauvais conseillers, et la paix sera rétablie.

Malgré ce conseil, le *Rescrit* d'Ulric n'a eu aucune influence
sur la politique pontificale : Nicolas II n'a pas rapporté son
décret ; Alexandre II a persévéré dans la même voie ; Grégoire
VII enfin a pris, en 1074, une attitude encore plus nette, qu'il
a accentuée en 1075 [4]. Aussi le *Rescrit* est-il devenu le bréviaire
de tous les opposants. La condamnation solennelle dont il
a été l'objet au concile de 1079 prouve qu'il devait être alors
très répandu [5]. Auparavant, il avait inspiré les plaintes formulées par les clercs allemands à la suite de la publication du
décret de 1074 [6] et donné lieu à certaines versions nouvelles,
où l'on retrouve la plupart des idées qui y sont exprimées.

---

[1] GRÉGOIRE LE GRAND, *Homiliae in Evangelium*, II, 26, 6 (PL, LXXVI,
1201).

[2] AUXILIUS, *Tractatus qui infensor et defensor dicitur*, XV (PL, CXXIX,
1087).

[3] *Pseudo-Udalrici epistola (Libelli de lite*, t. I, p. 255).

[4] Cfr *supra*, t. II, p. 139 et 178.

[5] Cfr BERNOLD DE CONSTANCE, a. 1079 (MGH, SS, t. V, p. 436).

[6] LAMBERT DE HERSFELD, a. 1074 (MGH, SS, t. V, p. 217).

II. — LES VERSIONS NORMANDES
DU RESCRIT D'ULRIC

I

Presqu'aussitôt après son apparition, le *Rescrit* d'Ulric a été remanié et amplifié en Normandie par un clerc de l'Italie du nord qui l'y avait apporté.Il en est résulté une version nouvelle, connue sous le nom de *Tractatus pro clericorum connubio* [1].

L'auteur du *Tractatus pro clericorum connubio* est inconnu ; mais il est certainement originaire de l'Italie septentrionale, car il accuse avec fougue et en les nommant les Patares qui, dit-il, empêchaient les clercs mariés de célébrer la messe. Or Bonizon de Sutri, qui a toutes raisons d'être bien informé sur ce point, rapporte que, dans un concile tenu à Milan, on décida, sous la pression des Patares, d'écarter des autels les prêtres concubinaires [2]. Il est non moins évident qu'après avoir vécu en Italie, l'écrivain tolère le mariage sacerdotal ; il allègue que plusieurs fils de prêtres sont devenus régulièrement évêques et qu'il pourrait citer des exemples empruntés à l'Italie, à la Gaule, à la Normandie [3]. De plus, le traité, comme on le verra dans les pages qui suivent, suppose la con-

---

[1] Le *Tractatus pro clericorum connubio* a été publié avec une introduction critique par DUEMMLER dans les *Libelli de lite imperatorum et pontificum*, t. III, p. 588-596.

[2] BONIZON DE SUTRI, *Liber ad amicum*, VI (*Libelli de lite*, t. I, p. 594).

[3] *Libelli de lite*, t. III, p. 595.

naissance simultanée des canons du concile de Lisieux (1064)
et du *Rescrit* d'Ulric qui a vu le jour en Italie vers 1060. Il
n'y a d'ailleurs pas lieu de s'étonner qu'un clerc italien ait
émigré en Normandie. Lanfranc n'avait-il pas donné l'exemple ? Originaire lui aussi de Lombardie, il avait pris ses
grades à Bologne et était venu ensuite en Normandie pour
enseigner le droit et la philosophie ; on le suit à Avranches,
à Rouen, et finalement à l'abbaye du Bec dont il devient
écolâtre en 1045 et où il attire une foule de disciples. Son
exemple a été imité, notamment par Anselme de Baggio,
qui sera le pape Alexandre II, et par Anselme d'Aoste qui
succédera à Lanfranc comme écolâtre du Bec, puis comme
archevêque de Cantorbéry. Lanfranc lui-même est retourné
à plusieurs reprises en Italie, notamment en 1059, sur une
convocation de Nicolas II [1]. Peut-être l'auteur du *Tractatus
pro clericorum connubio* est-il revenu avec lui, ou a-t-il été attiré par le désir d'entendre son illustre compatriote.

En tout cas, le traité est antérieur au pontificat de Grégoire
VII ; il est l'écho des plaintes suscitées par les décisions des
conciles de Rouen (1062) et de Lisieux (1064) qui avaient
tenté la réforme des mœurs cléricales en Normandie. L'état
moral du clergé n'était pas brillant dans cette province :
Miles Crispin, dans sa biographie de Lanfranc, rapporte que
son maître fut plus d'une fois écœuré par les mœurs dépravées
de ses disciples [2] ; Orderic Vital raconte que, lors d'un concile
réuni à Rouen par l'archevêque Jean (1067-1079), les concubines des prêtres voulurent lapider le prélat en qui elles aper-
cevaient un adversaire résolu [3]. A plusieurs reprises, le haut
clergé essaya de réagir. En 1064, le concile de Lisieux, présidé
par Maurice, archevêque de Rouen, défendit aux prêtres de
campagne d'abriter sous leur toit une personne de l'autre sexe
(*ut nullus abinde uxorem vel concubinam seu introductam mu-
lierem duceret*), et prescrivit à ceux qui s'étaient mariés depuis
le concile de Rouen, tenu l'année précédente, de renvoyer
leurs épouses ; il légitima au contraire les unions antérieures
à 1063. Seuls les chanoines (*canonici a clero*) furent astreints

---

[1] MILES CRISPIN, *Vita Lanfranci* (PL, CL, 29 et suiv.).
[2] *Vita Lanfranci*, II (PL, CL, 33).
[3] ORDERIC VITAL, *Historia ecclesiastica*, IV, 2 (édit. LEPREVOST, t. II,
p. 170-171).

au célibat, même s'ils avaient pris femme avant 1063 [1]. La solution était moins rigoriste que celle qui avait prévalu au
concile du Latran ; les évêques normands faisaient la part
du feu et ménageaient les transitions en attendant une
réforme plus complète.

Les canons du concile de Lisieux n'en provoquèrent pas moins
des protestations très vives parmi les clercs normands. L'auteur
du *Tractatus pro clericorum connubio* les a condensées dans
son traité ; il aborde résolument les trois sujets de discussion
soulevés par le concile, et essaie de prouver que le mariage
sacerdotal, désormais interdit, a toujours été autorisé par
l'Église,— que le concile de Nicée, en défendant aux prêtres
de garder dans leur demeure une *mulier subintroducta*, n'entend
pas écarter leurs légitimes épouses, — qu'enfin le mot *clerus*
désigne l'ensemble du clergé et non pas seulement les chanoines
particulièrement maltraités par le synode [2].

La théorie du *Tractatus pro clericorum connubio* sur le célibat
ecclésiastique dérive de celle qui est exposée dans le *Rescrit*
d'Ulric. Toutefois, tandis qu'Ulric se réclamait surtout de
quelques passages de l'Écriture, son imitateur a utilisé plutôt,
pour démontrer que le mariage était le seul remède à la fornication, des textes conciliaires et patristiques. Il a réédité
d'abord l'anecdote de Paphnuce, qu'il reproduit avec plus de
précision ; mais il l'a sans doute jugée insuffisante pour établir

---

[1] Les canons du concile de Lisieux ont été publiés par L.Delisle, dans le
Journal des Savants, août 1901, p. 516, d'après un manuscrit normand du
XIIe siècle, conservé au *Trinity College* de Cambridge.

[2] Nous ne partageons pas l'opinion générale (cfr Duemmler dans les *Libelli
de lite*, t. III, p. 588) suivant laquelle le *Tractatus pro clericorum connubio*
serait contemporain des décrets de Grégoire VII.Le concile de Lisieux est à
notre avis le seul auquel il puisse s'appliquer. En effet, il y a identité parfaite
entre les questions qui y sont traitées et les canons analysés ci-dessus. Cette
identité n'existe pas pour les autres conciles normands ou anglais de la fin
du XIe siècle. Le concile de Rouen (1072), qui confirme les canons de Lisieux,
s'est occupé lui aussi de la *mulier subintroducta*, mais il n'a pas renouvelé la
distinction entre le clergé paroissial et le clergé collégial (cfr Orderic Vital,
Hist. eccl., IV, 9, édit. Le Prévost, t. II, p. 237-243) ; il se trouve donc exclu.
D'autre part, on pourrait penser également au synode de Winchester, réuni
en 1076 par Lanfranc pour l'introduction de la réforme en Angleterre, mais,
si les canons de ce concile reproduisent sur certains points ceux de Lisieux,
et si la distinction entre le clergé collégial et le clergé paroissial est reprise,
il n'est plus question de la *subintroducta*. La concordance parfaite entre les
canons de Lisieux et le *Tractatus* prouve à notre avis que la rédaction de
celui-ci remonte à 1065.

la tradition de l'Église, et lui a adjoint de nombreuses citations plus ou moins probantes. La plupart sont empruntées au recueil du pseudo-Isidore avec lequel l'auteur, comme la plupart des écrivains de son temps, paraît très familier.

Il n'y a pas lieu de le suivre à travers ce dédale de textes tantôt authentiques, tantôt apocryphes, souvent peu adaptés à la thèse soutenue [1]. On notera seulement que son argument essentiel est tiré du dixième canon du concile d'Ancyre (314), ainsi conçu : « Les diacres, qui au moment de leur ordination, ont attesté qu'ils voulaient prendre femme, parce qu'ils ne pouvaient garder le célibat, continueront, s'ils prennent femme plus tard, à exercer le ministère, puisque l'évêque le leur aura accordé [2]. » Or le premier canon de Chalcédoine (451) prescrit de respecter toutes les décisions des synodes antérieurs[3]. Aussi les règles posées par le concile d'Ancyre, continue le *Tractatus*, font-elles autorité ; ne pas les admettre, ce serait se révolter contre l'autorité des Pères de Chalcédoine, ce serait être hérétique, puisque Grégoire le Grand, dans une bulle célèbre [4], émet l'avis qu'il faut accorder aux quatre grands conciles la même autorité qu'aux quatre évangiles.

On saisit le but que cette argumentation se propose d'atteindre ; elle vise à renforcer les accusations portées par Ulric contre les décrets réformateurs [5] et à établir que seuls doivent être astreints au célibat ceux qui se sont liés par un vœu formel de continence.

Continuant à s'approprier les idées d'Ulric, pour qui « le mariage contracté sous le regard de Dieu n'est une dérogation à aucun des commandements du Seigneur », le clerc normand va essayer de démontrer à son tour, avec textes à l'appui, qu'une union légitime n'a rien d'impur. Ils sont saints, s'écrie saint Augustin dans le *De bono conjugali*, les corps

---

[1] C'est ainsi par exemple que le *Tractatus* cite un canon du cinquième concile de Carthage, réuni en 401 (MANSI, III, 969 ; HINSCHIUS, *Decretales pseudo-isidorianae*, p. 307), qui prescrit aux évêques, prêtres et lévites de s'abstenir de leurs compagnes, et une lettre de saint Léon le Grand (*Epist.* CLXVII, dans PL, LIV, 1204) ordonnant aux clercs promus aux ordres majeurs de renoncer à toute union charnelle avec leurs épouses.

[2] MANSI, II, 518 ; HINSCHIUS, *op. cit.*, p. 262.

[3] MANSI, VII, 373 : « Regulas sanctorum patrum per singula nunc usque concilia constitutas proprium robur obtinere decrevimus. »

[4] GRÉGOIRE LE GRAND, *Registrum*, I, 24 (édit. EWALD. t. I, p. 36).

[5] Cfr, *supra*, p. 5.

des époux fidèles à eux-mêmes et au Seigneur [1]. Dans un autre passage du même traité également cité, le docteur affirme à nouveau qu'il n'y a pas, comme on se l'imagine souvent, deux maux, le mariage et la fornication, mais deux biens, le mariage et la continence, le second étant simplement supérieur au premier ; aussi, celui qui est marié n'est-il pas coupable, tandis que celui qui se livre, même très rarement, à la fornication a sur la conscience un péché grave [2]. Donc, conclut le *Tractatus pro clericorum connubio*, le mariage est un bien, et, puisqu'il est un bien, pourquoi l'interdire aux clercs [3] ?

Jusqu'ici l'auteur du *Tractatus* n'a jeté dans le débat aucune idée nouvelle. Toutefois, indigné par les violences des Patares, dont il avait été sans doute témoin avant d'émigrer en Normandie, il ajoute aux considérations d'Ulric un développement sur la valeur canonique des messes célébrées par les clercs mariés et des sacrements administrés par eux. Cette question avait été longuement discutée dès les premiers jours de la Réforme du XIᵉ siècle ; elle n'a d'ailleurs rien à voir avec celle du célibat, mais les Antigrégoriens ont pensé que, s'ils démontraient que l'Église reconnaissait comme valides les actes cultuels des prêtres mariés, du même coup ils obligeaient leurs contradicteurs à admettre que le mariage sacerdotal avait été toujours autorisé. Voilà pourquoi l'auteur du *Tractatus pro clericorum connubio* a de nouveau utilisé quelques-uns des textes qui avaient alimenté un peu auparavant la polémique engagée entre Pierre Damien et le cardinal Humbert [4] ; mais il n'a dû avoir à sa disposition qu'un recueil très abrégé de *Flores* extraites pour la plupart des commentaires de saint Augustin sur l'évangile de saint Jean. Il reproduit en outre quelques passages du traité de Paschase Radbert, intitulé *De corpore et sanguine Domini*, que connaissaient déjà Damien et Humbert; il insiste sur le canon du concile de Gangres qui frappe d'anathème tous ceux qui voudraient empêcher les fidèles de participer aux mystères avec un clerc marié [5] et sur la lettre de Nicolas Iᵉʳ aux évêques d'Achaïe : le pape répond en effet à ceux

---

[1] S. Augustin, *De bono coniugali*, XI, 13 (PL, XL, 382).
[2] *Ibid.*, VIII, 8 (PL, XL, 379) et XI, 12 (*Ibid.*, 382).
[3] *Libelli de lite*, t. III, p. 591.
[4] Cfr t. I, p. 218, 291 et suiv.
[5] Mansi, II, 1106 ; Hinschius, *op. cit.*, p. 265.

qui lui demandaient s'il faut honorer ou mépriser les pasteurs
engagés dans les liens de la chair, que Dieu fait luire son
soleil sur les bons comme sur les méchants et répand la pluie
sur les justes et sur les injustes ; le Christ, ajoute-t-il, n'a pas
rejeté Judas du nombre des apôtres ; par suite le prêtre adultère ne peut souiller le sacrement divin et la communion
reçue de ses mains est parfaitement valable [1]. Le *Liber Pontificalis* fournit un dernier argument. Des fils de clercs ont été
élevés aux plus hautes dignités de l'Église ; on n'a donc
pas tenu compte de leur tare originelle. Fort de telles autorités, lepolémiste flétrit les *adulteratores canonum*, les *cogita-
tores novarum sententiarum* qui tombent sous le coup de la
parole de l'Apôtre : *Si quelqu'un vous prêche un évangile différent de celui que nous avons annoncé, qu'il soit anathème* [2].

Malgré quelques additions secondaires, le *Tractatus pro clericorum connubio* est peu original ; il développe et amplifie, à
l'aide de textes conciliaires et patristiques, la théorie d'Ulric
qu'il formule en ces termes : « Quiconque, appartenant à la
foi catholique et étranger aux iniquités de l'hypocrisie, parcourt
avec soin les écrits authentiques des saints Pères, y trouve
que les mariages des clercs, quand ils ont été légitimement
célébrés, sont chastes et purs, et non pas, comme le prétendent
les auteurs d'un nouveau dogme, entachés d'adultère et de
fornication [3].» Toutefois les circonstances spéciales, à la suite
desquelles le traité a été composé, ont amené son auteur à ajouter à sa démonstration deux annexes destinées à réfuter deux
canons du concile de Lisieux, et sur lesquelles il n'y a pas
lieu d'insister, puisqu'elles n'auront aucune influence par la
suite.

Le concile de Lisieux avait interdit aux prêtres de campagne
de garder à l'avenir sous leur toit ni épouse, ni concubine, ni
aucune autre femme (*mulier subintroducta*). « Si la sentence
du concile de Nicée, lit-on dans le *Tractatus*, qui, suivant l'interprétation ordinaire, défend à tout évêque et à tout clerc
d'avoir dans sa demeure une *mulier introducta*, englobe aussi
l'épouse du prêtre, personne honnête, s'il en fût, elle est en
opposition avec les canons des conciles de Chalcédoine, de

---

[1] Jaffé-Wattenbach, 2812.
[2] *Gal.*, I, 8.
[3] *Libelli de lite*, t. III, p. 588.

Carthage, de Tolède et avec les décrets des docteurs Sirice, Léon et Grégoire [1].» Suivent les textes empruntés au recueil du pseudo-Isidore ; ils concernent en réalité le mariage des clercs mineurs, mais le mot *mulier introducta* n'y est pas prononcé, en sorte que la discussion se trouve esquivée. L'auteur n'en conclut pas moins : « Si donc, comme le prétendent ceux qui préfèrent la guerre à la paix et le mensonge à la vérité, l'épouse est désignée par le terme de *subintroducta mulier*, l'interdit de Nicée s'appliquera non seulement aux clercs mariés, mais aussi aux évêques qui leur auront permis de contracter une telle union, aux auteurs des canons et décrets qui viennent d'être cités ; une pareille pensée serait sacrilège et il est évident que, si l'on appelle vol ou larcin le fait de se saisir d'une chose à la dérobée, de même la *mulier subintroducta* est une femme introduite en cachette et qui n'est pas légitimement mariée [2]. »

Enfin « les démolisseurs de canons et les perturbateurs de la paix ecclésiastique, dont nous venons de réfuter les sentences au sujet de la *mulier subintroducta*, déclarent aussi que par *clerus* il faut entendre non pas tous les clercs, mais seulement les chanoines ». De nombreux textes, au dire de l'auteur, contredisent cette opinion prêtée au concile de Lisieux, et permettent d'affirmer que le fardeau de la continence doit peser sur tous les clercs dont l'ensemble constitue le *clerus* ou plus exactement qu'il ne faut l'imposer ni aux chanoines, *canonici a clero*, ni à personne autre [3].

Toute cette partie du *Tractatus pro clericorum connubio* est restée lettre morte. En revanche l'ensemble du traité a fourni quelques années plus tard des arguments aux prêtres nicolaïtes du nord de la France, lorsque le légat Hugues de Die voulut leur faire pratiquer la discipline grégorienne.

En 1078, les clercs de Cambrai adressèrent à leurs confrères de la province ecclésiastique de Reims une véritable circulaire, pour protester contre certains canons du concile réuni à Poitiers par Hugues de Die au mois de février de la même année, et où l'interdiction du mariage sacerdotal avait été

---

[1] *Libelli de lite*, t. III, p. 588.
[2] *Ibid.*, t. III, p. 589.
[3] *Ibid.*, t. III, p. 590.

renouvelée [1]. Cette courte épître, très mordante et très inci-
sive, n'a pas la prétention d'être un traité, mais elle utilise
incidemment, à propos de circonstances particulières, des
textes qui proviennent du *Tractatus pro clericorum connubio* ;
c'est le passage de Cassiodore, rapportant l'anecdote de Paphnuce, qui est reproduit avec la même précision ; ce sont deux
citations, l'une de saint Augustin, l'autre d'Isidore, qui figurent déjà accolées l'une à l'autre dans le *Tractatus* [2].

C'est aussi du *Tractatus pro clericorum connubio* que dérive
le pamphlet, malheureusement perdu, auquel répond un traité
anonyme en faveur du célibat ecclésiastique, découvert et
publié par dom de Bruyne [3]. Cette dernière œuvre fait allusion, pour les réfuter, aux arguments à l'aide desquels l'auteur
du pamphlet en question s'efforçait de défendre le mariage
sacerdotal, et ce sont exactement ceux que développe le *Tractatus*, à tel point que l'on pourrait croire *a priori* que la version normande du *Rescrit* d'Ulric est elle-même en cause :
reproche de nouveauté adressé au décret sur le célibat, discu-
sion sur la valeur canonique des messes célébrées par les clercs
mariés, allusion dans les mêmes termes à Judas, rien n'y manque ; enfin la thèse était, dit-on, développée à l'aide de citations de « vénérables docteurs », auxquelles celui qui la réfute
oppose d'autres citations. Toutefois, il y avait, à la fin du
pamphlet, un violent réquisitoire contre des abbés et des moines
qui auraient prêché que « quiconque lève un fils de prêtre
de la fontaine baptismale doit se couper la main s'il veut
entrer au ciel », dont on ne trouve pas trace dans le *Tractatus pro clericorum conubio*. Il s'agit donc d'une œuvre différente, mais dont la filiation par rapport au *Tractatus* paraît
certaine et qui, vraisemblablement contemporaine de la publication des décrets de Grégoire VII sur la chasteté sacerdotale,
doit se placer vers la même date que la lettre des clercs de
Cambrai, soit entre 1075 et 1080.

---

[1] La lettre a été publiée par BOEHMER dans les *Libelli de lite*, t.III, p. 573-
576. Pour la date, voir l'introduction de BOEHMER *(ibid.*, p. 573-574) dont
nous adoptons les conclusions.

[2] S. AUGUSTIN, *De bono coniugali*, XVI, 18 (PL, LXXXIII, 287-288) ;
ISIDORE, *In Genesim* XXXI, 66 (PL, XL, 386).

[3] D. DE BRUYNE, *Un traité inédit contre le mariage des prêtres*, dans la
Revue bénédictine, t. XXXV, 1923, p. 246-254.

A la date où les clercs de Cambrai revendiquaient la liberté de prendre femme, le *Rescrit* d'Ulric avait donné le jour en Normandie à une nouvelle version qui, quoique apparentée au *Tractatus pro clericorum connubio*, est peut-être la plus originale et la plus curieuse de toutes.

II

La seconde version normande du *Rescrit* d'Ulric a été rédigée peu après 1074 par un clerc qui avait été, à l'école du Bec, disciple de saint Anselme [1].

---

[1] Ce traité a été retrouvé, puis publié par DUEMMLER, *Eine Streitschrift für Priesterehe*, dans les *Sitzungsberichte der koeniglich-preussischen Akademie der Wissenschaften*, Berlin, 1902, t. I, p. 418-441. Nous renvoyons à l'introduction critique qui précède l'édition pour tout ce qui concerne les manuscrits. Dümmler pense que l'auteur est un prêtre marié qui vivait en Allemagne. Nous ne sommes pas d'accord avec lui sur ce dernier point : s'il opte pour l'Allemagne, c'est uniquement parce que la lutte engagée autour du décret de Grégoire VII (1074) a été particulièrement violente dans ce pays. Or elle a été tout aussi aiguë en France et notamment en Normandie où, comme on l'a vu plus haut (p. 14), l'archevêque de Rouen, Jean d'Avranches, faillit être lapidé, lorsqu'il voulut promulguer le décret en question, et où le concile de Lillebonne, en 1080, était encore obligé de proclamer que les prêtres, diacres et sous-diacres ne devaient avoir auprès d'eux aucune femme (Cfr ORDERIC VITAL, *Historia ecclesiastica*, V. 5, édit. LEPRÉVOST, t. II, p. 315). A notre avis, le traité a été composé en Normandie dans l'intervalle qui sépare les deux conciles de Rouen (1074) et de Lillebonne (1080). Voici les raisons qui nous conduisent à cette hypothèse : 1º La dissertation sur la grâce et le libre arbitre, qui figure en tête du traité et dont Dümmler n'a pu identifier l'origine, porte, comme on le verra plus loin, la trace de l'enseignement de saint Anselme sur ce sujet. Or, saint Anselme est devenu écolâtre du Bec aussitôt après le départ de Lanfranc pour Saint-Étienne de Caen, soit entre 1063 et 1066, et il a continué à exercer cette fonction, même une fois devenu abbé, jusqu'à sa nomination comme archevêque de Cantorbéry, en 1093. Autour de sa chaire, il a groupé non seulement des moines, mais aussi des clercs séculiers. L'auteur du traité sur le mariage sacerdotal a été évidemment un de ses disciples qui, après avoir fréquenté quelques années l'école du Bec, a donné à ses connaissances une destination qui n'avait pas été prévue par son maître. Il n'a donc pu, même en admettant qu'il ait été un des premiers disciples de saint Anselme, écrire beaucoup avant 1070. — 2º Le traité vise une législation qui, plus rigoriste que celle du concile de Lisieux, obligeait tous les clercs à la continence, quelle que fût la date de leur mariage; il est donc postérieur au concile de Rome (1074) et à celui de Rouen, tenu sans doute la même année, où l'archevêque Jean promulgua au péril de sa vie les décrets de Grégoire VII. En effet, le plaidoyer pathétique en faveur des femmes de prêtres, qui le termine, paraît destiné à faire oublier leur con-

La thèse développée dans ce nouveau traité est celle qui est exposée dans le *Rescrit* d'Ulric et dans le *Tractatus pro clericorum connubio* : le mariage sacerdotal doit être toléré pour prévenir la fornication et seuls seront astreints au célibat ceux qui s'y seront engagés par un vœu solennel. Mais, si la thèse est toujours la même, si certains textes communs, tels que le passage de Cassiodore relatif à Paphnuce, ne laissent aucun doute sur la filiation des trois œuvres, l'allure de la démonstration est ici toute nouvelle et le disciple de saint Anselme utilise l'enseignement de son maître.

C'est en effet dans certains traités de saint Anselme, et en particulier dans ceux qui concernent le libre arbitre, qu'il faut aller chercher la source première de la seconde version normande du *Rescrit* d'Ulric.

Dans la troisième partie du *De concordia praescientiae et praedestinationis necnon gratiae Dei cum libero arbitrio*, intitulée *De concordia gratiae et liberi arbitrii* [1], saint Anselme détermine les rapports de la grâce et du libre arbitre. La grâce lui apparaît comme le canal par lequel Dieu répand ses bienfaits sur le monde. « Toute créature, dit-il, vit de la grâce par laquelle Dieu dispense ses dons, sans lesquels l'homme ne peut être sauvé [2]. » Parmi ces dons figure la « rectitude de la volonté » qui permet de distinguer le bien du mal. La faculté de conserver la rectitude de la volonté, c'est le libre arbitre qui, par suite, dérive lui-même de la grâce, et, si l'usage du libre arbitre nous permet de mériter aux yeux de Dieu, il n'en est pas moins vrai que nous ne le pourrions pas, si la grâce n'intervenait à l'origine. « Certes, pour garder la rectitude, il faut vouloir, mais un tel acte de volonté n'est possible que

---

duite quelque peu scandaleuse lors de ce dernier concile. En outre, Grégoire VII avait interdit aux clercs mariés de célébrer les saints mystères et aux fidèles d'assister à leurs messes (Cfr t. II, p. 139). L'archevêque Jean a certainement fait exécuter cette disposition essentielle du décret ; or, le traité finit par ces mots : « Les autorités et les arguments que nous avons énumérés doivent vous persuader que vous ne pouvez ni nous empêcher de célébrer l'office divin ni suspendre de la communion ceux qui n'ont rien à voir en l'affaire. » — 3° L'auteur normand a composé son traité après 1074, mais avant 1079 ; car il réédite l'histoire de Paphnuce, sans qu'il proteste contre la condamnation dont elle avait été l'objet de la part du pape au concile tenu à Rome au cours de cette année 1079.

[1] PL, CLVIII, 521 et suiv.

[2] *De concordia gratiae et liberi arbitrii*, II (PL, CLVIII, 522).

si l'on possède déjà cette rectitude ; or, on ne la possède que par la grâce [1]. »

Le rôle de la grâce ne se borne pas là. « De même que personne ne peut acquérir la rectitude de volonté sans le concours premier de la grâce (*gratia praeveniente*), de même personne ne peut la conserver, si ce concours ne se continue (*eadem gratia subsequente*). Quoique la rectitude subsiste au moyen du libre arbitre, on ne saurait pourtant attribuer à celui-ci un rôle aussi important qu'à la grâce qui, étant sa source et son aliment, permet seule de l'acquérir d'abord, de la conserver ensuite [2]. » C'est encore la grâce qui soutient le libre arbitre dans la lutte contre les tentations, et la parole de saint Paul : *Cela ne vient pas de celui qui veut, ni de celui qui court, mais de Dieu qui fait miséricorde* [3], signifie que le fait de vouloir ou de courir ne relève pas du libre arbitre, mais de la grâce. Enfin, si l'homme vient à perdre la rectitude et par suite le libre arbitre, il a besoin une fois de plus de l'aide de Dieu, soit de la grâce [4].

Il y a une parenté frappante entre ces chapitres du *De concordia gratiae et liberi arbitrii* et les premières pages de la seconde version normande du *Rescrit* d'Ulric. On peut relever tout d'abord plusieurs analogies verbales : le texte de l'épître aux Romains est également cité dans ce dernier traité ; les expressions de *gratia praeveniens, gratia subsequens* servent aussi à caractériser le rôle de la grâce par rapport au libre arbitre. L'identité des termes reflète celle des idées. « Il y a, écrit l'auteur de l'opuscule sur le mariage sacerdotal, trois moyens principaux et pour ainsi dire effectifs par lesquels toute âme humaine douée de raison peut recevoir les biens spirituels et sans lesquels elle ne saurait les atteindre ; ce sont le libre arbitre (*liberum arbitrium*), le commandement (*mandatum*), la grâce (*gratia*) Par le libre arbitre, nous discernons le bien du mal, pour faire ensuite notre choix ; par le commandement, nous sommes provoqués et excités au bien ; de la grâce nous recevons une impulsion et une aide. Toutefois la grâce

---

[1] *Ibid.*, III-IV (PL,CLVIII, 523-525.).
[2] *Ibid.*, IV (PL, CLVIII, 524-525).
[3] *Rom.*, IX, 16.
[4] *De concordia gratiae et liberi arbitrii*, V (PL, CLVIII, 525-526).

est souveraine et maîtresse du libre arbitre et du commandement ; elle est pour ainsi dire la reine toute-puissante qui
les gouverne et d'un signe les met en action ; c'est d'elle qu'ils
reçoivent leur force et leur efficacité ; sans elle ils ne peuvent
rien, mais gisent inertes et morts, comme une matière sans
forme. » Le libre arbitre, c'est donc la matière ; la grâce, c'est
la forme ; le commandement, c'est l'instrument à l'aide duquel
Dieu donne à la matière sa forme et, « de même que la matière
et l'instrument n'ont aucune valeur sans la forme, de même la
libre volonté et le commandement n'ont aucun pouvoir sans
la grâce. Comment agiraient-ils, si la grâce ne les prévenait
et ne les appuyait ? Le commandement est en effet le serviteur que la grâce dépêche au libre arbitre pour le réveiller,
et pour l'inciter au bien [1]. »

On retrouve dans ce passage tous les éléments de la théorie
de saint Anselme :

1) La grâce est à l'origine du libre arbitre qui reçoit d'elle
son impulsion (*gratia praeveniens*).

2) La grâce accompagne le libre arbitre et veille sur lui,
lorsqu'il a l'occasion de s'exercer (*gratia subsequens*).

3) Si la grâce abandonne le libre arbitre, il n'a plus aucune
efficacité.

Seule, la notion de commandement ne figure pas dans le
De concordia gratiae et liberi arbitrii, mais saint Anselme a
pu la faire intervenir dans son enseignement oral qui appelait
sans doute plus de développements. D'ailleurs, elle n'ajoute
rien d'essentiel, car le *mandatum* est réduit au rôle d'instrument,
d'intermédiaire entre la grâce et le libre arbitre ; il n'a par lui-
même aucune valeur propre. A quoi donc, écrit l'auteur, a
servi au premier homme, alors qu'il était au paradis terrestre,
le commandement qu'il a reçu : *Mange de tous les fruits du
paradis, mais ne touche pas à ceux que porte l'arbre de la science
du bien et du mal* [2]. Il a entraîné non pas son salut, mais sa
condamnation, parce que la grâce, seule capable de sauver
et d'aider Adam, lui a fait défaut et parce que, injustement
confiant dans ses propres forces, il l'a méprisée [3].

---

[1] Duemmler, p. 427-428.
[2] *Gen.*, II, 16-17.
[3] Duemmler, p. 428.

On voit immédiatement où le continuateur d'Ulric veut en venir : les décrets grégoriens sur la continence, qui sont une forme de *mandatum*, ne peuvent être observés par les clercs, s'ils n'ont la grâce. « C'est commettre une erreur et travailler en vain que de vouloir parvenir à la chasteté par ses propres forces. » Le polémiste ajoute aussitôt, et c'est ici que va commencer l'équivoque : « Ils se trompent bien davantage encore ceux qui ordonnent de pratiquer cette vertu malgré soi et sans l'acquiescement d'une libre volonté. » Aussi peut-on reprocher aux papes d'avoir, en prescrivant la continence, nié le libre arbitre et, par suite, la grâce, source et aliment du libre arbitre. « Puisque la faculté du libre arbitre nous a été accordée lorsque nous avons été créés et que nous ne vivons pas sous le régime de la loi, mais sous celui de la grâce, vous, qui nous imposez malgré nous la loi de continence, vous nous privez de ce libre arbitre. Vous nous ordonnez et nous forcez à vouloir ce que nous ne voulons pas, vous cherchez à nous enchaîner par les liens de la loi dont la grâce même nous a affranchis pour nous donner la liberté, à nous imposer de nouveau par la crainte l'esprit de servitude et à chasser de nous la grâce elle-même sans laquelle nous ne pouvons rien faire, si bien que, comme le dit l'apôtre, *la grâce n'est plus la grâce* [1] et que le don de Dieu n'est plus le don de Dieu [2]. »

Ce passage, destiné à prouver que les papes n'avaient pas le droit d'imposer au clergé la pratique de la continence, est en contradiction avec les théories précédemment énoncées. Le mot de *libre arbitre* est pris dans un sens très différent : il n'est pas la faculté de « discerner le bien du mal », mais est synonyme de libre volonté ; il consiste à faire non plus *ce que l'on doit*, mais *ce que l'on veut*. Cette conception, que saint Anselme réprouve, aboutit à de singulières conséquences : elle supprime la notion du péché, puisque l'homme ne peut pratiquer aucune vertu, s'il n'a pas la grâce, et elle porte atteinte au principe de l'autorité chargée de formuler la loi, c'est-à-dire le commandement, instrument de la grâce « pour réveiller le libre arbitre et l'inciter au bien [3]. »

---

[1] *Rom.*, XI, 6.

[2] DUEMMLER, p. 426-427.

[3] DUEMMLER, p. 428. — Une discussion de la théorie de saint Anselme n'entre pas dans le cadre de cette étude. Nous avons voulu noter seulement

3

Le polémiste a eu le sentiment de cette flagrante contradiction et, pour en triompher, il s'est attaché à prouver que
le mariage était un bien, au même titre que la continence,
qu'il pouvait par conséquent être lui aussi l'objet du libre
arbitre. Il s'est rendu compte que les préceptes de saint Anselme pouvaient l'aider à créer une équivoque sur le sens du
mot *libre arbitre*, mais qu'au fond ils allaient à l'encontre de
sa propre théorie, s'il n'arrivait à démontrer, comme l'avaient
tenté ses prédécesseurs, que les unions contractées par les
clercs n'avaient en elles-mêmes rien d'impur, que la loi chrétienne les autorisait, que seuls devaient être astreints à la
continence ceux qui avaient reçu de Dieu la grâce nécessaire pour pratiquer cette rude vertu. A cette fin, il a utilisé
un commentaire sur les épîtres de saint Paul, qui semble être
celui d'Atton de Verceil, ce qui ne saurait surprendre, étant
donné les liens qui unissaient l'abbaye du Bec à l'Italie septentrionale [1]. Atton s'était rangé parmi les partisans déterminés
du célibat ecclésiastique, auquel il a consacré plusieurs cha-

les points de contact et les divergences entre le maître et le disciple. Or celui-
ci, tout en exposant la doctrine de saint Anselme sur le libre arbitre, en renie
dans l'application les trois points suivants : 1º Le libre arbitre, qui provient
de la rectitude de la volonté, implique le désir de faire son devoir et non pas
de s'abandonner à ses impulsions. « Ad rectitudinem voluntatis habuerunt
libertatem arbitrii ; quamdiu namque voluerunt quod debuerant, rectitudinem habuerunt voluntatis » *(De libero arbitrio*, III, dans PL, CLVIII, 493).
— 2º Le péché consiste à abandonner la rectitude de la volonté et le pouvoir
de pécher ne doit pas être considéré comme partie intégrante du libre arbitre. « Deserere voluntatis rectitudinem est peccare et potestatem peccandi
nec libertatem nec partem esse libertatis supra monstrasti » *(Ibid.*). —
3º Enfin le règne de la grâce n'exclut pas celui de la loi ; s'il en était
ainsi, on ne voit pas quel serait le rôle du *mandatum* qui est à la fois
l'expression de la loi et l'instrument de la grâce. A plusieurs reprises, saint
Anselme a insisté sur la nécessité d'obéir aux décrets du Saint-Siège : « Il
est certain, a-t-il écrit à Robert, comte de Flandre *(Epist.*, IV, 13, dans
PL, CLIX, 208), que celui qui n'obéit pas aux ordres du pontife romain
destinés à maintenir la religion chrétienne, désobéit aussi à l'apôtre Pierre
dont il est le vicaire et qu'il ne fait pas partie du troupeau confié à Pierre par
le Seigneur ». Même langage dans une lettre à Urbain II qui sert de préam-
bule au *Liber de fide Trinitatis et incarnatione Verbi* : « Puisque la divine
Providence a choisi votre Sainteté pour lui confier la foi chrétienne et le
gouvernement de son Église, personne autre n'a qualité ni autorité dans
l'Église pour reprendre les erreurs contraires à cette foi» (PL, CLVIII, 261).
L'obéissance absolue aux décisions du Saint-Siège est donc compatible avec
le règne de la grâce.

[1] On trouvera ce commentaire dans PL, CXXXIV, 148 et suiv.

pitres de son *Capitulare* [1] ; mais, à propos du chapitre VII
de la première épître aux Corinthiens, il a écrit sur le mariage
quelques pages inspirées à la fois des commentaires antérieurs
et du *De bono coniugali* de saint Augustin, où le docteur,
conformément à la pensée de l'Apôtre, recommande le mariage
à ceux qui ne se sentent pas suffisamment forts pour garder
la continence. L'application aux clercs de ces conseils destinés aux laïques, tel est le second élément de la démonstration du second continuateur normand d'Ulric.

A la demande des fidèles de Corinthe, saint Paul, dans la
première épître qu'il leur adresse, précise son enseignement
au sujet du célibat et du mariage. Tout en considérant le célibat comme un idéal supérieur, il aperçoit dans le mariage
une précaution, généralement nécessaire, contre la fornication.
A cause de la fornication, écrit-il, *que chacun ait son épouse* [2].
S'appropriant cette idée, Atton oppose le *bien* du mariage au
mal de la fornication. « L'Apôtre, dit-il, a précédemment parlé
de ce qui est défendu ; il traite maintenant de ce qui est
permis. Suivant un ordre logique, il a interdit d'abord les
choses défendues, c'est-à-dire le mal de la fornication ; il
recommande maintenant les choses permises, c'est-à-dire le
bien du mariage. » Puis, à l'aide du *De bono coniugali* de saint
Augustin, il commente en ces termes les versets 4 et 5 :
La femme n'est pas maîtresse de son corps, mais le mari...
« Il faut certes savoir que les noces sont pures et saintes, puisqu'elles sont célébrées sur l'ordre de Dieu ; elle n'ont rien non
plus de honteux ni de déshonnête... Aussi faut-il distinguer
des degrés : la continence sans doute est d'un mérite plus grand,
mais le fait de s'unir à une femme pour procréer des enfants
n'est pas un péché : s'il a pour but unique l'incontinence,
c'est une faute vénielle ; la fornication et l'adultère seuls sont
des crimes extraordinaires [3]. »

Le clerc normand a retenu cette gradation. « L'une et l'autre
chose (la continence et le mariage) est un bien, mais l'une est
meilleure que l'autre... Ainsi donc, suivant la doctrine de
l'Apôtre, l'homme qui prend une compagne et la vierge qui

---

[1] Cfr t. I, p. 63-65.
[2] I *Cor.*, VII, 2.
[3] PL, CXXXIV, 348-350.

se marie ne commettent pas un péché ; loin de s'interdire la béatitude, ils s'en ouvrent l'accès et, puisqu'ils font le bien, ils seront tous deux bienheureux. » Ce sont à peu de choses près les expressions d'Atton et le mot de chasteté conjugale revient à plusieurs reprises sous la plume des deux écrivains. L'auteur normand, pour convaincre ses lecteurs de sa bonne foi, accorde la même concession, grave pour sa thèse, qu'Atton de Verceil : il admet que la continence est un état supérieur et il ne craint pas, comme jadis Ulric, de citer la parole de l'Apôtre : *Il est bon à l'homme d'être ainsi* [1], c'est-à-dire continent, mais il se fait fort de prouver que c'est un idéal supérieur et le plus souvent inaccessible.

Atton constatait avec saint Paul que les exigences des faux prophètes de Corinthe, qui prescrivaient la continence absolue [2], avaient contribué au développement de vices honteux comme la sodomie. Telle était aussi une des idées essentielles exposées dans le *Rescrit* d'Ulric. On lit enfin dans la version normande : « Par suite de la prohibition du mariage avec une seule femme, l'horrible fornication de Sodome, contraire à la nature, s'est glissée parmi nous ; avec elle, l'adultère illicite et condamné par la loi ; avec elle l'abominable souillure des courtisanes ; avec elle, l'inceste plus abominable encore et tant d'autres impuretés ou passions inventées par le démon au milieu desquelles se débat la faiblesse humaine. » A l'appui de cette thèse, le polémiste cite un épisode de l'Ancien Testament qui ne figure ni dans Ulric ni dans le *Tractatus pro clericorum connubio* : c'est l'histoire de Lot quittant Sodome en flammes sur l'ordre d'un ange qui veut l'entraîner sur une montagne voisine. Lot redoute cette ascension ; il voudrait s'arrêter à la petite ville de Ségor, puis finalement présume de ses forces, gravit le sommet et là se déshonore par un inceste.

---

[1] I *Cor.*, VII, 26.

[2] Atton condamne, avec saint Paul, les fausses doctrines qui avaient prétendu imposer aux Corinthiens une continence au-dessus de leurs forces. « Sans doute, leur dit l'Apôtre, ce qu'ils vous ont enseigné est bien et pourtant ils n'ont été inspirés ni par des intentions droites, ni par leur zèle pour la loi et pour la religion, ni par leur désir de plaire à Dieu, mais plutôt par la pensée de paraître plus saints et meilleurs. » Le clerc normand applique, à peu de chose près, ce jugement sévère à Grégoire VII et à ses auxiliaires qui, dit-il, ne recherchent le gain des âmes qu'en apparence, mais qui, en réalité, sont enflammés par la cupidité plutôt que par la charité.

Or, cet épisode a servi de thème à plusieurs commentateurs de saint Paul pour expliquer le verset : *S'ils ne peuvent garder la continence, qu'ils se marient* [1]. Atton, à son tour, le développe plus longuement que ses prédécesseurs, et il semble bien que ce soit lui qui ait inspiré le continuateur d'Ulric.

A la lumière de la Bible, les deux auteurs, après avoir raconté l'aventure fâcheuse survenue à Lot, décrivent en des termes qui se ressemblent beaucoup les différents échelons de la vie chrétienne : Sodome, c'est la fornication ; la montagne que Lot jugeait inaccessible, c'est la continence, pleine de dangers pour ceux qui ne sont pas suffisamment forts pour l'affronter ; Ségor, c'est l'image de la vie conjugale. Lot n'aurait pas commis son affreux péché, s'il était resté à Ségor. «Un tel sort, conclut le clerc normand, est réservé aux hommes qui dédaignent la miséricorde de Dieu : ils veulent monter trop haut, ne peuvent atteindre les cimes et glissent sur la pente. Ainsi ceux qui abandonnent malgré eux ou de leur propre consentement la vie conjugale qui leur est permise et par laquelle ils peuvent être sauvés, pour aspirer au célibat, perdent le salut auquel ils pouvaient parvenir par le mariage et courent les plus grands dangers ; ce qu'ils considéraient comme une ascension est pour eux une chute, car, ainsi que nous l'avons noté plus haut, ils se précipitent dans l'abîme [2]. »

Pour cette raison saint Paul se contente de conseiller le célibat sans l'ordonner. « *Je vous dis ceci, écrit-il, par manière de concession et non de commandement. Je voudrais que tout le monde fût comme moi, mais chacun a son don particulier que Dieu lui a accordé, l'un ainsi et l'autre ainsi.* [3] » Quelques lignes plus loin, il ajoute : *En ce qui concerne les vierges, je n'ai pas d'ordre du Seigneur, mais je vous donne mon avis comme quelqu'un qui, par la grâce de Dieu, est digne de confiance* [4]. Saint Paul croit donc interpréter la volonté divine en invitant au célibat comme à un état supérieur, mais il connaît l'infirmité de la nature humaine et permet le mariage. A son tour, Atton de Verceil s'exprime en ces termes : « De même qu'un médecin autorise un malade impatient à manger certains fruits pour l'em-

---

[1] I *Cor.*, VII, 9.
[2] DUEMMLER, p. 431.
[3] I *Cor.*, VII, 6-7.
[4] I *Cor.*, VII, 25.

pêcher d'en absorber d'autres plus pernicieux encore, de même
l'Apôtre accorde aux Corinthiens dévorés par le désir et prêts
à l'incontinence quelques concessions nécessaires, afin qu'il
ne se précipitent pas vers un gouffre où leur perte serait consommée. C'est comme s'il disait : mes auditeurs ne sont pas
en équilibre ; ils vont tomber, et mes préceptes n'ont d'autre
but que de prévenir leur chute. Aussi faut-il savoir que certaines pratiques font l'objet d'une injonction formelle,
d'autres d'une permission, d'autres enfin d'une indulgente to-
lérance. » Le commentateur revient avec insistance sur cette
différence à propos des vierges. « Il (l'Apôtre) a raison de
dire qu'il n'a pas d'ordre du Seigneur, car le Seigneur était
l'auteur du mariage. Dès lors, il n'aurait pas été logique de
proscrire cette institution. Il faut donc bien remarquer quelle
distance il y a entre l'ordre (*praeceptum*) et le conseil (*consilium*).
L'ordre ne peut être transgressé sans péché ; si au contraire un
conseil n'est pas suivi, il n'y a pas transgression à proprement
parler. Or l'Apôtre a dit qu'il donnait un conseil [1]. »

Le clerc normand n'a pas laissé échapper cette distinction,
sur laquelle il échafaude une théorie qu'Atton eût certainement réprouvée. Il reproduit les deux passages précédemment
cités de l'épître aux Corinthiens et les commente en ces termes :
« Puisque ces deux choses sont bonnes, avoir une épouse et
ne pas en avoir, que ce n'est pas un péché d'être avec son
épouse ou avec son mari, l'Apôtre affirme : *Je pense donc qu'à
raison de la nécessité présente il est bon à l'homme d'être ainsi* [2].
Qu'est donc cette nécessité présente dans l'infirmité actuelle ?...
Aussi à cause de cette nécessité d'éviter la fornication, je dis
qu'il est bon à l'homme d'être ainsi, à savoir que, s'il ne peut
garder la continence, il se marie [3]. *Tu es lié à une femme ; ne
cherche pas à rompre. Tu n'es pas lié à une femme ; ne cherche
pas de femme. Si cependant tu te maries, tu ne fais pas de péché.
Et si une vierge se marie, elle ne pèche pas* [4]. Et, pour bien montrer qu'il ne donne pas un ordre, mais de nouveau un conseil

---

[1] ATTON DE VERCEIL, *In Epist. I ad Corinthios* (PL, CXXXIV, 356).

[2] I *Cor.*, VII, 26.

[3] Ici, il y a désaccord entre le clerc et le commentateur ; celui-ci interprète
être ainsi par *être continent*, ce qui d'après le contexte ne saurait faire aucun
doute.

[4] I *Cor.*, VII. 27-28.

dicté par l'indulgence et la commisération, l'Apôtre ajoute :
*Mais les personnes mariées connaîtront la tribulation de la chair, et
moi je cherche à vous l'épargner* [1], c'est-à-dire je cède à votre
infirmité. Ainsi laisse-t-il à chacun le loisir de choisir l'état
qu'il préfère ; il affirme qu'il ne veut pas faire violence à personne [2]. »

On voit où le polémiste veut en venir : la continence n'est
pas ordonnée mais conseillée ; le mariage est permis « par indulgence » ; il est d'ailleurs un bien au même titre que la
chasteté ; pourquoi dès lors ne serait-il pas autorisé pour les
clercs comme pour les laïques ? Si l'Apôtre permet à chacun
par indulgence et à cause de la fornication d'avoir une épouse,
nous qui sommes de la même substance, qui traînons avec
nous notre chair de péché, héritage d'Adam, qui ne pouvons
être continents, pourquoi, pour la même raison et en vertu
de la même indulgence, n'aurions-nous pas le loisir d'avoir
des épouses et serions-nous forcés de répudier celles que nous
avons ? Ainsi donc ou, par imitation de l'Apôtre, concédez-
nous le droit de nous marier, ou enseignez-nous que nous ne
sommes pas de la même substance que les laïques, ou prou-
vez-nous que l'Apôtre ne nous a pas accordé son indulgence [3]. »

Ulric avait prévu une objection, qui est à nouveau discutée
ici : cette indulgence, dira-t-on, n'a pas été accordée par l'Apôtre aux clercs, mais aux seuls laïques. Or l'épître, reprend
l'auteur normand, s'adresse à tous et par les *sanctificati*, dont
il est question au début, il faudrait entendre les prêtres et
les lévites que l'Apôtre avait sanctifiés, c'est-à-dire consacrés
(simplement baptisés suivant Atton). Il y a plus : le péché
inouï auquel saint Paul fait plusieurs allusions au cours de
l'épître aurait été commis par un prêtre ; le pamphlétaire se
réclame sur ce point d'une homélie de saint Jean Chrysostome
qu'il intitule *De reparatione lapsi* et qui est en réalité la lettre
Ad Theodorum lapsum. Comme Chrysostome déclare qu'au
dire de quelques-uns le fornicateur était prêtre [4], il conclut

---

[1] I Cor., VII, 28.

[2] DUEMMLER, p. 433.

[3] DUEMMLER, p. 434.

[4] S. JEAN CHRYSOSTOME, *Ad Theodorum lapsum*, VIII : « Παρὰ Κοριν-
θίοις ἐπισημός τις ἀνὴρ ἁμαρτίαν εἰργάσατο τοιαύτην οἷα οὐδὲ ἔν τοῖς ἔθνεσιν
ὠνομάζετο. Πιστὸς δὲ οὗτος ἦν καὶ τῶν ὠκεισωμένων Χριστῷ · τινὲς δὲ αὐτον καὶ
τῶν ἱερωμένων εἶναι φάσι » ((P G, XLVII, 286).

que la pénitence peut s'appliquer aux cas les plus graves. Saint Paul ne reproche-t-il pas aux Corinthiens d'avoir rejeté de la communauté ce frère coupable ? Cette interprétation, quoique douteuse, n'est pas absolument invraisemblable, mais elle ne fournit aucun argument nouveau à la thèse du mariage sacerdotal. En somme, il est clair que saint Paul, tout en autorisant le mariage, a conseillé aux personnes éprises d'un idéal supérieur, parmi lesquelles figurent presque nécessairement les clercs, de garder la continence.

Or cette continence, suivant le clerc normand, ne doit être que momentanée, pour permettre de *vaquer à la prière* [1]. Il en était ainsi, remarque-t-il, sous l'ancienne loi : *Il y a un temps pour les baisers et un temps pour être loin des baisers* [2]. Atton de Verceil reproduisait déjà cette parole de l'Ecclésiaste pour apprendre aux époux chrétiens qu'il faut « fréquemment garder la continence, afin de pouvoir prier Dieu avec un cœur plus pur, car plus on prie Dieu avec un cœur pur, plus Dieu est enclin à la miséricorde[3]. » Le clerc normand prétend délimiter le temps de la prière pendant lequel il faut s'abstenir de la couche nuptiale : il s'agirait des dimanches et des fêtes solennelles, des périodes de jeûne où non seulement les clercs, mais tous les fidèles doivent renoncer aux plaisirs de la chair ; les choses se passent ainsi dans cette Grèce, témoin de la prédication de l'Apôtre et particulièrement désignée pour en conserver la tradition ; il en était de même dans l'ancienne loi où Moïse prend une série de précautions pour astreindre les prêtres du Seigneur à la chasteté pendant les périodes de prières et de supplications. Mais la continence absolue et définitive, le continuateur d'Ulric la repousse comme contraire à l'enseignement de saint Paul. N'est-elle pas d'ailleurs un « don de la grâce divine ? » Et, dans ces conditions, comment pourrait-on l'imposer à ceux auxquels Dieu n'en a pas accordé le bienfait [4] ?

Sous son allure plus dogmatique, la seconde version normande du *Rescrit* d'Ulric aboutit donc à la même conclusion que la version originelle : les décrets grégoriens sont contraires

---

[1] I *Cor.*, VII, 5.
[2] *Eccl.*, III, 1 et 5.
[3] *In Epist. I ad Cor.* (PL. CXXXIV,350).
[4] DUEMMLER, p. 435-436.

à la doctrine catholique et à l'Écriture ; le Saint-Siège aurait
dû conseiller aux clercs la pratique de la vertu de chasteté,
mais non les y contraindre. Toutefois le clerc normand plaide
avec plus de chaleur l'impossibilité du célibat ; pour lui, les
exigences les plus impérieuses de la nature humaine ne sauraient
se dispenser d'une satisfaction immédiate et ceux qui ne les
assouvissent pas par le mariage deviennent fatalement la
proie de la plus honteuse fornication « Nous vous le demandons
avec insistance, s'écrie-t-il, nous vous en supplions, nous vous
implorons à deux genoux, considérez notre infirmité, ayez
pitié de nous et n'usez pas de contrainte [1]. »

Les cris de détresse alternent d'ailleurs avec les insinuations
et les calomnies ; le ton est parfois très acerbe. Ulric affectait
surtout de la compassion pour un pape qui s'écartait de la
sainte mesure ; son continuateur normand, avec une verve
mordante, laisse supposer que ses adversaires ne sont pas uniquement guidés par le souci de la discipline ; il les compare
à Balaam qui asservissait son don prophétique à sa cupidité
personnelle, et les menace du sort d'Osée qui tomba, frappé
de mort, au moment où, avec une folle présomption, il es-
sayaitde redresser l'arche du Seigneur qui s'inclinait ; il n'hésite
pas enfin à jeter un soupçon sur leur conduite et leur reproche
d'ordonner aux autres la pratique d'une vertu qu'ils ne cul-
tivent pas eux-mêmes. Bref, à l'en croire, ces vigilants défenseurs du célibat voudraient surtout faire montre de leur
autorité ; ils ne songeraient guère aux devoirs de leur charge
et n'aboutiraient en somme qu'à révéler la turpitude de leur
mère, l'Église, c'est-à-dire à gravement offenser le Seigneur[2].

On ne saurait souscrire à un tel jugement en opposition
avec les faits, ni douter de la sincérité des intentions d'un
Pierre Damien ou d'un Grégoire VII [3]. Sur ce point, comme
sur plusieurs autres, Ulric et ses continuateurs n'entraînent
pas la conviction. Dans l'ensemble, leur méthode de discussion reste plutôt faible : qu'il s'agisse de saint Paul, de saint
Augustin ou de saint Anselme, elle consiste à isoler dans une
œuvre quelques passages qui reçoivent une application adé-

---

[1] DUEMMLER, p. 437.
[2] DUEMMLER, p. 429-430.
[3] Cfr t. I, p. 207 et suiv.

quate, à s'attacher à la lettre, sans que jamais le contexte
fasse l'objet d'un examen approfondi.

III

Une troisième version normande du *Rescrit* d'Ulric, plus
succincte que les précédentes, a vu le jour autour de 1080 :
c'est celle qui, sous le titre de *An liceat sacerdotibus inire matrimonium*, figure dans les *Tractatus Eboracenses*, recueil constitué sensiblement plus tard par la réunion de plusieurs
œuvres de circonstance dont la plupart sont postérieures au
pontificat de Grégoire VII [1].

Le *An liceat sacerdotibus inire matrimonium* dérive lui aussi
du *Rescrit* d'Ulric d'Imola dont il reproduit les idées essentielles : une fois de plus, on reproche aux décrets sur le célibat
ecclésiastique, sous une forme qui d'ailleurs ne manque pas
d'originalité, d'avoir créé une obligation qui n'a jamais été
formulée par la loi divine : « Je voudrais, lit-on au début,
savoir qui le premier a décrété que les prêtres chrétiens ne
pouvaient contracter mariage, si c'est Dieu ou l'homme. Si
c'est Dieu, sa sentence doit être retenue et observée avec vénération et respect. Mais, si c'est l'homme et non Dieu, une telle
tradition provient du cœur de l'homme et non des lèvres de
Dieu ; aussi n'opère-t-on point son salut en l'observant et
ne le compromet-on pas en la méconnaissant. En effet, il
n'appartient pas à l'homme de sauver ou de perdre un de ses
semblables pour ses mérites, mais cela est réservé à Dieu
seul [2]. » Il s'agit donc de prouver, à l'aide des livres inspirés,
que Dieu n'a jamais institué le célibat ecclésiastique qui n'est

---

[1] L'étude de ce recueil trouvera sa place à propos des polémiques contemporaines du pontificat d'Urbain II. Nous nous contenterons pour le moment
de signaler les pages fort intéressantes que lui a consacrées Heinrich BOEHMER
dans son livre *Kirche und Staat in England und in der Normandie im XI
und XII Jahrhundert*, Leipzig, 1899, p. 177-266 et auxquelles nous renvoyons
pour la date des différents morceaux. L'opuscule *An liceat sacerdotibus inire
matrimonium*, édité par le même BOEHMER dans les *Libelli de lite*, t. III,
p. 645-648, aurait été rédigé vers 1080 et les arguments donnés par lui en
faveur de cette date *(op. cit.*, p. 189-191) paraissent devoir être retenus.

[2] *Libelli de lite*, t. III, p. 645-646.

qu'une tradition purement humaine. Et l'on retrouve aussitôt les textes habituels de la première épître à Tjmothée : *Il faut que l'évêque soit l'époux d'une seule femme*[1] et de la première aux Corinthiens : *A cause de la fornication, que chacun ait son épouse...*[2]

En outre, l'auteur — et toute cette partie de son œuvre est assez nouvelle — note avec insistance que Dieu, qui a institué le mariage précisément pour remédier à la fragilité des sexes, en a fait un sacrement. S'insurger contre cette « loi éternelle », voulue par Dieu de tout temps pour préserver l'ordre naturel, c'est commettre un « péché [3]. »

On retrouve ici, bien qu'ils ne soient pas explicitement cités, l'influence des traités de saint Augustin, bien connus des défenseurs du mariage sacerdotal, notamment du *De bono coniugali*, dont les premiers continuateurs d'Ulric avaient fait une utilisation analogue. De plus, comme la seconde version normande, le *An liceat sacerdotibus inire matrimonium* porte la trace des discussions qui eurent lieu à l'école du Bec, autour de la chaire de saint Anselme. La terminologie employée ne saurait laisser aucun doute à cet égard : la continence est « un don de Dieu » qui n'est pas également dispensé à tous. « Or, parmi les prêtres, les uns sont continents, les autres incontinents. Ceux qui sont continents ont reçu ce don de la continence de Dieu, sans le don et la grâce duquel ils ne peuvent être continents. Mais les incontinents reçoivent fort peu ce don de la grâce, parce que tant par leur intempérance naturelle que par l'infirmité de leur âme, ils nagent dans les désirs de la chair, ce qu'ils ne feraient en aucune façon s'ils avaient reçu de Dieu la grâce et la vertu de continence. Eux-mêmes en effet sentent *dans leurs membres une autre loi luttant contre la loi de leur esprit et les enchaînant dans la loi du péché*[4], les contraignant finalement à ce qu'ils ne veulent pas

---

[1] I *Tim.*, III, 2.

[2] I. *Cor.*, VII, 2 et 9.

[3] L'auteur s'appuie ici sur deux textes de saint Augustin empruntés l'un au commentaire sur la Genèse, IX, 7, l'autre au *Contra Faustum manichaeum*, XXII, 27. Ce sont les deux seules références patristiques que l'on trouve dans son opuscule.

[4] *Rom.* III, 23-24.

faire. La grâce de Dieu les délivre du *corps de cette mort* [1]. »

Bref, la virginité est une « grâce » que Dieu accorde à l'homme et sans laquelle l'observation du célibat demeure impossible. L'auteur de la seconde version normande du *Rescrit* d'Ulric notait déjà que nul ne pouvait garder la chasteté sans la grâce, sans un don de Dieu qui n'est départi qu'à quelques-uns [2]. Le thème n'a pas varié. Cependant, tandis que pour ce polémiste les décrets grégoriens apparaissaient surtout comme une atteinte au libre arbitre que, selon saint Anselme, Dieu a laissé à l'homme d'user ou de ne pas user de sa grâce, le mot de libre arbitre n'est pas prononcé dans cette nouvelle version ; il est beaucoup plus question de prescience, de prédestination, et les théories de saint Anselme ont subi sur ce point une curieuse déformation.

Dans le traité intitulé *De concordia praescientiae et praedestinationis necnon gratiae Dei cum libero arbitrio* [3], saint Anselme soutient que Dieu connaît l'avenir de toute éternité, mais que cette prescience ne nuit pas au libre exercice de la volonté humaine. « La prescience, écrit-il, n'est autre chose que la connaissance de l'avenir, et, par suite, si Dieu connaît une chose à l'avance, il est nécessaire qu'elle arrive ». Mais il s'empresse d'ajouter que, quoique Dieu ait cette prescience de toutes choses, il sait que « certaines choses arriveront du fait de la libre volonté d'une créature raisonnable... et, de même qu'il est nécessaire que ce que veut Dieu soit, de même il est nécessaire que, dans l'ordre des choses que Dieu soumet à la volonté humaine, ce que veut l'homme soit [4]. » En d'autres termes, Dieu permet à cette volonté humaine de s'exercer librement, tout en sachant à l'avance dans quel sens elle s'exercera. C'est en cela seulement qu'il y a prédestination, car « la raison enseigne de même que certaines choses sont prédestinées à être du fait du libre arbitre [5]. » Et saint Anselme de s'élever contre ceux qui, lorsqu'un homme commet une injustice ou un meurtre à l'égard de ses semblables, s'écrient que

---

[1] *Libelli de lite*, t. III, p. 646.

[2] Cfr *supra*, p. 23-24.

[3] On trouvera ce traité dans PL, CLVIII, 507-542.

[4] *De concordia praescientiae et praedestinationis necnon gratiae Dei cum libero arbitrio*, I, 3 (PL, CLVIII, 511).

[5] *Ibid.*, II, 3 (PL, CLVIII, 520).

c'est là un effet de la prescience et de la prédestination de
Dieu, que nécessairement cela devait se produire et qu'il ne
pouvait rien arriver d'autre, alors que cette injustice ou ce
meurtre résulte de la volonté humaine et que, sans l'exercice
de celle-ci, cet acte n'eût pas été accompli [1].

C'est précisément dans cette erreur qu'est tombé l'auteur
du *An liceat sacerdotibus inire matrimonium* qui est très au
courant de la terminologie employée par saint Anselme et qui,
tout en usant du même vocabulaire *(praescientia, praedesti-*
natio, praecogitatio), déforme sa doctrine et, ne tenant, à la
différence du second continuateur normand d'Ulric, aucun
compte du libre arbitre, soutient que Dieu a fait par prédestination tout ce qui aura lieu en acte *(in opere)*, pour aboutir
à cette conclusion : « Quiconque s'efforce d'empêcher que
Dieu fasse en acte ce qu'il a fait en prédestination essaie de
se dérober à la prédestination de Dieu [2], » ce qui supprime
le libre arbitre.

Malgré cette divergence fondamentale, il n'est pas douteux
que l'auteur du *An liceat sacerdotibus inire matrimonium* a
reçu l'enseignement de saint Anselme ou d'un de ses disciples
immédiats et qu'il a lui aussi adapté à sa thèse sinon la pensée
même du docteur, du moins les discussions doctrinales dont
il avait été témoin. On devine ce que pourra être l'application ; Dieu, dit-il, n'ayant rien créé dans le siècle qu'il
n'ait auparavant préordonné et prédestiné, cette prédestination ne saurait être modifiée, car il est impossible que ce que
Dieu a voulu, pensé et ordonné de toute éternité ne se produise
pas. Or, il a prédestiné les uns à demeurer vierges, les autres
à se marier, et « la virginité elle-même est issue de la fécondité,
car, si tous les hommes avaient voulu rester vierges, il n'y
aurait depuis longtemps plus de vierges [3]. » On ne saurait donc
empêcher ceux qui ont été préordonnés pour le mariage de
prendre femme sans aller à l'encontre de la volonté de Dieu.
« Si donc Dieu a prédestiné les fils de prêtres à le devenir en
fait, celui qui s'efforce d'empêcher qu'ils existent en fait
s'efforce de détruire l'œuvre que Dieu a accomplie par prédes-

---

[1] *De concordia praescientiae et praedestinationis*, II, 3 (PL, CLVIII, 521).
[2] *Libelli de lite*, t. III, p. 647.
[3] *Libelli de lite*, t. III, p. 648.

tination, d'anéantir la prédestination de Dieu et d'aller à l'encontre de la volonté de Dieu qui est éternelle... Il est en effet nécessaire que tous les hommes soient créés à cette place qu'il a voulue pour eux de toute éternité [1]. » Et ainsi « il est nécessaire que, de même que les laïques, les prêtres, dont naissent les hommes, apportent, pour les créer, leur ministère à la volonté et à la préordination de Dieu, car les parents ne sont pas les auteurs de la création de leurs enfants, mais les ministres [2] », et ne pas vouloir remplir cette fonction, c'est rendre vaine la *praecogitatio* de Dieu.

Ainsi l'argumentation varie, les thèses philosophiques reçoivent une adaptation différente, mais la conclusion des trois versions normandes du *Rescrit* d'Ulric reste identique à elle-même : les décrets sur le célibat ecclésiastique seraient contraires à l'ordre de Dieu, que les clercs mariés prétendaient défendre contre la papauté réformatrice.

---

[1] *Libelli de lite*, t. III, p. 647.
[2] *Libelli de lite*, t. III, p. 647-648.

III. — L'«APOLOGIE» DE SIGEBERT DE GEMBLOUX

SOMMAIRE. — Place de l'« Apologie » dans l'œuvre de Sigebert de Gembloux. — Sa date ; son but ; les méthodes de discussion. — La question de la validité des sacrements administrés par les clercs mariés. — Attaques contre Grégoire VII et l'institution pontificale. — Influence de Sigebert.

Les deux traités normands sur le mariage sacerdotal sont les seules versions remaniées du *Rescrit* d'Ulric qui soient parvenues jusqu'à nous. Il a dû en exister d'autres, aujourd'hui perdues, mais, si toutes ont certainement été accueillies avec enthousiasme par les clercs mariés, leur influence sur la marche des événements a été minime : même l'antipape Clément III, opposé à Grégoire VII par l'assemblée de Brixen (1080), n'a pas osé conférer une forme légale aux solutions proposées par Ulric et ses continuateurs ; il s'est rallié à une théorie assez différente et plus modérée qui a pour principal représentant Sigebert de Gembloux.

Sigebert est un des moines les plus illustres du XIe siècle [1]. Né vers 1030, originaire du Brabant wallon, il entra assez jeune au monastère de Gembloux qu'il quitta bientôt pour devenir écolâtre de Saint-Vincent à Metz ; mais il y revint vers 1070 et y mourut le 5 octobre 1112. On lui doit un grand nombre d'ouvrages dont il a laissé lui-même la liste dans son *De scriptoribus ecclesiasticis*. Le plus connu est une chronique, composée entre 1100 et 1105, qui, malgré son caractère tendancieux, renferme des renseignements de tout premier ordre pour l'histoire des dernières années du XIe siècle [2]. Très hostile à Grégoire VII et à la réforme de l'Église, Sigebert est aussi l'auteur de plusieurs opuscules, en partie perdus, où

---

[1] Sur Sigebert de Gembloux, voir J. HIRSCH, *De vita et scriptis Sigeberti monachi Gemblacensis*, Berlin, 1841.

[2] Cfr t. II, p. 60-61.

la papauté est très violemment attaquée ; c'est parmi eux qu'il faut ranger son « Apologie contre ceux qui critiquent les messes des prêtres mariés » (*Apologia contra eos qui calumniantur missas coniugatorum sacerdotum*), rédigée vers 1076 [1].

---

[1] Sigebert a écrit notamment une lettre *Ad Leodienses*, condamnée par Pascal II, et une réfutation de la lettre de Grégoire VII à Herman de Metz (*Responsio ad epistolam Hildebrandi quam scripsit ad Herimannum Mettensem in potestatis regiae calumniam*), qui est malheureusement perdue. — L'*Apologia contra eos qui calumniantur missas coniugatorum sacerdotum* a été éditée par E. SACKUR dans les *Libelli de lite pontificum et imperatorum*, t. II, p. 436-448. Tous les érudits sont d'accord pour attribuer à Sigebert de Gembloux la paternité de cet opuscule, qu'il nomme lui-même parmi ses œuvres dans son *De scriptoribus ecclesiasticis*, CLXXI (PL, CLX, 587). En revanche, la date de rédaction a donné lieu à des controverses. Hirsch et Sackur pensent que l'*Apologia* a dû être écrite peu de temps après le concile de 1074 qui avait interdit aux fidèles d'assister aux messes des prêtres mariés ; ils remarquent que Henri IV est appelé *iuvenis*, ce qui prouverait qu'il était encore assez jeune (or, il est né en 1050). A. Cauchie *(La querelle des investitures dans les diocèses de Liége et de Cambrai*, t. I, 1890, p. 105 et suiv.) reporte au contraire la composition du traité aux environs de 1089 ; il constate, non sans raison, une parenté entre l'*Apologia* de Sigebert de Gembloux et la bulle connue sous le nom de « Décret de Clément III » (JAFFÉ-WATTENBACH, 5330 ; *Libelli de lite*, t. I, p. 621-626), où l'antipape Guibert de Ravenne, au lendemain du concile tenu par lui à Rome (1089), réprouve le mariage sacerdotal, mais excommunie du même coup ceux qui rejettent les sacrements des prêtres rebelles à l'autorité de Grégoire VII. Comme Guibert utilise plusieurs textes déjà cités par Sigebert, Cauchie se croit autorisé à conclure que l'*Apologia* a été composée à la demande de Guibert et à l'occasion du concile de Rome. Cette hypothèse est contestable. On remarquera d'abord que Guibert de Ravenne légifère sur une question d'ordre beaucoup plus général : il veut rendre valables les sacrements administrés par tous les excommuniés atteints par les sentences de Grégoire VII en raison de leur adhésion au schisme, et le cas des clercs mariés ne l'intéresse qu'incidemment. De plus, si plusieurs textes du cinquième traité de saint Augustin sur l'évangile de saint Jean sont communs au « Décret » et au moine de Gembloux, il y en a d'autres qui diffèrent : le *De baptismo contra Donatistas*, par exemple, a beaucoup servi à Guibert qui, en revanche, ne reproduit pas plusieurs passages, pourtant significatifs, d'autres traités sur l'évangile de saint Jean cités par Sigebert. Les autres arguments de Cauchie sont également discutables : il affirme que l'Apologie a été nécessairement rédigée après la mort de Grégoire VII, mais il se heurte à l'apostrophe : *Et tu novus morum corrector*, qui ne peut s'appliquer qu'à Hildebrand (ce qu'il ne veut pas admettre) ; il ajoute que Sigebert, après avoir attaqué les successeurs des papes, leur oppose un ministre choisi de Dieu qu'il dépeint comme le nouveau Balaam et qui ne saurait être que l'antipape Clément III ; or le passage en question *(Apologia, VI, dans *Libelli*, t. II. p. 443-444) est loin d'avoir une signification aussi précise : « Que personne, écrit Sigebert, ne s'étonne si, par le canal de ministres indignes et répréhensibles dans leur conduite, Dieu accorde ses bénédictions à des fidèles, même beaucoup meilleurs que ces ministres, lui qui, par le ministère du devin Balaam, a béni, malgré les répugnances de celui-ci,

Le titre du traité en révèle le contenu. Le moine de Gembloux abandonnant la position défendue par Ulric et ses continuateurs, reconnaît qu'en voulant imposer au clergé la loi de chasteté, le pape poursuit un but très louable, mais il s'indigne contre l'interprétation pontificale de la parole évangélique : *Force-le à entrer* [1], et soutient qu'une telle injonction « ne doit entraîner avec elle ni procédés de terreur, ni outrages, ni proscriptions, ni rapines, ni bâton, ni glaive [2]». En d'autres termes, il s'attaque surtout à la dernière disposition du décret de 1074 qui interdisait aux laïques d'assister aux offices célébrés par les prêtres mariés. « Ceux qui ont commis le crime de fornication, écrivait Grégoire VII à Othon de Constance, ne pourront célébrer la messe ni exercer à l'autel les ordres mineurs. Nous décidons aussi que le peuple ne pourra être présent aux offices des clercs qui auront méprisé nos constitutions (qui sont celles des saints Pères eux-mêmes), afin que ceux que ne peuvent corriger ni l'amour de Dieu ni la dignité de leurs fonctions soient humiliés par le respect humain et par le blâme du peuple [3]. » A la fin de 1074, s'adressant à Rodolphe de Souabe et à Berthold de Carinthie, le pape les priait avec

---

son premier-né, Israël, nation sainte et peuple de son choix ». Rien ne prouve qu'il y ait ici une allusion à Guibert de Ravenne. A notre avis, l'*Apologie* ne peut être très postérieure aux décrets grégoriens ; en effet, à partir de 1076, et plus encore de 1080, la question des prêtres mariés passe au second plan et s'efface devant celle, beaucoup plus grave, de la suprématie impériale ou pontificale ; l'excommunication de Henri IV et la déposition de Grégoire VII inspirent presque exclusivement la polémique entre Grégoriens et Antigrégoriens. On remarquera en outre que Sigebert a en quelque sorte résumé son *Apologie* dans le passage de sa chronique qui se rapporte à l'année 1074 (MGH, SS, t. VI, p. 362-363), ce qui semble prouver qu'elle s'applique au décret de Grégoire VII, et qu'elle est le reflet de l'émotion produite dans certains milieux par la décision pontificale. Sa rédaction est cependant postérieure au décret de 1075 sur l'investiture, qui est mentionné au chapitre V (*dignitatem ab omni saecularis servitii necessitate absolvere*), mais antérieure à la première excommunication de Henri IV (février 1076), qui eût été sans doute incidemment signalée, si elle s'était déjà produite, à propos des efforts de Grégoire VII pour amender la vie et les mœurs du jeune roi. Elle daterait donc de la fin de 1075 et serait sans doute contemporaine de la bulle du 8 décembre 1075 (*Registrum*, III, 10, édit. CASPAR, p. 263-267 ; édit. JAFFÉ, p. 218-222 ; PL, CXLVIII, 439-442), où le pape s'exprime à peu près dans les mêmes termes au sujet de Henri IV.

[1] Luc, XIV, 23.

[2] *Apologia*, VII (*Libelli de lite*, t. II, p. 445).

[3] JAFFÉ-WATTENBACH, 4933 (édit. JAFFÉ, p. 525-526 ; PL, CXLVIII, 645-646).

insistance de l'aider à faire respecter sa décision. « Quoi que puissent dire les évêques de votre entourage, n'assistez jamais aux offices de ceux qui ont été promus et ordonnés par simonie ou que vous savez coupables de fornication ; divulguez ce désir et cet ordre à la cour du roi, à toutes les assemblées du royaume ; enfin, autant qu'il vous sera possible et même par la force, empêchez les prêtres incriminés de célébrer les saints mystères [1]. »

Cette mesure, on l'a vu [2], avait un caractère purement disciplinaire : le pape condamne les clercs insensés qui, comme il l'écrivait le 10 novembre 1076 à Robert le Frison [3], « pratiquent la fornication et ne rougissent pas néanmoins, en chantant la messe, de prendre en leurs mains le corps du Christ, sans songer à l'insanité dont ils font preuve en touchant à la fois le corps d'une courtisane et le corps du Christ » ; il les sépare du troupeau des fidèles à cause du mauvais exemple qu'ils donnent, mais il ne veut pas dire par là que les messes qu'ils célèbrent et les sacrements qu'ils administrent ne soient pas valides [4]. Toute l'argumentation de Sigebert de Gembloux consiste à prêter au pape cette intention doctrinale qu'il n'a jamais exprimée et que toutes ses paroles ont démentie.

La thèse de la validité des sacrements conférés par les simoniaques ou les nicolaïtes avait été déjà développée avec beaucoup de vigueur par Pierre Damien dans plusieurs de ses opuscules, notamment dans son *Liber gratissimus*[5]. Sigebert de Gembloux s'est peu servi de ce traité ; il s'est contenté de lui emprunter quelques exemples scripturaires, tels que celui de Caïphe, inspiré du souffle prophétique *parce qu'il était le pontife de cette année là* [6]. Sa principale source est un recueil de *Sententiae* extraites presqu'exclusivement de saint Augustin. Les textes du docteur d'Hippone contribuent sans aucun doute à renforcer la démonstration de Pierre Damien [7], mais leur application

---

[1] *Registrum*, II, 45 (édit. CASPAR, p. 182-183 ; édit. JAFFÉ, p. 158-160 ; PL, CXLVIII, 396-397).

[2] Cfr t. II, p. 139-141.

[3] *Registrum*, IV, 11 (édit. CASPAR, p. 310 ; édit. JAFFÉ, p. 255 ; PL, CXLVIII, 464).

[4] Cfr t. II, p. 140.

[5] Cfr t. I, p. 218-224.

[6] JEAN, XI, 15.

[7] Voici quelques-uns des textes les plus caractéristiques de saint Augustin

au décret de 1074 reste injustifiée. Pour que la preuve fût faite, il eût fallu que Sigebert pût placer en regard des passages de saint Augustin une ou plusieurs bulles de Grégoire VII énonçant une doctrine contraire ; or, il eût été embarrassé pour en trouver une seule.

A défaut de textes précis, le polémiste prête du moins aux partisans de Grégoire VII des objections dont on ne trouve la trace nulle part et qui semblent bien n'avoir existé que dans son imagination. Il suppose par exemple que le pape se réfugiera à l'abri d'un texte de saint Paul : *Faisons le mal pour provoquer le bien*[1], et alléguera la nécessité, pour ramener l'Église à la pureté des anciens temps, d'altérer légèrement la doctrine en interdisant aux laïques d'assister aux messes des prêtres mariés. Cette hypothèse, toute gratuite, ouvre la voie à des développements faciles : Dieu peut-il admettre, s'écrie Sigebert, que, même pour atteindre un noble but, le pontife, gardien de la foi, se laisse aller à commettre un tel mensonge, « qu'il plonge dans le Rhin quelqu'un qu'il a retiré de la Moselle, qu'il arrache le glaive des mains d'un sot qui veut se donner la mort, pour approcher ensuite des lèvres de ce malheureux le poison fatal ?[2] » N'est-il pas écrit au livre de la Sagesse : *La bouche qui profère un mensonge tue l'âme*[3] ? « Personne, dit à son tour saint Augustin, ne doute que l'âme ne soit supérieure au corps ; par suite il faut préférer l'intégrité de l'âme, capable de durer éternellement, à celle

---

cités par Sigebert : « Si l'on entre dans l'Église avec des intentions pures par l'intermédiaire d'un mauvais clerc, malhonnête et hypocrite, mais ministre catholique, on reçoit pourtant la rémission de ses péchés » (*Sermo* LXXI, dans PL, XXXVIII, 453). — « Que celui qui baptise soit dans son ministère bon ou mauvais serviteur, celui qui est baptisé l'ignore ; il ne sait qu'une chose, c'est qu'il est baptisé par celui qui a tout pouvoir pour le baptiser... Le séducteur vous dit : vous n'avez pas le baptême, car je ne sais quel méchant ou quel traître vous l'a conféré. Je ne discute pas au sujet de l'officiant, mais je regarde le juge : j'ai été baptisé par le Christ... Celui que baptise un ivrogne, un homicide, un adultère, c'est le Christ qui le baptise. Je ne redoute ni l'adultère, ni l'ivrogne, ni l'homicide, parce que j'aperçois la colombe par laquelle il est dit : voici celui qui baptise. Le sacrement est si saint qu'il ne peut être souillé même par l'homicide de celui qui l'administre » (*In Iohannis evangelium*, tract. V, 8, 13, 18, 19, dans PL, XXXV, 1418-1424).

[1] *Rom.*, III, 8.

[2] *Apologia*, VIII (*Libelli de lite*, t. II, p. 445).

[3] *Sap.*, I, 11.

du corps. Or, qui oserait affirmer que l'âme de celui qui altère la vérité soit intacte ?... Personne ne peut être conduit au salut par le mensonge et aucun homme ne peut être ramené à des mœurs bonnes, quand les mœurs de celui qui prétend le convertir sont mauvaises [1]. » Sigebert aperçoit dans ce dernier texte la condamnation de Grégoire VII et de ses partisans. « A travers le monde, dit-il, la conscience des faibles d'esprit est frappée d'une blessure atroce et presqu'inguérissable. Tandis que l'on impose la chasteté à quelques-uns, on prêche à des milliers d'hommes une abominable hérésie. Combien d'enfants sont violemment privés de l'eau salutaire du baptême, combien d'hommes de tout âge et de toute condition sont sevrés de la seconde purification, du remède de la pénitence et de la réconciliation... Jusqu'à présent, la discipline ecclésiastique a soigneusement veillé à séparer la superstition de la religion, l'erreur de la vérité, le vice de la vertu, mais les correcteurs de notre époque, pour nous servir de l'expression de saint Jérôme, veulent chasser le vice par le vice, comme le coin par le coin [2]. »

En résumé, Grégoire VII, pour avoir prescrit aux laïques de ne pas assister aux messes des prêtres mariés, « tombe sous le coup de la terrible sentence du Dieu vivant » que le Deutéronome exprime en ces termes : *Maudit celui qui fait errer l'aveugle sur sa route* [3]. En formulant cette défense, il a, conclut Sigebert, commis un mensonge. Or les Pères interdisent d'altérer, même dans une bonne intention, la pureté de la doctrine catholique.

Mais ce mensonge est-il réellement tombé des lèvres pontificales ? C'est ce que le polémiste n'a pas prouvé. Toute sa méthode de discussion consiste à transformer un problème de discipline en une question de dogme qui, en l'espèce, ne s'est jamais posée ; aussi ses conclusions, si savamment déduites qu'elles puissent être, ne sauraient-elles être acceptées, parce que les prémisses sont fausses.

Peut-être, Sigebert de Gembloux a-t-il eu lui-même le sentiment que sa démonstration était fragile ; car, tout en ayant la prétention de développer surtout une théorie canoni-

---

[1] S. AUGUSTIN, *De mendacio*, VII, 10 et XXI (PL, XL, 496 et 548).
[2] *Apologia*, VIII *(Libelli de lite*, t. II, p. 447).
[3] *Deuter.*, XXVII, 13.

que, il a jugé utile de l'agrémenter de quelques arguments de
fait destinés à apitoyer son lecteur sur la situation, lamentable
à l'entendre, que Grégoire VII aurait créée pour l'Église.

Ici encore, il se confine dans des considérations générales
et se garde de toute allusion à des faits positifs. « Quel catholique, s'écrie-t-il, ne se désolerait pas devant la perturbation
universelle dont est victime notre mère, l'Église ? Quel chrétien, lorsque la chrétienté est si indignement foulée aux pieds,
ne se sentirait pas les entrailles déchirées par un sentiment
de pitié ? » Et, prêtant l'oreille aux propos « qui se répandent
dans les ateliers des tisseuses et dans les officines des artisans », il
gémit sur le bouleversement des règles de la sainteté chrétienne,
la course sacrilège aux honneurs ecclésiastiques, les perfidies
inusitées des esclaves contre leurs maîtres, les artificieuses
machinations des sujets contre les pouvoirs établis par Dieu,
les attentats contre l'amitié, les parjures, la licence impie accordée à la plus impudente méchanceté [1]...

Ce sont là, il faut l'avouer, autant de mots que l'on retrouve
sans grand changement dans les œuvres polémiques de tous
les temps et qui restent dépourvus de valeur historique.
En l'occurrence, il s'agit de dénoncer « ceux qui s'appellent
les chefs de la chrétienté », et qui auraient permis, consenti,
ratifié, encouragé tant de crimes impies, ces « superstitieux
inventeurs qui, mêlant le poison au miel, ont porté la mort
aux fidèles et qui, saisissant les armes qu'ils se glorifiaient
d'avoir prises pour assurer la liberté des églises, les ont em-
ployées à rendre celles-ci captives. » Le décret de Grégoire
VII sur le célibat ecclésiastique est, en effet, aux yeux de Sigebert, seul responsable de tant de maux, car il a créé l'anar-
chie dans l'Église. « Si vous cherchez quel arbre a prodigué de
tels fruits, il n'est pas douteux que la loi faite à l'intention des
laïques, afin de leur persuader de fuir les messes des prêtres
mariés et les autres mystères accomplis par eux, ne soit à
l'origine de toutes ces calamités [2]. » N'a-t-elle pas misérablement
dispersé le troupeau du Seigneur et excité la rage des loups
prêts à le dévorer ? « Le peuple, saisissant l'occasion depuis
longtemps cherchée et laissant, comme on l'en prie, libre cours
à sa fureur, est cruellement abusé par l'obéissance et injurie

---

[1] *Apologia*, II *(Libelli de lite*, t. II, p. 438).
[2] *Ibid.*, III (p. 439).

les clercs. Ceux-ci, partout où ils vont, se heurtent aux clameurs de ceux qui les insultent, aux doigts de ceux qui se les montrent, aux soufflets de ceux qui les repoussent. Les uns, après avoir perdu leurs biens par suite d'injustes proscriptions, ne peuvent supporter la présence d'hommes au milieu desquels ils vivaient en occupant un rang honnête et élevé ; ils s'enfuient, pauvres et dénués de tout. D'autres, oubliant la discrétion que leur impose leur chute antérieure, exhibent leur membres mutilés et font ainsi célébrer la prudence de leurs correcteurs... Certains qui, au lieu d'être soustraits à leur infirmité par de pieux et paternels avertissements, lui ont été arrachés par l'effroi d'une tyrannique contrainte, y retombent chaque jour avec d'autant plus de danger pour eux [1]. »

En regard de ces clercs infortunés, victimes du décret de Grégoire VII, Sigebert de Gembloux place un portrait des Grégoriens nantis, pour lesquels il se montre d'une sévérité particulière : « En vérité, s'écrie-t-il, d'après ce que nous avons appris d'hommes sérieux, ces gens font des miracles nouveaux et inouïs, sans compter les inepties dont ils font ostentation à la grande honte de l'intelligence humaine. Les uns ont-ils obtenu une dignité ecclésiastique soit en l'achetant, soit d'une autre façon illicite ? Ils remettent leurs crosses et les reçoivent de nouveau immédiatement après, selon un accord préalable. Auparavant la possession en était coupable ; maintenant elle est sainte et équitable. D'autres ont-ils acquis des prélatures d'une façon injuste ? Ils font entre eux un échange ridicule : l'un se transfère au poste d'un autre, celui-ci au poste du premier, et ils affirment que ces permutations peuvent se faire dans un esprit de piété et de religion. D'autres se chargent de purifier les édifices sacrés contaminés par l'entrée et la sortie d'hommes sacrilèges ; ils tiennent les portes de l'église ouvertes jour et nuit et laissent pénétrer le vent, afin d'ex-

---

[1] *Apologia*, II *(Libelli de lite*, t. II, p. 438). — Il n'est pas nécessaire de discuter la thèse de Sigebert de Gembloux qui ne repose sur aucun fait précis. Rien ne prouve que Grégoire VII ait voulu déchaîner la fureur des masses contre les prêtres coupables. Un de ses adversaires, Guy de Ferrare, a lui-même reconnu, dans son *De scismate Hildebrandi*, I, 10 *(Libelli de lite*, t. I, p. 544), que le pape ne saurait être rendu responsable de tous les excès dont les clercs mariés ont eu à souffrir. En réalité, ce sont les Patares de Lombardie qui ont fait école : la seconde version normande du *Rescrit* d'Ulric le constate et c'est elle qui est dans le vrai.

pulser les imnondices qui souillaient la sainteté du lieu. D'autres enfin jugent que les pierres et les boiseries sont déchristianisées par le contact des profanateurs ; ils les frottent à coups de balai et y répandent superstitieusement de l'eau ; par là, ils remettent en usage les baptêmes judaïques et leur sottise confine à l'insanité [1]. »

Sigebert de Gembloux ne se contente pas de railler les Grégoriens ; il s'attaque à l'institution pontificale elle-même : « Les pontifes romains, dit-il, se proclament successeurs des apôtres et, de fait, ils pourraient l'être réellement, s'ils n'avaient recherché leur propre gloire, et, à cette fin, prophétisé de leur propre inspiration, sans crainte d'ébranler l'édifice spirituel qui repose sur la doctrine apostolique [2]. » A son obéissance au Saint-Siège il met des conditions et n'entend accepter les constitutions pontificales que s'il les approuve, se déclarant prêt, s'il y a lieu, « à écouter ceux qui prêchent une doctrine meilleure et plus exacte, à les croire fidèlement, à leur obéir humblement [3]. »

On ne saurait s'étonner dès lors que l'œuvre de Sigebert, avec de telles tendances, ait joui d'un certain prestige parmi les partisans de Henri IV et de l'antipape Clément III. Celui-ci, lors du concile qu'il a tenu à Rome en 1089, a énoncé sur le célibat ecclésiastique des idées qui sont strictement conformes à celles qui sont développées dans l'*Apologia contra eos qui calumniantur missas coniugatorum sacerdotum*. Comme Sigebert et à la différence des disciples d'Ulric, il proclame que la chasteté est indispensable aux ministres de l'autel : « Nous ne pouvons, écrit-il à l'occasion de ce concile, passer sous silence les murmures chaque jour plus forts que soulève parmi le peuple l'incontinence des clercs. Il nous a donc paru utile de veiller, avec toute la diligence requise, à ce que les ministres de l'autel vivent conformément aux statuts des canons et à ce qu'ils conservent la pureté et la chasteté sans lesquelles, comme en témoigne l'Apôtre, ils ne peuvent être agréables à Dieu [4]. »

Ainsi Guibert de Ravenne repousse l'interprétation, favo-

---

[1] *Apologia*, VIII (*Libelli de lite*, t. II, p. 444).
[2] *Ibid.*, VI (*Libelli de lite*, t. II, p. 443).
[3] *Ibid.*, VIII (*Libelli de lite*, t. II, p. 448).
[4] Jaffé-Wattenbach, 5330 ; *Libelli de lite*, t. I, p. 625.

rable aux prêtres mariés, de la première épître aux Corinthiens, qu'avaient préconisée Ulric et ses continuateurs ; il affirme, avec une énergie égale à celle de Grégoire VII, la nécessité du célibat ecclésiastique, mais il excommunie en même temps les fidèles qui refusent d'assister aux messes des prêtres mariés, et maintient contre eux cette mesure jusqu'au jour où ils auront donné satisfaction [1]. Il ne fait d'ailleurs qu'englober ce cas particulier dans une réprobation plus générale, qui atteint tous ceux qui considèrent comme nuls les sacrements administrés par les excomuniés et qu'il justifie à l'aide de textes empruntés à saint Augustin, dont plusieurs étaient déjà cités par Sigebert de Gembloux [2].

En somme, le débat sur le célibat ecclésiastique et sur le mariage sacerdotal a peu à peu dévié de son caractère primitif. Sur le principe, Grégoriens et Antigrégoriens sont à peu près d'accord. A la fin du pontificat de Grégoire VII, personne ne soutient plus les idées d'Ulric, mais la discussion reste ouverte au sujet de la validité des sacrements des prêtres mariés sur laquelle les Grégoriens modérés professent d'ailleurs la même doctrine que leurs adversaires.

---

[1] *Decretum Wiberti* : « Hi vero, qui missas peccatorum sacerdotum respuunt et qui eis ante iudicii nostri censuram opinionis suae preiudicium inferunt, communione sanctae ecclesiae usque ad emendationem priventur » *(Libelli de lite*, t. I, p. 626).

[2] Tel, en particulier, S. AUGUSTIN, *In Iohannis evang.*, tract. V, 11-18 (PL, XXXV, 1419-1424). Clément III cite en outre plusieurs textes du *De baptismo contra Donatistas*, qui ne figurent pas dans l'*Apologia*.

CHAPITRE II

LE SCHISME IMPÉRIAL
JUSQU'A LA MORT DE GRÉGOIRE VII

I. — LA POLITIQUE RELIGIEUSE DE HENRI IV
DE 1076 A 1085.

SOMMAIRE. — I. Caractères de l'opposition antigrégorienne à partir de 1076. L'assemblée de Worms ; la légende grégorienne et la théorie de l'absolutisme héréditaire de droit divin. — II. Le Décret de Brixen ; les progrès de la légende grégorienne. — III. La marche de Henri IV sur Rome ; les manifestes aux Romains (1081-1082) ; les négociations de 1083 ; la prise de Rome ; l'intronisation de Clément III et le couronnement impérial de Henri IV (31 mars 1084). — IV. Le retour de Henri IV en Allemagne ; le colloque de Gerstungen ; l'assemblée de Mayence ; le triomphe de Henri IV.

I

En 1076, l'opposition antigrégorienne entre dans une phase nouvelle : la question de la réforme morale du clergé passe au second plan ; la lutte s'engage entre le pape et le roi de Germanie pour le *dominium mundi* ; le césaropapisme s'insurge contre la suprématie romaine.

Cette évolution est la conséquence des graves événements qui ont accompagné le concile romain de février 1075[1]. Le décret sur l'investiture laïque ne pouvait manquer de produire une vive émotion parmi les souverains. Le roi de Germanie, Henri IV, manifesta aussitôt son intention de s'y dérober en nommant lui-même des évêques au mépris de la décision du siège apostolique, et resta sourd aux injonctions pontificales. Aux aver-

---

[1] Cfr t. II, p. 174 et suiv.

tissements paternels de Grégoire VII, il répondit en convoquant les évêques allemands à Worms (24 janvier 1076), et en faisant prononcer par eux la déposition du pape [1]. L'offensive était déclenchée ; après de multiples péripéties, elle aboutira au schisme.

Comme toujours, l'attaque se produira simultanément dans le domaine des faits et dans celui de la polémique. Chacun des assauts de Henri IV contre le Saint-Siège sera ponctué par l'apparition de traités ou de pamphlets qui, le plus souvent, traduiront ses préoccupations personnelles et celles de ses partisans allemands ou italiens. Aussi, pour comprendre ces œuvres et en expliquer les tendances, est-il nécessaire de préciser tout d'abord quelle a été l'évolution de la pensée du souverain depuis l'assemblée de Worms jusqu'à la mort de Grégoire VII.

Le 24 janvier 1076, Grégoire VII a été déclaré déchu de sa fonction par les évêques allemands. Cette déposition du pontife universel par l'épiscopat d'un seul royaume était un acte tellement contraire à la discipline catholique qu'il exigeait une justification. Par suite, non contents de notifier au pape qu'ils ne reconnaissaient plus son autorité, les prélats et le souverain ont-ils exposé leurs griefs en une série de lettres, évidemment destinées à la publicité, que l'on peut considérer comme le canevas des thèses antigrégoriennes.

Cinq documents se rattachent à l'assemblée de Worms : la lettre expédiée au pape par les évêques à l'issue de la réunion, deux lettres de Henri IV, contemporaines de la précédente et adressées l'une à Grégoire VII, l'autre aux Romains, une seconde lettre de Henri IV à Grégoire VII, dont la date a prêté à controverse, enfin une circulaire du roi à l'épiscopat sans doute lancée dans le courant du mois d'avril 1076 en vue de la réunion d'une assemblée à Worms, pour la Pentecôte [2].

Ces divers textes renferment tout d'abord une série de critiques dirigées contre la personne de Grégoire VII. Les évêques

---

[1] Cfr t. II, p. 279-281.

[2] Ces divers textes ont été publiés dans les MGH in-4°. *Constitutiones et acta publica imperatorum et regum*, t. I, p. 106-113. La lettre des évêques à Grégoire VII figure dans le *Codex Udalrici* sous le n° 48 (JAFFÉ, *Bibliotheca rerum Germanicarum*, t. V, p. 103-106). Elle a été transcrite, ainsi que les deux lettres de Henri IV à Grégoire VII, par BRUN, *De bello saxonico*, c. LXV et LXVII (MGH, SS, t. V, p. 352). La seconde lettre de Henri IV à Grégoire VII a été

reprochent au pape son orgueil qui l'aurait conduit à s'emparer de la tiare par des moyens illicites, ses instincts dominateurs et ses procédés de gouvernement, source de multiples discordes aussi bien à Rome que dans les différents diocèses d'Italie, de Germanie, de Gaule et d'Espagne [1]. A ce grief s'en ajoute un autre non moins fondamental, celui de parjure : Hildebrand se serait engagé par serment auprès de Henri III à ne jamais laisser personne devenir pape du vivant soit de l'empereur, soit de son fils, le futur Henri IV, sans l'assentiment et l'approbation de l'un ou de l'autre, *absque assensu et laudamento vel patris dum viveret et filii dum et ipse viveret* ; en outre, pour conjurer l'ambition de certains hommes d'Église qui aspiraient à la tiare, il aurait promis, toujours sous la foi du serment, de ne jamais briguer le pontificat, afin que son propre désintéressement entraînât d'autres abstentions[2]. Enfin, avec une ironie qui veut être mordante, on essaie de jeter la

---

généralement considérée comme postérieure à la déposition du roi par le pape; suivant L. WEILAND (*Constitutiones et acta*, t. I, p. 110) elle aurait été écrite aussitôt après la notification au roi de la sentence du concile romain, soit à la fin de mars. Cette opinion a été combattue par K. HAMPE (*Heinrichs IV Absagebrief an Gregor VII vom Jahre* 1076 dans *Historische Zeitschrift*, t. CXXXVIII, 1928, p. 315-328) qui voit au contraire, dans cette seconde lettre la version originelle de la déposition de Grégoire VII par Henri IV, que la chancellerie royale aurait ensuite abrégée et adoucie pour la joindre à l'épître aux Romains. Sur le rédacteur de ces divers documents, voir B. SCHMEIDLER, *Kaiser Heinrich IV und seine Helfer im Investiturstreit Stilkritische und Sachkritische Untersuchungen*, Leipzig, 1927, p. 294-300 qui en attribue la paternité au « dictateur Mayence » et LERNER, *Hugo Candidus*, p. 51-52, où il est prouvé que Hugues Candide n'est pas, comme on l'a pensé longtemps, l'auteur du manifeste des évêques. Cfr aussi A. BRACKMANN, *Heinrich IV als Politiker beim Ausbruch des Investiturstreits*, dans *Sitzungsberichte der preuss. Akad. der Wissenschaften, phil. hist. klasse*, Berlin, 1927, p. 393-411.

[1] *Constitutiones et acta*, t. I, p, 107. — L'accusation d'orgueil revient avec une insistance particulière : « quam illicitam et nefariam rem contra ius et fas *familiari tibi arrogantia* presumpsisses... dum *inaudita elatione*... per haec tua *gloriosa* decreta, quod sine lacrimis dici non potest, Christi fere nomen periit... quia per hos aliosque *praesumptionum tuarum* spiritus. »

[2] Sur le séjour d'Hildebrand auprès de Henri III, cfr t. I, p. 377. — La raison qui aurait provoqué ce serment est assez bizarre : Hildebrand aurait voulu entraîner certains cardinaux qui, paraît-il, convoitaient la tiare, à prendre le même engagement que lui : « Illud etiam recordare quomodo tu ipse, cum aliquos ex cardinalibus ambitio papatus titillaret, ad tollendam aemulationem hac occasione et conditione ut idem ipsi facerent, sacramento te obligasti quod numquam papatum habiturus esses » (*Constitutiones et acta*, t. I, p. 107-108).

suspicion sur la vie privée du pontife qui n'a pas, dit-on, d'expressions assez injurieuses pour les évêques, couramment traités par lui de « fils de courtisanes », alors que lui-même scandalise les fidèles par son excessive intimité avec une personne de l'autre sexe, qu'il gouverne l'Église, assisté d'un « nouveau sénat féminin » et en confiant à des dames la rédaction des décrets du siège apostolique [1].

Les accusations formulées par Henri IV, au moins dans leur contenu, sont identiques : à travers les lettres royales, Grégoire VII apparaît également comme un vulgaire ambitieux qui « par la ruse, dont l'état monastique a horreur, aurait obtenu de l'argent, par l'argent du crédit, par le crédit des armes et par les armes le siège de la paix sur lequel il n'aurait cessé de troubler la paix [2]. » A l'intérieur de l'Église, où les laïques auraient été chargés d'un ministère spécial à l'égard des évêques [3], le « faux moine » a également jeté la perturbation, et il a bouleversé la société tout entière en se dressant contre la puissance royale, en cherchant à arracher le royaume d'Italie à son légitime détenteur, en n'hésitant pas à s'insurger contre un pouvoir établi par Dieu [4]. En un mot, il a présidé aux destinées du siège apostolique non pas avec la vigilance d'un pasteur, mais avec la violence d'un envahisseur.

De cet ensemble de textes se dégage un portrait de Grégoire VII quelque peu différent de celui qui émane des bulles pontificales. Certaines insinuations permettent d'en suspecter la sincérité. Il suffit par exemple de parcourir la correspondance du pape avec la comtesse Mathilde, pour constater que cette

---

[1] *Constitutiones et acta*, t. I, p. 108. — Il faut voir là une allusion aux liens d'amitié qui unissaient Grégoire VII avec la comtesse Mathilde ; sur les caractères de cette amitié, cfr t. II, p. 92-93.

[2] *Heinrici IV const.* 63 *(Constitutiones et acta*, t. I, p. 111).

[3] *Ibid.* (*loc. cit.*). — Il y a là une allusion évidente au décret interdisant aux laïques d'assister aux messes des prêtres mariés et les invitant à s'opposer à leur célébration.

[4] *Ibid.* (*loc. cit.*). Cfr aussi *Const.* 60, où il est plus spécialement question de l'Italie : « Longius inde progrediens regnum Italiae pessimis artibus alienare temptasti » *(Constitutiones et acta*, t. I, p. 109). Dans cette même lettre, on relève encore cette phrase : « Mandans que nosti, scilicet, ut tuis verbis utar, quod aut tu morereris aut michi animam regnumque tolleres *(Ibid.*, t. I, p. 109). *Animam* s'applique vraisemblablement à la vie, *regnum* au pouvoir temporel de Henri IV. On ne sait pas à quel incident il est fait allusion.

pieuse princesse, si elle a apporté au Saint-Siège le concours
de toutes les forces matérielles et morales dont elle pouvait
disposer, n'a sollicité du pontife que des conseils de direction
spirituelle et qu'elle n'a jamais cherché à s'immiscer dans le
gouvernement de l'Église[1]. De même, si Grégoire VII a repris
parfois avec une certaine dureté les évêques rebelles à la loi
canonique, la forme de ses avertissements, de ses blâmes, de
ses censures conserve au contraire une dignité et une mesure
conformes à la tradition pontificale et l'on n'y découvre
point de ces *superbissimae iniuriae*, de ces *acerbissimae con-
tumeliae*, dont Henri IV et les évêques affectent de s'indigner.

Que les intentions du pape aient été en pareille matière
déformées pour les besoins de la cause, on n'en saurait douter.
De même, certains faits ont donné lieu à une interprétation
tendancieuse ; d'autres ont été inventés de toutes pièces.

C'est dans cette dernière catégorie qu'il y a lieu, semble-t-il,
de ranger le soi-disant serment prêté à Henri III, en présence
des évêques. Sans doute Hildebrand a-t-il paru à la cour de
Henri III ; il débutait alors dans la carrière ecclésiastique.
Plus tard, il fut chargé d'une mission en Allemagne, mais seulement après la mort de l'empereur et pour faire accepter à
la régente l'élection d'Étienne IX, issue, contrairement aux
usages traditionnels, de l'initiative des Romains ; or, aucun
des textes qui se rapportent à cette légation ne fait allusion
à un serment quelconque et le silence des *Annales Romani*,
qui ne laissent tomber aucune occasion de noircir le rôle du futur
Grégoire VII avant son élévation au pontificat, paraît un
argument décisif contre la réalité de la fameuse promesse dont
on ne relève aucune mention antérieure à 1076[2]. L'affirmation
des prélats allemands est d'autant moins vraisemblable que
le décret de Nicolas II sur l'élection pontificale, dont il est question en même temps, a été quelque peu défiguré pour les besoins
de la cause : les évêques soutiennent en effet que la désignation
de Grégoire VII a été faite contrairement à cet acte qui exigeait, disent-ils, le consentement du roi aussi bien que l'élection des cardinaux et l'approbation du peuple, *ut nullus
papa fieret nisi per electionem cardinalium et approbationem*

---

[1] Cfr GRÉGOIRE VII, *Registrum, epist.* I, 47 (édit. CASPAR, p. 71-73 ; édit.
JAFFÉ, p. 65-68 ; PL, CXVIII, 326-328).

[2] Cfr t. I, p. 159-165 et 167-169.

populi et per consensum et auctoritatem regis ; or, la version
authentique du décret de Nicolas II contient seulement ces
mots très vagues « étant saufs l'honneur et la révérence dûs
à notre très cher fils Henri, *salvo debito honore et reverentia
dilecti filii nostri Henrici* [1]. » Aussi bien, les prélats qui ont
ainsi faussé le sens du décret sur l'élection pontificale sont-ils
capables d'avoir forgé de toutes pièces un prétendu serment
d'Hildebrand [2].

Bref, il semble difficile de trouver un fondement à l'accusation de parjure formulée contre Grégoire VII par l'assemblée
de Worms. En est-il de même pour celle d'ambition ? Sur ce
point, il n'est pas douteux que le roi et les évêques ont pu exploiter certaines apparences défavorables au pape : les documents issus de l'assemblée constituent évidemment une riposte aux *Dictatus papae* rédigés l'année précédente et dont
la forme trahissait des intentions agressives à l'égard des princes
temporels.

Les *Dictatus papae* renferment à la fois un programme de
centralisation ecclésiastique et une affirmation de la suprématie romaine sur les souverains laïques. Les évêques ne
pouvaient manquer d'apercevoir dans la centralisation une
atteinte à leurs prérogatives traditionnelles, tandis que fatalement le roi devait s'insurger contre les prétentions ponti-

---

[1] Cfr t. I, p. 313 et suiv.

[2] On remarquera en outre qu'avant de formuler leur réquisitoire, les
membres de l'assemblée de Worms s'excusent de n'avoir élevé depuis près de
trois ans aucune protestation ; ils espéraient, paraît-il, que le coupable
qu'ils dénoncent avec tant d'âpreté en janvier 1076 s'amenderait de lui-
même et ferait oublier son détestable passé. Cfr *Episcoporum epistola* :
« Cum primum Ecclesiae gubernaculum invasisses, etsi bene nobis cognitum
esset, quam illicitam et nefariam rem contra ius et fas familiari tibi arrogantia presumpsisses, dissimulanda tamen dispensatoria quadam taciturnitate tam vitiosa introitus tui exordia putavimus, sperantes videlicet tam
criminosa principia consequentis regiminis tui probitate et industria emen-
danda et aliquatenus obliteranda. » *(Constitutiones et acta, t. I, p. 106-107).*
Cette patience des évêques allemands peut paraître assez singulière ; elle l'est
davantage encore, si l'on se souvient que, dès 1074, après la promulgation
des décrets grégoriens sur le nicolaïsme et la simonie, le haut épiscopat
allemand a déjà pris position contre Grégoire VII (cfr t. II, p. 151 et suiv.) ;
et l'on est en droit de s'étonner de ce que des hommes comme Liémar de
Brême, qui se sont montrés très violents dans leur opposition à l'égard de
Grégoire VII, n'aient pas produit dès ce moment un aussi terrible argument
contre le pontife auquel ils reprochaient avec âpreté ses interventions dans
les affaires de l'Église germanique.

ficales à l'égard de la puissance temporelle. De fait, les prélats reprochent au pape de les avoir dépouillés des pouvoirs que leur conférait le Saint-Esprit, pour se les transférer à lui-même, d'avoir ainsi rompu le merveilleux équilibre des membres du Christ en s'arrogeant une puissance nouvelle et illicite, en se réservant, soit à lui, soit à des légats spéciale-ment désignés par lui, tout pouvoir de lier et de délier [1]. Quelle que soit la valeur de l'interprétation, la filiation des faits apparaît avec évidence : les évêques allemands visent directement les thèses énoncées dans les *Dictatus papae*, où le pape revendique le droit pour lui seul de déposer ou d'absoudre les évêques, d'établir de nouvelles lois, de diviser un évêché riche et d'unir des évêchés pauvres, de transférer un évêque d'un siège à un autre, d'ordonner où il veut un clerc de n'importe quelle église, et affirme catégoriquement que son légat, dans un concile, commande à tous les évêques même s'il est de rang inférieur [2]. Ce sont là autant de mani-festations de cette « puissance nouvelle et illicite » que Gré-goire VII se serait indûment attribuée.

De même, parmi les griefs allégués par Henri IV il en est — tel celui d'avoir voulu attenter à la vie du souverain — dont on ne saurait trouver la moindre trace dans les textes ; d'autres, en revanche, sont également inspirés par les *Dictatus papae*. Deux de ces propositions proclament le droit pour le pape de déposer l'empereur et de délier les sujets du serment de fidé-lité [3]. C'est là ce que conteste Henri IV, quand il dénonce, avec une amère indignation l'ennemi qui rêve de lui enlever son royaume [4].

---

[1] *Episcoporum epistola* : « Sublata enim, quantum in te fuit, omni potestate ab episcopis, quae eis divinitus per gratiam Sancti Spiritus, qui maxime in ordinationibus operatur, collata esse dinoscitur... Asseris enim cuiuscunque nostrum parrochiani aliquod ad te delictum vel sola fama perveniat, ultra iam habere quemquam nostrum aliquam potestatem vel ligandi vel sol-vendi, praeter te solum aut eum quem tu specialiter ad hoc delegeris » *(Cons-titutiones et acta*, t. I, p. 107). — L'opposition de la thèse des évêques allemands aux tendances grégoriennes a été bien indiquée dans le livre, paru pendant l'impression du présent volume, de G. TELLENBACH, *Libertas, Kirche und Weltordnung im Zeitalter des Investiturstreits*, Stuttgart, 1936, p. 171-172.

[2] Cfr t. II, p. 190 et suiv.

[3] *Dictatus papae*, 12 et 27 (édit. CASPAR, p. 204 et 208 ; édit. JAFFÉ, p. 175 et 176 ; PL, CXVIII, 408).

[4] *Heinrici IV constitutiones*, 60 : « qui vitae regnique pernitiosissimus esset » *(Constitutiones et acta*, t. I, p. 109). Cfr aussi *Const. 62 (Ibid.*, t. I, p. 110-111).

Centralisation ecclésiastique et suprématie romaine, tels sont les deux articles essentiels du programme grégorien après 1075. L'opposition ne s'y est pas trompée, mais elle ne se borne pas à une critique des actes du gouvernement pontifical ; elle entend rechercher les mobiles qui les ont dictés ; sur des accusations objectives elle greffe une interprétation subjective qui aperçoit dans une ambition toute humaine la source de la législation nouvelle. De là est née la légende grégorienne, qui oppose au portrait de Grégoire VII, tel qu'il se dégage du registre et notamment des lettres intimes, un autre portrait à l'origine duquel se trouvent parfois des faits incontestables, mais eux-mêmes point de départ de déductions dont les conclusions ne s'adaptent pas toujours aux prémisses.

Cette légende grégorienne, dont on trouve la première ébauche dans les documents relatifs à l'assemblée de Worms, alimentera copieusement, sous la forme de pamphlets plus ou moins virulents, la polémique à partir de 1076, mais elle n'en constituera pas le seul élément. Dès 1076 aussi, s'ébauche une argumentation juridique qui à la théorie romaine contenue dans les *Dictatus papae* oppose la théorie germanique de l'absolutisme héréditaire de droit divin.

Cette théorie, à laquelle celle des lettres de Henri IV, qui précède le manifeste aux Romains, dessine une vague allusion, revêt des contours plus précis dans l'autre épître royale et dans la circulaire aux évêques d'avril 1076. Pour la première fois, Grégoire VII est accusé d'avoir « méprisé l'ordre établi par Dieu », en revendiquant pour lui, à l'insu de Dieu, royaume et sacerdoce.« Comme l'on disait au Sauveur : *Seigneur voici deux glaives*, il répondit : *Cela suffit* [1], voulant indiquer par cette suffisante dualité qu'il faut porter dans l'Église le glaive de l'esprit et celui de la chair, afin d'extirper par eux tout ce qui est susceptible de nuire ; conformément à cet enseignement, le glaive sacerdotal doit contraindre les hommes à obéir, après Dieu, au roi, tandis que le glaive royal les obligera à combattre au dehors, les ennemis du Christ et, au dedans, à obéir au Sacerdoce [2]. »

Henri IV continue : « Il (Hildebrand) a essayé de me priver de mon royaume, moi que Dieu a appelé au royaume, tandis

---

[1] Luc, XXII, 38.

[2] *Heinrici IV constitutiones*, 63 *(Constitutiones et acta*, t. I, p. 113).

qu'il ne l'a pas appelé au sacerdoce, — et cela parce qu'il a vu que je voulais régner par Dieu et non par lui, parce qu'il ne m'a pas créé roi[1]. » La même idée se retrouve sous une forme un peu différente, dans ce passage destiné à Grégoire VII : « Vous n'avez pas craint, écrit le roi, de vous élever contre le pouvoir royal qui nous a été concédé par Dieu et que vous avez osé menacer de nous enlever, comme si nous avions reçu de vous le royaume, comme si le royaume ou l'empire était dans dans votre main et non pas dans celle de Dieu. Notre Seigneur Jésus-Christ nous a appelé au royaume, alors qu'il ne vous a pas appelé au sacerdoce[2].» D'ailleurs, la tradition des saints Pères réserve à Dieu le jugement du roi, et le roi ne peut être déposé que s'il a renoncé à la foi chrétienne. La lettre se termine sur la parole de l'apôtre : *Craignez Dieu, honorez le roi* [3].

Ces deux passages contiennent en germe la théorie de la souveraineté que développeront par la suite les juristes de Henri IV. Le pouvoir royal y apparaît comme indépendant du pouvoir sacerdotal : sans doute l'un et l'autre doivent-ils vivre dans un mutuel accord et s'aider dans le gouvernement du monde chrétien, mais le pape n'a aucun droit sur le roi qui « règne par Dieu et non par lui. » Par opposition à la théorie grégorienne qui établit le contrôle permanent du Saint-Siège sur le gouvernement royal, Henri IV rejette toute intervention pontificale et justifie cette exclusion en faisant remonter à Dieu directement et sans intermédiaire la source de cette autorité. Toutefois il n'est pas question ici du mode de transmission de la puissance royale ; le problème de l'hérédité de la couronne n'est pas soulevé ; il ne le sera qu'après l'élection de Rodolphe de Souabe par les princes allemands, qui provoquera fatalement une évolution de la théorie henricienne de la souveraineté. Pour le moment, elle se réduit à deux éléments primordiaux, séparation des pouvoirs et absolutisme de droit divin.

Peut-être y a-t-il lieu de remarquer que le principe de la séparation des pouvoirs ne joue qu'en faveur du roi et que, si celui-ci revendique une indépendance complète à l'égard

---

[1] Cfr *Const.* 63 *(Constitutiones et acta,* t. I, p. 113).
[2] *Heinrici IV constitutiones,* 62 *(Constitutiones et acta,* t. I, p. 111)
[3] I Petr., II, 1.

du Sacerdoce, il refuse, en fait, au pouvoir spirituel la liberté d'action qu'il s'accorde à lui-même. Si l'on préfère, Henri IV ne reconnaît pas comme valable la déposition du roi par le pape, mais celle du pape par le roi lui apparaît comme légitime et nécessaire ; en raison de certaines circonstances de fait, après avoir proclamé que les deux puissances laïque et sacerdotale n'ont aucun droit l'une sur l'autre, il enjoint à Hildebrand de descendre au plus tôt du siège apostolique[1], et voilà, semble-t-il, une atteinte à la séparation des pouvoirs. Le prince a eu évidemment conscience de cette contradiction et, pour justifier l'accroc qu'il donne à sa doctrine, au moment même où il la définit, il lui a fallu prétendre que Grégoire VII n'était pas réellement pape et renier ses propres actes[2]. Les évêques allemands, volant à son secours, ont confessé eux aussi leur erreur et se sont aperçus, un peu tard, que l'élection d'Hildebrand était illégale, parce que dénuée de toute participation de la royauté germanique[3]. Aussi bien, est-on amené à cette singulière affirmation que le pape ne peut intervenir dans l'élection du roi, mais que le roi, institué par Dieu et patrice des Romains, ne saurait rester étranger à celle du pape. En d'autres termes, la séparation des deux pouvoirs, dogmatiquement proclamée, ne vaut, en fait, que pour le roi ; quand il s'agit du pontife romain, le vieux césaropapisme, tel qu'il avait fonctionné au temps de Henri III, retrouve toutes ses prérogatives.[4]

---

[1] *Heinrici IV constitutiones*, 62 : « Tu ergo hoc anathemate et omnium episcoporum nostrorum iudicio et nostro dampnatus descende, vendicatam sedem apostolicam relinque ; alius in solium beati Petri ascendat, qui nulla violentiam religione palliet, sed beati Petri sanam doceat doctrinam. Ego Heinricus Dei gratia rex cum omnibus episcopis nostris tibi dicimus : Descende, descende, per secula dampnande. » *(Constitutiones et acta*, t. I, p, III). — Cfr aussi *Const.* 60 : « Omne tibi papatus ius, quod habere visus es, abrenuntio atque ut a sede urbis cuius michi patriciatus, Deo tribuente et iurato Romanorum assensu, debetur, ut descendas edico » *(Ibid.*, t. I, p. 109).

[2] Cfr t. II, p. 124-126 et 149-151.

[3] Cfr la lettre des évêques, 58 *(Constitutiones et acta*, t. I, p. 108).

[4] On s'est demandé si Henri IV avait eu une doctrine sur les relations des deux pouvoirs (Cfr, notamment, O. von GIERKE, *Les théories politiques du moyen âge*, trad. J. DE PANGE, p. 120 ; A. J. CARLYLE, *The development of the theory of the spiritual over the temporal power from Gregory VII to Innocent III*, dans *Revue historique de droit français et étranger*, t. V, 1923, p. 35 ; E. VOOSEN, *Papauté et Pouvoir civil à l'époque de Grégoire VII*, p. 286-287). A notre avis, cette doctrine est toute de circonstance ; elle est dictée par les nécessités de la politique et évoluera avec elles. Henri IV, en principe, prône

Telle est la contradiction initiale qui se perpétuera dans toutes les polémiques nées de la Réforme grégorienne : la séparation des pouvoirs ne saurait exister qu'avec un pape autre que Grégoire VII. Et voilà pourquoi, tout en développant une théorie juridique de la souveraineté, l'opposition henricienne se traduira par un réquisitoire passionné contre la personne même d'Hildebrand. « Hildebrand n'est pas un pape, mais un faux moine », tel sera le thème ordinaire de tous les pamphlets qui se succéderont jusqu'à la fin du pontificat ; les juristes revendiqueront avant tout l'indépendance de la royauté absolue de droit divin, mais ils ne pourront éluder la question de fait. Théorie de l'absolutisme royal et légende grégorienne apparaissent, dès le début, indissolublement liées l'une à l'autre. De là le double aspect de l'opposition antigrégorienne ; il se révèle déjà dans les textes contemporains du concile de Worms.

II

La réconciliation de Henri IV avec Grégoire VII à Canossa, à la fin de janvier 1077, a retardé l'éclosion de la littérature antigrégorienne. Pendant trois ans, en effet, tout espoir d'accord entre les deux antagonistes n'a pas disparu, et c'est seulement après l'échec des tentatives de conciliation que la seconde déposition de Henri IV par Grégoire VII (7 mars 1080) crée une situation sans issue [1]. L'assemblée de Brixen (25 juin 1080), non contente de rejeter à nouveau l'autorité du pape, procède à l'élection d'un antipape : Guibert, archevêque de Ravenne, est investi de la tiare par Henri IV, agissant en qualité de patrice des Romains, sous le nom de Clément III [2].

---

l'indépendance des deux pouvoirs qui supprime le contrôle pontifical ; mais, par ailleurs, il veut se débarrasser de GrégoireVII, au besoin par la force, ce qui l'amènera fatalement à intervenir dans le domaine spirituel et à contredire ainsi ses propres théories ; il aura le sentiment de cette contradiction entre ses paroles et ses actes, et il essaiera de la résoudre en s'attachant à prouver que Grégoire VII n'est pas pape selon Dieu,

[1] Cfr t. II, p. 378-381.

[2] Cfr t. II, p. 384. — Sur Guibert de Ravenne, voir O. Koehncke, *Wibert von Ravenna*, Leipzig, 1888 ; P. Kehr, *Zur Geschichte Wiberts von Ravenna (Clemens III)*, dans *Sitzungsberichte der preuss. Akad. der Wissenschaften, phil.-hist. Klasse*, Berlin 1921, p. 355-368 et 973-988.

Une justification de ce coup de force était nécessaire : le *Decretum synodi* expliqua les raisons pour lesquelles les évêques allemands et lombards avaient cru devoir substituer Clément III à Grégoire VII [1].

Ce second réquisitoire contre le « faux moine » n'est qu'une nouvelle édition de la déclaration de Worms. Il ajoute toutefois quelques traits inédits à la légende grégorienne : étranger à toute discipline ecclésiastique, Hildebrand a assisté parmi les laïques à des spectacles déshonnêtes, s'est livré à de fructueuses opérations financiéres, qui lui ont permis d'accumuler de fortes sommes à l'aide desquelles il a pu supplanter l'abbé de Saint-Paul, puis se faire vendre par un certain Mancius la charge d'archidiacre [2]. Si l'on ne revient pas sur le fameux parjure dont le futur Grégoire VII se serait rendu coupable à la cour de Henri III, en revanche, on soupçonne Hildebrand d'avoir empoisonné successivement quatre papes par l'entremise d'un de ses intimes qui, à l'article de la mort, aurait tout avoué. L'élection de 1073 revêt une allure dramatique : on montre Hildebrand, pendant la nuit qui précède la mort d'Alexandre II, garnissant les portes, les ponts, les arcs de triomphe et jusqu'au palais du Latran d'hommes armés, puis obligeant le clergé à délibérer sous la menace des soldats, en sorte que, bien que personne ne voulût de lui comme pape, tout le monde fut obligé de l'élire. En un mot, « non seulement Rome, mais le monde romain tout entier atteste qu'il ne fut pas élu par Dieu, mais imposé avec impudence par lui-même, grâce à l'intervention de la violence, de la fraude et de l'argent.» Les fruits d'une telle promotion ne se firent pas attendre : l'ordre ecclésiastique bouleversé, l'empire chrétien profondément troublé, un roi catholique et pacifique atteint dans son corps et dans son âme, tandis qu'un parjure et un traître était couvert de la protection pontificale, partout des discordes, des scandales, des faux serments, des homicides, tel est le bilan de ce pontificat dont

---

[1] *Heinrici IV const.* 70 *(Constitutiones et acta*, t. I, p. 118-120). Suivant SCHMEIDLER *(Kaiser Heinrich IV und seine Helfer im Investiturstreit*, p. 301-304), ce décret de Brixen aurait été rédigé par le « dictateur de Mayence » dont on a déjà noté *(supra,* p. 50, n. 2) le rôle lors de l'assemblée de Worms, en 1076.

[2] On a déjà noté (t. II, p. 384) que l'on avait imputé à Hildebrand la vie privée quelque peu désordonnée d'un autre Hildebrand, moine à Farfa autour de 970.

le héros est accusé, en plus, d'avoir été le disciple de l'hérétique Bérenger. [1]

Cette simple analyse permet de saisir les progrès réalisés en quatre ans par la légende grégorienne. On a laissé tomber certains griefs mal fondés ; il n'est plus question du serment prêté à la cour de Henri III, ni des relations de Grégoire VII avec la comtesse Mathilde ; par contre, on attache beaucoup plus d'importance à l'élection de 1073 dont on tient à démontrer l'illégalité, afin de justifier la désignation d'un antipape et le recours au bras séculier dont il est fait mention au début [2]; on met également à la charge du pape tous les maux engendrés par la guerre civile, issue de l'élection de Rodolphe de Souabe, dont on lui impute l'entière responsabilité.

On remarquera, par ailleurs, qu'à la différence des actes de Worms, le décret de Brixen n'énonce aucune idée doctrinale sur le pouvoir royal ni sur les rapports de l'État avec l'Église. Ce silence n'a rien qui puisse surprendre : en 1080, les préoccupations des évêques convergent autour de l'élection de Clément III, qui sera désormais à l'origine de toutes les manifestations de la polémique.

III

A partir de juin 1080, Henri IV a un programme bien défini : il veut substituer à Grégoire VII sur le siège apostolique l'antipape Clément III qui, aussitôt intronisé, ceindra son front de cette couronne impériale, objet de ses ambitions ; puis, une fois

---

[1] Sur les rapports de Grégoire VII avec Bérenger, voir MARTENS, *Gregor VII, sein Leben und Wirken*, t. II, p. 246-253. Il résulte des différents textes réunis par cet historien que le pape a tout fait pour amener Bérenger à rétracter les thèses qui avaient suscité la réprobation des évêques français ; au concile de février 1079, Bérenger a abjuré ses erreurs (cfr *Registrum*, VI, 17 a, édit. CASPAR, p. 429; édit. JAFFÉ, p. 355 ; PL, CXLVIII, 813) et Grégoire VII lui a intimé l'ordre de s'abstenir de nouvelles discussions, en sorte que l'attitude doctrinale du pape reste à l'abri de tout soupçon et que c'est seulement sa mansuétude à l'égard de l'hérétique qui a donné lieu aux interprétations défavorables des prélats de Brixen. Sur l'explication par la politique, proposée par A. J. MACDONALD dans *Berengar and the reform of sacramental doctrine*, Londres, 1930, voir les sages réserves de dom CAPPUYNS dans *Revue d'histoire ecclésiastique*, t. XXVIII, 1932, p. 122, et *Recherches de théologie anc. et médiev.*, t. III, 1931, p. 391*.

[2] Nous n'avons pas à revenir ici sur l'élection de 1073 (cfr t. II, p. 71-88).

débarrassé de l'auteur des *Dictatus papae*, il restaurera le césaropapisme tel qu'il avait fonctionné depuis Othon le Grand jusqu'à Henri III. Pour atteindre ce but, il lui faut entrer à Rome. L'armée allemande l'y conduira, tandis que les polémistes s'emploieront à discréditer Grégoire VII et à accumuler les arguments en faveur du régime qui, après le triomphe, asservira l'Église et la papauté au pouvoir du nouvel empereur.

Cette marche sur Rome, Henri IV ne peut l'entreprendre immédiatement. Son rival, l'antiroi Rodolphe de Souabe, tient toujours ; l'épiscopat allemand, qui n'a pas perdu tout scrupule religieux, hésite à se prononcer pour l'antipape dont l'élection est entachée d'irrégularité. Très peu de prélats germaniques ont paru à Brixen ; l'évêque Bennon II d'Osnabrück, tout en affirmant sa fidélité au roi, a trouvé le moyen, grâce à un ingénieux subterfuge, d'être absent au moment où se consommait l'irréparable [1]. L'attitude de Thierry de Verdun est un autre symptôme fâcheux : sollicité de consacrer le nouvel archevêque de Trèves, Égilbert, ce prélat, qui, le 31 mai 1080, avait, à l'assemblée de Mayence, approuvé les mesures décrétées contre Grégoire VII, se dérobe, parce qu'il s'est heurté à la résistance de son église qui l'a suspendu de toutes fonctions sacerdotales et épiscopales, jusqu'à ce qu'il eût donné satisfaction au Saint-Siège [2]. La crainte de l'excommunication ne va-t-elle pas, comme en 1076, retenir les tièdes et provoquer des défections nouvelles ?

Henri IV a conscience des difficultés possibles. Après avoir célébré avec l'antipape la fête des saints Apôtres (29 juin 1080), il repasse les Alpes, traverse la Franconie, se dirige vers la région rhénane où devait se tenir, dans le courant d'août, une assemblée des évêques allemands [3]. Celle-ci se

---

[1] Il réussit en effet à trouver une cachette dans l'église même, non loin de l'autel, et il n'en sortit qu'après l'élection de Clément III à laquelle il évita ainsi de participer, si bien que son nom ne figure pas parmi les signataires du Décret malgré sa présence à Brixen. Voir *Vita Bennonis, episcopi Osnaburgensis*, XXII (MGH, SS, t. XII, p. 72-73) et *Gesta Treverorum. Additamentum et continuatio I*, XI (*Ibid.*, t. VIII, p. 183). Cfr MEYER VON KNONAU, *Jahrbücher des deutschen Reichs unter Heinrich IV und Heinrich V*, t. III, p. 294-295.

[2] Voir la lettre de Thierry de Verdun à Égilbert de Trèves, dans *Codex Udalrici*, 63 (*Monumenta Bambergensia*, p. 130-133). — Sur la date, cfr MEYER VON KNONAU, *op. cit.*, t. III, p. 327, n. 163.

[3] Sur l'itinéraire de Henri IV après Brixen, cfr MEYER VON KNONAU, *op. cit.*, t. III, p. 325-326.

réunit en effet à la date prévue et adhère à l'élection de Guibert de Ravenne, mais le nombre des participants est tellement infime que la manifestation est dépourvue de toute autorité [1]. Il semble que l'épiscopat se confine dans une prudente réserve et qu'il attende les événements avant de définir son attitude. Henri IV n'insiste pas ; il pense qu'en brisant la résistance saxonne, il entraînera à sa suite les hésitants et les timides : pendant les derniers mois de l'été de 1080, il pousse activement ses préparatifs militaires, puis il marche vers l'est ; le 15 octobre 1080, son armée affronte celle de Rodolphe de Souabe au combat de l'Elster et, s'il est difficile de savoir à quel parti a appartenu la victoire à l'issue de cette sanglante journée, la mort de Rodolphe, tué au cours de l'action, porte un coup sensible à l'opposition saxonne, en la privant de son chef [2]. Henri IV a-t-il cherché à tirer parti de cette dispersion inespérée ? Suivant Brun, dont le témoignage est sujet à caution [3], il aurait, en février 1081, essayé de nouer avec les Saxons des négociations, en vue d'une suspension d'armes qui lui aurait laissé le temps nécessaire pour aller introniser l'antipape à Rome, mais, toujours d'après la même source, Othon de Nordheim aurait déjoué cette manœuvre et demandé que la trêve prévue s'étendît aussi à l'Italie. Il semble cependant qu'un armistice ait été conclu jusqu'au mois de juin, date à laquelle les Saxons firent irruption dans la Franconie orientale [4].

Quoiqu'il en soit, l'opposition saxonne était suffisamment affaiblie pour que Henri IV pût quitter l'Allemagne. Le 4 avril 1081, il est à Vérone, où il célèbre la fête de Pâques [5]. De là, il se dirige vers Milan où sa présence est relevée le 14

---

[1] C'est ce qui résulte du seul texte relatif à cette assemblée, celui de Bernold de Constance, a. 1080 : « Deinde apud Mogontiam conventu facto, eandem ipsam electionem a quibuscunque potuit confirmari fecit » (MGH, SS, t. V, p. 436).

[2] Sur la bataille de l'Elster ou de la Grune, voir MEYER VON KNONAU, op. cit., t. III, p. 333-341. BRUN, dans son De bello sa. onico, la représente comme une défaite de Henri IV, mais cette affirmation ne saurait entraîner la conviction.

[3] Pour la valeur du De bello saxonico, cfr t. II, p. 44-46.

[4] BRUN, De bello saxonico, CXXVI et suiv. (MGH, SS, t. V, p. 382-383). Cfr MEYER VON KNONAU, op. cit., t. III, p. 345-349.

[5] BERNOLD DE CONSTANCE, Chronicon, a. 1081 : « Heinricus, post obitum Ruodolfi regis, Veronam in pascha venit » (MGH, SS, t. V, p. 437).

avril [1], puis vers Pavie et Ravenne où il a vraisemblablement séjourné pendant les premiers jours de mai [2]. Accompagné de l'antipape Clément III, il franchit l'Apennin et arrive devant Rome le 21 mai [3]. Il n'a avec lui que peu de troupes [4] et ne peut songer à enlever la ville d'assaut ; mais sa seule présence dans les *prata Neronis* ne lui ralliera-t-elle pas les Romains trop heureux d'apercevoir enfin sous leurs murs leur roi et leur patrice ?

Pour préparer cette entrée triomphale, Henri IV a fait parvenir au clergé et au peuple un manifeste dont le texte a été conservé [5]. C'est une lettre de circonstance, sans aucune portée doctrinale, où il n'est question ni de Grégoire VII ni de la nature des relations qui doivent exister entre le Sacerdoce et l'Empire ; le roi rappelle le souvenir de son père, à la mémoire duquel les Romains sont attachés avec reconnaissance en raison des immenses services qu'il leur a rendus, déplore que les circonstances, aient retardé son voyage ; puis, laissant entendre que la mort de Rodolphe de Souabe est l'effet d'un jugement de Dieu [6], il se félicite de sa victoire sur ses ennemis qui lui permet enfin d'accourir « afin, dit-il, de recevoir de vous, avec votre assentiment et votre approbation unanimes, la dignité héréditaire qui m'est due. » Il s'étonne enfin de ce qu'aucune ambassade ne soit venue au-devant de lui, dément

---

[1] STUMPF, 2829-2830.

[2] Sur cet itinéraire, voir MEYER VON KNONAU, *op. cit.*, t. III, p. 379, n. 57 et 58.

[3] MEYER VON KNONAU, *op. cit.*, t. III, p. 381-382 et 388.

[4] Grégoire VII l'indique formellement dans la lettre IX, 11 du *Registrum* (édit. CASPAR, p. 588 ; édit. JAFFÉ, p. 485 ; PL, CXLVIII, 615), ce qui infirme le témoignage de MARIEN SCOT, a. 1104 (1082) : « Multa homicidia et multae praedationes inter Heinricum regem et Gregorium papam, ita ut in nocte palmarum multi sunt occisi » (MGH, SS, t. V, p. 562), ainsi que celui de HUGUES DE FLAVIGNY, *Chronicon*, II *(Ibid.,* t. VIII, p. 460), et de LANDULFE, *Historia Mediolanensis*, III, 32 *(Ibid.,* t. VIII, p. 99), qui représentent le roi de Germanie accompagné d'une armée innombrable.

[5] *Codex Udalrici*, 66 *(Monumenta Bambergensia,* p. 138-139). Suivant FLOTO, *Kaiser Heinrich IV und sein Zeitalter,* t. II, p. 245, repris par MEYER VON KNONAU, *op. cit.*, t. III, p. 388, n. 72, c'est de Toscane que Henri IV aurait adressé ce manifeste. En tout cas, comme l'indiquent les mots *ad vos venire intendimus,* son envoi est antérieur à l'arrivée du roi devant Rome.

[6] Il y a en effet une allusion très nette dans ces mots : « Nunc vero, quoniam non nostra, sed *Dei virtute* atrocissimam hostium tam *vitam* quam superbiam ferro truncavimus » *(Monumenta Bambergensia,* p. 138).

les bruits qui ont couru au sujet de ses intentions hostiles et affirme son désir de mettre un terme, avec le conseil des Romains et celui de ses autres fidèles, à la discorde qui oppose le royaume et le Sacerdoce, de « restaurer en toutes choses, au nom du Christ, la paix et l'unité. »

Cette phraséologie ne permet guère de démêler les intentions exactes de Henri IV. On remarquera cependant que le roi revendique la couronne impériale en vertu des seules lois de l'hérédité et qu'il s'apprête à la recevoir des Romains, sans qu'il soit fait allusion à une intervention pontificale. On notera aussi que le nom de Grégoire VII n'est pas prononcé, et pas davantage celui de Clément III. Pourquoi Henri IV ne présente-t-il pas aux Romains l'évêque qu'il leur destine, pourquoi ne leur propose-t-il pas d'acclamer, suivant la procédure antérieure au décret de Nicolas II, le pontife désigné par ses soins ? A ne lire que le manifeste de mai 1081, on pourrait croire qu'il ne s'est rien passé en juin 1080 et que le décret de Brixen n'existe pas, car il n'est pas davantage question d'expulser le « faux moine », déposé quelques mois plus tôt sur l'ordre du roi.

Que conclure de ce silence *a priori* singulier ? Henri IV veut-il forcer la confiance des Romains et, une fois entré à Rome par surprise, procéder à la révolution qu'il a préméditée ? Ou bien, n'a-t-il pas abandonné tout espoir de réconciliation avec Grégoire VII et songe-t-il à un nouveau Canossa, à condition bien entendu que son adversaire soit disposé à lui épargner toute humiliation ? La mort de Rodolphe de Souabe, que ni les Saxons ni le pape n'ont remplacé comme antiroi, n'aurait-elle pas provoqué une modification du plan primitif et réveillé l'espoir d'une entente avec le pontife légitime, auquel on s'était peut-être un peu trop pressé de donner un successeur ?

En faveur de la première hypothèse, on pourrait alléguer la présence, auprès de Henri IV, de Clément III. Le roi, au lieu de marcher directement sur Rome, est passé à Ravenne, pour le prendre et l'emmener avec lui [1]. Le silence de Henri IV

---

[1] Le fait est positivement attesté par BERNOLD DE CONSTANCE, *Chronicon*, a. 1081 : « Inde ad invadendam Romam, cum suo non apostolico, sed apostata Guiberto, utputa domni apostolici non semel periuro et anathematizato, profectus est » (MGH, SS, t. V, p. 437).

s'expliquerait alors par un souci légitime de ménager les susceptibilités des Romains, peu satisfaits sans doute d'avoir été
écartés de l'élection de l'antipape qu'ont désigné non les cardinaux, le clergé et le peuple de Rome, mais bien, sur l'ordre
du souverain, les prélats lombards et allemands. En revanche,
s'il en était ainsi, la réserve qu'observe le roi à l'égard de Grégoire VII se comprendrait moins : pour faire accepter Clément
III à l'opinion romaine, il était indiqué de lui faire au préalable vomir l'évêque en place, après l'avoir convaincue de l'indignité du « faux moine. » Or, les quelques récriminations sur
les mauvais procédés dont auraient été victimes les ambas-
sadeurs allemands en 1080, seule allusion qui soit faite à Grégoire VII, ne pouvaient suffire pour déchaîner le mouvement
nécessaire de désaffection et de haine [1].

Aussi est-il permis de se demander si Henri IV, en mai 1081,
n'envisage pas la possibilité d'un rapprochement avec le pontife légitime. La disparition inattendue de Rodolphe de Souabe
a changé l'aspect de la situation et, tant qu'un nouvel antiroi
n'aura pas été élu, le pape peut pardonner à l'excommunié
de 1080, sans risquer de léser aucun droit. L'élection de Clément
III constitue sans doute un obstacle, mais un obstacle qui n'est
pas insurmontable : l'antipape est dépourvu de toute volonté
personnelle et encore plus d'enthousiasme pour le rôle qu'on
lui fait jouer ; il n'a été que l'instrument du roi de Germanie ;
sa renonciation à la dignité et à la charge dont on l'a investi
serait aussi facile à obtenir que son assentiment. Il est donc
probable, que, par son manifeste aux Romains, Henri IV a
cherché à amorcer des négociations ou tout au moins à
provoquer des conversations, prélude de pourparlers plus
précis, et c'est vraisemblablement à cette fin qu'il dément
les bruits qui courent au sujet de son intention « d'amoin-
drir l'honneur du bienheureux Pierre, prince des apôtres » et
de « détruire l'État romain [2]. »

---

[1] Après s'être étonné de ce que les Romains n'aient pas envoyé d'ambassade au-devant de lui, Henri IV ajoute : « Nam quod nostros ad vos legatos
mittere supersedimus, ipsi vos nostis, legati nostri — viri honorati et reve-
rendi — quam infami contumelia ab eo, unde minime oportuit, supra omnium
barbarorum inmanitatem anno preterito affecti sunt » (*Monumenta Bambergensia*, p. 139).

[2] *Monumenta Bambergensia*, p. 139.

Si Henri IV a réellement nourri l'espoir d'une réconciliation avec Grégoire VII par l'intermédiaire des Romains, il a
dû être cruellement déçu. Le pape avait pris position quelques
semaines plus tôt dans la lettre à Herman de Metz (15 mars
1081) [1], dont Henri IV ne pouvait avoir encore connaissance,
et il lui était difficile de se déjuger à moins que le roi ne lui
donnât canoniquement satisfaction. D'ailleurs, il n'eut pas
à intervenir, car les Romains, avec une curieuse intransigeance,
fermèrent les portes de la ville [2].

Henri IV essaya alors de prendre Rome par la famine ;
mais, à la fin de juin, les rigueurs de l'été le contraignirent
à la retraite [3]. Toutefois il ne renonça pas à son projet. Il lui
est d'autant plus urgent d'aboutir que la situation de l'Allemagne n'évolue pas en sa faveur : son échec devant Rome
a réveillé les espérances de ses adversaires ; au début d'août,
les Saxons, qui, en juin, avaient dévasté la Franconie et le
pays de Bamberg [4], ont donné un successeur à Rodolphe de
Souabe en la personne d'Herman de Luxembourg [5]. Aussitôt, celui-ci se dirige vers le Danube, remporte une victoire sur les partisans bavarois de Henri IV à Hochstaedt
(11 août 1081), mais il ne peut s'emparer d'Augsbourg, dont
il se contente de saccager les environs, et rentre en Saxe [6].
La menace est momentanément écartée, mais elle peut renaître d'un instant à l'autre.

---

[1] Cfr t. II, p. 389 et suiv.

[2] BERNOLD DE CONSTANCE, *Chronicon*, a. 1081 . « Inde ad invadendam Romam profectus est, sed inacte reversus est » (MGH, SS, t. V, p. 437). — FRU
TOLF, *Chronicon universale*, a. 1081 :« Romam perveniens, in vigilia pentecostes,
resistente Hildebrando papa cum Romanis, ante castellum sancti Petri castra
posuit » *(Ibid.*, t. VI, p. 204). — MARIEN SCOT, *Chronicon*, a. 1103 (1081) :
« Heinricus rex a pentecosten diebus quadragesima Romam contra Hildebrandum papam expugnat, non intrare petivit » *(Ibid.*, t. V, p. 562). — BENZON
D'ALBE, *Liber ad Heinricum* VI, *Praefatio* : « Venit igitur sexta feria ante
pentecosten, ad diem constitutum, sed Romani praevaricatores effecti, clauserunt ad introitum » *(Ibid.*, t. XI, p. 656). — Cfr MEYER VON KNONAU, *op.
cit.*, t. III, p. 388, et A. CARTELLIERI, *Der Aufstieg des Papsttums im Rahmen
der Weltgeschichte* 1047-1095, Berlin, 1936, p. 177.

[3] MEYER VON KNONAU, *op. cit.*, t. III, p. 391-393.

[4] Sur ce raid, voir MEYER VON KNONAU, *op. cit.*, t. III, p. 416.

[5] On trouvera les textes relatifs à l'élection d'Herman dans MEYER VON
KNONAU, *op. cit.*, t. III, p. 417-418, n. 126-127.

[6] Pour cette campagne, voir MEYER VON KNONAU, *op. cit.*, t. III, p. 419-
421.

Il faut donc prendre Rome le plus rapidement possible. Pendant l'été de 1081, Henri IV s'est efforcé d'isoler Grégoire VII et d'affaiblir sa position en Italie. C'est surtout vers la Toscane qu'ont convergé ses efforts : le 25 juin, alors qu'il était encore devant Rome, il a accordé un privilège de liberté à Lucques dont il s'assure ainsi la fidélité et qu'il détache du parti de la comtesse Mathilde [1] ; Pise a été, quelques semaines plus tard, l'objet d'une faveur identique et a reçu, en outre, la promesse que le roi ne nommerait pas de marquis en Toscane sans son assentiment [2]. Après avoir quitté le siège de Rome, Henri entreprend un voyage qui paraît avoir été triomphal : le 10 juillet, il est à Sienne [3], le 20 à Lucques. Peut-être prononce-t-il à ce moment la confiscation d'une partie des biens de la comtesse Mathilde, mais s'il persiste quelque incertitude à ce sujet, c'est bien contre la fidèle alliée de Grégoire VII qu'est dirigée cette campagne : il s'agit de détacher d'elle les villes toscanes qui, en la retenant, l'empêcheront de porter secours au pape. Il semble que cette politique soit couronnée par le succès : Mathilde, à la fin de 1081, est réduite à une pénible défensive dans son château de Canossa, qu'elle ne quitte guère et où elle accueille son ami, l'évêque de Lucques, Anselme, lui-même obligé d'abandonner sa ville épiscopale [4]. Bref l'Italie centrale passe sous l'influence de Henri IV qui a réussi également à détacher du pape le duché de Spolète et la marche de Fermo, où il a nommé comme duc et marquis un certain Renier qui lui est tout dévoué [5].

---

[1] STUMPF, 2833. Cfr CARTELLIERI, op. cit., p. 177, qui note avec raison que Henri IV, ne pouvant briser la puissance pontificale, s'est attaqué à l'alliée de Grégoire VII, la comtesse Mathilde.

[2] STUMPF, 2836.

[3] STUMPF, 2835.

[4] Vita Anselmi, episcopi Lucensis, XX (MGH, SS, t. XII, p. 419).— Sur la sentence que Henri IV aurait prononcée contre la comtesse Mathilde, voir DAVIDSOHN, Geschichte von Florenz, t. I, p. 267, qui la place au cours de la marche sur Rome, au printemps de 1081, et OVERMANN, Gräfin Mathilde, p. 232-238, qui la croit seulement contemporaine du passage à Lucques, en juillet de la même année, de même que N. GRIMALDI, La contessa Matilde e la sua stirpe feudale, p. 304. Il n'est malheureusement fait aucune allusion à cet acte dans les diplômes avant 1085 (STUMPF, 2883), et encore n'est-il question que des fiefs lorrains.

[5] Cfr SANDER, Der Kampf Heinrichs IV und Gregors VII von der zweiten Excommunication des Königs bis zu seiner Kaiserkrönung, p. 86-87 ; MEYER VON KNONAU. op. cit., t. III, p. 393-394.

Aussi, en 1082, le roi va-t-il pouvoir reprendre le siège de Rome. On connaît mal son itinéraire à la fin de 1081 et au début de 1082 [1] ; l'on ne sait pas davantage à quelle date exacte il a commencé les opérations interrompues à la fin du mois de juin précédent [2]. En tout cas, son armée s'est accrue et aux contingents allemands se sont ajoutés des renforts issus probablement de Lombardie et de Toscane [3]. Autour du roi se pressent quelques prélats d'un haut rang, dont la présence est sans doute destinée à donner plus d'éclat à la cérémonie, que l'on espère prochaine, du couronnement impérial : ce sont, outre l'antipape Clément III, le patriarche Henri d'Aquilée, les archevêques Tedald de Milan et Liémar de Brême, les évêques Burchard de Lausanne, Denis de Plaisance et Benzon d'Albe [4].

Avant d'arriver sous les murs de la ville, Henri IV a adressé aux Romains un manifeste très différent de celui de l'année précédente [5]. Comme en 1081, le nom de Clément III n'est pas prononcé, et c'est là une habileté : il s'agit de respecter, au moins en apparence, la liberté des « cardinaux, clercs et laïques », auxquels la proclamation est adressée, de laisser croire aux électeurs canoniques qu'ils ont toute latitude pour choisir un pontife autre que celui qui a été désigné par l'assemblée de Brixen et en faveur duquel on se contentera, au

---

[1] La *Vita Anselmi, loc. cit.*, parle de dévastations commises sur les terres de la comtesse Mathilde, mais ne donne aucune précision. On sait seulement par les diplômes (STUMPF, 2840-2841) qu'en décembre, Henri IV est venu à Parme, puis on perd de nouveau sa trace.

[2] Sur la date, voir : KILIAN, *Itinerar Kaiser Heinrich IV*, p. 91-93 ; SANDER, *op. cit* p. 187-191 ; MEYER VON KNONAU, *op. cit.*, t. III, p. 432, n. 2-3. Le premier ne fait venir Henri IV devant Rome que le 20 mars, tandis que les deux autres opinent pour la fin de février, date adoptée également par CARTELLIERI, *op. cit.*, p. 179.

[3] Cela résulte, semble-t-il, du texte de BERNOLD DE CONSTANCE, *Chronicon*, a. 1081 : « Heinricus autem in Italia... iterum Romam invasurus proficiscitur, adunata multitudine scismaticorum » (MGH, SS, t. V p. 437). Cfr aussi BENZON D'ALBE, *Liber ad Heinricum*, VI, *Praefatio (Ibid.*, t. XI, p. 658).

[4] La liste en a été dressée par MEYER VON KNONAU, *op. cit.*, t. III, p. 433, n. 5.

[5] On trouvera le texte de ce manifeste dans les *Monumenta Bambergensia*, p. 498-502. Cfr K. PIVEC, *Studien und Forschungen zur Ausgabe des Codex Udalrici*, dans *Mitteilungen des oesterreichischen Instituts für Geschichtsforschung*, t. XLVIII, 1934, p. 348, et SCHMEIDLER, *Kaiser Heinrich IV und seine Helfer im Investiturstreit*, p. 399.

moment voulu, d'exercer une pression énergique. Mais, s'il
n'est fait aucune allusion à l'antipape, en revanche c'en est
fini de la réserve observée l'année précédente à l'égard de
Grégoire VII. Sans doute, les vieux griefs invoqués à Worms
et à Brixen à l'usage des évêques allemands et lombards
peu au courant des choses romaines [1], sont-ils ici passés sous
silence ; il eût été trop facile à Rome de démentir la version
accréditée à Brixen de l'élection de 1073 et toute tentative
pour jeter le discrédit sur la vie privée de Grégoire VII eût
soulevé d'unanimes protestations. Aussi est-ce sur le terrain
doctrinal que Henri IV va porter son différend avec le
Saint-Siège.

Une idée domine tout le manifeste, et c'est elle qui servira
longtemps de thème aux polémistes : Hildebrand est accusé
de chercher à « détruire l'ordre établi par Dieu[2] ». Commentant
la parole évangélique relative aux deux glaives [3], Henri IV
lui reproche d'avoir agi comme s'il n'y en avait qu'un seul, en
prononçant la déposition d'un souverain que « Dieu avait ordonné, quoiqu'indigne, dès sa plus petite enfance et dont
l'ordination divine éclate chaque jour aux yeux, pour peu que
l'on examine attentivement les faits ». Dieu n'a-t-il pas pro-
tégé Henri IV contre les entreprises d'Hildebrand et de ses
partisans ? Le Seigneur n'a-t-il pas détruit le vassal parjure
que le pape avait ordonné comme roi au-dessus de lui ? [4]

Ainsi s'affirme la théorie de la royauté de droit divin, déjà
esquissée dans les divers documents issus de l'assemblée de
Worms (1076) [5] ; mais, tandis qu'à Worms on ne s'était pas
prononcé sur les manifestations extérieures de la transmission divine, le manifeste de 1082 est à ce sujet d'une remarquable précision : le signe auquel se reconnaît le pouvoir institué
par Dieu, c'est l'hérédité, sanctionnée par l'assentiment des
Romains. « Nous vous prions, écrit le roi, en raison de la foi
que vous avez gardée envers notre aïeul et envers notre père
Henri, tous deux empereurs, que vous devez nous garder et

---

[1] Cfr *supra*, p. 51-54 et 60-61.

[2] « Cur Dei dispositionem destruere molitur Hildebrandus » *(Monumenta
Bambergensia*, p. 500).

[3] Luc, XXII, 38.

[4] *Monumenta Bambergensia*, p. 500-501.

[5] Cfr *supra*, p. 56-58.

que vous avez bien gardée jusqu'à l'arrivée d'Hildebrand, de
ne pas nous refuser l'honneur paternel qui nous a été transmis
par vous, par l'intermédiaire de notre père, ou, si vous nous
le refusez, de nous en expliquer les raisons [1]. » La thèse est
explicitement formulée : la couronne est donnée au roi par
Dieu ; elle se transmet héréditairement avec l'assentiment
des Romains.

En même temps qu'il pose les principes de la royauté de
droit divin, Henri IV s'insurge contre la théorie grégorienne
de la suprématie romaine. « Voici ses paroles (d'Hildebrand) :
il ne doit être jugé par personne. C'est comme s'il disait : ce
qui me plaît est permis. Mais telle n'est pas la règle posée par
le Christ, car il est écrit : *Celui qui est plus grand que vous sera
esclave* [2]. Aussi est-il injuste que celui qui se nomme *serviteur
des serviteurs de Dieu* opprime les serviteurs de Dieu [3].» Bref,
le principe posé par les *Dictatus papae*, suivant lequel le pontife
romain n'est responsable que devant Dieu [4], reçoit ici un dé-
menti positif ; comme à Worms, Henri IV n'accepte la séparation des pouvoirs qu'en ce qui le concerne et, si le roi, à ses
yeux, n'a de comptes à rendre qu'à Dieu, il ne saurait en être
de même du pape qu'il veut soumettre au jugement de l'Église.

Ces théories, formulées avec brièveté et modération, compor-
tent une conclusion pratique : Henri IV invite le pape à venir
se justifier devant lui et prie les Romains, trompés par les « machinations d'Hildebrand », de s'associer à lui pour contraindre
le pontife à se disculper. «L'Église, dit-il, l'a souvent cité, pour
qu'il se purgeât des accusations qui lui étaient imputées et
pour qu'il mît fin au scandale. Mais, cité, il a toujours refusé
de comparaître, n'a jamais voulu entendre nos messages et
ne nous a jamais permis de les écouter, craignant de perdre
votre appui le jour où vous auriez été mis en présence d'une
argumentation équitable. Aussi bien nous adressons-nous à
la justice de tous et demandons-nous qu'avec votre concours
il vienne, même maintenant, en notre présence et qu'il entende
les supplications de l'Église. Si en effet elle lui est confiée,

---

[1] *Monumenta Bambergensia*, p. 501.
[2] MATTH., XX, 26-27.
[3] *Monumenta Bambergensia*, p. 501.
[4] Cfr t. II, p. 195.

pourquoi accepte-t-il qu'elle périsse ? Il n'appartient pas à
un pasteur, mais à un mercenaire, qui a obtenu la place du
pasteur, de dérober toute consolation aux brebis qu'égorge le
loup. Dites-lui qu'il vienne, qu'il donne satisfaction, qu'il
accepte de notre fait des otages qui répondront de sa sécurité
à l'aller et au retour, soit qu'il doive demeurer sur le siège
apostolique, soit qu'il doive être déposé [1]. » Le roi ajoute qu'il
est prêt à obéir à Grégoire VII, « s'il doit et peut être pape ».
Sinon, conformément à l'avis des Romains, il y aura lieu de
pourvoir à son remplacement.

Il est difficile de démêler à travers ce texte les secrètes intentions du roi. A n'en examiner que le strict contenu, il
semble que Henri IV se propose de faire ratifier par un concile la déposition de Grégoire VII, pour inviter ensuite les
Romains à procéder à une nouvelle élection, se réservant de
leur insuffler en temps opportun le nom de Guibert de Ravenne
dont il n'a pas encore été question. Mais, si tel est le dessein
de Henri IV, comment concilier ses intentions avec le fait que,
au mois d'avril, il essaie d'entamer des négociations avec Grégoire VII par l'intermédiaire de l'abbé du Mont-Cassin, Didier [2] ?
Ne voudrait-il pas au contraire, après avoir affirmé la supé-
riorité de son pouvoir, en prenant l'initiative de la convocation d'une assemblée ecclésiastique, faire accepter par Grégoire
VII un compromis qui ménagerait une entente acceptable
pour lui et lui permettrait d'être couronné empereur par le
pape légitime ? Il est possible que Henri IV ait voulu aboutir
à une solution de ce genre, mais elle n'avait aucune chance
d'être adoptée par un pontife qui n'entendait rien aux subtili-
tés de la politique et n'envisageait les choses que du point de
vue canonique. Persuadé qu'il est le vicaire de Dieu, Grégoire
VII ne peut traiter d'égal à égal ni, *a fortiori*, comparaître
devant l'« Église », pour employer la formule de Henri IV.
En outre, Henri IV n'est pour lui qu'un pécheur, un excommunié avec lequel personne ne peut avoir de relations, tant
qu'il n'aura pas, par une pénitence canonique, obtenu l'absolution pontificale ; aucune conversation ne saurait s'engager
avec lui, avant que ces conditions n'aient été réalisées.

---

[1] *Monumenta Bambergensia*, p. 500.

[2] Sur ces négociations, voir notre article, *L'élection d'Urbain II*, dans
Moyen âge, t. XIX, 1916, p. 362-363.

Avec de telles dispositions de part et d'autre, toute réconciliation demeurait impossible. La pape persiste à citer le roi devant son tribunal et le roi prétend obliger le pape à se justifier devant lui. A la suprématie romaine, telle qu'elle vient de se définir dans la lettre à Herman de Metz, s'oppose désormais un césaropapisme rajeuni dont la lettre de Henri IV aux Romains énonce les deux thèses essentielles : royauté de droit divin et hérédité monarchique.

Ce sont ces thèses qui font du manifeste de février 1082 une date dans l'histoire de la lutte du Sacerdoce et de l'Empire. Ses résultats pratiques devaient être nuls. Non seulement Grégoire VII demeure inébranlable, mais les Romains eux-mêmes ne se laissent pas gagner par les avances du souverain. Henri IV doit recommencer le siège et il éprouve les mêmes insuccès que l'année précédente ; plusieurs coups de main échouent et les Romains repoussent victorieusement toutes les tentatives d'assaut [1]. Le carême se passe sans que le roi ait pu enregistrer le triomphe tant souhaité et il lui faut modestement célébrer à Albano la fête de Pâques, qui tombait cette année là le 24 avril [2].

---

[1] Voici ce qu'écrit BERNOLD DE CONSTANCE qui reste, comme toujours, la source la plus digne de foi (a. 1082) : « Ibi, ea aestate moratus, pene incassum laboravit, nisi quod milites suos quibusdam castellis, ut facerent werram Romanis, imposuit, quia eum nec hac vice Romam intrare permiserunt. Ignem quoque in domum sancti Petri per quemdam traditorem immittere voluit, sed, Dei misericordia protegente, non potuit. Cogitavit enim ut de improviso portas irrumperet, si Romani, derelictis propugnaculis, ad incendium restinguendum concurrerent, unde ignem domibus quibusdam sancto Petro contiguis immitti fecit. Sed domnus apostolicus huic versutiae obviavit ; nam primum viso incendio, omnes milites romanos ad propugnacula defendenda transmisit, ipseque solus, fiducia sancti Petri fretus, facto signo crucis contra incendium, ignem progredi ulterius non permisit » (MGH, SS, t. V, p. 437). Les Annales de Saint-Jacques de Liége, a. 1082, font allusion à une attaque contre la cité léonine : « Rex Heinricus Romam Leonianam obsidet » (Ibid., t. IV, p. 29 et t. XVI, p. 639). On trouvera de nombreux détails, sujets à caution, dans BENZON D'ALBE, Liber ad Heinricum, VI, Praefatio (Ibid., t. XI, p. 658). Il semble bien résulter de ces divers textes que Henri IV a essayé de pénétrer dans la ville par une brèche et que, peut-être à la suite d'un échec, il a un moment battu en retraite. Il revint, en tout cas, à la fin du carême et, le dimanche des Rameaux, si l'on en croit Marien Scot, a. 1104 (1082) (Ibid., t. V, p. 562), tenta un nouvel assaut qui fut très sanglant et tout-à-fait infructueux. — Sur ce siège de Rome, cfr MEYER VON KNONAU, Jahrbücher des deutschen Reichs unter Heinrich IV und Heinrich V, t. III, p. 437-441.

[2] Cfr MEYER VON KNONAU, op. cit., t. III, p. 441.

Pourtant, au cours de cette année, malgré des échecs militaires, la situation de Henri IV en Italie s'est améliorée.
Le prince de Capoue, Jourdain, jaloux de Robert Guiscard [1]
et désireux de s'agrandir à ses dépens avec le concours de
l'armée allemande [2], s'est détaché du Saint-Siège. Cette défection a failli en entraîner une autre plus grave, celle de l'abbé
du Mont-Cassin, Didier ; celui-ci, très affecté à la pensée que
Jourdain, rallié à Henri IV, pourrait reprendre ses dévastations sur les terres du monastère [3], accepta l'invitation du
roi, qui lui avait demandé de venir le trouver à Albano, et
s'engagea à le faire couronner empereur par le pape légitime [4].
Didier s'employa à réaliser sa promesse, mais Grégoire VII
lui opposa une fin de non recevoir absolue et l'aurait même,
si l'on en croit Hugues de Lyon, menacé d'excommunication [5].
La tentative de rapprochement avait donc échoué ; du moins,
l'entrée en scène de Jourdain de Capoue pouvait-elle immobi-
liser les forces normandes dans l'Italie méridionale et les empêcher de se porter au secours de Rome.

Dans le même but, Henri IV a noué des négociations avec
l'empereur d'Orient, Alexis Comnène. Une ambassade byzan-
tine était arrivée à son camp, chargée de présents et d'une
lettre du Βασιλεύς [6]. Elle avait manifestement reçu pour

---

[1] Sur l'alliance de Robert Guiscard avec Grégoire VII, cfr t. II, p. 387-
388.

[2] *Annales Beneventani*, a. 1080 : « Et Jordanus princeps fecit pactum cum
praedicto Heinrico imperatore » (MGH, SS, t. III, p. 181). — GUILLAUME
D'APULIE, *Gesta Roberti Wiscardi*, V, v. 110 et suiv. : « Jordanis princeps,
perterritus advenientis Heinrici fama,... firmae secum componens foedera
pacis illi se subigit ; genitus conceditur obses ; et cum prole dedit solidorum
munera multa. Hoc, ne privetur dominatus jure paterni, fecit, si regi sit ad
Appula transitus arva » *(Ibid.,* t. IX, p. 293). Cfr aussi le récit détaillé des
Chronica monasterii Casinensis, III, 50 *(Ibid.,* t. VII, p. 439).

[3] Il est fait allusion à ces dévastations, qui eurent lieu en 1079, dans *Gregorii VII Registrum*, VI, 37 (édit. CASPAR, p. 454 ; édit. JAFFÉ, p. 375-
376 ; PL, CXLVIII, 542).

[4] *Chronica monasterii Casinensis*, III, 50 (MGH, SS, t. VII, p. 740). — Sur
cette entrevue et les négociations qui suivirent, voir A. FLICHE, *Le pontificat
de Victor III*, dans *Revue d'histoire ecclésiastique*, t. XX, 1924, p. 390, et
L'Élection d'Urbain II, dans *Moyen âge*, t. XIX, p. 367-371.

[5] Voir la lettre de HUGUES DE LYON, citée par HUGUES DE FLAVIGNY,
Chronicon (MGH, SS, t. VIII, p. 467).

[6] BENZON D'ALBE, *Ad Heinricum*, VI, 4 (MGH, SS, t. XI, p. 664), signale
la venue de cette ambassade, sur laquelle l'historien grec, Anne Comnène
(Alexiade, III, 10), donne des détails plus précis. Pour la date, voir MEYER

mission de provoquer une entente entre les deux souverains également menacés par Robert Guiscard qui, victorieux à Durazzo, s'apprêtait à marcher sur Constantinople. De ce fait, l'alliance projetée était beaucoup plus avantageuse pour l'empereur grec que pour le roi de Germanie, car la menace de Henri IV contre les possessions italiennes de Robert Guiscard va avoir pour effet d'obliger le duc normand à regagner Otrante pendant l'été de 1082 [2].

L'échec de la tentative de médiation de Didier du Mont-Cassin et le retour de Robert Guiscard ne pouvaient que fortifier Henri IV dans sa résolution de prendre Rome au plus vite. Ne pouvant continuer le siège pendant la période des chaleurs, il retourne en Toscane, afin de prévenir une diversion toujours possible de la comtesse Mathilde, dont les sentiments à l'égard de Grégoire VII n'ont pas varié. Ce voyage lui ménage d'ailleurs un certain nombre de déceptions. Florence ferme ses portes [3]. Pise, où il séjourne pendant les premiers jours d'août [4], se montre plus accueillante pour lui, mais il ne peut enlever la forteresse de Moriana, où tenaient les Grégoriens [5], et juge plus sûr de passer l'Apennin afin de gagner la région de Rimini [6]. Au début de l'automne il s'avance vers le Pô, avec l'intention de se rapprocher de sa belle-mère, Adélaïde de Savoie, dont le concours pouvait lui être utile, au cas où, comme il paraît en avoir été question, l'antiroi, Herman de Luxembourg, serait venu en Italie, pour porter secours à Grégoire VII [6]. La mort d'Othon de Nordheim, survenue à la

---

VON KNONAU, *op. cit.*, t. III, p. 448, n. 18, dont les conclusions s'imposent. Cfr aussi CARTELLIERI, *Der Aufstieg des Papsttums*, p. 179, qui souligne avec raison la nouveauté de cette entente.

[1] GEOFFROY MALATERRA, *Historia Sicula*, III, 33 (MURATORI, *Scriptores rerum Italicarum*, t. V, p. 586) ; GUILLAUME D'APULIE, *Gesta Wiscardi*, IV, v. 524 et suiv. (MGH, SS, t. IX, p. 289). — Cfr F. CHALANDON, *Histoire de la domination normande en Italie et en Sicile*, t. I, p. 273.

[2] DAVIDSOHN, *Geschichte von Florenz*, t. I, p. 271-272.

[3] STUMPF, 2845.

[4] RANGIER, *Vita Anselmi, Lucensis episcopi*, v. 4872 et suiv. (MGH, SS, t. XXX, II, p. 1259-1260).

[5] BENZON D'ALBE, *Liber ad Heinricum*, VI (MGH, SS, t. XI, p. 662-663).

[6] Sur l'itinéraire de Henri IV, voir MEYER VON KNONAU, *op. cit.*, t. III, p. 457 et suiv. — Le projet de descente en Italie est prêté à Herman par Bernold de Constance, a. 1083, qu'il y a tout lieu de considérer comme bien informé : « Heremannus autem rex, multum de adversitate sedis apostolicae

fin de 1082 [1], mit fin à cette éventualité, en privant Herman
du seul chef capable de le suppléer en Allemagne pendant
son absence, si bien que, au début de 1083, Henri IV peut,
pour la troisième fois, mettre le siège devant Rome.

On est assez mal renseigné sur les péripéties de ce troisième
siège, les chroniqueurs étant très sobres de détails à son sujet.
Il a sans doute été commencé dans le courant de l'hiver [2],
mais aucun assaut n'a été livré avant le mois de juin. Il
semble qu'avant de procéder à l'attaque décisive, Henri IV
ait voulu affaiblir le moral de la population romaine, éner-
vée par deux années de lutte, et aggraver la disette en
rendant plus difficiles les communications avec l'extérieur [3].
Le roi n'adresse cette fois aucun manifeste ; c'est par la force
qu'il veut en finir, avant que Robert Guiscard ne puisse
intervenir efficacement [4]. Le 3 juin, samedi de la Pente-

dolens eamque de manibus Heinrici liberare volens, expeditionem in Italiam
paravit » (MGH, SS, t. V, p. 437).

[1] BERNOLD DE CONSTANCE, Chronicon a. 1083 : « Inde, cum exercitum in
Longobardiam promovere vellet, molesta sibi legatio de Saxonia venit, quippe
quod Otto, dux prudentissimus, miles obierit... Hac igitur necessitate, post-
posita expeditione, Saxoniam festinanter redire compellitur » (MGH, SS,
t. V, p. 437).

[2] BERNOLD DE CONSTANCE (a. 1083) est très vague : « Ante Pentecosten
Romam impugnaturus aggreditur » (MGH, SS, t. V, p. 437-438). LANDULF,
Historia Mediolanensis, III, 32 (Ibid., t. VIII, p. 99), parle d'un siège de sept
mois, ce qui paraît difficile à admettre, car il faudrait qu'il eût commencé
dès le mois de décembre 1082. Cfr KILIAN, Itinerar Kaiser Heinrichs IV,
p. 98 ; SANDER, Der Kampf Heinrichs IV und Gregors VII von der zweiten
Exkommunikation des Königs bis zu seiner Kaiserkrönung, p. 128 ; MEYER
VON KNONAU, op. cit., t. III, p. 470, n. 2.

[3] L'affaiblissement du moral des assiégés est constaté par Grégoire VII
lui-même dans la lettre IX, 29 du Registrum (édit. CASPAR, p. 612-613 ; édit.
JAFFÉ, p. 504-506 ; PL, CXLVIII, 628-629).

[4] Certains historiens (cfr MEYER VON KNONAU, op. cit., t. III, p. 471,
et CARTELLIERI, Der Aufstieg des Papsttums, p. 181) placent pendant le
siège des négociations entre Henri IV et les Romains, en s'appuyant sur
deux textes, l'un de LUPUS PROTOSPATARIUS, a. 1083: « Et hoc tempore
Romani a papae Gregorii societate disctedentes, legatos ad prae dictum
direxerunt regem » (MGH, SS, t. V, p. 61), l'autre de la Vita Bennonis, episcopi Osnabrugensis, XXVIII, où il est dit que Bennon d'Osnabrück, appelé
par Grégoire VII en Italie, y resta un an et trois mois, et qu'il servit de trait
d'union entre le pape et le roi : « Pene enim quotidie inter regem et papam
internuntius currens, plus pene dicitur in pace facienda laborasse quam in
aliqua facere consuevisset expeditione bellorum » (Ibid., t. XII, p. 77). On
remarquera que ces deux écrivains ne donnent aucune précision chronologique, et il y a tout lieu de penser, avec L. de HEINEMANN (Geschichte der

côte, il lance ses troupes à l'assaut de la cité léonine, et toute la ville jusqu'au Tibre tombe entre ses mains [1]. Bien que la portée de l'événement ait été démesurément grossie par ses partisans, c'est là une victoire indéniable dont les conséquences vont se faire immédiatement sentir. D'abord Clément III entre à Saint-Pierre et y préside, le 28 juin, une cérémonie solennelle qui ressemble à une intronisation [2]. Par ailleurs si Grégoire VII, enfermé dans le château Saint-Ange, refuse toujours de capituler, la noblesse romaine incline maintenant à la paix ; la cause du pontife légitime lui semble perdue ; elle sait qu'elle n'a rien à attendre d'une diversion extérieure qui viendrait d'Allemagne ou de l'Italie du Nord, tandis que l'intervention de Robert Guiscard, très occupé par la rébellion de Bari et de Cannes, gêné par l'attitude du prince de Capoue contre lequel il vient de tenter une expédition malencontreuse [3], devient de plus en plus hypothétique. Des pourparlers s'engagent, pour lesquels l'évêque d'Osnabrück, Bennon, servit peut-être d'intermédiaire [4] : à la suite de ces conversations, on obtient de Grégoire VII qu'il convoque à un concile tous les évêques de la chrétienté, moyennant

---

Normannen in Unteritalien und Sicilien, t. I, p. 323), qu'il s'agit des négociations entamées après l'assaut de la cité léonine dont parlent d'autres chroniqueurs. Cfr p. 78, n. 1.

[1] On trouvera les textes relatifs à cet événement dans MEYER VON KNONAU, *op. cit.*, t. III, p. 475, n. 12. La date est donnée par BERNOLD DE CONSTANCE : « Domum sancti Petri in sabbato infra epdomadam pentecosten aggreditur » (MGH, SS, t. V, p. 438).

[2] Le caractère de la cérémonie a prêté à discussion. Suivant MARTENS *(Die Besetzung des päpstlichen Stuhles*, p. 214-215), KOEHNCKE *(Wibert von Ravenna*, p. 59-60), et MEYER VON KNONAU *(op. cit.*, t. III, p. 478-479), il ne faut pas voir là une intronisation.Cependant les textes des choniqueurs les plus sûrs sont formels, à savoir du côté pontifical BERNOLD DE CONSTANCE, *Chronicon*, a. 1084 : « Guibertum Ravennatem perjurum, depositum et anathematizatum apud sanctum Petrum intronizavit »(MGH, SS, t. V, p. 437-438), et, du côté de Henri IV, les *Annales Augustani*, a. 1084 : « Romani tandem, Gregorium VII injuste respuentes, Wibertum superpositum receperunt et ordinaverunt, Clementis nomine imposito » *(Ibid.*, t. III, p. 131). Quel qu'ait été le caractère de la cérémonie, elle a produit la plus fâcheuse impression sur Grégoire VII et explique l'intransigeance du pape au cours des négociations qui vont suivre.

[3] Voir F. CHALANDON, *Histoire de la domination normande en Italie et en Sicile*, t. I, p. 273-274.

[4] C'est ici que paraît en effet devoir se placer l'intervention signalée par son biographe.

la promesse de Henri IV de ne pas inquiéter, ni à l'aller ni au retour, les prélats qui s'achemineraient vers Rome [1].

Cette promesse ne fut pas tenue : Henri IV, malgré son serment, captura plusieurs évêques qui se rendaient au concile, parmi lesquels Eudes d'Ostie, qui revenait d'une légation, puis Hugues de Lyon, Anselme de Lucques [2]. C'était empêcher l'assemblée, dont la réunion avait été fixée en novembre, de délibérer valablement. Les raisons de cette singulière attitude sont assez difficiles à démêler. Peut-être est-elle en corrélation avec les événements qui se sont produits à Rome dans le courant de l'été. Dès le 29 juin, après l'entrée de Guibert à Saint-Pierre, Henri IV s'était éloigné [3], laissant au Palatin une garnison que commandait Ulric de Godesheim. Celle-ci fut très éprouvée par la maladie : Ulric lui-même mourut d'une façon tellement foudroyante qu'on fit courir le bruit qu'il avait été empoisonné : finalement, les défenseurs durent abandonner la position qu'ils occupaient [4]. Il est possible que le roi ait cru à un vaste complot et qu'il ait voulu riposter en emprisonnant les prélats qui passaient pour particulièrement dévoués à la cause grégorienne.

Quoi qu'il en soit, la rupture devenait inévitable. Le concile, qui, le 20 novembre, réunit autour de Grégoire VII quelques évêques italiens et français, ne put que constater l'impossibilité où il se trouvait de délibérer par suite de la « tyrannie » de Henri IV [5]. Tout compromis s'avérait irréalisable et les armes allaient décider de l'issue du conflit engagé depuis l'été de 1080.

---

[1] BERNOLD DE CONSTANCE, *Chronicon*, a. 1083 : « Multi jam ex Romanis Heinrico consenserunt, partim pretio inducti, partim multis promissionibus seducti, omnes autem aequaliter jam trienni impugnatione nimium fatigati. Quid plura ? Omnes pene Romani, praeter principem Salernitanum, hoc cum Heinrico laudaverunt ut papa Gregorius sinodum in medio novembri colligeret Romae, cujus sinodi statuta de causa regni nec Heinrico nec Romanis, immo nulli penitus liceret praevaricari. Heinricus quoque ituris ad illam sinodum et redituris securitatem jurejurando fecit » (MGH, SS, t. V, p. 438).

[2] BERNOLD DE CONSTANCE, *Chronicon*, a. 1083 (MGH, SS, t. V, p. 438).

[3] Sur son itinéraire, voir MEYER VON KNONAU, *op. cit.*, t. III, p. 490-491.

[4] Ces événements sont racontés par BERNOLD DE CONSTANCE, toujours précis et détaillé, a. 1083 (MGH, SS, t. V, p. 437-438); l'accusation d'empoisonnement se trouve dans les *Annales Pegavienses*, *Praefatio (Ibid.,* t. XVI, p. 239).

[5] Cfr *supra*, t. II, p. 418-419.

Au cours des pourparlers entre Henri IV et les Romains, ceux-ci, à l'insu du pape, avaient juré au roi qu'il serait couronné empereur par Grégoire VII, ou, si cela était impossible, par un autre pape qu'ils éliraient à sa place [1]. A l'expiration des délais, ils éprouvèrent quelqu'embarras, car ils n'avaient pas prévu la tournure qu'avaient prise les événements. Ils négocièrent avec Grégoire VII, afin de trouver un terrain d'entente ; mais le pape se montra intraitable sur la question de pénitence à accomplir par Henri IV avant tout couronnement solennel. Le roi, de son côté, ne voulant pas se plier à cette exigence canonique, les choses en restèrent là [2]. Tout espoir de

---

[1] BERNOLD DE CONSTANCE, *Chronicon*, a. 1083 : « Sed jam advenit terminus ad quem Romani, nesciente papa, Heinrico se effecturos juraverant ut aut Gregorius papa eum incoronaret aut alius quem ipsi, illo expulso, eligerent. Quod juramentum, licet in praeterita aestate factum fuerit, omnes intimos papae usque ad terminum pene latuit » (MGH, SS, t. V, p. 438).

[2] Il est très difficile de saisir la physionomie exacte de ces pourparlers. Voici le texte assez obscur de BERNOLD DE CONSTANCE, *Chronicon*, a. 1083, qui a rapporté le serment des Romains à Henri IV : « Adveniente igitur termino, Romani papae de juramento manifestaverunt dicentes se Heinrico jurasse non ut papa illum sollemniter regali unctione coronaret, sed tantum simpliciter ut ei coronam daret. Annuit igitur papa eorum votis ut eos a juramento absolveret, videlicet ut Heinrico, si vellet, cum justicia, sin autem, cum maledictione coronam daret. Unde Romani mandaverunt Heinrico ut veniret ad accipiendam coronam cum justicia, si vellet, sin autem de castello Angeli per virgam sibi dimissam a papa reciperet. Sed Heinrico utraque recusante, alium legatum illi direxere, qui eos bello defenderet, si necesse esset ; se bene attendisse quod juraverint, nec se amplius eo juramento detineri obnoxios. Igitur domno papae multo firmius quam pridem consilio et auxilio adhaesisse » (MGH, SS, t. V, p. 438). Cette version a été jugée fantaisiste par MARTENS *(Gregor VII, sein Leben und Wirken*, t. I, p. 234-235) et par MEYER VON KNONAU *(op. cit.*, t.III, p. 500, n. 42) qui lui préfèrent celle de BONIZON DE SUTRI, *Liber ad amicum*, IX, qui est ainsi conçue : « Nam, ut popularem captaret favorem, dixit se a venerabili Gregorio coronam velle accipere imperialem. Quod ut populus audivit Romanus, non solum laici, sed etiam religiosi qui videbantur, tam episcopi quam clerici, abbates, monachi, ceperunt supliciter lacrimis fusis orare ut patriae fere perditae misereretur. Venerabilis vero pontifex, qui pro veritate mori paratus erat, negavit se omnino facturum nisi prius de excommunicatione satisfaceret. Quod cum rex, conscientia accusante, facere renuisset et per multos dies a Romanis venerabilis pontifex rogaretur ut regem susciperet, et ille ad omnes preces maneret immobilis, paulatim cepit prefatus rex vulgi sibi favorem acquirere » *(Libelli de lite imperatorum et pontificum*, t. I, p. 614). On sait (cfr t. I p. 368-370, et t. II, p. 52-53) le peu de crédit qui s'attache à Bonizon de Sutri, et il est probable que, comme à l'ordinaire, ce polémiste a quelque peu dramatisé les choses. Il reste toutefois hors de doute que Henri IV, même en 1083, a songé un moment à se faire couronner par Grégoire VII ; ainsi que

réconciliation entre les deux adversaires s'avérant impossible, Rome allait avoir à subir de nouveaux assauts.

Henri IV veut en effet en finir. Si les négociations ultimes ont échoué, il sait pourtant que les Romains souhaitent ardemment la paix. Le moment lui paraît venu d'utiliser l'or byzantin par lequel Alexis Ier a acheté son concours [1]. Pour sauver les apparences, il s'en va, au début de février, faire une démonstration militaire, fort brève d'ailleurs, en Campanie [2]. Pendant le voyage, il reçoit des Romains un message lui annonçant leur reddition prochaine [3] ; les subsides de l'empereur avaient produit leur effet [4].

Treize cardinaux avaient déjà abandonné le pape [5], et la fidélité du clergé était elle-même ébranlée. C'étaient là autant de circonstances favorables. Aussi l'assaut final est-il donné

---

le remarque LEHMGRÜBNER, *Benzo von Alba*, p. 142-143, il a, pour faciliter la négociation, éloigné Guibert de Rome, mais il résulte des deux textes cités ci-dessus qu'il s'est refusé à paraître devant le pape en pénitent. Or Grégoire VII, toujours préoccupé d'observer les règles canoniques, a maintenu toutes ses exigences sur ce point, et c'est là en somme ce qu'exprime, assez confusément d'ailleurs, le texte de Bernold de Constance.

[1] BERNOLD DE CONSTANCE, *Chronicon*, a. 1084 : « His temporibus rex Constantinopolitanus maximam pecuniam Henrico quondam regi transmisit ut Ruobertum Guiscardum, ducem Calabriae et Apuliae et juratum militem domni papae, in ultionem ejusdem regis bello appeteret » (MGH, SS. t. V, p. 440). Cfr aussi ANNE COMNÈNE, *Alexias*, V, 3 (édit. REIFFERSCHEID, t. I, p. 160-162).

[2] FRUTOLF, *Chronicon universale* : « Circa kalendas vero februarii in Campaniam transiens, ipsam et magnam Apuliae partem cepit » (MGH, SS, t. VI, p. 205). — Les diplômes royaux (STUMPF, 2853) prouvent que dès le mois de mars Henri IV revenait déjà vers Rome.

[3] Cela résulte d'une lettre de Henri IV à Thierry de Verdun citée par les *Gesta Treverorum*, *Additamentum et Continuatio* I, XII (MGH, SS, t. VIII, p. 185). Cfr aussi FRUTOLF, *loc. cit.*: « Post haec, per legatos Romanorum rogatus ut pacifice rediret, Romam rediit ».

[4] Bernold continue en effet : « Sed Heinricus acceptam pecuniam non in procinctum supra Ruobertum, quod juramento promisit, sed ad conciliandum sibi vulgus Romanum expendit » *(loc. cit)*. — Le fait est affirmé également non seulement par BONIZON DE SUTRI, *Liber ad amicum*, IX *(Libelli de lite*, t. I, p. 614), mais même par un partisan de Henri IV, Guy de Ferrare, qui, dans son *De scismate Hildebrandi*, I, 20, écrit : « Romanis tam viribus tam precio iam subactis » *(Libelli de lite*, t. I, p. 549). Cfr aussi *Historiae Farfenses* : « ejus nobiliores majoresque cives muneribus vel vi subjugavit » (MGH, SS, t. XI, p. 561).

[5] Cfr t. II, p. 419 et aussi MEYER VON KNONAU, *Jahrbücher des deutschen Reichs unter Heinrich IV und Heinrich V*, t. III, p. 523-526 ; KEHR, *Zur Geschichte Wiberts* dans *Sitzungsberichte*, p. 976 ; CARTELLIERI, *Der Aufstieg des Papsttums*, p. 183.

le 21 mars 1084. Cette fois, le succès est total ; les quartiers
de la rive gauche du Tibre se donnent à Henri IV qui, escorté
de Guibert de Ravenne, pénètre dans le Latran ; Grégoire
VII est encerclé de toutes parts dans le château Saint-
Ange, mais il refuse de se rendre, préférant mourir plutôt
que de sacrifier les principes à la défense desquels il s'est
voué [1].

Il s'agissait maintenant pour Henri IV de tirer de sa victoire
les conséquences nécessaires. Il convoque d'abord un concile
à Saint-Pierre. Grégoire VII est cité devant cette assemblée.
Comme l'on pouvait s'y attendre, il s'abstient de comparaître ;
il est aussitôt déposé et excommunié ; après quoi, Guibert de
Ravenne est reconnu comme pape et solennellement intronisé
le dimanche des Rameaux (24 mars 1084). Sans doute il manque
à cette cérémonie le cardinal-évêque d'Ostie à qui revenait
le privilège de consacrer le pontife nouvellement élu avec l'as-
sistance des cardinaux-évêques d'Albano et de Porto ; ceux-ci
sont également absents, et les évêques de Modène et d'Arezzo
doivent présider à la cérémonie, dont la validité peut dès lors
être contestée. D'ailleurs, la consécration n'est pas seule illégale ; l'élection elle-même s'est faite en dehors des règles
habituelles, car les cardinaux-évêques, restés fidèles à Grégoire
VII, n'ont pas procédé à la *tractatio* nécessaire et il n'est pas
sûr que les cardinaux schismatiques soient intervenus ; la seule
volonté de Henri IV a désigné Clément III, que les Romains
acclamèrent ensuite. Peut-être le roi a-t-il, en l'occurrence,
voulu agir en vertu de son titre de patrice comme l'avait fait
son père, lorsque après avoir déposé trois pontifes, il avait,
en 1046, créé lui-même un autre pape Clément [2]. La cérémonie
du 24 mars 1084 paraît avoir été la reproduction exacte de
celle de 1046, mais entre temps avait été promulgué le décret
de Nicolas II qu'à Rome, aussi bien qu'à Brixen, le roi de
Germanie a considéré comme inexistant [3].

---

[1] On trouvera les textes relatifs à la prise de Rome par Henri IV dans
MEYER VON KNONAU, *op. cit.*, t. III, p. 527, n. 9.

[2] Cfr t. I, p. 108-110.

[3] La physionomie de l'élection et de l'intronisation de Clément III se
dégage fort bien des textes de provenance diverse qui ont relaté cet événement. Il en résulte clairement que les cardinaux ne sont pas intervenus. Même

Le 31 mars, jour de Pâques, a lieu une autre cérémonie
depuis longtemps attendue : dans Saint-Pierre, l'antipape Clé-

les sources favorables à Henri IV ne contestent pas que l'antipape ait été
désigné par le roi et imposé par lui aux Romains. Cfr BENZON D'ALBE, *Liber ad
Heinricum*, VI, 6 : « Condempnato incubone, Ravennas eligitur orthodoxus,
qui de regum traduce producitur, cesare precipiente, papa benedicitur »,
et VII, *Prologus* : « Remoto itaque noctis filio, elevatur Ravennas, filius
lucis... Quem rex, benedici precipiens, imposuit ei nomen Clemens » (MGH,
SS, t. XI, p. 666 et 669). — SIGEBERT DE GEMBLOUX, *Chronicon*, a. 1084 :
« Eorum judicio Hildibrandus papa abdicatur et Guicbertus, Ravennarum
archiepiscopus, in sedem apostolicam intronizatus, Clemens nominatur »
(Ibid., t. VI, p. 364). — *Vita Heinrici IV imperatoris* : « Mox sedatis omnibus,
rex causam, cur venisset, in publicum protulit ; quod de apostolico crimen
accepisset, retulit, multisque hoc ita factum confessis, Clementem papa ad
electionem omnium instituit » *(Ibid.*, t. XII, p. 275-276). — *Annales Patherbrunnenses*, a. 1084 : « Rex Heinricus Hildebrandum papam expulit
et in locum ejus Wicbertum, Ravennae episcopum, electione cunctorum
constituit ; qui, mox consecratus, Clemens est designatus » (édit. SCHEFFER-
BOICHORST, p. 99).— *Annales Augustani*, a. 1084 : « In Italia trienno tran-
sacto, rex, Gregorio septimo fideles cedibus diversisque cladibus comprimens,
ditioni suae subjugavit. Romani tandem, Gregorium VII injuste respuentes,
Wicbertum superpositum receperunt et ordinaverunt, Clementis nomine
imposito » (MGH, SS, t. III, p. 131). — Le *Liber de unitate ecclesiae conservanda*, II, 21, fait intervenir le pouvoir de patrice des Romains revendiqué
par le roi de Germanie : « Ergo quibus ex causis et qua necessitate Wigbertus
papa sit electus, supra iam diximus, qui certe per eius, quae vere est Romana
ecclesia, consensum et per suffragium Henrici regis eiusdem Romani patritii
est ordinatus... Nunc autem Romana ecclesia et patritius Romanorum consenserunt in Wigberti electione » *(Libelli de lite*, t. II, p. 238). Cfr *Ibid.*,
II, 6 : « Sancta mater Romana ecclesia... elegit summa necessitate Wig-
berdum Ravennatis ecclesiae episcopum, ad pastoralem curam Romani
pontificatus, consentiente pariter et agente rege Henricho eodemque patricio
Romanae ecclesiae » *(Ibid.*, t. II, p. 217). — Toutefois cette version n'a été
imaginée qu'assez lontemps après les événements. Elle ne fait, en tout cas,
que souligner la désignation de Guibert par Henri IV et la violation évidente
du décret de Nicolas II. — Les sources grégoriennes ont naturellement relevé
le caractère illégal de cette promotion. Cfr notamment la lettre de Gebhard
de Salzbourg à Herman de Metz : « In perjuriis ita inveteratus et pro eisdem
inrecuperabiliter depositus et anathematizatus, sedem Romani pontificis, cui
oboedientiam juravit, per manus anathematizatorum, utpote sui similium,
invasit, legitimo pastore adhuc eidem sedi praesidente. Ipsorum autem ex-
communicatorum nullus eum consecrare vel potius execrare praesumpsit
praeter Mutinensem et Aretinum exepiscopos qui ambo pro suis criminibus
jam annis tribus communione caruerunt. Sed hi, etsi officium et communionem haberent et Romana sedes pastore careret, nullum tamen eidem sedi
pontificem ordinare possent. Hujus enim ordinationis privilegium solis
cardinalibus et episcopis Ostiensi, Albanensi et Portuensi a sanctis patribus
concessum est « *(Monumenta Bambergensia*, p. 141-142). — On trouvera une
quantité d'autres textes, qui d'ailleurs n'ajoutent rien à ceux cités ci-dessus,
dans MEYER VON KNONAU, *op. cit.*, t. III, p. 530, n. 12.

ment III pose la couronne impériale sur le front de Henri IV
et sur celui de la reine Berthe [1]. Le vœu du souverain est
enfin réalisé. Sans doute, eût-il préféré recevoir le précieux
diadème des mains du pape légitime, mais il lui eût fallu,
pour cela, faire l'humble aveu de fautes que renie son orgueil,
solliciter et accepter une pénitence canonique. Le roi n'a pu
se résoudre à ces dures conditions inexorablement maintenues ;
il lui a donc fallu, pour réaliser son grand projet, substituer
au pontife légitime un autre pontife qui est loin de rallier l'unanimité des chrétiens.

Le but de l'expédition germanique en Italie était atteint,
mais le triomphe fut de courte durée. Moins de deux mois
après le couronnement impérial, Robert Guiscard paraît devant
Rome et oblige l'armée allemande à battre en retraite. Le 21
mai 1084, Henri IV s'éloigne en toute hâte, accompagné de
son antipape [2] ; mais, tandis que Clément III reste dans le
voisinage de Rome, il gagne rapidement Sutri, puis Viterbe,
Sienne, Pise, où il est le 5 juin, Lucques et Vérone, où sa présence est signalée les 17 et 18 juin [3]. Bien que Grégoire VII
soit obligé, à son tour, de quitter sa capitale, après le sac de la
ville par les Normands [4], Henri IV n'interrompt pas sa marche

---

[1] Voici comment Henri IV fait part de son couronnement à l'évêque de
Verdun, Thierry : « Scias... nos a papa Clementi ordinatum et consensu omnium Romanorum consecratum in die sancto paschae in imperatorem totius
populi Romani exultatione » (MGH, SS, t.VIII, p. 185). La plupart des chroniques mentionnent le couronnement sans commentaires. Les Grégoriens ne
manquent pas toutefois de faire ressortir que Guibert n'avait pas qualité
pour y procéder. Cfr BERNOLD DE CONSTANCE, *Chronicon*, a. 1084 : « In die
resurrectionis dominicae, Heinricus ab heresiarcha suo Ravennate coronam
non gloriae, sed confusionis accepit. Nam hujusmodi coronator, juxta attesta-
tionem sanctorum patrum, non benedictionem, quam perdidit, sed damna-
tionem, quam habuit, suo coronato imposuit » (MGH, SS, t. V, p. 440). —
Même note d'ailleurs dans les impartiales *Annales Augustani*, a. 1084 :
« A quo (Wicberto) communi pseudopontificum et Romanorum consilio
et electione rex et regina imperiali benedictione coronantur » *(Ibid.,* t. III,
p. 131). — Suivant SIGEBERT DE GEMBLOUX, *Chronicon*, a. 1084, Henri IV
aurait reçu à la fois le patriciat et la couronne impériale : « Heinricus rex
patricius Romanorum constituitur et a Clemente in imperatorem benedicitur » *(Ibid.,* t. VI, p. 365). — On trouvera les textes des autres chroniques
dans MEYER VON KNONAU, *op. cit.,* t. III, p. 534, n. 13.

[2] Cfr MEYER VON KNONAU, *op. cit.,* t. III, p. 549, n. 33.

[3] Pour son itinéraire, voir MEYER VON KNONAU, *op. cit.,* t. III, p. 550,
n. 34, p. 551, n. 36 et p. 567-570.

[4] Cfr t. II, p. 419.

vers le nord. La situation de l'Allemagne exige sa présence immédiate : il lui faut prévenir la reconstitution du parti grégorien, ébauchée pendant le siège de Rome, et faire reconnaître l'autorité de Clément III dont l'avènement ne semble pas avoit été accueilli avec enthousiasme au-delà des Alpes. Cet effort pour rallier l'Allemagne à l'ordre de choses créé à Rome en mars 1084 est le dernier aspect de la lutte de Henri IV contre Grégoire VII.

IV

Depuis le départ de Henri IV pour l'Italie, au printemps de 1081, la situation de l'Allemagne est restée indécise. Les Saxons n'ont pas su profiter de l'absence du roi pour reconquérir les avantages perdus au cours des années précédentes. La victoire remportée à Hochstaedt, au lendemain de son élection par le nouvel antiroi, Herman de Luxembourg (11 août 1081), a été stérile [1]. Pendant trois ans, on a piétiné sur place et la mort d'Othon de Nordheim a privé l'opposition du seul homme capable de diriger une opération de grande envergure (4 janvier 1083) [2]. Cependant la paix n'est pas entièrement rétablie : s'il y a dans l'ensemble une grande lassitude dont Henri IV pourra bénéficier, des troubles ont éclaté en Souabe pendant l'année 1083 [3] et se sont propagés jusqu'au voisinage du lac de Constance, où, en 1084, partisans et adversaires de Henri IV s'affrontent en de sanglants combats [4], tandis que Welf de Bavière arrache Augsbourg à l'évêque impérialiste Siegfried et installe à sa place le Grégorien Wigold [5]. La nouvelle de l'intronisation de Clément III ne risque-t-elle pas dès lors d'intensifier cette agitation, de secouer l'inertie des évêques saxons, d'in-

---

[1] Cfr *supra*, p. 67.

[2] Sur cet événement, voir MEYER VON KNONAU, *op. cit.*, t. III, p. 501.

[3] *Annales Augustani*, a. 1083 : « Per Sueviam incendia, caedes, praedationes utrimque fiunt ; plerique vici cum ecclesiis cremantur » (MGH, SS. t. III, p. 130).

[4] *Continuatio Casuum S. Galli*, XXVIII (édit. BRANDI, p. 100).

[5] BERNOLD DE CONSTANCE, *Chronicon*, a.1084 : « Welf, dux Bajoariae, civitatem Augustam a quodam Sigefrido nec nominando episcopo, cum Bajoariis invasam viriliter eripuit eamque legitimo pastori nomine Wigoldo subjugavit » (MGH, SS, t. V, p. 439). Cfr aussi *Annales Augustani*, a. 1084 *(Ibid.*, t. III, p. 130-131).

citer le bouillant marquis de Misnie, Egbert, passé en 1082 au camp adverse avec l'espoir de supplanter un jour le pâle antiroi Herman, à prendre l'initiative d'une attaque brusquée qui jetterait le désarroi parmi les hésitants avec lesquels il faut toujours compter ? Ce sont là autant de problèmes qui s'imposent à l'attention de Henri IV. A tous égards, sa présence en Allemagne apparaît indispensable.

Avant de quitter l'Italie, le roi a écrit à l'évêque de Verdun, Thierry, qui, en raison de ses relations dans les deux camps, était un médiateur possible. Sa lettre, conservée par le continuateur des *Gesta Treverorum* [1], est avant tout un chant de triomphe inspiré par la prise de Rome et le couronnement impérial, mais elle trahit aussi le désir qu'éprouve Henri IV d'obtenir la soumission des rebelles allemands, y compris l'archevêque de Salzbourg, Gebhard, chef de l'opposition religieuse. Il fallut assez vite revenir de cette illusion. Si, en arrivant en Allemagne, Henri IV est bien accueilli, s'il reprend Augsbourg sans difficultés excessives (7 août 1084) [2], il se heurte cependant à des résistances, comme celle du margrave de Bavière Luipold, contre lequel il entreprend une expédition dont on ignore le résultat [3]. La lettre qu'il adresse, au même moment, à l'évêque de Bamberg, Robert [4], le montre très préoccupé de la situation intérieure de l'Allemagne : « Vous savez, confie-t-il à ce prélat, quels dangers assaillent l'Église, quelles erreurs ont enflammé toute la Saxe, de quelles ruines se couvre le diocèse si illustre de Metz, et ce n'est pas seulement là, mais partout que l'Église de notre Empire est divisée. »

Pour rétablir la paix, Henri IV convoque à Mayence, comme en fait foi la lettre à Robert de Bamberg, une assemblée qui doit réunir les princes et « tous ceux dont la foi et les conseils pouvaient être de quelque secours », ainsi que les Saxons restés

---

[1] *Gesta Treverorum continuatio*, I, 12 (MGH, SS, t. VIII, p. 185-186).

[2] BERNOLD DE CONSTANCE, a. 1084 (MGH, SS, t. V, p. 441) ; *Annales Augustani*, a. 1084 *(Ibid.*, t. III, p. 131). Cfr MEYER VON KNONAU, *Jahrbücher des deutschen Reichs unter Heinrich IV und Heinrich V*, t. III, p. 575, n. 62.

[3] *Annales Patherbrunnenses*, a. 1084 (édit. SCHEFFER-BOICHORST, p. 99).

[4] *Codex Udalrici*, 70 *(Monumenta Bambergensia*, p. 142-143 et *Constitutiones et acta*, t. I, p. 120-121).

fidèles qui implorent sa venue pour « apaiser de nouvelles erreurs ». Cette assemblée s'est-elle réellement tenue ? Étant donné le silence unanime des chroniqueurs, il est permis de se le demander. Qu'elle se soit réunie ou non, il est à noter que Henri IV, en cette fin de 1084, au lieu d'exiger la soumission des Saxons, entame des pourparlers avec eux ; dans les derniers jours de janvier 1085, partisans et adversaires du roi se rencontrent à Gerstungen, en présence d'un légat de Grégoire VII, Eudes d'Ostie, alors en Allemagne [1].

L'assemblée tint sa première séance le 20 janvier 1085 [2]. Henri IV n'y assista pas en personne [3], mais il y fut représenté par de nombreux évêques de son parti : c'étaient Liémar, archevêque de Brême, Wécil, archevêque de Mayence, Sigwin, archevêque de Cologne, Égilbert, archevêque de Trèves, et leurs suffragants, auxquels s'était joint l'évêque d'Utrecht, Conrad. Du côté des Grégoriens, étaient venus le légat Eudes, cardinal-évêque d'Ostie, les archevêques Gebhard de Salzbourg et Hartwig de Magdebourg, les évêques Udon d'Hildesheim, Burchard d'Halberstadt, Hartwig de Verden, Werner de Mersebourg, Gontier de Zeitz, Bennon de Meissen, Henri, évêque

---

[1] Sur la mission d'Eudes d'Ostie en Allemagne, voir t. II, p. 419-420.

[2] La date est indiquée par le *Liber de unitate ecclesiae conservanda*, II, 18 : « Fit conventus in loco qui dicitur Gerstungen, XIII kal. Februarii, anno scilicet MLXXXV ab incarnatione Domini » (*Libelli de lite*, t. II, p. 234), et par la source saxonne qui a passé dans l'Annaliste saxon et dans les Annales de Magdebourg :« Post hec, utriusque partis primates ob discutiendam tam immortalem controversiam, 13 kal. Februarii, apud Percstad, Thuringii villam, convenerunt » (MGH, SS, t. VI, p. 721 et t. XVI, p. 176). On remarquera la divergence des deux sources en ce qui concerne le lieu : le *liber de unitate* et, avec lui, les *Annales Ratisponenses majores*, a. 1085 (MGH, SS, t. XIII, p. 49) indiquent Gerstungen, les Annales de Magdebourg et Ekkard d'Aura, *Chronicon universale*, a. 1085 (*Ibid.*, t. VI, p. 206) Berka. L'incertitude des chroniqueurs s'explique uniquement par le fait que les deux villes n'en forment en réalité qu'une seule, n'étant séparées l'une de l'autre que par la Werra, Gerstungen se trouvant sur la rive gauche et Berka sur la rive droite.

[3] C. KILIAN (*Itinerar Kaiser Heinrichs IV*, Karlsruhe, 1886, p. 104) établit, d'après les Annales de Madgebourg, que Henri IV rencontra à Fritzlar, au moment des négociations, le comte Udon d'Hildesheim ; il venait alors de la région rhénane ; toujours d'après la même source, il se serait, pendant les négociations, enfoncé en Saxe, mais serait revenu bientôt sur le Rhin. L'absence de Henri IV à Gerstungen est constatée par Ekkard d'Aura et par les *Annales Ratisponenses majores*, *loc. cit* : « imperatore tamen absente. »

désigné de Paderborn. La liste conservée par les *Annales* de Magdebourg ne porte aucun nom de prince laïque [1].

On peut assez bien reconstituer ce qui s'est passé à l'aide de deux sources contemporaines, l'une qui représente la version pontificale, à savoir la lettre écrite peu de temps après par le légat Eudes d'Ostie, l'autre, le *Liber de unitate ecclesiae conservanda*, qui est l'écho des impérialistes [2]. Quelques éclaircissements complémentaires sur des points de détail sont fournis par les chroniqueurs, notamment par Ekkard d'Aura dont l'information présente les plus sérieuses garanties [3].

Cette assemblée de Gerstungen n'est pas à proprement parler un congrès de paix. Elle apparaît plutôt comme une sorte de tournoi oratoire, où chaque parti produit des arguments canoniques destinés à convaincre l'adversaire. On ne cherchera pas à y élaborer un traité ou un compromis. Il s'agit uniquement de prouver que l'excommunication lancée contre Henri IV par Grégoire VII est ou n'est pas légitime, pour fixer ensuite la valeur des mesures prises par Henri IV à l'égard du pontife dont il avait prononcé la déchéance [4].

Avant toute discussion, on convint d'un commun accord que seuls les témoignages des écrivains sacrés pourraient dé-

---

[1] Cfr *Annalista Saxo*, a. 1085 (MGH, SS, t. VI, p. 712) et *Annales Magdeburgenses*, a. 1085 *(Ibid.,* t. XVI, p. 176).

[2] *Liber de unitate ecclesiae conservanda*, II, 18 *(Libelli de lite*, t. II, p. 234-235). On trouvera le texte de la lettre d'Eudes d'Ostie dans GIESEBRECHT, *Geschichte der deutschen Kaiserzeit*, 5e édit., t. III, p. 1263-1266 ; elle a été traduite en français dans HÉFELÉ-LECLERCQ, *Histoire des Conciles*, t. V, p. 313.

[3] Sur la valeur d'Ekkard d'Aura, cfr t. II, p. 57.

[4] Ce caractère de l'assemblée de Gerstungen est très nettement indiqué par BERNOLD DE CONSTANCE, *Chronicon*, a. 1085 : « Ostiensis episcopus post epiphaniam pervenit in Saxoniam et colloquio interfuit quod Saxones contra Heinrici fautores condixerunt, ut hoc illis probarent se jure Heinricum devitare ut excommunicatum. Quod et facto colloquio, decima quinta die post epiphaniam firmissime probaverunt » (MGH, SS. t. V, p. 442). La même tendance ressort du *Liber de unitate ecclesiae conservanda*, II, 18 : « Ideoque tandem aliquando constitutum est, consentientibus utrinque episcopis, ut causa longae concertationis, quae non possit confici gladiis, terminaretur libris, laetantibus admodum laicis, quorum sanguis effusus est tot praeliis, quod ad hoc perventum sit ut per ipsos auctores belli contra regem Heinrichum decerni debeat quod ibi justitia sit unde victoria fuerit, cum tale judicium veritatis, quod facillime ex libris agnoscitur, non potest vel falli vel fallere » *(Libelli de lite,* t. II, p. 234). — Cfr aussi *Annales Ratisponenses maiores*, a. 1085 (MGH, SS, t. XIII, p. 49).

terminer le verdict des évêques [1] ; mais chaque parti désigna
son orateur : Gebhard de Salzbourg fut choisi par les Grégoriens ; le porte-parole des impérialistes fut l'archevêque de
Mayence, Wécil, qui venait de succéder à Siegfried, mort
quelques mois plus tôt, et qui jouissait d'un grand prestige
dans l'entourage de Henri IV [2]. Quant au légat Eudes d'Ostie,
il se borna à produire la bulle de Grégoire VII qui maintenait
la sentence d'excommunication prononcée contre le roi en
1080 [3].

Gebhard de Salzbourg ouvre le feu et la lettre du légat Eudes
permet de connaître les textes qu'il a proposés à l'assemblée
pour justifier les sanctions prises contre Henri IV : ce sont
les passages évangéliques relatifs au pouvoir de lier et de délier
dont s'était servi Grégoire VII dans la lettre à Herman de
Metz, auxquels s'ajoutent ici quelques références aux canons
des apôtres ainsi qu'aux conciles de Nicée et de Sardique.
La réponse de Wécil, archevêque de Mayence, est plus curieuse,
parce qu'elle jette dans le débat un texte nouveau, tiré des
Fausses Décrétales, aux termes duquel « quiconque a été dépouillé de ses biens ou chassé de son siège par la force ou par
la terreur ne peut être cité, accusé, jugé, condamné, avant
que tout ce qui lui a été enlevé ne lui ait été intégralement
restitué et que, rendu à sa fonction, il ne jouisse en paix de
toutes ses prérogatives [4]. » Comme Henri IV, au moment de

---

[1] EUDES D'OSTIE : « Nam ita prius inter nos et illos convenit ut omnis illa
controversia non ex communibus vel propriis assertionibus, sed ex scripturarum testimoniis constaret » (édit. GIESEBRECHT, p. 1263). — EKKARD
D'AURA, *Chronicon universale*, a. 1085 : « Canonum auctoritate probaturi cui
parti justicia faveret » (MGH, SS, t. VI, p. 206).

[2] EKKARD D'AURA, *Chronicon universale*, a. 1085: « Electis igitur satis litte-
ratis et eloquentibus viris, hinc Wecilone Mogontino, illinc Gebehardo
Salzburgensi, episcopis, disputatio coepta est » (MGH, SS, t. VI, p. 206).

[3] EUDES D'OSTIE : « Postquam igitur convenimus et consedimus, prolatis
in medium litteris apostolicis eandem excommunicationem continentibus...»
(édit. GIESEBRECHT, p. 1263). Eudes a bien soin de marquer, au début de sa
lettre, quelle a été son attitude : il n'a rien approuvé et a toujours pensé qu'il
fallait s'abstenir de la communion de ceux que Grégoire VII avait frappés
d'anathème dans ses bulles ou par l'intermédiaire de ses légats : « Primum,
tamen hoc vos nosse convenit quod nos nihil approbantes suscepimus, nisi
quod ab illorum communione abstinendum esset quos in synodo Romana,
praesidente papa G(regorio), excommunicatos esse litteris et legatis co-
gnovimus » (*Loc. cit.*).

[4] *Liber de unitate ecclesiae conservanda*, II, 18 : « At ille (Wecil) surrexit et

son excommunication, en 1080, était dépouillé de la Saxe et que Rodolphe de Souabe l'empêchait d'exercer sa fonction royale avec toutes les prérogatives qui y étaient inhérentes, la sentence pontificale était entachée de nullité [1].

Il semble que ce texte, jusque-là inconnu, ait jeté un certain désarroi parmi les Grégoriens. Suivant certaines sources qui leur sont favorables, Gebhard de Salzbourg aurait essayé de réfuter Wécil en déclarant que le texte était inadéquat, car la Saxe n'était pas un bien patrimonial, mais le « royaume du Seigneur » ; par ailleurs, Henri IV avait été cité par Alexandre II et par Grégoire VII avant de l'avoir perdue [2]. Les

---

legit quomodo rebus suis aliquis expoliatus aut a sede propria vi aut terrore pulsus non potest accusari, vocari, judicari aut damnari, antequam omnia sibi ablata restituantur et cum omni privilegio suo jus proprium reformetur et ipse pacifice diu suis fruatur honoribus, propriae sedi regulariter restitutus » (*Libelli de lite*, t. II, p. 234). Cfr aussi la lettre d'Eudes d'Ostie et l'Annalista Saxo, a. 1085 (MGH, SS, t. VI, p. 722), qui s'expriment en des termes presque identiques.

[1] EKKARD D'AURA, *Chronicon, universale*, a. 1085 : « Adjecit etiam Mogontinus quod imperator, diu jam a Saxonia depulsus et regnandi copia etiam ab illa dissensione quae ante Ruodolfum facta prescribitur spoliatus, nec vocari nec judicari nec damnari canonice potuerat » (MGH, SS, t. VI, p. 206). Le même chroniqueur est seul à placer dans la bouche de Wécil un autre argument qui est un argument de fait et non pas un argument canonique : Henri IV s'était réconcilié avec Grégoire VII à Canossa et lui avait donné satisfaction ; pourtant les princes, alors que Henri était de nouveau admis à la communion, ont élu roi Rodolphe de Souabe : « Econtra Wecil dominum suum prejudicium non minus a papa quam a principibus passum contendit dum ipso apud Canusium in satisfactione posito, immo jam a papa in communionem recepto, alterum super se regem elevarent » (*Loc. cit.*).

[2] EKKARD D'AURA, *op. cit.* : « Hoc Gebehardus improbare nitens asserit neminem per hoc divinis absolutum legibus, si forte sua qualibet re familiari fuerit spoliatus, quantominus rex, qui Saxonia, quae non suum dumtaxat predium, sed Domini sit regnum, qui Danele vel ipso rege Nabuchodonosor teste cuicumque voluerit dat illud ; cum etiam ante amissam Saxoniam prius ab Alexandro, dehinc a Hiltibrando vocatus, satisfacere contempsisset » (MGH, SS, t. VI, p. 206). La réponse de Gebhard est rapportée d'une façon un peu différente par l'Annaliste Saxon : « Ad hec Juvavensis : Capitulum, ait, hoc nec universaliter verum nec hujus auctoritate illum de quo agitis ab excommunicatione apostolica defensum facile probaremus, sed de nostro periclitaremur gradu, si contra apostolicorum Gelasii, Nicolai et aliorum multorum edicta apostolice sedis retractaremus judicia, cum illius sit de ipso judicare ecclesia, nullius de illa. Et ideo, cum primum hec indicta est dies colloquii hujus, accionem hanc cautele respectu determinavimus, ut de alia re nulla vobis hic respondendum affirmaremus, nisi catholica lege nos constringi ut eis non communicemus, quos

sources impérialistes ne mentionnent pas cette intervention et se contentent d'enregistrer la « victoire de l'Église de Dieu [1]. » En tout cas, chacun resta sur ses positions et, les évêques saxons ayant affirmé qu'ils ne pouvaient rétracter le jugement du siège apostolique, qu'il valait mieux par suite « traiter l'affaire avec celui qui avait condamné le roi », plutôt qu'avec eux qui ne pouvaient qu'obéir à la sentence du Saint Siège, l'assemblée fut dissoute [2].

Henri IV n'en avait pas moins porté un coup terrible à ses adversaires. Eudes d'Ostie, tout en contestant par la suite l'autorité du texte produit par Wécil de Mayence [3], ne réussit pas à pallier l'effet résultant de cette découverte, car les Fausses Décrétales jouissaient d'un prestige incontesté et l'on s'inclinait aveuglément devant les *auctoritates*, sans chercher à en discerner le bien fondé ni l'opportunité d'application. Aussi, l'offensive fort habile de Gerstungen a-t-elle provoqué des défections parmi les prélats appartenant au parti pontifical et parmi les opposants saxons : l'évêque d'Hildesheim, Udon, alla porter sa soumission à Henri IV et le comte de Katlenbourg, Thierry, s'apprêtait à en faire autant, au moment où il fut tué dans une rixe [4].

---

nobis presul sedis apostolice et a se excommunicatos et ne eis communicemus certa legatione demandavit. Et hoc, non alio nos pacto ad hunc conventum inductos, vestros hujus colloquii testamur mediatores » (MGH, SS, t. VI, p. 722).

[1] *Liber de unitate ecclesiae conservanda*, II, 18 : « Tum omnes adversae partis episcopi ita sunt confusi et ita devicti ut non haberent quid ad haec respondere possent, manente apud ecclesiam Dei victoria, quoniam obstructum est os loquentium iniqua » (*Libelli de lite*, t. II, p. 234).

[2] BERNOLD DE CONSTANCE, *Chronicon*, a. 1085 : « Ad haec Saxones responderunt se judicium sedis apostolicae non debere retractare nec posse ; hoc cum illo potius tractandum, qui illum damnaverit, non cum Saxonibus qui damnationi ejus non interfuerunt, qui sedis apostolicae judicio nullam retractationem, sed oboedientiam debuerint. Ita soluto colloquio, discessum est ab invicem » (MGH, SS, t. V, p. 442).

[3] Voici ce qu'il écrivit à ce sujet dans la lettre précédemment citée : « Quam laudabilem scripturam scripturarum subversores pro sui negotii qualitate vitiatam atque praecipuis et honestioribus membris suis inhoneste mutilatam hoc modo protulerunt... Sperabant autem illud furtum eorum ideo ad praesens non posse deprehendi, quod illa Isidori dicta non de excellentioribus illis auctoritatibus sunt ac proinde minus inusitata ac magis ignota » (édit. GIESEBRECHT, p. 1264). — Comme le remarque avec raison MEYER VON KNONAU (*Jahrbücher des deutschen Reichs unter Heinrich IV und Heinrich V*, t. IV, p. 9-12), l'accusation du légat n'est pas justifiée, car les passages supprimés par Wécil ne modifient en rien le sens de la discussion.

[4] Cfr *Annalista Saxo*, a. 1085 (MGH, SS, t. VI, p. 722) ; BERNOLD DE

Il s'agissait maintenant pour Henri IV de consolider et d'étendre les avantages ainsi obtenus. Sa politique, dans les premiers mois de 1085, vise à obtenir la soumission de la Saxe et à affermir son autorité. Le désarroi produit parmi les Grégoriens par le discours de Wécil de Mayence, à l'assemblée de Gerstungen, facilita singulièrement la réalisation de ce programme. Le légat Eudes d'Ostie essaya bien de ressaisir les partisans de la papauté et de les rassurer en opposant aux arguments canoniques invoqués en faveur de Henri IV d'autres arguments canoniques ; il réunit à Quedlinbourg, pendant la semaine de Pâques, un concile auquel assista l'antiroi Herman de Luxembourg ; mais cette assemblée se contenta d'affirmer à nouveau la suprématie romaine et de condamner l'antipape Clément III, ainsi que les cardinaux-évêques schismatiques [1]. Cette tentative de rassemblement des forces grégoriennes n'empêcha pas Henri IV de réaliser des progrès autrement décisifs.

Le roi avait convoqué à Mayence, pour la seconde semaine après Pâques, un concile qu'il vint présider en personne, assisté de trois légats de l'antipape Clément III, Hugues Candide, Jean de Porto et l'ex-chancelier Pierre [2]. Tous ses partisans parmi l'épiscopat allemand répondirent à son appel [3]. A leur tête, se trouvaient les trois archevêques rhénans, Wécil de

---

CONSTANCE, *Chronicon*, a. 1085 *(Ibid.*, t. V, p. 442) ; *Annales Ratisponenses maiores*, a. 1085 *(Ibid.*, t. XIII, p. 49) ; *Liber de unitate ecclesiae conservanda*, II, 18 *(Libelli de lite*, t. II, p. 234-235).

[1] On trouvera les actes du concile de Quedlinbourg dans les *Constitutiones et acta*, t. I, p. 651-653. Cfr MEYER VON KNONAU, *op. cit.*, t. IV, p. 16-21.

[2] EKKARD D'AURA, *Chronicon universale*, a. 1085 : « A. D. 1085, synodus Moguntia habetur, cui interfuit imperator » (MGH, SS, t. VI, p. 205); *Annales S. Disibodi*, a. 1085 : « Synodus Moguntiae apud Sanctum Albanum iussu Henrici habetur. Cui ipse cum legatariis Wigberti, qui et Clemens, interfuit » *(Ibid.*, t. XVII, p. 9) ; *Liber de unitate ecclesiae conservanda*, II, 22 : « Aderat etiam imperator Heinrichus, praecipue auctor huius synodi, quia nihil tutum neque firmum potuit esse in his quae sunt eiusmodi, nisi defendat et probet ea regalis auctoritas pro maiestate imperii » ; II, 19 : « Sed his ita gestis, deinde indicta est synodus apud Moguntiam secunda hebdomada post pascha secundum constitutionem sedis apostolicae, ubi convenerunt cum imperatore legati ipsius sacrosanctae sedis apostolicae, Petrus scilicet episcopus Portuensis ecclesiae, et duo cardinales Romanae ecclesiae » *(Libelli de lite*, t. II, p. 239 et 235).

[3] La liste est donnée par le *Liber de unitate ecclesiae conservanda*, II, 18 *(Libelli de lite*, t. II, p. 235-236), qui est d'ailleurs la source la plus complète concernant le concile de Mayence.

Mayence, Égilbert de Trèves et Sigwin de Cologne ; Liémar, archevêque de Brême, s'était excusé et avait envoyé un représentant. Autour des métropolitains, on notait la présence de seize évêques allemands, à savoir Thierry de Verdun, Henri de Liége, Conrad d'Utrecht, Udon d'Hildesheim, Henri de Paderborn, Erpon de Munster, Folcmar de Minden, Robert de Bamberg, Hozman de Spire, Ulric d'Eichstaedt, Meinard de Freising, Othon de Ratisbonne, Siegfried d'Augsbourg, Othon de Constance, Burchard de Lausanne, alors chancelier pour l'Italie, et Gebhard de Prague. Le concile réunissait encore une foule de prêtres et de diacres, enfin quelques seigneurs laïques, tels que Wratislas de Bohème, Frédéric de Souabe, Liutold de Carinthie, le comte bavarois Ratpoton, le margrave Conrad de Moravie. Toute la Germanie henricienne était là : c'étaient les assises solennelles du parti impérial, succédant à une semaine d'intervalle, à celles du parti pontifical. Henri IV avait d'ailleurs convoqué les évêques opposants, en même temps que ceux qui lui étaient fidèles, leur accordant même un délai de trois jours pour se décider [1].

Il s'agissait avant tout de faire ratifier par cette assemblée, où siégeait la majorité de l'épiscopat allemand, la déposition de Grégoire VII et l'intronisation de Clément III. Les chroniques sont malheureusement assez sobres de détails [2] ; il n'en demeure pas moins certain que les évêques reconnurent l'antipape, puis excommunièrent et déposèrent leurs collègues grégoriens qui, tout récemment à Quedlinbourg, avaient cassé

---

[1] *Annales Ratisponenses maiores*, a. 1085 : « Ad condictam synodum cum domni apostolici Romanis episcopis multisque suis perveniens emulos suos triduo expectavit (imperator) » (MGH, SS, t. XVIII, p. 49).

[2] *Annales S. Disibodi*, a. 1085 : « Cui (Clementi III) omnes obedire contra Gregorium potentialiter compulit (imperator). Wezelo, ipsius civitatis episcopus, hanc synodum regebat, qui Hildebrandum, qui et Gregorius, depositum pronunciabat »(MGH, SS, t. XVII, p. 9).— SIGEBERT DE GEMBLOUX, *Chronicon*, a. 1085 :« Heinricus imperator, Moguncide regali et synodali conventu coacto, exigit ab omnibus ut Hildebrandi depositionem et Guiberti ordinationem sub scripto approbent. Cui aliqui manu et ore faventes, corde tamen Hildebrando adherebant » *(Ibid.*, t. VI, p. 365). — *Vita Altmanni Pataviensis* : « Dum Romae haec geruntur, interim fautores Heinrici Mogontiae contrahunt concilium malignantium ; in quo proferunt inauditum omnibus retro seculis judicium, papam Gregorium per omnia catholicum, ipsi ab ecclesia abdicati abdicantes, omnesque sequaces ejus ipsi damnati sub anathemate damnantes » *(Ibid.*, t. XII, p. 233-234).

leurs propres actes [1]. On prononça ainsi l'expulsion de deux archevêques, Gebhard de Salzbourg et Hartwig de Magdebourg, et de treize évêques, Adalbéron de Wurtzbourg, Altman de Passau, Adalbert de Worms, Burchard d'Halberstadt, Werner de Mersebourg, Gontier de Zeitz, Bennon de Meissen, Hartwig de Verden, Herman de Metz, Reinhardt de Minden, Wigold d'Augsbourg, Gebhard de Constance, Henri de Paderborn, ce dernier non encore intronisé [2]. On ne manqua pas enfin de frapper d'anathème l'antiroi Herman et ses partisans [3].

---

[1] Le fait est signalé par toutes les chroniques qui se sont occupées du concile de Mayence, aussi bien par celles qui représentent la version impériale que par celles qui sont de source pontificale. — *Annales Augustani*, a. 1085 : « Synodus post albas, secunda ebdomada, a legatis Wigberti, a Werinhario archiepiscopo aliisque episcopis et ab imperatore Mogontiae collecta, episcopos ab imperatore dissidentes dampnavit, deposuit, in quorum locum constuuntur et ordinantur alii » (MGH, SS, t. III, p. 131). — *Annales Ratisponenses maiores*, a. 1085 : « Qui dum Mogontiae essent et in presentiam synodalis concilii venire noluissent, imperator ex Romanorum aliorumque pontificum judiciis eosdem sibi adversantes episcopos excommunicavit et eorum pontificatus fidelibus suis clericis commendavit » *(Ibid.*, t. XIII, p. 49). — *Liber canonum contra Heinricum quartum*, XXXIII : « Hinc evidens est omni catholico quid peccavit Mogontina sinodus in patrem et in Christum ejus damnando devotissimos sedi apostolicae christos Domini, absente canonico examine in illa sinodo » *(Libelli de lite*, t. I, p. 503). — BERNOLD DE CONSTANCE, *Chronicon*, a. 1085 : « Sedes quoque catholicorum episcoporum viventium temeraria cupiditate cecati sibi vendicare non timuerunt » (MGH, SS, t. V, p. 443). — EKKARD D'AURA, *Chronicon universale*, a. 1085 : « A. D. 1085, synodus Mogontiae habetur, cui interfuit imperator ; ubi, presentibus legatis Romanorum, omnes episcopi rebelles imperatori deponendi judicantur, ceteri vero anathemate, ut videbatur, condempnantur » *(Ibid.*, t. VI, p. 205-206). — *Vita Altmanni, episcopi Pataviensis* : « O facinus, electi ecclesiae pastores de sedibus suis perturbantur, lupi rapaces subrogantur ; quorum factione praesul Altmannus sede sua privatur, Herimannus, frater ducis Liuţoldi, pontificali infula sublimatur » *(Ibid.*, t. XII, p. 234). — *Gesta archiepiscoporum Magdeburgensium*, XXII : « Inter cetera erroris sui promulgata catholici episcopi diversarum ecclesiarum eis non consentientes ab ipsis dampnantur et deponendi judicantur » *(Ibid.*, t. XIV, p. 404).

[2] La liste des évêques déposés est donnée par le *Liber de unitate ecclesiae conservanda*, II, 19 *(Libelli de lite*, t. II, p. 236).

[3] *Annales Augustani* : « Adversarii imperatoris excommunicantur » (MGH, SS, t. III, p. 131). — BERNOLD DE CONSTANCE, *Chronicon*, a. 1085 : « Sed hi omnes adversarii ecclesiae Dei in tercia (corr. *secunda*) epdomada, post finitam sinodum (Quedlinburgensem), suam Mogontiae collegerunt, non sinodum, sed conciliabulum. In quo umbratilem sententiam excommunicationis contra fideles sancti Petri deprompserunt ; utpote nequaquam illos excommunicatione valentes, sed apertissime se ipsos a communione catholicorum sequestrantes,

Ainsi, au printemps de 1085, les positions sont nettement prises de part et d'autre. Le divorce entre Henri IV et Grégoire VII est consommé ; le roi n'a pas d'autre politique que de grouper l'épiscopat allemand autour de Clément III et il est prêt à chasser de leurs sièges ceux des évêques qui persistent à ne pas vouloir se rallier à l'antipape. C'est à ce moment que Grégoire VII meurt à Salerne (25 mai 1085) [1]. Tous les espoirs semblent permis : il suffira d'un peu de décision pour arracher aux hésitants leurs derniers scrupules et ceux qui aspirent à la paix entre le Sacerdoce et l'Empire ne pourront que s'incliner devant la solution impériale.

Aussi Henri IV va-t-il, pendant les mois de juin et de juillet de 1085, frapper un grand coup. Avant que fût parvenue en Allemagne la nouvelle de la mort de Grégoire VII, il a gagné la Lorraine. Le 1er juin, il est à Metz [2], où il prononce la déposition de l'évêque Herman et fait consacrer, à sa place, par Thierry de Verdun l'abbé de Saint-Arnoul, Galon [3]. Sans s'attarder davantage dans la région rhénane, il s'achemine vers la Saxe, autre foyer d'opposition grégorienne ; il y parvient le 1er juillet [4]. De nouveaux succès l'y attendaient.

---

ut non tantum judicio sanctae ecclesiae, sed et proprio eorum judicio, sicut omnes heretici, a catholicis essent separati » (Ibid., t. V, p. 443).

[1] Cfr t. II, p. 422-423.

[2] Avec Giesebrecht (Geschichte der deutschen Kaiserzeit, t. III, p. 1170), Kilian (Itinerar Kaiser Heinrichs IV, p. 104) et Meyer von Knonau (Jahrbücher des deutschen Reichs unter Heinrich IV und Heinrich V, t. IV, p. 35-36), nous adoptons la date du 1er juin 1085 pour les deux diplômes de Henri IV délivrés dans cette ville (STUMPF, 2883 et 2884).

[3] HUGUES DE FLAVIGNY, Chronicon, II : « Persecutione Heinrici tyranni Herimannus Mettim exiit et sedem cathedrae ejusWalo, abbas Sancti Arnulfi illicite usurpavit » (MGH, SS, t. VIII, p. 471). Cfr aussi Rodulfi gesta abbatum Trudonensium, III, 1 (Ibid., t. X, p. 240) et SIGEBERT DE GEMBLOUX, Chronicon, a. 1085 (Ibid., t. VI, p. 365). Sur le rôle d'Herman de Metz, voir S. SALLOCH, Hermann von Metz. Ein Beitrag zur Geschichte des deutschen Episkopats im Investiturstreit, diss. Berlin, 1931.

[4] La date est donnée par le Liber de unitate ecclesiae conservanda, II, 28 : « Qui jam circa kal. julii cum exercitu aderat » (Libelli de lite, t. II, p. 250). — Un diplôme de Henri IV (STUMPF, 2868) ferait arriver le roi à Quedlinbourg dès le 12 juin. Kilian (op. cit., p. 104) considère ce diplôme comme suspect, sous prétexte qu'il est impossible que Henri IV ait pu venir aussi vite de Metz à Quedlinbourg. Pourtant on peut admettre que Henri ait quitté Metz le 2 ou 3 juin, étant donné surtout qu'il y était arrivé dès la fin de mai, comme cela résulte du texte des Gesta abbatum Trudonensium cité à la note précédente qui signale sa présence à Saint-Trond le 26 mai. Il a fort bien pu couvrir en dix jours la distance qui sépare Metz de Quedlinbourg.

La Saxe était mieux disposée qu'autrefois à l'égard de l'empereur. La diplomatie d'Udon d'Hildesheim, aidée par celle de l'abbé de Hersfeld, Hartwig, avait porté ses fruits : confiants dans la promesse qu'avait faite Henri IV de ne jamais toucher aux privilèges jadis concédés par Charlemagne, les princes se montraient disposés à la paix [1]. C'est à peine si quelques résistances locales se produisirent [2]. Les évêques, avec le roi Herman de Luxembourg, s'étaient enfuis au-delà de l'Elbe [3]. Henri IV put sans difficulté entrer à Magdebourg [4]. Il exé-

---

[1] *Annalista Saxo*, a. 1085 : « Et ut Saxones sollicitandi ac Herimannum regem deserendi peroraturus mediator esse posset (episcopus Udo), sacramentum ab Heinrico accepit, si Saxones ad eum converterentur eumque paterno uti regno paterentur, numquam jus hujusmodi eis infringeret, quod a tempore expugnatoris eorum Karoli aptissimum honestissimumque habuerant, ut si quisquam suorum cum aliquo de Saxonibus contra legem ageret, ipse a die facte sibi proclamationis infra sex septimanas digna illud emendatione conponeret. Juraverunt quoque alii ejus primates et episcopi ut, si Heinricus hoc statutum umquam postponeret, ipsi nullum supplementum contra Saxoniam essent. Episcopus mox in sua reversus, conpatriotis quod sibi juratum est promittendo, multos conciliaverat parti cui ipse accessit » (MGH, SS, t. VI, p. 722).

[2] Cfr SIGEBERT DE GEMBLOUX, *Chronicon*, a. 1085 (MGH, SS, t. VI, p. 365) ; *Annales Ratisponenses maiores*, a. 1085 *(Ibid.*, t. XIII, p. 49) ; BERNOLD DE CONSTANCE, *Chronicon*, a. 1085 *(Ibid.*, t. V, p. 444). — Seules les *Annales Patherbrunnenses*, reproduites par l'Annaliste Saxon, font allusion à une résistance sérieuse : « Heinricus imperator, magno exercitu coacto, Saxoniam intravit eamque vastavit, Ekkeberto marchione sibi repugnante » (édit. SCHEFFER-BOICHORST, p. 100), mais il n'y a pas lieu de tenir compte de cette source isolée. Bernold de Constance, qui ne saurait être suspect en la matière, déplore au contraire l'apostasie des Saxons *(a fidelitate sancti Petri apostatantes)*. De plus, si Henri IV avait eu à livrer des combats, ses panégyristes n'auraient pas manqué de célébrer ses succès militaires.

[3] *Annales Augustani*, a. 1085 : « Imperator Saxoniam cum exercitu multo ingreditur, pridem rebelles cum pactione suscepit, Herimannum regia negotia usurpantem et episcopos illi consentientes et ab illo constitutos aliosque eorum sequaces de provincia expulit » (MGH, SS, t. III, p. 131). — Annalista Saxo, a. 1085 : « Sed, quia propter metum ipsius advenientis archiepiscopus Hartwigus cum Burchardo Halberstadensi episcopo et Herimanno rege ad Danos abierat » *(Ibid.*, t. VI, p. 723) — *Gesta archiepiscoporum Magdeburgensium* :« Hartwigus archiepiscopus interim cum Herimanno rege et Halberstadensi episcopo in Daniam secesserat » *(Ibid.*, t. XIV, p. 404).

[4] *Annalista Saxo, loc. cit.* : « Henricus autem estatis tempore, castris positis juxta Magadaburch in pratis virentibus, cum optimatibus suis intravit urbem ibique susceptus est regio more ». — *Gesta archiepiscoporum Magdeburgensium, loc. cit.* : « Heinricus rex, Saxoniam veniens et Magdeburg civitatem minaciter ingrediens, se suscipi regaliter exegit ».

cuta aussitôt les décrets du concile de Mayence : l'archevêque
Hartwig, chef de l'opposition grégorienne, fut déposé en sa
présence et remplacé par l'abbé de Hersfeld, qui portait
également le nom d'Hartwig [1], puis à leur tour les évêques
Burchard d'Halberstadt, Werner de Mersebourg, Reinard de
Minden, Bennon de Meissen reçurent des successeurs [2]. Au
même moment, en Bavière, Gebhard de Salzbourg et Adalbéron de Wurtzbourg furent, eux aussi, renversés et remplacés par des prélats impérialistes [3]. Bref, pendant l'été de
1085, la Lorraine, la Saxe, et la Bavière échappent aux Grégoriens : au lendemain de la mort de Grégoire VII, l'Allemagne
entière est groupée autour de Henri IV dont la situation ne sera
jamais plus brillante. Tous les espoirs semblent permis pour
l'avenir et le roi pourra bientôt songer à revenir en Italie et
à Rome, afin d'y consolider Clément III, auquel la mort du
pape légitime, suivie de divisions graves parmi ses partisans,
paraît ouvrir des horizons chargés de promesses.

---

[1] *Annalista Saxo*, a. 1085 : « Partenopolitano episcopo Hartwigo fugato,
Hartwigus, Herveldensis abbas, substituitur » (MGH, SS, t. VI, p. 723). —
Liber de unitate ecclesiae conservanda, II, 28 : « Igitur fugitivo illi et heretico
Hartwigo successit catholicus Hartwigus in episcopatum Magdeburgensis
ecclesiae » *(Libelli de lite*, t. II, p. 250).

[2] Cfr les sources citées à la note précédente, le *Chronicon episcoporum
Merseburgensium*, II (MGH, SS, t. X, p. 184) et les *Annales Patherbrunnenses*,
a. 1085 (édit. SCHEFFER-BOICHORST, p. 100).

[3] Cfr *Annales Ratisponenses maiores*, a. 1085 (MGH, SS, t. XIII, p. 49-50) ;
Vita Gebehardi Salzburgensis archiepiscopi, VIII *(Ibid.*, t. XI, p. 39).

II. — LA « DEFENSIO HEINRICI REGIS »

I

Parmi les œuvres polémiques nées de l'opposition henricienne, il en est une qui reflète plus exactement qu'aucune autre la pensée de Henri IV après sa rupture définitive avec le Saint-Siège, et apparaît comme une sorte de justification officielle de tous ses actes : c'est la *Defensio Heinrici regis* dont l'auteur, Petrus Crassus, est probablement un juriste de Ravenne, très versé dans la connaissance du droit romain [1].

Or, il se trouve que ce texte, qui jette un jour si vif sur le conflit entre la papauté et la royauté germanique, n'a été con-

---

[1] On a généralement identifié ce Petrus Crassus avec un certain Pierre Grasso dont on trouve le nom dans un diplôme de Ravenne en date du 3 mai 1074, mais aucune preuve matérielle ne vient à l'appui de cette hypothèse. Toutefois les allusions faites par l'auteur à des événements qui se sont déroulés dans l'Italie du nord et ses connaissances très poussées en droit romain permettent d'affirmer avec une quasi certitude qu'il a fréquenté l'école de Ravenne. Sur la renaissance des études de droit romain à Ravenne, voir le témoignage de Pierre Damien, *opusc.* VIII (PL, CXLV, 191). — Il n'existe aucune monographie relative à la *Defensio Heinrici regis*. On trouvera quelques indications intéressantes dans Mirbt, *Die Publizistik im Zeitalter, Gregors VII* ; Carlyle, *A history of mediaeval political theory in the West*, t. IV, p. 222 et suiv. ; A. Solmi, *Stato e chiesa secondo gli scritti politici da Carlomagno fino al concordato di Worms* (800-1122), Modène, 1901, p. 91 et suiv. ; E. Schramm, *Kaiser, Rom und Renovatio*, Leipzig-Berlin, 1929, t. I, p. 275 et suiv.; H. X. Arquillière, *Saint Grégoire VII*, p. 337 et suiv.; E. Voosen, *Papauté et pouvoir civil à l'époque de Grégoire VII*, Gembloux, 1929.

servé que par un seul manuscrit du XVIe siècle, aujourd'hui
conservé à la bibliothèque de Hanovre [1], qui ne fournit aucune indication sur la date de composition du traité, pourtant
si importante à définir. Celle-ci a donné lieu à des conjectures
diverses qu'il importe sans doute de reviser.

Pour certains érudits, comme Ficker et Fitting [2], la *Defensio
Heinrici regis* aurait vu le jour à l'occasion du concile de Brixen
(25 juin 1080), où Grégoire VII fut déposé et Guibert, archevêque de Ravenne, proclamé à sa place sous le nom de Clément
III [3]. Cette hypothèse a été combattue par Mirbt [4] à l'aide des
deux arguments suivants : 1) Le chapitre VI renferme une
allusion évidente à la lettre de Grégoire VII à Herman de
Metz, en date du 15 mars 1081 [5]. 2) La dédicace en vers
qui termine la *Defensio Heinrici regis* mentionne la présence
victorieuse de Henri IV devant Rome, et indiquerait que
le traité a été rédigé à la demande du roi en vue d'un
concile destiné à juger Grégoire VII. Il y aurait donc lieu
de supposer que la *Defensio* a été lue devant le concile, tenu
à Rome le 22 mars 1084, où fut prononcée la déchéance du
pape [6].

La première hypothèse, celle de Ficker et de Fitting, doit être
définitivement écartée : aux arguments apportés par Mirbt

---

[1] Voir à ce sujet l'introduction de L. DE HEINEMANN, en tête de l'édition
qu'il a donnée de la *Defensio Heinrici regis* dans les *Libelli de lite*, t. I, p.
432-453.

[2] FICKER, *Forschungen zur Reichs-und Rechtsgeschichte Italiens*, t. III,
p. 112 et suiv. ; FITTING (Hermann), *Les commencements de l'École de droit
de Bologne* (trad. PAUL LESEUR).

[3] Cfr *supra*, p. 59.

[4] MIRBT, *Die Publizistik im Zeitalter Gregors VIII*, p. 19-20.

[5] *Defensio Heinrici regis*, VI : « Quis enim ab insania ejus non abhorreat,
qui sine legibus contra legem praedicat imperatores et reges progenitos a se
heredes regni habere non posse » *(Libelli de lite*, t. I, p. 445). Cfr GRÉGOIRE
VII, *Registrum*, VIII, 21 (édit. CASPAR, p. 545-563 ; édit. JAFFÉ, p. 453-467 ;
PL, CXLVIII, 594-601).

[6] Voici le texte de la dédicace en vers à laquelle Mirbt se réfère : « Heinrice,
rex amabilis, qui, Romae victor existis, hunc librum nostrum accipis, quem
vestri Crassus tradidit, exemplis patrum editum, rogatu Petri conditum,
vobis mandavit ocius, ut prosit ad concilium » *(Libelli de lite*, t. I, p. 453). —
L. DE HEINEMANN *(Libelli*, t. I, p. 432) remarque que l'on pourrait objecter
à Mirbt que, s'il en était ainsi, la *Defensio Heinrici regis* aurait été composée
en un seul jour, Henri IV étant entré victorieux à Rome le 21 mars seulement;
mais il ajoute avec raison que le roi a pu faire préparer le traité avant son
entrée dans la ville et que la dédicace a dû être ajoutée à ce moment.

on peut en ajouter un autre : si la *Defensio Heinrici regis* avait
été sollicitée par Henri IV à l'occasion de l'assemblée de Brixen,
elle offrirait très probablement une parenté avec le décret
issu des délibérations de cette assemblée ; or, entre les deux
textes il n'y a aucun point commun.

L'hypothèse de Mirbt, quoique plus solidement étayée, soulève, elle aussi, quelques objections. Sans doute la *Defensio
Heinrici regis* se termine-t-elle par une dédicace en vers où
il est dit très formellement que son auteur a écrit à la demande
du souverain pour fournir des *auctoritates* et aussi des *rationes*
à un concile. Certaines expressions, qui reviennent à plusieurs
reprises, telles que *iudices* ou mieux encore *o, qui iure iudi-
caturi estis huius monachi errorem*, sont non moins significatives
et indiquent que Petrus Crassus s'adresse à des « juges » auxquels
il veut arracher la condamnation du « moine Hildebrand ». On
doit remarquer toutefois — et c'est ce qui a échappé à Mirbt —
que les apostrophes de ce genre sont très strictement localisées
dans deux chapitres, le chapitre V et le chapitre VII[1]. De plus,
ces chapitres ont un aspect différent de ceux qui les précèdent :
ils ne s'adaptent guère au titre du traité, *Defensio Heinrici
regis*, et ont moins l'allure d'un plaidoyer en faveur de Henri
IV que d'un réquisitoire contre Grégoire VII, accusé successivement d'avoir été promu irrégulièrement au souverain pontificat et d'avoir usé, au cours du procès intenté à Henri IV,
d'une procédure peu conforme aux canons de l'Église. Pris
isolément, ils semblent appuyer l'hypothèse de Mirbt, contre
laquelle se dressent au contraire d'autres passages dont l'historien allemand n'a pas tenu un compte suffisant.

Les quatre premiers chapitres de la *Defensio Heinrici regis*[2]
acheminent en effet vers une conclusion assez différente.
Beaucoup plus que ceux dont il vient d'être question, ils justifient le titre du traité : Grégoire VII n'est pris qu'indirectement à partie ; Henri IV reste toujours au premier plan et,
quel que soit le contenu du développement, l'auteur n'a
d'autre préoccupation que de convaincre ses lecteurs de la légitimité du pouvoir et des actes du souverain à l'égard duquel
il professe la plus aveugle admiration. C'est à Henri IV qu'est

---

[1] Cfr chap. V *(Libelli de lite*, t. I, p. 441) et chap. VII *(Ibid.*, t. I, p. 446,
447, 448 et 451).
[2] *Libelli de lite*, t. I, p. 434-441.

dédié le chapitre I, et, sauf au chapitre III, où, pour réfuter les idées des Patares, Petrus Crassus les interpelle nommément, les mots *o rex* remplacent ici le *o iudices* des chapitres V et VII. Rien ne laisse supposer que cette plaidoirie soit destinée à un concile assemblé pour juger Grégoire VII ; il apparaît au contraire que ce concile n'est même pas à l'état de projet; car le polémiste, avec insistance, supplie Henri IV de réunir les évêques qui, en condamnant l'hérésie grégorienne, pourraient mettre fin aux divisions dont souffre la chrétienté. « La raison, lit-on au chapitre IV, a commencé à me persuader de trans-crire certaines pensées célébrant la magnifique prudence du roi Henri *et de nature à suggérer à la très heureuse majesté du roi la convocation d'une assemblée synodale par son ordre.* Et, puisqu'ils sont nombreux dans le clergé ceux qui vivent depuis longtemps dans cette erreur, qu'Elle daigne convoquer les pieux évêques distingués par leurs mœurs, par leur vie, par leur doctrine et aussi par leur éloquence, dont il est un grand nombre soit au dehors de l'Italie, soit en Italie, qui méritent d'être juges dans un tel procès [1]. » De ces termes mêmes il résulte qu'aucune procédure conciliaire n'est engagée par Henri IV, alors qu'aux chapitres V et VII le concile est déjà convoqué et à la veille de se réunir. Dès lors la rédaction des chapitres I-IV ne peut se placer en mars 1084 ; elle est nécessairement antérieure.

L'examen des chapitres VI et VIII soulève d'autres diffi-cultés [2]. Aucune allusion n'y est faite à un concile proche ou lointain ; Petrus Crassus ne s'adresse ni au roi, comme dans les quatre premiers chapitres, ni à des évêques siégeant sy-nodalement, comme aux chapitres V et VII ; ce sont les Saxons qu'il interpelle exclusivement et par douze fois ; il ne poursuit pas la condamnation canonique d'Hildebrand par les évêques, il s'attache à ramener l'unité en Allemagne par un ralliement des Saxons rebelles autour de Henri IV et, à cette fin, il veut prouver que la couronne, en vertu de la loi humaine et de la loi divine, doit être héréditaire, qu'elle ne saurait être enlevée par personne, même par le pape, à son possesseur légitime. Le chapitre VI accumule à cet égard des preuves tirées du droit romain qui eussent laissé sans doute un concile assez

---

[1] *Defensio Henrici regis*, IV *(Libelli de lite*, t. I, p. 438).
[2] *Libelli de lite*, t. I, p. 443-446 et 452-453.

indifférent. Quant au chapitre VIII, c'est une véhémente ad-
juration aux rebelles en vue d'une soumission immédiate.
« Quoi donc, Saxons, alors qu'il est dur de résister à des lois
si dures, il faut vous en remettre en toutes choses à la miséricorde du juge, afin que le roi Henri tempère par sa bien-
veillante piété la rigueur des lois et qu'il accorde son pardon
miséricordieux à tous ceux qui le solliciteront. Il n'est en effet
pas surprenant que ceux qui ignorent les lois aient pu être
détournés de la foi par celui qui est assis sur le siège d'où elle
nous vient. A toute heure et en tous lieux, il faut faire preuve
d'attention, de prudence, de vigilance, car on n'est point en
sûreté, quand on vit dans le voisinage d'un serpent [1].»

C'est sur ces mots que se termine la *Defensio Heinrici regis*.
Il faut convenir que cette péroraison ne convient guère à un
concile romain. La dédicace en vers, qui célèbre la victoire
de Henri IV devant Rome, s'adapte non moins gauchement à
ce chapitre final, à tel point qu'on pourrait se demander si
elle n'a pas été ajoutée au XVIᵉ siècle.

En résumé, l'examen du texte suscite toutes sortes de con-
statations troublantes et contradictoires qui ouvrent la voie
à des conclusions nouvelles quant à la composition du traité.

Parmi les œuvres polémiques contemporaines du pontificat
de Grégoire VII, il en est qui ont fait l'objet de plusieurs
rédactions : c'est ainsi que le *De papatu romano* nous est
parvenu sous trois formes différentes [2]. Il n'est nullement
impossible que la *Defensio Heinrici regis* ait eu un sort semblable. On peut y apercevoir, d'après la simple analyse du
texte, trois rédactions successives : d'abord épître au roi
Henri IV, pour l'inciter à défendre sa cause et à confondre
Hildebrand en le citant devant un concile, elle se présente
ensuite, aux chapitres V et VII, sous l'aspect d'un réquisitoire contre le pape, destiné à être lu devant des évêques,
et revêt enfin, aux chapitres VI et VIII, la forme d'un
appel aux Saxons révoltés contre l'autorité de leur souverain.
Toutefois, ces trois rédactions sont l'œuvre d'un même auteur :
quoique les textes de droit romain soient surtout accumulés
dans la version à l'usage des Saxons, on retrouve çà et là,

---

[1] *Defensio Henrici regis*, VIII *(Libelli de lite*, t. I, p. 453).
[2] Cfr *Libelli de lite*. t. I, p. 454-460 ; et *infra*, p. 186-190.

dans les autres chapitres, des citations de Justinien et les méthodes de discussion sont partout identiques. Petrus Crassus
aurait donc composé une première fois son traité à la demande
du roi et l'aurait ensuite remanié à deux reprises différentes.
Or, si l'on rapproche le texte de la *Defensio* des diverses manifestations de la politique de Henri IV après le concile de Brixen,
on arrive à préciser tout à la fois le but et la date de chacune
des rédactions.

Les quatre premiers chapitres de la *Defensio Heinrici regis*
forment un tout assez homogène. L'auteur, dans une dédicace
à Henri IV, définit en ces termes le but qu'il poursuit : « Notre
époque a produit une certaine race d'hommes qui, par ses
mœurs et par sa vie dépourvue d'intégrité, diffère à tel point
de la génération qui l'a précédée qu'on peut la considérer
comme étrangère à la nature... Elle a une profonde horreur
pour la foi, pour la justice, pour la vérité, et pour toutes les
autres vertus qui dirigent les âmes dans la voie du salut, soit
qu'elle les ignore, soit que, tout en les connaissant, elle les
ait prises en aversion. Mais, afin qu'aucun de ces hommes
n'ose à quelque moment attaquer, ô roi, votre Altesse bien-
veillante ni prétendre que votre couronne a été acquise par
la force et par les armes plutôt que par le droit, j'ai songé à
écrire en toute modestie ce petit livre dans lequel apparaîtront
clairement et la juste équité de votre Béatitude et l'erreur de
vos adversaires [1]. » Quels sont ces adversaires ? Il ne saurait y
avoir aucun doute à cet égard : il s'agit des Patares, partisans
de la Réforme grégorienne dans l'Italie septentrionale. Au chapitre III, Petrus Crassus s'adresse directement à eux par trois
fois en l'espace de quelques lignes [2], à tel point qu'on pourrait
se demander si ce chapitre n'aurait pas été sous sa forme
première une épitre aux Patares enchâssée par la suite dans la
Defensio Heinrici regis. Au chapitre IV, la controverse reprend
avec un dialogue supposé entre l'auteur et «ceux qui s'appellent
Patares [3]. » En outre, les faits, d'ailleurs rares et imprécis,

---

[1] *Defensio Heinrici regis*, I *(Libelli de lite,* t. I, p. 434).

[2] *Defensio Heinrici regis*, III :« Quid, igitur, Paterini ? Ecce ipsum Christum dominum nostrum hujus pacis largitorem habetis... Vos tamen, Paterini, dicere creberrime soletis... Quare vos ipsos, Paterini, captos esse in
vestri papae defensione nullatenus sentitis » *(Libelli de lite,* t. I, p. 437-438).

[3] *Defensio Heinrici regis*, IV : « Qui se Paterinos appellant » *(Libelli de
lite,* t. I, p. 438).

qu'il mentionne, concernent exclusivement Milan, Crémone, No-
nantola, ce qui suffit à localiser l'origine du traité : il est sûr
que la *Defensio Heinrici regis* a vu le jour dans l'Italie du nord,
et les citations de droit romain dont elle est émaillée indiquent
qu'elle est l'œuvre d'un juriste de Ravenne.

Or, Henri IV est passé par Ravenne au début de son expédition en Italie, vers les premiers jours de mai 1081, afin
d'y rencontrer l'archevêque Guibert, dont il avait fait un antipape [1], et il est vraisemblable qu'au cours de cet entretien
il a élaboré avec lui son plan d'attaque contre Grégoire VII.
La suite des événements a prouvé que ce plan comportait une
vigoureuse action pour gagner à la cause du roi l'Italie septentrionale qui constituait une excellente base d'opérations
pour les troupes allemandes. Petrus Crassus a-t-il été présenté
au souverain à cette occasion, aucun texte ne l'indique explicitement ; mais, ce qui demeure certain, c'est qu'à partir
de ce moment il y a identité frappante entre les manifestations de la politique de Henri IV et les thèses énoncées dans
la *Defensio Heinrici regis*.

On s'en rend compte en comparant les quatre premiers chapitres du traité avec les deux lettres adressées par Henri IV
aux Romains, l'une en avril ou mai 1081, l'autre au printemps
de 1082, pour les détacher de Grégoire VII [2]. Très modérées
dans la forme, muettes sur l'assemblée de Brixen et sur l'antipape, elles mettent en avant l'idée d'un concile où l'on réta-
blirait la paix et l'unité de l'Église. Or, dans la *Defensio Heinrici regis*, on observe le même silence au sujet de Guibert de
Ravenne, ce qui était d'une bonne tactique pour ne pas blesser
les susceptibilités des Romains restés étrangers à l'élection
de l'antipape ; de plus, comme on l'a déjà noté [3], l'auteur
prône avec insistance la convocation d'un « synode d'évêques
religieux, éminents par leurs mœurs, par leur vie, par leur
savoir et par leur éloquence », seuls qualifiés pour être juges
dans un tel procès [4].

Il y a plus. En comparant entre elles les deux lettres de
Henri IV aux Romains, on a constaté de l'une à l'autre une

---

[1] Cfr *supra*, p. 64.

[2] *Monumenta Bambergensia*, p. 138-139 et 498-502. Cfr *supra*, p. 64-66
et 69-73.

[3] Cfr *supra*, p. 99.

[4] *Defensio Heinrici regis*, IV (*Libelli de lite*, t. I, p. 438).

différence sensible. Celle de 1081 a un caractère très vague :
le roi s'excuse simplement de ne pas être encore venu à Rome ;
il se plaint du traitement infligé l'année précédente à ses am-
bassadeurs, Liémar, archevêque de Brême, et Robert, évêque
de Bamberg ; puis il affirme ses intentions pacifiques qu'il
ne précise pas autrement ; de Grégoire VII il n'est pas plus
question que de Clément III. Au contraire, en 1082, il aborde
le fond du débat et entame le procès du pape ; il regrette
notamment que « celui qui aurait dû donner l'exemple d'une
vie droite ait engendré la réprobation de tous ceux qui vénèrent
à Rome le chef de la foi catholique » ; il reproche à Grégoire
VII d'avoir par ses « machinations » trompé tant de chrétiens
et surtout de s'être efforcé de « détruire l'ordre divin » en
« cherchant à renverser celui que Dieu, malgré son indignité,
a établi roi dès le berceau » ; il insiste enfin sur le caractère
héréditaire du pouvoir royal et sur l'obéissance qui est due
aux rois [1]. Ce sont là précisément les idées maîtresses qui do-
minent les quatre premiers chapitres de la *Defensio Heinrici
regis*.

Il est donc fort probable que celle-ci, sous sa première
forme, est contemporaine de la seconde lettre de Henri IV
aux Romains, qu'elle a pour but d'appuyer par des arguments
juridiques la politique du roi qui, surtout après l'échec de
ses négociations avec l'abbé Didier du Mont-Cassin (avril
1082) [2], n'a plus d'autre objectif que la déposition du pape
par un concile. On remarquera en outre que, pendant cette
année 1082, après l'insuccès de sa première tentative contre
Rome, Henri IV s'est efforcé de retourner en sa faveur non seulement les Romains, mais aussi l'ensemble de l'opinion italienne, qu'entre les deux sièges et après le second il n'a cessé
de parcourir la Toscane et la région du Pô, afin de les arracher
à l'influence du pape et de son alliée, la comtesse Mathilde [3] ;
la *Defensio* cadre fort bien avec cette action diplomatique et
militaire, car elle fournissait au roi des arguments de nature
à convaincre les hésitants de la légitimité de sa cause et à lui
rallier cette Italie du nord où l'opposition patare n'avait jamais
désarmé.

---

[1] Cfr *supra*, p. 65-67 et 69-73.
[2] Cfr *supra*, p. 74.
[3] Cfr *supra*, p. 68 et 75.

Quelques mois après cette tentative pour ramener au roi les Romains et les partisans de Grégoire VII en Italie, au début de juillet 1083, la médiation de la noblesse romaine provoque, entre Henri IV et Grégoire VII, des pourparlers qui n'aboutissent qu'à mettre en évidence l'impossibilité de tout compromis ; puis, au début de l'année 1084, s'engagent les opérations décisives qui doivent faite tomber Rome aux mains de l'armée allemande et entraîner, comme conséquence, la déchéance du pape. En même temps qu'il prépare l'assaut suprême, Henri IV se préoccupe d'enlever, au lendemain de sa victoire, la condamnation de son rival par les évêques[1]. La *Defensio*, nourrie de citations canoniques et très modérée dans la forme, pouvait lui être d'un grand secours ; mais elle exigeait quelques additions en vue de cette nouvelle utilisation. C'est donc vraisemblablement entre janvier et mars 1084 que Petrus Crassus y ajouta les chapitres V et VII, où il s'adresse à des « juges » et où il essaie de prouver qu'Hildebrand, au moment de son élection, était excommunié pour avoir quitté son abbaye sans autorisation, puisqu'en condamnant le roi au mépris de toutes les règles de la procédure, il a versé dans l'hérésie en même temps que dans l'apostasie. « Qui donc, lit-on à la fin du chapitre VII, est assez dépourvu de raison pour ne pas constater que ce moine est frappé par l'anathème apostolique ? Mais, comme il est manifeste que les procès ecclésiastiques ont été confiés par l'empereur Constantin d'abord aux évêques, ainsi que le déclarent également divers conciles et que l'affirme dans ses décrets le bienheureux Grégoire, quand il écrit : « La sentence unanime des prêtres ne peut déposer personne de l'épiscopat si ce n'est pour de justes motifs[2] », pourquoi donc, ô juges, votre Excellence tarderait-elle à écarter de l'Église ce moine qui depuis longtemps a pratiqué la sorcellerie ?... Notre pieuse mère, l'Église, juges, vous supplie de ne pas laisser un tel crime impuni... Puis, une fois que cet homme malfaisant aura été privé de ses privilèges ecclésiastiques, pourquoi tarder à le séparer de l'Église ?... Que restera-t-il enfin à faire sinon, quand il aura été écarté de l'Église, à le traduire devant le juge séculier compétent qui prononcera la sentence ?... Or, il n'est pas douteux que cette sentence

---

[1] Cfr *supra*, p. 81.
[2] Grégoire le Grand, *Epist.* III, 8 (édit. Ewald, t. I, p. 168).

appartient à l'autorité royale, conformément à l'avis du bien-heureux Augustin [1]. »

Ce raisonnement ne pouvait que servir les vues de Henri IV, au moment où, maître de Rome, il traduisait Grégoire VII devant un concile, et l'hypothèse de Mirbt, inadmissible pour les quatre premiers chapitres, se trouve ici parfaitement justifiée : sous sa seconde forme, la *Defensio Heinrici regis* était destinée à être lue devant l'assemblée réunie à Rome, le 24 mars 1084, pour juger Grégoire VII.

Elle devait recevoir encore une nouvelle adaptation. On a déjà remarqué que, dans le texte tel qu'il nous est parvenu, entre le chapitre V et le chapitre VII, s'en intercale un autre où le mot *iudices* ne figure pas une seule fois, tandis que les Saxons sont constamment pris à partie ; aux Saxons encore est dédiée l'apostrophe finale du chapitre VIII, visiblement rajouté après coup et mal soudé au chapitre VII qui avait lui-même, on l'a vu, l'allure d'une péroraison. Cette dernière anomalie peut cependant s'expliquer aussi bien que les précédentes.

Après la prise de Rome, la politique de Henri IV s'oriente de nouveau vers l'Allemagne qui cause au roi les plus graves soucis, ainsi que l'attestent les deux lettres adressées à la fin de 1084 à Robert, évêque de Bamberg, et à Thierry, évêque de Verdun [2]. L'opposition saxonne, un moment déconcertée par la disparition successive de Rodolphe de Souabe (octobre 1080), puis d'Othon de Nordheim (1082), avait repris, vers la fin de l'année 1083, une certaine vigueur offensive ; des mouvements s'étaient produits et il importait de les empêcher, par une ré-pression immédiate, de gagner en étendue et en profondeur. Toutefois Henri IV n'entend pas traiter avec les rebelles ; il exige — sa lettre à Thierry de Verdun l'indique explicite-ment — leur capitulation sans conditions. Une fois de plus, les chapitres VI et VIII de la *Defensio Heinrici regis* reflètent les dis-positions du souverain. Petrus Crassus, s'adressant aux Saxons, s'efforce de les persuader qu'Henri IV est le seul roi légitime, parce qu'il est le seul qui tienne son pouvoir de l'hérédité, signe infaillible de la volonté divine. A cet effet, il intercale

---

[1] *Defensio Henrici regis*, VII *(Libelli de lite,* t. I, p. 451-452).
[2] Cfr *supra*, p. 85.

entre le chapitre V, qui a trait à l'irrégularité de l'élection
d'Hildebrand, et le chapitre VII, où il essaie de prouver l'illégalité de la sentence du concile romain de 1080, un nouveau chapitre, le chapitre VI, dans lequel il cherche à démontrer aux
Saxons que leur révolte, qui a précédé cette sentence, ne peut
se justifier par aucune raison sérieuse, car de nombreux textes,
empruntés au droit romain, indiquent péremptoirement que
Henri IV « possède la couronne de droit et de corps »[1]. De
tels arguments, sans influence sur un concile, étaient de nature
à impressionner des populations habituées à obéir à un souverain héréditaire. Petrus Crassus n'en est que plus fort
pour inviter les Saxons, dans un dernier chapitre, à s'en remettre sans conditions à la clémence du roi Henri[2].

En résumé, l'examen du texte de la *Defensio Heinrici regis*
et le rapprochement de ce texte avec les actes de Henri
IV entre 1081 et 1084 semblent autoriser des conclusions nouvelles en ce qui concerne la composition du traité. Celui-ci,
comme tant d'autres, a été, à notre avis, l'objet de rédactions
successives, contemporaines la première de la seconde lettre
de Henri IV aux Romains (vers mars 1082), la seconde du concile du 24 mars 1084, la troisième du retour de Henri IV en
Allemagne (été de 1084). La première rédaction comprenait les
chapitres I-IV, auxquels se sont ajoutés, dans la seconde,
les chapitres V et VII, et, dans la troisième, les chapitres VI
et VIII.

II

Si l'on cherche maintenant à analyser le contenu des trois
rédactions de la *Defensio Heinrici regis*, on constate qu'elles
sont en parfaite harmonie avec les buts successivement pour-
suivis par la politique de Henri IV dans ses rapports avec le
Saint-Siège. Le plaidoyer de Petrus Crassus est avant tout
une œuvre de circonstance, destinée à servir les ambitions
immédiates du roi de Germanie, dont elle porte le fidèle
reflet ; mais il se trouve que, soit pour obtenir la déchéance de
Grégoire VII, soit pour rallier les Saxons à la cause de Henri IV,
le juriste a été amené à formuler sur les relations de l'Église

---

[1] *Defensio Heinrici regis*, VI *(Libelli de lite*, t. I, p. 443-446).
[2] *Defensio Heinrici regis*, VIII *(Libelli de lite*, t. I, p. 452-453).

avec les États et sur la nature du pouvoir royal des théories qui impriment à son œuvre une réelle originalité.

On a déjà noté la parenté qui existe entre la première rédaction de la *Defensio Heinrici regis* et le manifeste adressé par Henri IV aux Romains pendant le printemps de 1082[1]. A cette date, le roi qui, l'année précédente, espérait encore se réconcilier avec Grégoire VII, a perdu une bonne partie de ses illusions ; il reste décidé à ne pas repousser les avances qui pourraient lui être faites ; il n'entend en aucune façon solliciter son pardon, ni reconnaître la validité de la sentence d'excommunication prononcée contre lui deux ans plus tôt. Aussi, à la différence du manifeste de 1081, celui de 1082 contient-il, sous une forme d'ailleurs modérée, une énergique protestation contre les mesures prises par le pape à l'égard d'un pouvoir « institué par Dieu. »

Les griefs formulés contre Grégoire VII sont toutefois très différents de ceux qui avaient été soulevés quelques années plus tôt, lors de l'assemblée de Worms et de la première excommunication du roi de Germanie [2]. Il n'est plus fait mention ni du pseudo-serment d'Hildebrand à Henri III, ni de ses violences à l'égard des évêques, ni de ses rapports soi-disant illicites avec la comtesse Mathilde. Il semble que le prince ait compris qu'il y aurait quelque inconvénient à rééditer en Italie, où l'on était mieux fixé sur les actes du pape, les légendes qui avaient trouvé de l'autre côté des monts un facile crédit.

La *Defensio Heinrici regis* reflète les mêmes tendances, ce qui laisse supposer que Petrus Crassus a sinon rédigé, du moins inspiré le manifeste aux Romains de 1082. Dans la première rédaction, comme dans le manifeste, Grégoire VII est simplement accusé d'avoir « renversé l'ordre établi par Dieu » et c'est à peine si l'on trouve une explication des « machinations » d'Hildebrand qui aurait usurpé le siège apostolique et s'y serait maintenu par la force ; les apparences irrégulières de l'élection de 1073 ne prêtent à aucune controverse et Petrus Crassus se contente de se lamenter sur la lâcheté du clergé qui n'a suscité personne dans ses rangs « pour regretter cette néfaste violence, pour venir en aide à sa pieuse mère, pour op-

---

[1] Cfr *supra*, p. 103-104.
[2] Cfr *supra*, p. 51-56.

poser les lois à celui qui prend l'offensive contre les lois [1]. »
Des termes aussi vagues ne pouvaient compromettre le
succès de négociations toujours considérées comme possibles,
ni faire obstacle à un accord auquel Henri IV n'a pas définitivement renoncé.

En 1084, lors de la seconde rédaction de la *Defensio Heinrici
regis*, les circonstances ont changé : la diplomatie a échoué
et les armes ont décidé en faveur des armées allemandes ;
un concile est à la veille de se réunir pour juger Grégoire VII,
et Henri IV veut lui arracher la déchéance du pape [2]. Il importe
de produire un réquisitoire plus précis, et, en même temps,
dépourvu des exagérations qui risqueraient de produire un
résultat contraire à celui que l'on se propose d'atteindre. Une
fois de plus, Petrus Crassus va docilement, et assez habile-
ment aussi, préparer le succès des projets du souverain dont il
est le zélé serviteur. Pour persuader les évêques, il s'attachera
à prouver que Grégoire VII n'était pas réellement pape. S'il
n'élève toujours aucune critique contre certaines modalités
de l'élection de 1073, en apparence peu conformes au décret
de Nicolas II, il prétend du moins qu'à cette date le moine
Hildebrand était inéligible, parce qu'en révolte contre le
loi monastique et, de ce fait, excommunié. Sa démonstration ne manque pas d'ailleurs d'originalité. Elle a son point
de départ dans le chapitre LVIII de la règle de saint Benoît
d'où il résulte que le moine, avant d'être reçu parmi ses frères,
promet d'observer la loi dans toute sa rigueur, s'engageant
entre autres obligations, à ne pas sortir de son monastère, à
renoncer à ses biens soit en faveur des œuvres, soit en faveur
de son abbaye, « sans rien se réserver, puisqu'à partir de ce jour,
il n'a même plus, il le sait, la propriété de son propre corps [3]».
Or, Hildebrand, si l'on en croyait Petrus Crassus, se serait dérobé à ces deux prescriptions essentielles ; non seulement il n'a,
au dire du polémiste, rien donné à son monastère, mais il s'est

---

[1] *Defensio Heinrici regis*, II : « At vero idem pastor eandem venerabilem
sedem, quam injuria obtinuisse fertur, Julia et Plautia lege contempta, vi
possidere laborat audacter. Sed, quia non est inventus in clero qui hoc corde
percipiat, tam exitiali violentia doleat, piae matri subveniat, impugnanti
leges leges opponat, operam dedi, indignatione cogente, cognoscere quid super
hac re humani generis ductrix censeat ratio » *(Libelli de lite, t. I, p. 435).*

[2] Cfr *supra*, p. 105-106.

[3] *Regula sancti Benedicti*, LVIII (PL, LXVI, 804-806).

attribué tous les revenus de Saint-Pierre et en a fait un mauvais usage, puisqu'avec cet argent il a provoqué des homicides
et des parjures. Il est par ailleurs sorti de son abbaye et, quoique vêtu de l'habit monastique, n'a eu d'autre but que d'arriver
à la papauté par des moyens douteux et au mépris de toute
discipline ecclésiastique. Sans doute alléguera-t-il qu'il a agi
pour la défense de la sainte Église, assaillie de toutes parts,
troublée, bouleversée, ce à quoi il est aisé de répondre qu'il a
lui-même allumé l'incendie et employé, pour l'éteindre, non
pas l'eau, mais le feu, chose contraire à l'ordre naturel. Peut-
être encore invoquera-t-il l'exemple de saint Grégoire le Grand,
qui a vécu lui aussi dans l'état monastique avant de devenir
cardinal-diacre et d'être élevé à la dignité apostolique. Mais,
s'écrie aussitôt Petrus Crassus, c'est oublier que saint Grégoire a été arraché à la vie monastique par la volonté du pape
Benoît Ier qui avait deviné en lui d'exceptionnelles qualités,
tandis qu'Hildebrand n'a répondu à aucun appel et s'est offert
spontanément, sans que personne eût réclamé son concours.
Aussi ne peut-il se dérober à l'anathème dont le concile de
Chalcédoine frappe les moines qui quitteraient leur monastère
sans y être invités par leur évêque. De ce fait, il apparaît
clairement qu'il était sous le coup d'une sentence d'excommunication, au moment où il a été choisi comme pape, et, puisqu'un excommunié ne saurait occuper le siège apostolique,
son élection est fatalement entachée de nullité, en sorte que
personne ne saurait le considérer légalement comme pontife
romain [1].

D'ailleurs — et c'est là le second argument destiné à persuader le concile — tous les actes d'Hildebrand comme pape,
ainsi viciés par avance, justifieraient également sa déchéance,
car ils sont le fruit de la ruse et de la fourberie. Examinant
plus spécialement les rapports de Grégoire VII avec Henri IV,
Petrus Crassus s'efforce de prouver qu'inspiré uniquement par
sa haine du souverain, le pontife a violé toutes les formes de
la légalité [2] : il a pris à l'avance ses dispositions en vue d'une
guerre, rassemblé une armée, choisi un général « pour l'invasion
du royaume [3] », après quoi il est revenu à Rome, a réuni un con-

---

[1] *Defensio Heinrici regis*, V (*Libelli de lite*, t. I, p. 441-443).
[2] *Defensio Heinrici regis*, VII (*Ibid.*, t. I, p. 448-450).
[3] Faut-il voir ici une allusion à Rodolphe de Souabe ou à Robert Guiscard ?

cile devant lequel il a de nouveau cité le roi. Or Henri ne pouvait venir, car il lui fallait se défendre contre « l'ennemi que l'on avait armé contre lui par ruse, afin de lui disputer la possession du royaume [1] ». On ne put d'ailleurs trouver les accusateurs légitimes que réclament les canons : les avocats de Henri IV ne furent pas entendus et c'est ainsi que dans ce procès, contrairement aux prescriptions du pape Fabien [2], aussi bien qu'à celles de Nicolas Ier [3], Hildebrand a été à la fois « accusateur, témoin et juge ». Ce seul fait suffirait à imposer sa déchéance, car la loi humaine et la loi divine s'accordent pour rejeter sur lui la sentence dont il a frappé injustement celui qui ne pouvait se défendre [4].

D'autres griefs s'ajoutent encore à celui-là : Hildebrand, en se servant du glaive des saints, a poussé des hommes ignorants des lois à pécher ; il est plus spécialement coupable de parjure et d'homicide, puisqu'il a encouragé Rodolphe de Souabe à violer un serment fait à son seigneur, et qu'il a déchaîné

La seconde hypothèse parait plus vraisemblable, étant donné que Petrus Crassus fait allusion à un déplacement de Grégoire VII. Or, c'est seulement après le concile du carême de 1080, en juin, que le pape a quitté Rome, pour aller dans l'Italie du sud sceller avec les Normands un rapprochement auquel il avait jusque-là répugné, mais que la menace germanique rendait maintenant indispensable. Le 7 mars 1080, en même temps qu'il excommuniait Henri IV, il menaçait des censures ecclésiastiques ses futurs alliés qui pillaient les territoires de l'Église, ce qui prouve que l'alliance normande n'a pas été préméditée de longue date, comme le laisse croire Petrus Crassus. Cfr t. II, p. 386-388.

[1] Évidemment, il s'agit ici de Rodolphe de Souabe, mais il n'est pas prouvé que Grégoire VII ait participé à l'élection de Rodolphe (cfr t. II, p. 361, n. 1). Le pape n'a cessé au contraire d'observer vis-à-vis du rival de Henri IV une réserve que les Saxons lui ont âprement reprochée. Cfr t. II, p. 361 et suiv., et aussi H.-X. ARQUILLIÈRE, *Saint Grégoire VII, Essai sur sa conception du pouvoir pontifical*, p. 179-180.

[2] JAFFÉ-WATTENBACH, 94 ; HINSCHIUS, *Decretales pseudo-isidorianae*, p. 168.

[3] JAFFÉ-WATTENBACH, 2783.

[4] *Defensio Heinrici regis*, VII *(Libelli de lite*, t. I, p.446-448). Ici encore, on doit relever une erreur : Henri IV a été représenté au concile de mars 1080 par Liémar, archevêque de Brême, et par Robert, évêque de Bamberg, l'un et l'autre excommuniés, ce qui pouvait sembler un défi au pape ; il n'en a pas moins eu les moyens de se défendre ; de plus, Grégoire VII a instruit son procès avec une consciencieuse minutie, soit en envoyant des légats en Allemagne pour y procéder à une enquête, soit en convoquant à Rome des évêques tels qu'Udon de Trêves, Herman de Metz, Altman de Passau, qui pouvaient l'aider à faire la lumière : ce sont les « témoins », tandis que les partisans de Rodolphe de Souabe jouaient le rôle d' « accusateurs », le pape se bornant à exercer les fonctions de « juge. » Cfr, pour l'histoire de ce procès, t. II, p. 369-379.

la guerre civile, source de tant de deuils [1]. On peut enfin inscrire à son actif de nombreux scandales, comme celui de son alliance avec Robert Guiscard, un des pires ennemis de l'Église. En un mot, il a semé le trouble et la confusion dans cette chrétienté dont il avait la garde, se montrant en toutes choses rapace, violent. brutal ; et il s'est, par cette conduite indigne, rangé parmi les apostats et les hérétiques, en même temps que parmi les perturbateurs de l'ordre divin qu'il a renversé en s'attaquant à un souverain légitimement institué par Dieu [2].

Tels sont les arguments par lesquels Petrus Crassus s'efforce d'arracher au concile romain de mars 1084 la déchéance de Grégoire VII. On voit qu'ils sont très différents de ceux que Henri IV et les évêques allemands avaient fait valoir en 1076. Aux insinuations calomnieuses et sans fondement appréciable a succédé une discussion plus serrée qui a son point de départ dans des faits patents. Quelles que soient les réserves que l'on puisse formuler sur l'interprétation de ces faits et quelle que soit la valeur des griefs énoncés, on doit constater que les chapitres V et VII de la *Defensio Heinrici regis* n'ont pas l'allure d'un pamphlet ; on y trouve une thèse juridique qui peut prêter à contestation, mais qui existe malgré tout ; ce sont les actes de Grégoire VII qui sont incriminés plutôt que ses secrètes intentions ; et, malgré le ton parfois un peu acerbe de la polémique, le traité de Petrus Crassus ne ressemble en rien aux épîtres virulentes et passionnées de l'année 1076.

En 1076 toutefois, Henri IV, en même temps qu'il avait essayé d'accréditer une version légendaire du rôle de Grégoire

---

[1] *Defensio Heinrici regis*, II : « Praedicatione quidem, qua pacem in bellum, concordiam in seditionem mutasse deploratur » *(Libelli de lite*, t. I, p. 435). Le même reproche est formulé au chapitre V : « Quid tu ergo in apostolorum principis sedes sede, qui pro praedicatione gladium ad percutiendum evaginatum manu tenes ? » *(Ibid.*, t. I, p. 442). On trouve déjà la même idée dans le manifeste de Henri IV aux Romains, au printemps de 1082 : « ecclesiam sanguine filiorum maculavit, dum filios in parentes et parentes in filios insurgere fecit et fratrem in fratrem armavit » *(Monumenta Bambergensia*, p. 499-500). Cfr aussi *Defensio*, VII : « Quem (Rodolfum) manifestissime in perjurium et homicidium proprii domini perduxit (Hildebrandus) » *(Libelli*, t. I, p. 448). — Peut-être CARL ERDMANN, dans son récent ouvrage *Die Entstehung des Kreuzzugsgedankens*, Stuttgart, 1935, p. 215-216, attache-t-il trop d'importance au témoignage de Petrus Crassus sur ce point. Il resterait, comme on l'a déjà noté p. 111, n. 1, à prouver que Grégoire VII a incité Rodolphe de Souabe à la guerre civile.

[2] *Defensio Heinrici regis*, VII *(Libelli de lite*, t. I, p. 448-450).

VII, avait mis en avant une théorie des rapports de l'Église
et de l'État à laquelle il est au contraire resté fidèle, puisqu'il
l'a reprise à peu de chose près dans le manifeste aux Romains
de 1082 [1]. Sur ce point, Petrus Crassus, dans les deux premières
rédactions de la *Defensio Heinrici regis*, a adopté les thèses
henriciennes qu'il a étayées de quelques arguments scripturaires et historiques. Il proclame lui aussi que l'ordre établi par
Dieu, contre lequel Grégoire VII aurait eu le tort de s'insurger,
repose sur la séparation totale des choses temporelles et spirituelles : « Le Créateur, dit-il, n'ayant rien dans toute la création qui fût plus cher à son cœur que l'homme, lui a donné
deux sortes de lois pour contenir son âme vagabonde, pour se
diriger et observer les commandements divins ; il a confié les
premières aux clercs en la personne des apôtres et de leurs
successeurs, tandis qu'il a distribué les secondes aux hommes
du siècle par l'intermédiaire des empereurs et des rois, ainsi
que l'atteste saint Augustin, quand il écrit : Dieu s'est servi
des empereurs et des rois du siècle pour transmettre ses lois
au genre humain [2]. » Il ne saurait donc y avoir aucun doute :
la papauté et l'Église, souveraines dans l'ordre spirituel, ne
peuvent intervenir dans la législation ni dans l'administration des États qui, suivant l'ordre de Dieu, relèvent uniquement des princes laïques.

On retrouve ici les deux idées chères à Henri IV et aux évêques allemands. Tout d'abord Petrus Crassus veut, comme eux,
que les pouvoirs sacerdotal et royal soient entièrement in-
dépendants l'un de l'autre. Il verse d'ailleurs dans la même
contradiction en demandant, à la fin du chapitre VII, que Grégoire VII, une fois déposé comme apostat et hérétique par
les évêques réunis en concile, soit remis entre les mains de
la justice séculière représentée par Henri IV, ce qui semble
bien impliquer une intervention du pouvoir temporel dans le
domaine spirituel [3]. S'il n'admet pas que le pape puisse prononcer validement contre le roi une sentence de déposition,
parce que contraire au principe de la séparation des pouvoirs,

---

[1] Cfr *supra*, p. 70-71.

[2] *In Joannis evang.* VI, 25 (PL, XXXV, 1437). — *Defensio Heinrici
regis*, IV *(Libelli de lite*, t. I, p. 438).

[3] *Defensio Henrici regis*, VII : « Quid ergo restat, nisi ut submotus ab
ecclesia a competente judice sententiam accipiat ? » *(Libelli de lite*, t. I,
p. 452).

il reconnaît au roi le droit de décréter contre le pape une peine d'ordre temporel.

Petrus Crassus a repris également dans la *Defensio Heinrici regis* l'autre thèse henricienne, à savoir que Henri IV est un roi institué par Dieu auquel personne ne peut désobéir sans porter une grave atteinte à l'ordre divin [1]. Dans la première rédaction, il a surtout appuyé sa démonstration sur le texte de Daniel : *Le royaume appartient à Dieu qui le donnera à qui il voudra* [2] ; il en tire cette conclusion : « Remarquez, je vous supplie, que le prophète ne dit pas le « royaume de votre pape », mais « le royaume de Dieu » ; c'est donc bien Dieu, si l'on exclut toute ambiguïté, qui est reconnu avoir donné le royaume au roi Henri [3]. » Dès lors, étant donné que le pouvoir royal, ordonné par Dieu, est intangible, Grégoire VII, « en lésant injustement le roi Henri », est convaincu d'avoir ouvertement, fait tort aux empereurs de la foi orthodoxe qui, par leur saint concours, ont aidé ceux qui ont prêché cette foi à édifier la sainte Église sur les fondements, jetés par les apôtres [4] ; il est coupable, en outre, d'avoir « frappé la sainte Église de Dieu et ruiné la paix du monde [5], manqué de respect envers un pouvoir qui vient de Dieu et doit être honoré à l'égal de Dieu [6], en un mot d'avoir renversé l'ordre établi par Dieu.

Cet argument tiré de l'ancienne Loi, Petrus Crassus, dans la seconde rédaction, le renforce à l'aide de textes empruntés à la Loi nouvelle et il commente, en particulier, à l'usage des évêques réunis pour juger Grégoire VII, le passage fameux de l'Épître aux Romains : *il n'y a pas de pouvoir qui ne vienne*

---

[1] Cfr *supra*, p. 70-71.

[2] DAN., IV, 4.

[3] *Defensio Heinrici regis*, III *(Libelli de lite*, t. I, p. 437).

[4] *Defensio Heinrici regis*, II *(Libelli de lite*, t. I, p. 435).

[5] *Defensio Heinrici regis*, III *(Libelli de lite*, t. I, p. 437).— M. Arquillière, qui cite ce passage dans son livre sur *Saint Grégoire VII, Essai sur sa conception du pouvoir pontifical*, p. 339, en tire cette conclusion (p. 346) : « Le grief principal qu'il relève contre Grégoire VII, — en dépit de la vérité historique — c'est d'avoir rompu la paix, c'est d'être un fauteur de guerre civile ». Bien que ce grief soit à nouveau formulé au chapitre V(*Libelli*, t. I, p. 442), il ne semble malgré tout que subsidiaire : pour Petrus Crassus, le pape est avant tout coupable d'avoir détruit l'ordre établi par Dieu en déposant un empereur chrétien d'institution divine ; la rupture de la paix apparaît surtout comme une conséquence de cette révolte.

[6] *Defensio Heinrici regis*, VII *(Libelli de lite*, t. I, p. 448).

de Dieu [1], en utilisant les commentaires qu'en ont donné saint Augustin et le pseudo-Ambroise, pour conclure que, le roi étant l'image de Dieu, on ne saurait discuter ses ordres et qu'il faut lui obéir comme on obéirait à Dieu lui-même [2].

Il s'agissait toutefois de prouver que Henri IV était un roi institué par Dieu. Petrus Crassus affecte de n'en pas douter, mais sa démonstration reste faible. L'Écriture ne définit pas en effet à quel signe se reconnaît le pouvoir établi par Dieu, ni comment on peut discerner le souverain légitime de celui qui ne l'est pas. Il fallait donc avoir recours à d'autres arguments. Dans les deux premières rédactions, soit qu'il commente les textes scripturaires, soit qu'il célèbre la merveilleuse continuité des princes chrétiens [3], Petrus Crassus admet implicitement que seule la transmission héréditaire de la couronne royale est conforme à l'ordre divin ; Rodolphe de Souabe, qui tenait son pouvoir des princes allemands et non de ses ancêtres, est considéré comme un usurpateur suscité par Hildebrand contre son seigneur, le roi Henri, auquel le royaume appartient (*regnum ejus*) [4]. Toutefois, c'est seulement dans la troisième rédaction, destinée aux Saxons rebelles, que la théorie de l'absolutisme héréditaire va pleinement s'affirmer. Pour le concile de 1084, elle ne présentait qu'un intérêt accessoire, car il importait avant tout de prouver aux évêques que les actes pontificaux de Grégoire VII étaient dépourvus de validité canonique. Pour les Allemands, le problème est différent : il s'agit de savoir si Henri IV est le souverain légitime auquel on est tenu d'obéir. La troisième rédaction de la *Defensio Henrici regis* a pour but de les en convaincre et son auteur va présenter une argumentation nouvelle qui, inefficace pour un concile romain, avait toutes chances ici d'emporter la conviction par son originalité.

Cette argumentation est empruntée au droit romain, dont les théoriciens de l'État n'avaient guère usé jusqu'ici. [5] Petrus Crassus considère la couronne, royale ou impériale,

---

[1] *Rom.*, XIII, I.

[2] *Defensio Heinrici regis*, VII (*Libelli de lite*, t. I, p. 450).

[3] *Defensio Heinrici regis*, II (*Libelli de lite*, t. I, p. 435-437).

[4] *Defensio Heinrici regis*, VII (*Libelli de lite*, t. I, p. 451).

[5] Sur les premières manifestations de l'influence du droit romain, cfr SCHRAMM, *Kaiser, Rom und Renovatio*, t. I, p. 275 et suiv., où l'on trouvera en outre une bibliographie détaillée de la question.

comme un objet qui fait partie de l'héritage transmis par le
père au fils et que l'on ne peut dérober à son possesseur légitime sans se rendre gravement coupable aux yeux de la
loi humaine aussi bien que de la loi divine. Pour établir cette
proposition, il constate, avant toutes choses, que l'héritage
est le plus sacré de tous les droits. On ne peut arracher à un
père de famille la faculté de léguer ses biens à ses enfants.
Les textes abondent à ce sujet dans les œuvres de Justinien.
« Tout héritage passe à l'héritier ou par testament, ou par succession *ab intestat*, ou par un pacte tacite [1]. » Les héritages
des intestats, d'après la loi des Douze Tables, vont d'abord à
leurs héritiers. Sont estimés héritiers ceux qui étaient sous le
pouvoir du père avant sa mort, comme le fils, la fille, le
petit-fils, la petite-fille et ainsi de suite. Ils deviennent ses
héritiers même à leur insu, et, aussitôt après la mort du père,
la possession, *dominium*, est pour ainsi dire continuée [2]. » « La
faculté de partager leur héritage entre leurs enfants, dit plus
explicitement encore le code Justinien, ne peut être enlevée
aux parents [3]. »

Ainsi le droit à l'héritage, selon Justinien, est intangible,
et, comme « on ne peut vous enlever ce qui est acquis par un
droit [4] », il est formellement interdit d'arracher aux parents le
pouvoir de disposer de leurs biens, aux enfants celui de les
recevoir. Toutefois, on pouvait se demander si le code Justinien avait une valeur universelle. Les Saxons, par exemple,
n'étaient-ils pas fondés à rejeter les lois de Rome comme contraires à leurs traditions séculaires ? Petrus Crassus a soin
de les rassurer : le droit à l'héritage est proclamé par la coutume germanique aussi bien que par la loi écrite de Rome. Or,
la coutume a force de loi. « La religion du législateur enchaîne tous les peuples par ses lois sacrées : pour les uns elles
sont écrites, pour les autres l'usage et la coutume se chargent
de les faire vivre. D'où il résulte que la coutume, dont le
législateur fait mention, tient dans un procès la place des
lois, car il est écrit au huitième livre du code : « L'autorité
de la coutume et de l'usage prolongé est d'un grand prix [5] »,

---

[1] *Institutes*, VI, 2, 8.
[2] *Institutes*, I, 3, 1-3.
[3] C. VIII, 3, 28.— *Defensio Heinrici regis*, VI *(Libelli de lite*, t. I, p. 444).
[4] C. I, 7, 27.
[5] C., II, 8, 52 (53).— La citation n'est pas complète ; le code ajoute :« Ve-

et aussi : « Une coutume, admise de toute antiquité et conservée avec persistance, imite et remplace les lois ; nous décidons que tout ce qui est connu comme ayant été décidé par
les offices, curies, cités, princes ou collèges tient la place d'une
loi perpétuelle [1]. »

Aucun obstacle à la libre transmission de l'héritage ne saurait donc surgir du fait de la coutume germanique. En outre,
le droit canon est d'accord avec les institutions de Rome,
et Grégoire le Grand, dans une lettre à Phocas, s'exprime
en des termes identiques à ceux dont se servait Justinien :
« Que la tranquille possession, dit-il, revienne à tous dans leurs
biens personnels, afin qu'ils se réjouissent de posséder sans
crainte ce qui a été acquis honnêtement par eux [2]. »

Ces différents textes s'appliquent aux propriétés particulières.
La couronne pouvait-elle être assimilée à une propriété particulière ? Le roi avait-il sur des personnes, sur des êtres humains,
les mêmes droits qu'un individu quelconque sur des biens fon-
ciers et mobiliers ? Tout le problème est là. Petrus Crassus le
résout sans difficulté : la couronne, selon lui, fait partie de la succession familiale : « Quoi donc, Saxons, s'écrie-t-il, est-ce que
par cette même autorité des lois le royaume n'est pas reconnu
comme étant inviolablement entre les mains du roi Henri ?
Y a-t-il parmi les mortels qui habitent la terre un homme assez
ignorant, assez stupide, assez impudent, assez fou et assez
insensé pour penser ou croire qu'il est permis d'agir envers
un si grand roi comme on ne pourrait le faire envers un homme
privé sans être puni par les lois, et que la prévoyance perspicace du législateur a été assez déraisonnable pour exclure
d'un si grand bienfait des lois les rois et leurs héritiers ? Écoutez
donc ce qu'ordonne l'empereur Constantin au septième livre
du Code : « Personne ne soutient qu'il y a un double motif
de possession, l'un qui repose sur le droit, l'autre sur le corps :

---

rum non usque adeo sui valitura momento ut aut rationem vindicat aut
legem », ce qui restreint la portée du texte cité par Petrus Crassus.

[1] C., III, 8, 52 (53). — *Defensio Heinrici regis*, VII (*Libelli de lite*, t. I,
p. 444).

[2] GRÉGOIRE LE GRAND, *Registrum*, XIII, 34 (édit. EWALD, t. II, p. 397). —
Defensio Heinrici regis, VI (*Libelli de lite*, t. I, p. 444).— Il semble que Petrus
Crassus eût pu trouver des textes s'adaptant avec plus de précision à son
sujet. Cette phrase de Grégoire le Grand a une portée très générale et ne concerne l'héritage que très indirectement.

qu'ils soient légitimes l'un et l'autre, le silence et l'abstention de tous les adversaires le prouvent [1]. »

C'est donc toujours au droit romain que recourt Petrus Crassus, sans se demander si le droit romain peut être considéré comme l'unique et éternelle expression du droit. A ses yeux, les concepts juridiques qui régissent l'humanité ont été fixés une fois pour toutes par Justinien et sont incapables d'évoluer. S'est-il rendu compte que sa théorie était en contradiction avec les préceptes évangéliques, que le christianisme ne pouvait admettre son assimilation de la royauté, qui confère un pouvoir sur des personnes, c'est-à-dire sur des âmes, à un objet matériel dont on peut user et abuser ? En tout cas, le juriste henricien s'est donné beaucoup de mal pour prouver à ses lecteurs que le droit canon était en harmonie avec le droit civil, que l'hérédité de la couronne était d'origine divine et qu'elle avait toujours été admise par l'Église jusqu'à l'apparition d'Hildebrand, faux moine et faux pape.

Une proposition aussi audacieuse était difficile à établir. Petrus Crassus a surtout recours à des arguments historiques, qui ne paraissent pas très pertinents à des esprits modernes. Du fait que les princes chrétiens se sont succédé de père en fils, il conclut que ce mode de transmission du pouvoir doit être considéré comme l'expression la plus pure de la volonté de Dieu ; c'est pour obéir à Dieu que Constantin, Charlemagne, Othon le Grand et enfin Henri III ont légué leurs États à leurs fils [2]. Or, cette merveilleuse continuité des princes chrétiens n'existe que dans l'imagination de l'auteur de la *Defensio Henrici regis* : il y a eu, au cours de l'histoire, des coups d'état, des révolutions ; des dynasties nouvelles, à certains moments, se sont substituées à d'autres, plus anciennes, dont les titulaires

---

[1] C. X, 7, 32.—*Defensio Henrici regis*, VI *(Libelli de lite*, t. I, p.444).— « On considère généralement, écrit M. Cuq *(Les Institutions juridiques des Romains*, t. II, 1908, p. 202), la possession comme un état de fait qui suppose la réunion de deux conditions, le *corpus*, c'est-à-dire le fait d'avoir une chose à sa disposition, l'*animus*, c'est à dire la volonté de se comporter vis-à-vis de cette chose comme un maître. » M. Cuq remarque également *(ibid.*, p. 825) que le Bas-Empire s'est efforcé de protéger la possession contre les violences dont elle était l'objet à cette époque de désorganisation sociale. Petrus Crassus utilise cette conception juridique : il regarde la couronne comme un objet de possession que le souverain a « à sa disposition » et à l'égard duquel il se comporte comme un maître. »

[2] *Defensio Heinrici regis*, VI *(Libelli de lite*, t. I, p. 445).

étaient incapables ou indignes de gouverner, et leur usurpation a été sinon provoquée, du moins consacrée par l'Église ; sans remonter bien haut, Conrad II, grand-père de Henri IV, fondateur de la dynastie franconienne, qui avait remplacé la dynastie saxonne, tenait son pouvoir des princes allemands et du Saint-Siège [1].

Cette objection possible n'a pas échappé à Petrus Crassus, car il remarque avec insistance que la royauté de Conrad a été universellement reconnue, tandis qu'on ne saurait en dire autant de celle de Rodolphe. « Quoi donc, écrit-il, Henri ne possède-t-il pas la couronne de droit et de corps, lui dont la légitime possession a eu une très juste origine, comme l'atteste la paix tranquille dont a joui le royaume sous le règne de son aïeul, l'empereur Conrad de divine mémoire ? Celui-ci, avec la bénédiction apostolique qui lui a conféré ses États, les a légués à son fils Henri, puis, par une succession légitime et avec la même bénédiction apostolique, ils sont parvenus à notre roi Henri. Henri est ainsi, en toute bonne foi, possesseur d'un royaume qui lui est régulièrement échu ; il est évident que ces trois personnes, si capables et d'une réputation si magnifique, ont satisfait aux lois en gouvernant, sans aucune contestation juridique, comme le veulent les lois [2]. »

Les droits de Conrad de Franconie, grand-père de Henri IV, seraient ainsi, grâce à cet assentiment unanime, incontestables, car, selon le code Justinien, « la prescription d'un long espace de temps donne ordinairement raison à ceux qui ont conservé la possession du bien qu'ils ont acquis en toute bonne foi et dont ils ont usé sans être inquiétés par aucune revendication [3]. » Le droit romain vient, par ce texte, au secours de l'histoire, et l'on doit convenir qu'il marque assez bien la différence entre le cas de Conrad, rapidement reconnu par l'ensemble de son royaume, et celui de Rodolphe de Souabe qui ne put jamais réunir autour de lui qu'une fraction de l'opinion allemande.

---

[1] Cfr le récit de WIPON, *Vita Cuonradi imperatoris*, II (MGH, SS, t. XI, p. 257) : — Sans doute, l'avènement de Conrad II n'est-il pas le résultat d'une usurpation à proprement parler, puisque son prédécesseur, Henri II, est mort sans laisser d'héritiers directs ; il n'en est pas moins vrai que c'est l'élection des princes qui a tranché entre lui et son compétiteur également nommé Conrad.

[2] *Defensio Heinrici regis*, VI (*Libelli de lite*, t. I, p. 444).

[3] C., II, 7, 33.

Quoi qu'il en soit des faits eux-mêmes, c'est cette utilisation constante du droit romain qui imprime à la *Defensio Heinrici regis* sa réelle originalité [1] : par les arguments nouveaux
qu'elle a mis en circulation, par les thèses juridiques qu'elle
développe, elle est infiniment supérieure aux autres œuvres
polémiques rédigées à la fin du pontificat de Grégoire VII.
Elle revêt aussi une importance historique du fait qu'elle a
révélé aux Allemands les textes du Codex Justinien et des
Institutes qui jusque là étaient restés confinés dans quelques
écoles italiennes et qui bientôt exerceront une large influence
dans tous les pays occidentaux. Elle n'en reste pas moins —
on ne saurait l'oublier — un opuscule de circonstance destiné
à atteindre un but précis, à savoir le ralliement à Henri IV
des Grégoriens de l'Italie du nord, des Romains et des prélats restés fidèles au pape, enfin des Saxons quelque peu
indécis et hésitants. Toutes les théories qu'elle expose ne sont
formulées qu'en vue de l'application, mais ces thèses demeurent, et il importe, en cherchant à quelles sources elles sont
puisées, d'en fixer la valeur.

III

Il résulte des pages qui précèdent que la *Defensio Heinrici
regis* se compose de deux éléments essentiels : un réquisitoire
contre Grégoire VII et une théorie du pouvoir royal et de ses
rapports avec le pouvoir sacerdotal.

Le portrait de Grégoire VII, malgré la réédition de certains
traits déjà connus, diffère sensiblement — on l'a déjà noté — de
celui qu'avaient essayé d'accréditer les textes henriciens issus
des assemblées de Worms et de Brixen. Laissant tomber toutes
les accusations antérieures, Petrus Crassus a surtout cherché à
mettre le moine devenu pape en contradiction avec la règle
de saint Benoît, qu'il avait juré d'observer au jour de son
entrée au cloître et qu'il aurait violée d'abord en sortant de
son abbaye, puis en maniant des sommes d'argent malgré une
formelle renonciation [2].

---

[1] SCHRAMM, *Kaiser, Rom und Renovatio*, t. I, p. 388, dans les quelques
lignes qu'il consacre à la *Defensio Heinrici regis*, a fort bien souligné que,
pour la première fois, les textes canoniques et les textes juridiques sont
placés sur le même plan.

[2] Cfr *supra*, p. 109-110.

Cette évolution, ou, pour mieux dire, cette atténuation de la légende grégorienne a été sans doute dictée avant tout par les circonstances ; mais on peut y apercevoir aussi la conséquence de la lecture par Petrus Crassus d'un traité de saint Pierre Damien qui, lui-même originaire de Ravenne, jouissait d'un grand prestige dans sa ville natale, où il était revenu à la fin de sa carrière, pour remettre de l'ordre dans l'Église désolée par le schisme [1]. Le *De contemptu saeculi* est dirigé contre les moines infidèles à leur idéal [2]. Or, aux chapitres III à XIV, le solitaire, devenu cardinal-évêque, stigmatise avec son âpreté coutumière les deux infractions à la règle bénédictine dont se rendaient trop souvent coupables les moines de son temps, à savoir le « vagabondage [3] » et l'amour de l'argent [4]. Par une coïncidence, qui n'est sans doute pas fortuite, ce sont là précisément les deux péchés, que, au chapitre V, la *Defensio Heinrici regis* impute à Hildebrand [5], avec certaines réminiscences évidentes [6]. Toutefois, tandis que Pierre Damien, suivant son habitude, se borne à fulminer contre les moines gyrovagues et souillés par l'esprit du siècle quelques sentences de l'Écriture destinées à leur inspirer une crainte salutaire, Petrus Crassus, plus familier avec le droit canon, a corsé les objurgations du pieux ermite de textes, empruntés aux Pères et aux conciles, qui pouvaient paraître accablants à ses lecteurs. Il n'en reste pas moins que la légende grégorienne telle qu'elle apparaît dans le *Defensio Heinrici regis*, résulte vraisemblablement d'une adaptation assez inattendue des idées du grand apôtre de la vie monastique, ami et collaborateur d'Hildebrand.

Il est plus difficile de découvrir une source contemporaine

---

[1] Cfr t. I, p. 176 et 187.

[2] PIERRE DAMIEN, *Opusc.* XII (PL, CXLV, 251-292).

[3] *Opusc.* XII, 3-8 (PL, CXLV, 253-260).

[4] *Opusc.* XII, 9-14 (PL, CXLV, 260-268).

[5] *Defensio Heinrici regis*, V (*Libelli de lite*, t. I, p. 441-443).

[6] On lit par exemple dans la *Defensio Heinrici regis*, V : « Ananias autem pauca de proprii agri pretio sibi retinuit, parum, ut divina testatur scriptura, in hoc peccavit, qui cum conjuge non ad peccati mensuram propter hoc puniri promeruit, sed ut poena eorum hunc monachum sectatoresque illius ab ecclesiasticae substantiae sacrilega rapina prohiberet » (*Libelli de lite*, t. I, p. 441). Or cet épisode d'Ananias et de Saphira est développé assez longuement par Pierre Damien (*opusc.* XII, 3) pour mettre en garde les moines qui possèdent de l'argent contre les châtiments qui les attendent.

à la théorie de la monarchie absolue et héréditaire, qui constitue la véritable nouveauté de la *Defensio Heinrici regis*.
Jamais de telles idées n'avaient été encore développées ni
même esquissées. On a beaucoup écrit à l'époque carolingienne
sur les relations réciproques de l'Église et de l'État. Un des
traités d'Hincmar de Reims, le *De regia persona et de regio
ministerio* [1], est consacré à la personne et à la fonction royales ;
l'on y retrouve un bon nombre des conceptions pauliniennes
et augustiniennes sur l'origine du pouvoir, mais il suffit de
parcourir cet opuscule pour s'apercevoir qu'il ne répond pas
au même objet que la *Defensio*. Au moment où écrivait
l'illustre primat, c'est-à-dire au milieu du IXe siècle, l'hérédité
de la couronne n'était mise en doute par personne : le souvenir
de l'usurpation de Pépin le Bref s'était depuis longtemps effacé
et le lustre donné par Charlemagne à la nouvelle dynastie
l'avait légitimée aux yeux de tous, si bien que nul ne songeait à
contester au roi ou à l'empereur le privilège de transmettre
sa dignité à ses descendants [2]. Aussi Hincmar ne songe-t-il pas
un instant à rechercher par quels canaux Dieu délègue aux
rois son autorité ; il n'a d'autre souci que d'indiquer à ceux-ci
les moyens d'ordre moral et religieux par lesquels ils méri-
teront le titre de « ministres de Dieu », de leur révéler comment,
en conciliant dans leur administration la justice et la miséricorde, en sachant à la fois pardonner et user du glaive pour
punir les coupables, ils se ménageront l'estime et l'affection
de leurs sujets. Bref, les devoirs des princes retiennent seuls
son attention ; de leurs droits il n'est pas question. Les mêmes
tendances se retrouvent dans les autres traités d'Hincmar
qui prodigue également ses conseils aux évêques et leur fixe
l'attitude qu'ils doivent observer à l'égard des rois persécu-
teurs de l'Église [3]. Les autres écrivains des IXe et Xe siècles,
un Jonas d'Orléans et un Atton de Verceil par exemple [4],

---

[1] PL, CXXV, 833 et suiv.

[2] Comme l'a fort bien montré M. Arquillière (*L'augustinisme politique*,
Paris, 1934, p. 122 et suiv.), on ne saurait considérer l'abdication de Louis le
Pieux en 833, quoiqu'elle ait été sollicitée par les évêques, comme une déposition : l'empereur confesse son indignité et accepte de renoncer à la couronne
qu'il ne fait en somme que remettre prématurément à la disposition de ses fils.

[3] Voir notamment *De fide Carolo regi servanda* (PL, CXXV, 961-984) ;
Ad episcopos regni (*Ibid.*, CXXV, 1007-1018); *Pro ecclesiae libertatum defensione* (*Ibid.*, CXXV, 1035-1070).

[4] Sur Jonas d'Orléans. voir J. REVIRON, *Les idées politico-religieuses d'un*

obéissent à la même inspiration ; ils s'attachent tous à définir la fonction morale de la royauté et à dégager les conséquences qui en découlent, sans qu'il leur vienne à l'esprit d'analyser les divers modes par lesquels la souveraineté peut se transmettre.

Comme il est arrivé plus d'une fois au cours de l'histoire, les faits se sont chargés de poser les problèmes de doctrine. La carence de certains souverains héréditaires, au moment des invasions normandes ou hongroises, a entraîné l'élection par les grands de rois capables de défendre le territoire. Aussi le principe de l'hérédité monarchique a-t-il reçu de rudes atteintes, sans toutefois être répudié totalement par les théoriciens et les canonistes [1]. La lutte du Sacerdoce et de l'Empire, inaugurée en 1076, lui a porté un coup plus dur : l'élection de Rodolphe de Souabe par les princes allemands et le désaveu catégorique infligé en cette occasion, à la transmisssion de la couronne par la voie du sang [2], la déposition de Henri IV par Grégoire VII, le blâme adressé par le pape dans la lettre à Herman de Metz aux princes qui, assoiffés de gloire séculière ne règnent pas pour Dieu, mais pour eux-mêmes, sans s'in-

---

évêque du IXe siècle, *Jonas d'Orléans et son « De institutione regia »*, Paris, 1930 ; sur Atton de Verceil, cfr t. I, p. 70-73.

[1] Jamais en effet la pratique de l'élection n'a reçu une consécration jurique : c'est à peine si chez Abbon de Fleury (cfr. t. I, p. 57) on entrevoit les origines lointaines de la théorie contractuelle que Manegold de Lautenbach exposera pour la première fois au lendemain de la mort de Grégoire VII dans son *Liber ad Gebehardum (Libelli de lite*, t. I, p. 308-430) ; cfr notre article sur *Les théories germaniques de la souveraineté* dans la *Revue historique*, t. CXXV, 1917, p. 1-68. En outre, si les princes interviennent à chaque changement de règne, leur choix s'exerce presque toujours en faveur du plus proche héritier du prince défunt. Il n'en est pas moins vrai que pour perpétuer leurs dynasties, les rois sont obligés, au XIe siècle, de faire élire leurs successeurs de leur vivant par les grands du royaume, ce qui est une reconnaissance implicite du régime électif. Henri IV a été ainsi élu par la féodalité allemande du vivant de son père, Henri III ; cfr HERMAN DE REICHENAU, *Chronicon*, a. 1053 : « Imperator Henricus, magno apud Triburiam conventu habito, filium aequivocum regem a cunctis eligi, eique, post obitum suum, si rector justus futurus esset, subjectionem promitti fecit » (MGH, SS, t V, p. 633). On remarquera que l'élection offre un caractère conditionnel et que les princes n'élisent le nouveau roi que moyennant la promesse faite par lui d'un gouvernement équitable.

[2] Selon BRUN, *De bello saxonico*, XCI (MGH, SS, t. V, p. 365), Rodolphe de Souabe, aussitôt après son élection, prit l'engagement suivant : « ut regia potestas nulli per hereditatem, sicut ante fuit consuetum, cederet, sed filius regis, etiam si dignus esset, potius per electionem spontaneam rex proveniret. »

quiéter de savoir si personne n'en est plus digne[1], tout cela va
à l'encontre des idées traditionnelles et semble consacrer d'autres tendances contre lesquelles Petrus Crassus se propose
avant tout de réagir.

Le problème de la souveraineté se trouvant ainsi posé devant
l'opinion chrétienne, les considérations des théologiens de
l'époque antérieure sur la sainteté du pouvoir royal ne pouvaient être d'un grand secours pour le résoudre. Il fallait
se rabattre sur d'autres arguments : la grande originalité de
la *Defensio Heinrici regis* réside dans un effort pour adapter
aux thèses traditionnelles des textes empruntés à l'Écriture,
aux Pères, aux Décrétales vraies ou fausses, plus encore dans
une résurrection des maximes quelque peu oubliées du droit
romain.

Il est difficile de déterminer comment ces diverses *auctoritates* sont parvenues entre les mains de Petrus Crassus.
Comme dans la plupart des œuvres contemporaines, les citations se présentent chez lui par groupes compacts qui coïncident avec les différents chefs d'accusation portés contre Grégoire VII [2].

Dans la première rédaction, on rencontre d'abord une famille de textes destinés à célébrer les services rendus à l'Église
par les empereurs chrétiens : Constantin, Gratien, Valentinien,
Théodose, Zénon viennent successivement témoigner qu'ils ont
contribué à l'établissement de la religion catholique en imposant la pratique de ses lois, en maintenant l'unité de la foi
et en luttant contre l'hérésie. Avec eux, saint Léon, rendant
hommage à Théodose, remercie la Providence de sa sollicitude
pour les choses humaines [3].

Un second groupe, au chapitre IV, renferme une série de
décrets contre les novateurs. Plusieurs sont tirés des Fausses
Décrétales. D'autres, impossibles à identifier, sont attribués
par l'auteur à saint Augustin et à saint Jérôme. D'autres

---

[1] GRÉGOIRE VII, *Registrum*, VIII, 21 (édit. CASPAR. p. 558 ; édit. JAFFÉ,
p. 461 ; PL., CXLVIII, 599). Cfr E. JORDAN, *Dante et la théorie romaine de
l'Empire*, dans *Revue historique de droit français et étranger*, t. XLVI, 1922,
p. 199-200.

[2] Comme la *Defensio Heinrici regis*, telle que nous l'avons aujourd'hui, est
le résultat de trois rédactions différentes, on ne saurait s'étonner qu'il y ait
des redites et que certains textes fassent double emploi.

[3] *Defensio Heinrici regis*, II (*Libelli de lite*, t. I, p. 435-437).

enfin proviennent soit des papes saint Léon, saint Grégoire et Nicolas Ier, soit du code Justinien et de la préface des Institutes. Tous servent de commentaire à, un passage de saint Paul : *Demeurez fermes et attachez-vous aux enseignements que vous avez reçus de nous soit de vive voix, soit par lettre* [1].

Dans la seconde rédaction, le chapitre V, destiné à prouver qu'Hildebrand est excommunié pour avoir quitté son monastère, renferme avant tout plusieurs passages de la règle de saint Benoît sur lesquels viennent se greffer des extraits de saint Augustin et de saint Jérôme, un canon du concile de Chalcédoine et un autre d'un concile africain pris dans la collection de Denis le Petit [2].

Au chapitre VII, Petrus Crassus discute la légalité du procès de Henri IV. Il a, à cet effet, largement pillé les Fausses Décrétales qu'il combine avec quelques citations de Grégoire le Grand. Il y a trouvé l'énumération des règles canoniques qui doivent être observées en pareille matière relativement à la qualité des accusateurs, des témoins et aussi du juge. Grégoire le Grand, saint Augustin et le Code viennent ensuite promulguer les pénalités qui doivent atteindre Grégoire VII pour sa rébellion à l'égard de la loi civile et ecclésiastique [3].

Les textes qui remplissent les chapitres VI et VIII ont été déjà signalés ; ils sont tous relatifs à la question de l'hérédité et de la soumission au roi ; le code Justinien prédomine ; le droit canon est représenté par une lettre de saint Grégoire le Grand [4].

En un mot, les *auctoritates* auxquelles recourt Petrus Crassus sont alternativement puisées dans le droit romain et dans le droit canon. Les chapitres VI et VIII prouvent qu'il était familier avec le code Justinien et avec les Institutes. Comment ces œuvres sont-elles parvenues à sa connaissance ? Il est fort probable qu'il existait à Ravenne des *Sententiae*, extraites du code et des Institutes, qui servaient de base à l'enseignement de l'école ; c'est d'un recueil de ce genre qu'a

---

[1] *II Thess.*, II, 15 ; *Defensio Heinrici regis*, IV (*Libelli de lite*, t. I, p. 439-440).

[2] *Defensio Heinrici regis*, V (*Libelli de lite*, t. I, p. 441-443).

[3] *Defensio Heinrici regis*, VII (*Libelli de lite*, t. I, p. 446-452).

[4] *Defensio Heinrici regis*, VI et VIII (*Libelli de lite*, t. I, p. 443-445 et 452-453). Cfr *supra*, p. 115-117.

dû se servir l'auteur de la *Defensio Heinrici regis* en qui l'on a
généralement aperçu, sans preuve positive d'ailleurs, un des
maîtres de cette école de Ravenne.

La provenance des textes de droit canonique est plus difficile à déterminer [1]. On serait *a priori* tenté de penser que Petrus
Crassus a utilisé les collections antérieures à Grégoire VII,
très favorables à l'union intime du Sacerdoce et de l'Empire.
Il n'en est rien. Burchard de Worms recommande l'obéissance
au pouvoir temporel à l'aide de canons du concile de Tolède [2],
dont Petrus Crassus ne fait pas usage. Par contre, à propos

---

[1] Suivant MAASSEN (*Ueber eine Sammlung von Schreiben Gregors I und
Verordnungen der Kaiser und der Päpste* dans *Sitzungsberichte der Akademie
der Wissenschaft zu Wien, phil.-hist. Classe*, t. LXXXV, 1877, p. 227-257),
Petrus Crassus n'ayant pu tirer toutes ses citations d'une même collection,
laquelle eût été, dit-il, « un véritable monstre », se serait servi des originaux.
Cette opinion suscite, à notre avis, de réelles difficultés : une telle façon de
procéder eût été contraire aux habitudes des écrivains du XIe siècle : en
outre, si l'on exclut les textes du code Justinien et des Institutes, il ne semble
pas que la *Defensio Heinrici regis* soit tellement plus riche en références que
d'autres œuvres, grégoriennes ou antigrégoriennes, pour lesquelles on n'a
jamais songé à émettre pareille hypothèse. L'énumération en est en somme
assez rapidement faite. On trouve en effet chez Petrus Crassus :

1) Onze citations de saint Grégoire le Grand : *Moral. in Job*, XIV, 29 (placé à
tort par l'auteur dans la lettre IX, 122), et XXXII, 4 et 5̊ ; — *In Evang.* I
hom. XVII, 5 ; II, *hom.* XXVI, 5 ; — *Regula pastoralis*, III, 4 ; — *Epistolae*,
I, 25 ; III, 7 et 8 ; IX, 122 ; XIII, 31 : — un passage non identifié.

2) Neuf citations de saint Augustin, *Sermones* LXII, 8,13 : LXXI, 19, 32 ;
LXXXII, 1, 1 ; CXXXVII, 5, 5 ; *De civitate Dei*, XVIII, 51, 1 ; *Expos.
Joan. evang.*, I, *tract.* VI. 25 ; II, *tract.* XI, 14 ; — deux passages non iden-
tifiés.

3) Trois citations de saint Jérôme, *Contra Vigilantium*, XVI ; *Contra
Rufinum*, II, 7 ; — un passage non identifié.

4) Deux citations du pseudo-Ambroise, *Commentarium in epist. ad Romanos*
XIII, 2.

5) Deux citations de saint Léon le Grand, *Epist.* 29 et 147.

6) Treize citations des Fausses Décrétales.

7) Deux citations de Nicolas Ier (JW, 2783 et 2785).

8) Une citation du concile de Chalcédoine, *actio* VI (MANSI, VII, 175).

9) Plusieurs extraits d'une lettre de Félix III à Zénon mal identifiée
(THIEL, *Epistolae Romanorum pontificum*, t. I, p. 270).

10) Deux citations de la règle de saint Benoît, LVII et LVIII.

11) Une citation de l'*Edictum Veronense* d'Othon le Grand.

12) Plusieurs passages d'historiens profanes : Orose, Josèphe, Cassiodore,
etc. qui étaient bien connus des polémistes de l'époque grégorienne.

On remarquera dans cette liste plusieurs erreurs d'attribution qui se seraient
difficilement produites, si, comme le veut Maassen, Petrus Crassus s'était
servi des textes originaux.

[2] BURCHARD DE WORMS, *Decretum*, XV, 23-28 (*PL*, CXL, 900-902).

du procès de Henri IV, la *Defensio Heinrici regis*, par ses nombreux emprunts aux Fausses Décrétales,voisine avec les recueils
grégoriens les plus classiques, notamment avec celui d'Anselme de Lucques [1]. Il n'est pas impossible que l'auteur ait
eu entre les mains un de ces recueils, aujourd'hui perdus,
qui ont fourni des matériaux à Anselme et à Deusdedit [2]. Sans
doute, ceux-ci ne pouvaient-ils lui rendre tous les services
qu'il eût souhaités en ce qui concerne la question des rapports
des pouvoirs spirituel et temporel qui y est envisagée tout
autrement, les collections canoniques composées sous l'inspiration de la papauté ayant pour but primordial de faciliter
l'exercice de la suprématie romaine. Toutefois les passages
de Constantin, de Valentinien, de Théodose, que Petrus Crassus
a cités pour commémorer les services rendus à l'Église par les
empereurs chrétiens, pouvaient y figurer sans danger ; de
même aussi les décrétales qui condamnent les novateurs et
les juges haineux ou passionnés. Rien ne s'oppose donc à ce
que Petrus Crassus ait eu sous les yeux un recueil empreint
du plus pur esprit grégorien, mais dans lequel il a opéré une
minutieuse sélection.

Quel est ce recueil ? On ne peut ici se livrer qu'à des conjectures. Au début de son traité, Petrus Crassus donne une indication qui mérite d'être retenue. Après avoir affirmé que la
couronne de Henri IV a été acquise conformément aux lois,
il ajoute : « Si ce moine de la synagogue de Satan veut par
hasard répudier les lois, parce qu'elles se dressent violemment
contre lui (ce petit opuscule le prouvera), j'enverrai, s'il le
faut, à votre pieuse magnificence le livre dans lequel le bienheureux Grégoire a condensé les unes et les autres de ces lois
dont il a fait usage dans le gouvernement de la sainte Église [3]. »
Ce serait donc un recueil placé sous le patronage de Grégoire
le Grand qui aurait fourni à Petrus Crassus la plupart de ses
textes. Or un autre polémiste, contemporain de Petrus Crassus

---

[1] ANSELME DE LUCQUES, *Collectio canonum*, III, 13 et suiv. (édit. THANER,
p. 124 et suiv.

[2] Cfr PAUL FOURNIER, *Les collections canoniques de l'époque de Grégoire VII*,
dans *Mémoires de l'Académie des Inscriptions et Belles-Lettres*, t. XLI, 1918,
p. 271 et suiv., et Paul FOURNIER et GABRIEL LE BRAS, *Histoire des collections canoniques en Occident depuis les Fausses Décrétales jusqu'au Décret de
Gratien*, t. II, Paris, 1932, p. 30-33.

[3] *Defensio Heinrici regis*, I (*Libelli de lite*, t. I, p. 434).

Wenric de Trêves, affirme de son côté qu'il pourrait extraire du même docteur de nombreux passages favorables à ses idées [1]. Et c'est encore saint Grégoire qui inspire l'opuscule d'origine liégeoise ou lorraine apparenté à *l'epistola* de Wenric [2]. Il paraît donc probable qu'une collection dite de saint Grégoire a circulé dans le parti henricien et qu'elle est la source commune de Petrus Crassus et de Wenric de Trêves ; on ne peut qu'en regretter la disparition [3].

Telles sont les sources auxquelles Petrus Crassus a eu recours. La méthode qu'il a suivie dans l'utilisation de ces sources ne diffère guère de celle des autres polémistes, grégoriens ou anti-grégoriens, qui ont écrit au temps de Grégoire VII [4].

Comme eux tous, Petrus Crassus a eu recours à deux sortes d'armes qu'il manie simultanément, les *auctoritates* et les *rationes*. Les *auctoritates*, ce sont les témoignages apportés par l'Écriture, par les Pères, par les canons conciliaires, par les Décrétales, par les constitutions des empereurs chrétiens ou encore par l'histoire elle-même, si fertile en exemples et en précédents. Les *rationes* se rattachent aux *auctoritates* et aboutissent, par une succession de syllogismes tirés de l'interprétation et du rapprochement des sources, puis de leur adaptation aux faits, à la conclusion que l'on veut accréditer.

A première vue, cette méthode paraît impeccable : les thèses

---

[1] Cfr *infra*, p. 167.

[2] *De investitura regali collectanea (Libelli de lite*, t. III, p. 610-614).

[3] Certains érudits ont voulu à tout prix identifier cette collection dite de saint Grégoire : Maassen, dans l'article cité p. n., veut que ce soit la *Collectio Avellana*. Il a été vigoureusement réfuté par P. EWALD (cfr *Historische Zeitschrift*, t. IV, 1878, p. 154-160), dont les raisons pour la non attribution à saint Grégoire paraissent décisives. On remarquera en outre que l'argumentation de Maassen repose sur ce fait que quelques-uns des textes utilisés par Petrus Crassus figurent aussi dans la *Collectio Avellana*. Or ces textes ne constituent qu'une infime minorité des *auctoritates* auxquelles recourt la *Defensio Heinrici regis*. Celle-ci est apparentée de la même façon à beaucoup d'autres recueils, notamment à la *Collectio Anselmo dedicata*, mais il y a trop de variantes pour que l'on puisse conclure à une filiation certaine. En réalité, on retrouve dans la *Defensio* des traces nombreuses du vieux fonds où chaque canoniste a puisé et d'où Petrus Crassus a tiré les textes qui pouvaient plus spécialement servir à sa thèse, sans qu'il soit possible de lui assigner une source connue.

[4] Sur cette méthode, voir AUGUSTIN FLICHE, *Quelques aspects de la littérature polémique pendant la seconde moitié du XIe siècle*, dans les *Mélanges de philologie, d'histoire et de littérature offerts à* JOSEPH VIANEY, Paris, 1934, p. 37-44.

de Petrus Crassus et de ses émules se déroulent avec la logique d'un théorème de géométrie. Toutefois les apparences sont loin de correspondre à la réalité ; les raisonnements qui semblent le mieux s'enchaîner s'écroulent par la base, parce qu'un des termes du syllogisme, donné comme une incontestable vérité d'expérience, repose sur une interprétation tendancieuse d'un texte ou sur une hypothèse des plus fragiles.

Petrus Crassus, ainsi qu'on l'a noté plus haut [1], veut prouver que Grégoire VII, en condamnant Henri IV, s'est révolté contre la loi canonique ; il ramène sa démonstration au syllogisme suivant : l'Écriture et les Pères ordonnent la soumission aux pouvoirs établis par Dieu ; — or Grégoire VII a déposé un roi institué par Dieu ; — donc Grégoire VII s'est révolté contre l'Écriture et les Pères qui ordonnent la soumission aux pouvoirs établis par Dieu. Voilà qui est fort bien déduit ; mais, si l'on examine chaque terme d'un peu près, on note tout à la fois que le sens des *auctoritates* a été forcé pour les besoins de la cause et que les *rationes* reposent sur l'institution divine de Henri IV, considérée comme un axiome indiscutable, et qui pourtant aurait exigé au moins l'apparence d'une démonstration.

Il était facile à Petrus Crassus de réunir un nombre imposant de textes susceptibles d'établir que l'Écriture ordonne la soumission au roi. Le juriste henricien a retenu, parmi eux, deux passages des épîtres: saint Pierre prescrit aux premiers chrétiens d'être *soumis pour l'amour de Dieu à toute puissance humaine, soit au roi comme souverain, soit aux préfets comme envoyés par lui pour punir les malfaiteurs et approuver les gens de bien* [2], et de craindre Dieu, d'honorer le roi [3] ; l'épître aux Romains s'exprime sur le même sujet en formules encore plus lapidaires, qui ont servi de canevas au plaidoyer pour le roi Henri : *Toute âme est soumise aux pouvoirs plus élevés, car il n'y pas pas de pouvoir qui ne vienne de Dieu* [4]. A ces textes de l'Écriture Petrus Crassus adjoint des commentaires empruntés aux Pères, à saint Augustin, qui s'écrie dans son sermon LXII : « Est-ce que nous disons avec orgueil de mépriser les pouvoirs ordonnés

---

[1] Cfr *supra*, p. 113-115.
[2] I *Petr*. 13-14.
[3] *Ibid.*, 17.
[4] *Rom.*, XIII, I.

par Dieu ? Non certes, nous ne le disons pas [1] », ou encore à
un commentaire apocryphe de saint Ambroise sur l'épître
aux Romains : « Ceux qui pèchent en connaissant la loi sont
inexcusables, car ceux qui gouvernent sont la terreur des
méchants et non des bons. Ces derniers, qu'on appelle rois,
sont créés pour corriger et non pour réprimer, car ils représentent l'image de Dieu, en sorte que tous sont soumis à
un seul [2] ».

Ces textes recommandent en termes formels et avec insistance l'obéissance aux souverains ordonnés par Dieu, ministres
de Dieu, images de Dieu. A cet égard, le premier terme du syllogisme paraît inattaquable ; mais en est-il de même du
second qui présuppose que Henri IV tient son pouvoir de
Dieu ? Son compétiteur, Rodolphe de Souabe, élu par les
princes, n'était-il pas fondé à revendiquer le même privilège ?
A quoi se reconnaît un « pouvoir établi par Dieu ? » Ce sont
là autant de questions préalables qu'il importait de discuter
et que Petrus Crassus esquive avec la plus subtile désinvolture.

L'Écriture et saint Augustin ne reconnaissent pas, en effet,
indistinctement tous les pouvoirs comme réalisant l'image de
Dieu. Les Grégoriens ne seront pas embarrassés pour mettre
en regard des textes cités par Petrus Crassus d'autres textes,
tels que le passage des Actes des apôtres où il est dit qu'en
certains cas il vaut mieux obéir à Dieu qu'aux hommes [3],
et ils allégueront, pour essayer de légitimer la révolte des Allemands contre Henri IV, l'autorité du même saint Augustin
qui a félicité les Romains d'avoir chassé les Tarquins à cause
de leur tyrannie [4]. Le juriste impérial a sans doute pressenti
cette objection possible, et c'est pour cela qu'au lieu de discuter les textes qu'on pourrait lui opposer, il préfère interpréter
à sa guise les passages qu'il a retenus de saint Pierre et de saint
Paul. Pour lui, le pouvoir qui vient de Dieu est nécessairement
celui qui se transmet par l'hérédité. Or, rien n'autorise cette
interprétation de l'épître aux Romains qui ne se prononce pas
sur les diverses formes de pouvoir, en sorte que la question

---

[1] S. AUGUSTIN, *Sermo* LXII, 8, 13 (PL, XXXVIII, 420).

[2] PSEUDO-AMBROISE, *Comment. in epist. ad Romanos*, XIII, 2-3 (PL, XVII, 163).

[3] *Act.* V, 29.

[4] S. AUGUSTIN, *De civitate Dei*, II, 21 (PL, XLI, 67).

reste entière : Rodolphe de Souabe, compétiteur de Henri IV, élu par les princes allemands, pouvait revendiquer avec d'autant plus d'assurance une origine divine pour son autorité que le pape, vicaire de Dieu, l'avait reconnu pour légitime. En présence d'un fait aussi mal établi, la déduction opérée par Petrus Crassus reste donc bien fragile.

Aussi, pour prouver que Henri IV est bien un roi, « institué par Dieu », Petrus Crassus ne se contente pas de rappeler que, fils de Henri III et petit-fils de Conrad II, il a reçu la couronne de ses ancêtres ; il allègue encore que c'est un prince juste, courageux, magnanime, large, bienfaisant, libéral, qui s'est toujours signalé par sa piété et par sa sollicitude envers l'Église [1]. Or, il suffit d'ouvrir les œuvres des écrivains grégoriens et des chroniqueurs saxons pour trouver du roi « image de Dieu » un portrait tout différent : très mal élevé par sa mère, l'impératrice Agnès, qu'inquiétaient d'ailleurs ses instincts dévoyés, le jeune souverain, à vingt ans, délaissa son épouse légitime pour s'abandonner à tous les vices de la chair, tandis que sa cupidité rapace l'amenait à faire peser sur ses sujets la plus lourde tyrannie, à trafiquer des choses saintes et à se révolter contre l'autorité apostolique [2]. Quelle que soit l'opinion que l'on puisse avoir sur son gouvernement et sur sa politique religieuse, il y a lieu de retenir ce fait que l'on n'était pas d'accord en Allemagne sur ces attributs divins de Henri IV, que Petrus Crassus considère comme universellement reconnus afin d'acheminer vers la conclusion incluse dans les prémisses du syllogisme.

L'argument juridique, auquel a recours Petrus Crassus dans la troisième rédaction de la *Defensio Heinrici regis*, pèche par les mêmes défauts que l'argument canonique. On arriverait en effet, en dépouillant la démonstration de sa phraséologie, au schéma suivant : l'héritage est le plus sacré des droits ; — or Grégoire VII, en arrachant à Henri IV sa couronne, lui a dérobé une partie de son héritage ; — donc le pape a violé la loi humaine en même temps que la loi divine.

On ne saurait assez se défier de cette logique apparente,

---

[1] *Defensio Heinrici regis*, II *(Libelli de lite*, t. I, p. 435).
[2] Cfr MANEGOLD DE LAUTENBACH, *Ad Gebehardum liber*, XXIX *(Libelli de lite*, t. I p. 362-363).

qu'un examen des termes du syllogisme va encore une fois
réduire à néant.

Pour que l'argumentation de la *Defensio Heinrici regis* fût
valable, il faudrait admettre *a priori* que la royauté peut être
assimilée à une propriété mobilière ou immobilière. Tous les
textes cités se rapportent au droit privé ; aucun ne concerne
la couronne à proprement parler. Petrus Crassus peut affirmer qu'il n'y a sur la terre aucun homme qui soit « assez
ignorant, assez stupide, assez imprudent, assez fou et assez
insensé pour penser ou croire qu'il est permis d'agir envers
un si grand roi comme on ne pourrait le faire envers un
homme privé sans être puni par les lois et que la prévoyance
perspicace du législateur a été assez déraisonnable pour exclure d'un si grand bienfait des lois les rois et leurs héritiers [1] » ;
une lourde objection persiste et, lorsque l'auteur appelle le
droit canon au secours du droit civil défaillant, il doit se contenter d'un passage plutôt vague de saint Grégoire le Grand
où il est dit que « la tranquille possession doit revenir à tous
dans leurs biens personnels [2]. » La démonstration reste à faire ;
on ne peut suivre Petrus Crassus sans poser en principe,
avant d'entrer en matière, que la couronne fait vraiment
partie de l'héritage royal au même titre que les biens d'ordre
privé et, même si l'on accordait avec lui au droit romain un
caractère intangible et immuable, il resterait que les textes
du code Justinien ou des institutes auxquels il recourt ne
s'appliquent qu'aux propriétés privées [3].

L'argument historique, qui complète les arguments juridique
et canonique, présente les mêmes caractères.

Tout d'abord Petrus Crassus aperçoit à travers les siècles
l'éternelle application du principe héréditaire dans la transmission de la souveraineté, qu'il s'agisse de l'antiquité
païenne ou des dynasties chrétiennes. Les empereurs romains,
dit-il, ont librement disposé de leur couronne : Auguste a
légué son pouvoir à son beau-fils Tibère ; Gratien n'a pas hésité à s'associer Théodose ; nul doute qu'ils n'eussent pu l'un
et l'autre avoir pour successeurs leurs propres enfants, s'ils
en avaient procréé. De même, Constantin et Charlemagne ont

---

[1] *Defensio Heinrici regis*, VI *(Libelli de lite, t. I, p. 444)*.
[2] GRÉGOIRE LE GRAND, *Registrum*, XIII, 34 (édit. EWALD, t. II, p. 397).
[3] Cfr *supra*, p. 116-117.

partagé l'Empire entre leurs fils. De même Othon le Grand,
« auquel la toute puissance avait été conférée pour la défense
de l'Italie », s'est perpétué en la personne de son fils et de son
petit-fils. Enfin, toujours par l'ordination divine, la dignité
impériale a été dévolue aux parents du roi Henri, puis à lui-
même. C'est donc conformément à l'ordre de Dieu, dont l'histoire enregistre des manifestations continues, que Henri IV
a légitimement hérité du royaume qu'il possède de droit et de
corps. Hildebrand en prétendant le lui enlever s'est montré
« l'ennemi des lois [1]. »

D'autre part — et c'est ici le second aspect de l'argument historique — en condamnant le roi actuel, Grégoire VII a frappé
tous ses prédécesseurs et méconnu les services rendus par eux à
l'Église. Excellente occasion pour Petrus Crassus de se livrer à
une complaisante énumération et d'appeler les empereurs chrétiens au secours de leur actuel représentant. C'est Constantin qui
promulgue l'édit suivant : « Il nous a plu en tous lieux et dans
toutes les villes de fermer désormais les temples, d'en défendre
l'accès, de refuser la permission de commettre des fautes à
ceux qui ont été perdus. Nous voulons que tous s'abstiennent
de sacrifices. Si, par hasard quelqu'un commettait un crime
de cette sorte, qu'il soit abattu par le glaive vengeur » [2]. Ce sont
Gratien, Valentinien, Théodose qui s'expriment en ces termes :
« Nous voulons que tous les peuples qui sont gouvernés par
notre clémence pratiquent la religion que le divin apôtre Pierre,
comme l'enseigne cette même religion, a prêchée aux Romains,
qu'observent le pontife Damase et l'évêque d'Alexandrie, Pierre,
homme d'une sainteté apostolique, c'est-à-dire que, suivant la
discipline apostolique et la doctrine évangélique, tous croient
à un seul Dieu, en trois personnes d'une égale majesté, le Père,
le Fils et le Saint-Esprit. Cette loi que nous suivons, nous
ordonnons qu'elle le soit aussi par tous nos sujets qui porteront
le nom de chrétiens catholiques » [3]. Ce sont encore Théodose et
Valentinien qui écrivent : « Les choses divines doivent être
préférées à toutes les affaires humaines [4]. » C'est Zénon qui

---

[1] *Defensio Heinrici regis*, VI (*Libelli de lite*, t. I, p. 445).
[2] C., I, 3.
[3] C., I, 1, 1.
[4] HAENEL, *Corpus legum ab imperatoribus Romanis ante Justinianum latarum*, p. 251.

affirme que toute sa politique tend à maintenir les décisions
du concile de Chalcédoine[1]. La preuve est faite : les empereurs
ont imposé la pratique de la religion catholique et maintenu
l'unité de foi en face de l'hérésie manaçante : Hildebrand
peut-il les condamner en la personne de Henri IV[2] ?

En fait, une telle conclusion suppose que l'hérédité étant
d'institution divine, Henri IV n'a pu dégénérer et que, tous
les rois chrétiens ayant veillé sur l'Église avec une pieuse sollicitude, il n'a pu agir autrement qu'eux. Il n'est pas nécessaire
de souligner le caractère hasardeux de cette thèse. La même
remarque pourrait d'ailleurs s'appliquer à l'autre argument
historique, qui repose sur des exemples soigneusement choisis
et auxquels les partisans du système électif pouvaient en opposer d'autres tout aussi probants. L'histoire, pour laquelle Grégoriens et Antigrégoriens éprouvent une égale inclination, ne
prouve rien en faveur ou à l'encontre des deux théories en
présence ; elle enregistre simplement qu'au cours des siècles,
selon les contingences de l'heure, tantôt l'hérédité a triomphé
et tantôt le système électif. Aussi est-elle, en l'occurrence,
tout-à-fait inopérante et ne saurait-elle apporter aucun argument pour ou contre Henri IV.

Le réquisitoire contre Grégoire VII, qui remplit une bonne
partie de la *Defensio Heinrici regis*, est conçu dans le même
esprit et l'on y retrouve les mêmes procédés de discussion.

Petrus Crassus — on l'a vu plus haut[3] — considère comme
nuls tous les actes du pontificat sous prétexte que Hildebrand
était excommunié au moment où il a ceint la tiare. Or, aucun
pape ni aucun synode n'avait prononcé pareille sentence, ce
qui rend la démonstration inopérante. L'auteur s'en est rendu
compte, mais il ne s'embarrasse pas pour si peu ; il supplée à
la carence de sentences canoniques, en affirmant que l'excommunication découlait *ipso facto* de la règle de saint Benoît qui
interdit au moine de sortir de son monastère, [4] d'un passage
de saint Grégoire le Grand qui prive de la communion « celui

---

[1] On n'a pas conservé cette lettre, mais elle est mentionnée dans une bulle
de Félix III, adressée en 490 à Zénon(THIEL, *Epistolae Romanorum pontificum*,
t. I, p. 270).

[2] *Defensio Heinrici regis*, II-III *(Libelli de lite, t. I, p. 435 et suiv.).*

[3] Cfr *supra*, p. 109-110.

[4] *Regula S. Benedicti*, LVIII (PL, LXVI, 804-806).

qui ne sait pas obéir aux saints canons [1] », et enfin d'un canon, d'ailleurs apocryphe, de Chalcédoine ainsi conçu : « Il a été décidé que ni l'abbaye ni la demeure épiscopale ne seraient bâties sans le consentement de l'évêque, que les moines seraient soumis à leur évêque, attentifs au jeûne et à la prière, qu'ils ne quitteraient pas les lieux où ils ont renoncé au siècle, qu'ils n'auraient aucun rapport avec les choses ecclésiastiques ou séculières, qu'ils ne devraient pas être importuns en désertant leurs propres monastères, à moins d'avoir été requis par l'évêque de la cité. Si quelqu'un agit contre ce décret, qu'il soit privé de la communion » [2]. Or, si Hildebrand a été fréquemment éloigné de son monastère, les textes de saint Benoît et du concile de Chalcédoine ne sauraient légitimement s'appliquer à lui, car il n'a repris contact avec le siècle que pour s'acquitter des missions dont l'ont chargé ses prédécesseurs sur la chaire de Pierre. Aussi, quoi qu'en dise Petrus Crassus, son cas reste-t-il identique à celui de Grégoire le Grand qui, également moine, a été obligé de s'absenter plus d'une fois sans encourir pourtant les foudres de l'anathème.

Il en est de même du prétendu reproche d'illégalité formulé à propos de la condamnation de Henri IV. Les textes apportés par Petrus Crassus [3], qu'ils soient authentiques ou non, figurent, comme on l'a vu, dans la plupart des collections canoniques ; mais sur quoi se fonde l'auteur de la *Defensio Heinrici regis* pour affirmer que les règles en usage dans les procès ecclésiastiques, telles qu'elles sont énoncées dans les Fausses Décrétales, n'ont pas été observées à l'égard du roi de Germanie ? Il évite soigneusement toute discussion à ce sujet : il se contente de rappeler, comme un fait de notoriété publique, qu'Hildebrand a été « accusateur, témoin, juge », et espère ainsi donner le change. Ce qu'il faudrait démontrer n'est pas même abordé ; le raisonnement ne vaut que par une logique apparente, mais, une fois de plus, il ne repose que sur une appréciation contestable des actes du gouvernement de Grégoire VII.

Dès lors, Petrus Crassus peut proposer contre Grégoire VII les sanctions les plus sévères ; il peut accumuler les textes,

---

[1] GRÉGOIRE LE GRAND, *Registrum*, III, 7 (édit. EWALD, t. I, p. 168).
[2] MANSI, VII, 175.
[3] *Defensio Heinrici regis*, VII (*Libelli de lite*, t. I, p. 447).

invoquer Julien et saint Augustin[1], décréter que le pape, préalablement déposé, doit être, en vertu de cette double autorité, remis entre les mains du roi qui le châtiera comme il l'entendra [2], il n'en demeure pas moins qu'à l'origine de toutes ses *rationes* il n'y a que des affirmations *a priori*, ou des faits interprétés avec une certaine partialité. Pour suivre le juriste à travers ses déductions, quelles qu'elles soient, il faut admettre dès le principe que Henri IV est un « roi juste, courageux, sévère, magnanime, large, bienfaisant, libéral », Grégoire VII un « faux moine » qui, au mépris de la règle, en mettant en œuvre les divers procédés que lui dictaient son ambition et sa cupidité, est parvenu indûment au siège apostolique. De preuves à l'appui de cette opinion Petrus Crassus n'en apporte point qui paraissent s'imposer ; aussi bien son argumentation demeure-t-elle assez fragile : ses affirmations tiennent trop facilement lieu de *rationes* et provoquent une adaptation des *auctoritates* à des faits qu'elles ne concernent pas.

En outre, il est à remarquer que, comme la plupart des polémistes de son temps, Petrus Crassus, non content de tirer des *auctoritates* des conclusions inopérantes, fait parfois subir à ses textes des mutilations qui lui permettent de mieux les mettre d'accord avec ses propres thèses. Certains passages du code Justinien, — tel celui qui concerne l'autorité de la coutume [3] — ont été tronqués, afin de supprimer les réserves qui en atténuaient la portée[4]; d'autres ont été condensés en une formule

---

[1] « Si un clerc ou un moine,lit-on dans le premier texte, est accusé auprès de l'évêque et que celui-ci puisse trouver la vérité, qu'il lui enlève sa charge et son grade. puis que le juge compétent le saisisse, qu'il examine le litige conformément aux lois et qu'il y mette fin » *(Juliani epit. novell. const.* 115, cap. 34). — Saint Augustin écrit : « Nous nous étonnons que les pouvoirs chrétiens ne se mettent pas en mouvement contre les détestables adversaires de l'Église. Pourquoi donc ne se mettent-ils pas en mouvement et quels comptes devront-ils rendre à Dieu ? » *(In Johannis evang.,* tract. XI, 14, dans PL, XXXV, 1483). — On remarquera le caractère particulièrement vague et général de ce dernier texte, qui ne justifie pas l'usage qu'en fait Petrus Crassus.

[2] *Defensio Heinrici regis,* VII *(Libelli de lite,* t. I, p. 452).

[3] Cfr *supra,* p. 116, n. 5.

[4] Outre le texte cité p. 116 et rappelé à la note précédente, on notera un passage du code de Justinien incomplètement transcrit par Petrus Crassus au chapitre VI de la *Defensio Heinrici regis (Libelli de lite,* t. I, p. 444). Voici le texte de Petrus Crassus : « Nemo ambigit possessionis duplicem esse rationem,

plus frappante, comme le texte des Institutes sur les différentes formes de l'héritage [1]. Ce sont là autant de vices de méthode qui paraissent graves pour un esprit moderne, mais auxquels les contemporains de Grégoire VII et de Henri IV attachaient sans doute beaucoup moins d'importance.

Il ne faudrait pas croire en effet qu'il y ait là un cas unique. L'absence, parfois volontaire, d'esprit critique est un défaut commun à presque tous les écrivains de la fin du XIe siècle, qu'ils soient polémistes ou chroniqueurs [2]. A part quelques éclatantes exceptions, les partisans du Saint-Siège se contenteront d'opposer aux *auctoritates*, invoquées par les juristes impériaux, d'autres *auctoritates* sur lesquelles ils échafauderont à leur tour des *rationes*, sans se préoccuper des références et des arguments de l'adversaire, en sorte que les théories se dresseront les unes en face des autres sans jamais s'affronter réellement, et que les textes s'accumuleront contradictoirement, sans qu'intervienne, sauf en quelques cas exceptionnels, un effort de conciliation.

---

aliam quae jure consistit, aliamque corpore ; utramque ita demum esse legitimam cum omnium adversariorum silentio et taciturnitate firmetur. » Or on lit à la suite dans le code Justinien, X, 7, 32, une phrase qui atténue la portée de la proposition ci-dessus énoncée : « interpellatione vero et controversia progressa non posse eum intelligi possessorem, qui licet corpore teneat, tamen ex interposita contestatione et causa judicium deducta super jure possessionis vacillet ac dubitet » (édit. KRUEGER, p. 307). — Au même chapitre, Petrus Crassus cite un autre passage du code (*Libelli*, p. 443) qui provient de C., IX, I, 14 : « Leges sacratissimae quae constringunt vitas omnium ab omnibus intelligi debent ut universi, praescripto earum manifestius cognito, vel inhibita declinent, vel permissa sectentur. » Le code ajoute : « Si quid vero in eisdem legibus latum fortassis obscurius fuerit, oportet id imperatoria interpretatione patefieri duritiamque legum nostrae humanitati incongruam emendari » (édit. KRUEGER, p. 68).

[1] Voici le texte de la *Defensio Heinrici regis*, VI (*Libelli de lite*, t. I, p. 443) : « Omnis hereditas aut testamento aut successione ab intestato aut tacito pacto transit ad heredem. » Le texte des Institutes (VI, 1. 2, 8) est plus détaillé : « Videamus itaque nunc quibus modis per universitatem res vobis adquiruntur. Si cui ergo heredes facti sitis sive cujus bonorum possessionem petieritis vel si quem adrogaveritis vel si cujus bona libertatum conservandarum causa vobis addicta fuerint, ejus res omnes ad vos transeunt, ac prius de hereditatibus despiciamus. Quarum duplex conditio est : nam vel ex testamento vel ab intestato ad vos pertinent. Et prius est ut de his despiciamus quae vobis ex testamento obveniunt, qua in re necessarium est initio de ordinandis testamentis exponere » (édit. KRUEGER, p. 17).

[2] Cfr l'introduction du t. II, p. 32 et suiv.

Cette appréciation pessimiste ne saurait cependant faire oublier l'intérêt qui s'attache à la *Defensio Heinrici regis*. Bien qu'elle soit une œuvre de circonstance et si contestables que puissent paraître certaines opinions de son auteur, elle représente, parmi la littérature antigrégorienne, la version henricienne, et surtout elle expose pour la première fois la théorie de l'absolutisme héréditaire, fondée sur le droit romain et sur une certaine interprétation de l'Écriture et des Pères, qui traversera le moyen âge en subissant des transformations sans perdre pour cela ses traits fondamentaux. En cela, elle est une date dans l'histoire des idées et des doctrines politico-religieuses nées de la lutte du Sacerdoce et de l'Empire.

III. — LA LITTÉRATURE DES ÉVÊQUES

I

A partir de 1080, la littérature antigrégorienne gravite autour de l'excommunication et de la déposition de Henri IV, décrétées par Grégoire VII au concile tenu à Rome le 7 mars de cette année [1]. Le roi, qui jusque-là avait évité de prendre ouvertement parti et conservé son attitude en apparence correcte à l'égard du Saint-Siège, poursuit par tous les moyens la déchéance du pape, avec lequel toute réconciliation apparaît impossible ; la *Defensio Heinrici regis* vise à détacher l'opinion italienne et romaine de la cause pontificale, concourant par là au même but que les expéditions répétées du souverain germanique contre la Ville éternelle.

Il fallait songer aussi à l'opinion allemande. La sentence de 1080 a placé les prélats du royaume dans une situation délicate. Lors du conflit qui, en 1076, avait suivi la première excommunication de Henri IV par Grégoire VII, ils avaient manifesté par bien des actes leur profond désir de paix entre le Sacerdoce et l'Empire ; très attachés à l'un et à l'autre, ils ne demandaient qu'à concilier leur traditionnelle fidélité au roi avec les devoirs d'obéissance auxquels ils étaient

---

[1] Cfr t. II, p. 378-381.

tenus envers le siège apostolique. La réconciliation de
Canossa avait comblé leurs vœux et mis fin à d'angoissants
scrupules. De nouveau, en 1080, le loyalisme monarchique se
trouve en conflit avec le respect de la hiérarchie ; il s'agit
d'éclairer les consciences inquiètes, de gagner les hésitants
par des arguments canoniques. On ne saurait donc s'étonner
de l'apparition, à côté de la *Defensio Heinrici regis*, où sont
condensés les griefs personnels de Henri IV contre Grégoire VII,
d'une autre forme de littérature polémique qui reflète plus spécialement les préoccupations épiscopales et que, pour cette raison, l'on peut désigner sous le nom de littérature des évêques.

Pour en saisir les tendances et déterminer en quoi elles se
rencontrent ou s'opposent avec celles de la littérature proprement henricienne, il ne sera pas inutile, avant d'en passer
en revue les principales manifestations, d'analyser les réactions
suscitées parmi les prélats du royaume germanique par la
sentence de mars 1080.

La condamnation de Henri IV, dès qu'elle fut connue en Allemagne, déchaîna parmi les évêques une indignation très vive,
et, à l'exception de ceux qui étaient inféodés au parti saxon,
ils manifestèrent leur réprobation en des termes plutôt acerbes,
se rangeant délibérément aux côtés du roi, et se déclarant
prêts, mais sans gaieté de cœur, à refuser l'obéissance au
pape qui leur paraissait avoir outrepassé ses droits.

On a conservé plusieurs lettres d'évêques, écrites au début
de l'été de 1080 [1]. Elles traduisent toutes les mêmes sentiments
et les mêmes dispositions. Grégoire VII y est sévèrement jugé.
Qualifié par Hozman de Spire d'« envahisseur rusé » et de « per-
turbateur exécrable des lois divines et humaines [2] », il se voit
reprocher par Égilbert de Trèves son « orgueil inouï » et ses
« nouveautés profanes [3]. » Ces appréciations passionnées sont ac-

---

[1] Ce sont celles d'Hozman de Spire (*Codex Udalrici*, 60, dans *Monumenta
Bambergensia*, p. 126-127), d'Égilbert, archevêque de Trèves (*Codex Udalrici*,
61, *Ibid.*, p. 127-129), de Thierry, évêque de Verdun (*Codex Udalrici*, 62,
Ibid., p. 129-130).

[2] *Codex Udalrici*, 60 : « Hildebrandus, ille sedis apostolicae subdolus in-
vasor, divinarum humanarumque legum execrabilis perturbator » (*Monumenta Bambergensia*, p. 127).

[3] *Codex Udalrici*, 61 : « Isti autem, qui invasit sedem apostolicam, qui
inaudita elatione effertur, qui profanis novitatibus studet » (*Monumenta
Bambergensia*, p. 128).

compagnées d'un réquisitoire en règle. Égilbert surtout rassemble, sous une forme assez saisissante, les différents chefs d'accusation qui lui semblent devoir entraîner la déchéance de Grégoire VII : il reproche au pape d'avoir déchaîné le schisme, rompu la paix de l'Église, répandu le sang chrétien et émis des doutes sur la présence réelle du Christ dans la Cène, pour conclure en fin de compte : « En vérité, il n'y a rien d'impie, rien de néfaste, rien de détestable, rien d'exécrable qu'il n'ait favorisé, tandis qu'il armait les uns contre le roi et excitait les autres à la guerre qu'il a partout provoquée [1].» Thierry de Verdun n'est pas moins dur dans ses appréciations : « On raconte, écrit-il, à son tour, qu'Hildebrand rassemble le troupeau ; il le disperse. On raconte qu'il aime l'Église ; il la hait. On raconte qu'il l'affermit ; il la précipite vers l'hérésie. O arrogance inouïe ! Cet homme d'une infinie malice prétend atteindre les plus hauts sommets de la gloire ; il déchire l'unité chrétienne ; il est assez orgueilleux pour vouloir détruire un royaume catholique ; il justifie les impies, condamne injustement les croyants, bouleverse les décrets des Pères, dispose de la couronne en faveur d'un roi adultérin, menace un roi libre et légitime, rêve d'éteindre à jamais le souvenir du nom royal. O hérésie inconnue jusqu'à notre époque ! Il appelle parjure la fidélité, sacrilège la foi. Il y a plus : il ment toujours et contredit la vérité en toutes choses. Que Dieu voie et juge ! Voyez vous-mêmes et jugez. Cet homme impie, universellement abhorré, qui déchire les membres de l'Église, nous en ferions notre tête. Lui, qui nous dépouille de tout honneur ecclésiastique, nous l'admettrions pour notre père. Sa vie l'accuse, sa perversité le condamne, l'obstination de sa malice le frappe d'anathème [2]. »

La conclusion à laquelle aboutissent ces divers prélats, c'est qu'il faut déposer Grégoire VII et élire à sa place un autre pontife. Ils ont cependant conscience de la gravité d'un tel acte. « Promulguer une sentence contre le pape, confesse Égilbert de Trèves, n'est pas sûr ; il est même insensé et néfaste d'oser quelque chose contre celui qui, à la place de saint Pierre, s'acquitte de la légation du Christ lui-même. [3] » Une telle réserve témoigne d'une certaine inquiétude, et l'arche-

[1] *Codex Udalrici*, 61 *(Monumenta Bambergensia*, p. 128).
[2] *Codex Udalrici*, 62 *(Ibid.*, p. 130).
[3] *Codex Udalrici*, 61 *(Ibid.*, p. 128).

vêque éprouve le besoin de rassurer sa conscience troublée
en essayant de se persuader que, Hildebrand n'ayant pas le
signe du Christ, à savoir l'esprit de charité, ne pas se révolter
contre lui, ce serait s'insurger contre Dieu. « Je ne puis, dit-il,
appeler chrétien celui qui ne suit pas le Christ ; je ne puis
donc considérer comme pape celui qui m'apparaît tant de
fois et si manifestement comme homicide » [1]. Thierry de Verdun s'exprime en des termes analogues : « Pouvons-nous laisser
à notre tête, conclut-il lui aussi, cet homme impie, cet homme
abhorré qui détruit les membres de la sainte Église [2]. »

On devine, à travers ces apostrophes et ces raisonnements,
les tourments de conscience qu'ont dû connaître bien des évêques allemands. Ils ont cru, pour la plupart, que Henri IV
était victime d'une injustice ; par ailleurs, ils connaissent assez
ce prince, naturellement violent et vindicatif, pour être sûrs
que, blessé dans son orgueil royal, il ne reculera pas devant
les pires représailles, et ils ont assez de souci de leur propre
avenir pour aller au-devant de ses désirs, en lui proposant,
lors de l'assemblée tenue à Mayence, au moment de la Pentecôte
de 1080 [3], de déposer Grégoire VII et de provoquer l'élection
d'un successeur. Toutefois, avant de franchir le pas décisif,
plusieurs parmi eux sont saisis de crainte. Sans doute la sentence
prononcée contre le roi est-elle inique, sans doute le pontife
qui l'a promulguée n'est-il probablement qu'un « insidieux
envahisseur », mais cette opinion ne réunit pas l'unanimité,
et s'il en était autrement ? Si Henri IV était réellement excommunié, l'anathème ne retomberait-il pas sur ceux qui auraient
eu des rapports avec cet excommunié, et quels comptes ter-
ribles n'auraient-ils pas à rendre à Dieu au jour du jugement
pour s'être insurgés contre son vicaire et avoir réprouvé celui
qu'en vertu des canons aucune personne humaine n'a le droit
de juger ?

Au cours des mois qui suivirent, au fur et à mesure que se
dessinèrent davantage les événements irréparables, ces scrupules se firent jour peu à peu et allèrent en s'accentuant.
Ce qui le prouve, c'est le petit nombre d'évêques allemands
présents à l'assemblée de Brixen où fut élu, le 25 juin 1080,

---

[1] *Codex Udalrici*, 61 (*Monumenta Bambergensia*, p. 128).
[2] *Codex Udalrici*, 62 (*Ibid.*, p. 130.)
[3] Cfr *supra*, t. II, p. 382-383.

l'antipape Clément III : seuls, Liémar de Brême, Diedon de Brandebourg, Conrad d'Utrecht, Robert de Bamberg, Mainard de Freising, Norbert de Chur, Bennon d'Osnabrück ont répondu à l'appel qui leur a été adressé [1] ; encore Bennon a-t-il trouvé le moyen, par un candide subterfuge, de se dérober au moment décisif et de ne pas souscrire le protocole final [2]. Hozman de Spire et Égilbert de Trèves, si âpres quelques semaines plus tôt dans leur condamnation des actes de Grégoire VII, se sont abstenus et Thierry de Verdun, à peu près au même instant, apporte à Grégoire VII sa soumission repentante [3]. A la seconde assemblée tenue par Henri IV à Mayence, après Brixen, les évêques viennent en très petit nombre et, si la mort de Rodolphe de Souabe ramène au roi quelques défaillants, tels que Bennon d'Osnabrück, il n'y a malgré tout que peu de prélats qui se groupent autour de lui pendant les derniers mois qu'il passe en Allemagne avant son départ pour l'Italie [4].

Ces multiples abstentions sont significatives et témoignent des sentiments intimes de la plupart des évêques allemands : ils ne veulent pas abandonner le roi, mais ils ne peuvent faire taire les reproches intimes qui s'insinuent dans les recoins de leur âme et hésitent avant de renier le pape ; ils souhaiteraient le rétablissement de la paix entre Grégoire VII et Henri IV ; mais cette paix s'avère chaque jour de plus en plus irréalisable ; il faudra donc opter et l'on cherche avec une ardeur inquiète les raisons d'ordre canonique qui peuvent éclairer un choix si pénible et si délicat.

Ainsi s'explique l'éclosion en Allemagne, au lendemain de l'assemblée de Brixen, d'une littérature antigrégorienne destinée aux évêques et, de ce fait, différente de la littérature henricienne représentée par la *Defensio Heinrici regis*, avec laquelle elle offre d'ailleurs certains points de contact.

---

[1] On trouvera la liste des évêques présents à l'assemblée de Brixen dans MGH, *Constitutiones et acta*, t. I, p. 120.

[2] Cfr *supra*, p. 62.

[3] Cfr *infra*, p. 147.

[4] Bernold de Constance écrit à propos de l'assemblée de Mayence, a. 1080 : « Deinde apud Magontiam conventu facto, eandem ipsam electionem (Guiberti) a quibuscumque potuit confirmari fecit » (MGH, SS, t. V, p. 436). Le retour de Bennon d'Osnabrück au parti de Henri IV est indiqué par la *Vita Bennonis*, XXIII (*Ibid.*, t. XII, p. 74). On trouvera la liste des évêques qui accompagnent le roi dans ses déplacements en Allemagne à la fin de 1080 dans MEYER VON KNONAU, *Jahrbücher des deutschen Reichs unter Heinrich IV und Heinrich V*, t. III, p. 346.

II

La première en date des œuvres polémiques nées sous l'inspiration de l'épiscopat allemand est la lettre composée sous le nom de Thierry de Verdun par Wenric, écolâtre de Trèves [1].

On n'a sur l'auteur lui-même que fort peu de renseignements. A-t-il été chanoine à Verdun, comme on l'a pensé généralement, on ne saurait l'affirmer avec certitude [2]. Ce qui est certain, c'est qu'entre 1068 et 1075 il devint écolâtre et bibliothécaire de l'église métropolitaine de Trèves et qu'il quitta cette fonction au plus tard en 1083 [3]. On perd sa trace entre cette date et celle de 1090 à laquelle Henri IV le nomme évêque de Plaisance. En 1093, il fut obligé de quitter sa ville épiscopale, passée sous l'obédience d'Urbain II : il revint alors à Trèves, où il mourut à une date impossible à préciser [4]. Ce sont là

---

[1] *Wenrici, scolastici Treverensis epistola sub Theoderici, episcopi Virdunensis, nomine composita*, éditée par K. FRANCKE dans les *Libelli de lite pontificum et imperatorum*, t. I, p. 280-299. — Sur Wenric de Trèves, voir MIRBT, *Die Publizistik im Zeitalter Gregors VII* ; CARLYLE, *A history of mediaeval political theory in the West*, t. IV, p. 81 et suiv. ; H. X. ARQUILLIÈRE, *Saint Grégoire VII*, p. 349 et suiv.

[2] C'est l'hypothèse formulée par FRANCKE *(Libelli de lite*, t. I, p. 283) et acceptée par G. SCHWARTZ, *Die Besetzung der Bistümer Reichsitaliens unter den sächsischen und salischen Kaisern*, 951-1122, Leipzig, 1913, p. 194. Elle repose sur une mention de l'obituaire de la cathédrale de Verdun où, à la date du 30 septembre, Wenric est qualifié de chanoine de Notre-Dame de Verdun et de prélat illustre ; mais il se peut que, comme le suggèrent MM. VAN DE VYVER et Ch. VERLINDEN *(L'auteur et la portée du « Conflictus ovis et lini »*, dans *Revue belge de philologie et d'histoire*, t. XII, 1933, p. 69), il n'ait été appelé à en faire partie que « par gratification pour la lettre qu'il avait composée pour l'évêque Thierry ».

[3] Il est mentionné comme tel dans un acte de 1075 (H. BEYER et L. EL-TESTER, *Urkundenbuch mittelrheinischer Territorien*, t. I, Coblence, 1860, p. 431). Son précédesseur, Werner, figure encore dans un acte de 1068 *(ibid.*, p. 424) et son successeur, Pierre, est nommé comme tel en 1083. Cfr VAN DE VYVER et Ch. VERLINDEN, *article cité*, p. 65.

[4] On a cru pendant longtemps, sur la foi de Sigebert de Gembloux qui lui a consacré une notice dans son *De scriptoribus ecclesiasticis* (PL, CLX, 584), que Wenric avait été évêque de Verceil. Cfr K. FRANCKE qui, dans l'introduction critique citée n. 2, le donne comme successeur de Grégoire et le fait mourir le 30 septembre 1082. Le témoignage de Sigebert a été contesté par MIRBT *(Die Publizistik*, p. 24) et par MEYER VON KNONAU *(op. cit.*, t. III, p. 407, n. 107) qui remarquent que Renier, considéré par Francke comme successeur de Wenric en 1082, était déjà évêque de Verceil au moment de l'assemblée de Brixen (25 juin 1080) dont il a souscrit le décret et qu'il est

les seules données biographiques que l'on ait sur lui. On sait en outre qu'il est l'auteur du poème intitulé *Conflictus ovis et lini* où l'on trouve des détails curieux pour l'histoire économique du XIe siècle [1].

Quant à Thierry de Verdun, qui a inspiré la lettre de Wenric, il est beaucoup mieux connu [2]. Fils d'un seigneur allemand, chapelain de Henri III, évêque de Verdun en 1046, assez effacé pendant les premières années de son épiscopat [3], il a joué un rôle équivoque au début de la lutte du Sacerdoce et de l'Empire. Dans une bulle adressée, en 1074, à l'archevêque de Trèves [4], Grégoire VII avoue qu'il a peu de confiance en lui. Il n'avait pas tort. Dès les premières difficultés entre le pape et le roi de Germanie, Thierry reste neutre, donnant alternativement des gages d'un côté et de l'autre, toujours prêt à prendre parti pour le vainqueur. Il n'assiste pas à l'assemblée de Worms qui, le 24 janvier 1076, enjoint à Grégoire VII de descendre de la chaire de saint Pierre. Puis, brusquement, il se ravise, court trouver Henri IV à Utrecht, constate l'abandon universel dont le prince est l'objet et, persuadé que la cause pontificale ne tardera pas à l'emporter, s'enfuit précipitamment, dans la nuit du samedi saint, avec Pibon, évêque de Toul, en laissant à Guillaume, évêque d'Utrecht, le soin de proclamer en chaire l'excommunication de Grégoire VII, au jour de la solen-

---

nommé comme tel dans un diplôme du 17 mai 1091 (STUMPF, 2909). MM. VAN DE VYVER et VERLINDEN *(article cité*, p. 65-66) ont prouvé, à l'aide du catalogue de la bibliothèque de l'abbaye de Saint-Euchaire de Trèves, que Sigebert s'était trompé et que Wenric avait été en réalité évêque de Plaisance, où Henri IV l'installa sans doute en 1090, à la place de Bonizon appelé sur ce siège par les Patares.

[1] Cfr VAN DE VYVER et CH. VERLINDEN, article cité, dans *Revue belge de philologie et d'histoire*, t. XII, p. 59-81.

[2] Sur Thierry de Verdun, voir DANTZER, *La querelle des investitures dans les évêchés de Metz, Toul et Verdun de 1075 au concordat de Worms* (1122), dans *Annales de l'Est*, t. XVI, 1902, p. 85-100.

[3] Ces premières années ont été surtout marquées par un violent conflit entre Thierry et les moines de Saint-Mihiel soutenus par la comtesse Sophie de Bar qui possédait l'avouerie du monastère. Grégoire VII intervint en faveur des moines que l'évêque avait frappés d'interdit, mais Thierry resta sourd aux injonctions pontificales. Cfr LAURENT DE LIÉGE, *Gesta episcoporum Virdunensium*, I (MGH, SS, t. X, p. 491) et HUGUES DE FLAVIGNY, *Chronicon*, II *(Ibid.*, t. VIII, p. 406).

[4] GRÉGOIRE VII, *Registrum*, I, 81 (édit. CASPAR, p. 115-116 ; édit. JAFFÉ, p. 101-102 ; PL, CXLVIII, 353-354).

nité pascale (27 mars 1076) [1]. Dès lors, il ne songe plus qu'à se faire pardonner son attitude jusque-là assez chancelante : pour être agréable au pape, il confère l'investiture du comté de Verdun, alors vacant par la mort de Godefroy le Bossu, à Albert de Namur, châtelain de Briey, le plus fidèle appui en Lorraine de la comtesse Mathilde, elle-même alliée du Saint-Siège [2]. Grégoire VII oublia très volontiers le passé : il rendit à Thierry la communion dont il l'avait privé [3]; et comme il désirait au fond l'union du Sacerdoce et de l'Empire, il le chargea, semble-t-il, d'une mission confidentielle auprès de Henri IV. L'évêque de Verdun alla trouver le roi qui, pendant l'automne de 1076, séjournait à Spire, seul avec quelques serviteurs fidèles, et il n'est pas impossible que ce soit lui qui, pour gagner de nouveau la faveur du prince tout en conservant celle du pape, ait eu l'idée de conduire Henri en Italie où il obtiendrait son pardon, sans avoir à comparaître devant une assemblée de princes allemands [4]. En tout cas, il accompagne Henri IV dans son voyage au-delà des Alpes, au début de l'hiver 1077, et, tandis que le roi va à Canossa afin d'y implorer l'absolution pontificale, il lui arrive une fâcheuse aventure : il est fait prisonnier par Albert, comte de Kalv, retenu quelque temps captif et finalement mis en liberté après avoir juré qu'il ne chercherait pas vengeance [5].

Après Canossa et après l'élection de Rodolphe de Souabe par l'assemblée de Forchheim (13 mars 1077), Thierry suit

---

[1] Cet épisode est rapporté par HUGUES DE FLAVIGNY, *Chronicon*, II (MGH, SS, t. VIII, p. 458), qui le place à tort après l'excommunication de 1080. Les autres chroniques ne laissent aucun doute au sujet de la date, mais elles ne nomment pas l'évêque de Verdun. Cfr t. II, p. 291.

[2] LAURENT DE LIÉGE, *Gesta episcoporum Virdunensium*, VII (MGH, SS, t. X, p. 494).

[3] Cette indication est fournie par le continuateur de Berthold de Reichenau (MGH, SS, t. V, p. 286) et elle concorde avec ce que l'on sait de la conduite de l'évêque à l'égard du roi et du pape.

[4] LAMBERT DE HERSFELD, *Annales*, a. 1076, signale la présence de Thierry à Spire (MGH, SS, t. V, p. 254). L'évêque, au lendemain de sa réconciliation avec Grégoire VII, n'aurait certainement pu s'y rendre sans encourir le risque d'une nouvelle excommunication, s'il n'avait été de connivence avec le pape. Il y a donc tout lieu de supposer qu'il était chargé d'une mission diplomatique, et, comme Henri IV est venu en Italie presqu'aussitôt après, il est fort possible que ce soit Thierry qui ait eu l'idée du voyage qui devait aboutir à l'entrevue de Canossa.

[5] LAMBERT DE HERSFELD, *Annales*, a. 1077 (MGH, SS, t. V, p. 257).

la même politique de bascule. Il ne poursuit qu'un seul but, réaliser l'accord de Henri IV et de Grégoire VII, afin de vivre en bonne intelligence à la fois avec l'un et avec l'autre. Son rôle paraît avoir été particulièrement actif au cours de l'année 1078 ; c'est lui qui, avec Bennon d'Osnabrück, fut chargé d'aller défendre à Rome les intérêts du roi de Germanie. Il s'efforça de prouver au concile réuni pendant le carême que Rodolphe était un usurpateur et Henri le seul souverain légitime ; mais Grégoire VII évita de se prononcer et décida de procéder à un supplément d'enquête [1]. Les résultats, on l'a vu, ne furent pas favorables à Henri IV et, le 7 mars 1080, le pape, abandonnant enfin la neutralité, fulmina une seconde excommunication [2]. Cette fois, Thierry va être obligé de choisir : il n'hésite pas ; il se range du côté de Henri IV et accepte la délicate mission de préparer le peuple allemand à reconnaître un antipape.

Il rédige à cet effet l'épitre enflammée dans laquelle il accuse positivement Grégoire VII de conduire l'Église et le peuple chrétien à la ruine [3]. Toute réconciliation avec le pontife semblait désormais irréalisable, et pourtant quelques mois, peut-être quelques semaines après avoir écrit ce réquisitoire, un des plus violents qui aient paru contre Grégoire VII, l'évêque de Verdun faisait son humble soumission. L'opposition de son église, peu disposée à le suivre dans sa révolte contre le Saint-Siège, lui avait en quelque sorte forcé la main [4].

C'est l'abbé de Saint-Vanne, Raoul, qui fut chargé de porter à Rome l'étole et l'anneau de Thierry avec sa démission d'évêque de Verdun. Lorsqu'il en revint, sans doute à la fin de 1081, Henri IV était déjà en Italie et la situation de Grégoire VII paraissait gravement menacée. Il n'en fallait pas plus pour déterminer un nouveau revirement chez ce prélat aux convictions mal affermies. D'ailleurs il n'avait jamais

---

[1] Cfr t. II, p. 368-369.

[2] Cfr t. II, p. 378-380.

[3] Cfr *supra*, p. 141-142.

[4] HUGUES DE FLAVIGNY, *Chronicon*, II (MGH, SS, t. VIII, p. 459-461), auquel nous empruntons le récit des événements qui vont suivre, a commis une confusion au début en présentant la soumission de Thierry comme une conséquence de la mort subite de Guillaume d'Utrecht qui, en 1076, avait proclamé l'excommunication du pape (cfr t. II, p. 291, n. 1). L'émotion causée par cet événement ne saurait avoir eu aucune influence quatre ans plus tard.

cessé d'entretenir des intelligences avec Henri et l'avait secrètement rassuré sur la démarche à laquelle ses diocésains et
en particulier les moines de Saint-Vanne l'avaient obligé.
Lorsque Raoul arriva à Verdun avec le pardon pontifical,
Thierry, croyant Grégoire VII définitivement perdu, fit volte-
face : au lieu de recevoir l'absolution des mains de l'évêque
de Metz, comme on le lui avait prescrit, il revêtit ses ornements épiscopaux et reprit tranquillement ses fonctions [1].

A dater de ce jour, il ne quitta plus le parti henricien, tout
en poursuivant ses efforts pour le rétablissement de la paix.
En 1084, il s'offrit comme médiateur entre le roi et les Saxons
rebelles, mais les conditions posées par Henri furent si dures
qu'il dut renoncer à son projet [2]. En mai 1085, il assista au
concile schismatique de Mayence qui déposa les évêques grégoriens et proclama à nouveau que Clément III devait être
seul considéré comme pape [3]. Quelques semaines plus tard,
au début de juin, il accompagne Henri IV dans son voyage à
Metz et consacre comme évêque de cette ville Galon, abbé
de Saint-Arnoul, qui d'ailleurs sera très vite saisi de repentir
et ira implorer le pardon de l'évêque légitime, Herman [4]. Au
même moment, Thierry consent à la confiscation des biens
que la comtesse Mathilde possédait encore en Lorraine et
que Henri IV attribue à Godefroy de Bouillon, réconcilié avec
Thierry, moyennant l'abandon à l'évêque de Mosay et de
Stenay [5]. Le temporel du diocèse de Verdun récoltait ainsi
le fruit de la servilité de son pasteur.

Pourtant la vieillesse venait. Dans les premiers mois de
1089, Thierry tomba gravement malade. Lorsqu'il sentit la
fin approcher, il pensa sans doute, avec sa prudence habituelle, que, pour pénétrer en paradis, le pape lui serait peut-
être d'un secours plus efficace que le roi et que le meilleur
moyen de fléchir la miséricorde divine, c'était encore de se
réconcilier avec le Saint-Siège. En présence de deux moines

---

[1] HUGUES DE FLAVIGNY, *Chronicon*, II (MGH, SS, t. VIII, p. 461).

[2] *Gesta Treverorum, Continuatio*, I, 12 (MGH, SS, t. VIII, p. 185).

[3] Le nom de Thierry de Verdun figure, parmi ceux des évêques présents au
concile, dans le *Liber de unitate ecclesiae conservanda*, II, 19 *(Libelli de lite*,
t. II, p. 236).

[4] HUGUES DE FLAVIGNY, *Chronicon*, II (MGH, SS, t. VIII, p. 471).

[5] HUGUES DE FLAVIGNY, *Chronicon*, II (MGH, SS, t. VIII, p. 419-420 et
471).

de Saint-Vanne, que l'abbé Raoul lui délégua, il rétracta ses erreurs passées, fit l'aveu de toutes ses fautes, reçut l'absolution et s'endormit dans le Seigneur, le 28 avril 1089 [1].

Tel est l'homme qui a inspiré la lettre écrite par Wenric de Trèves. Celle-ci a été rédigée après la mort de Rodolphe de Souabe (15 octobre 1080), à laquelle le chapitre VI fait une allusion positive [2]. De plus, une observation attentive du texte, rapprochée des indications données ci-dessus sur le caractère et la politique de l'évêque de Verdun, donne tout lieu de supposer qu'elle a été portée à Rome à la fin de 1080 par Raoul, abbé de Saint-Vanne [3].

Au début de son épitre, adressée au pape lui-même, Thierry expose avec une certaine affectation ses inquiétudes et ses angoisses [4]. Il feint de déplorer les résistances qu'il rencontre chez les ennemis du Saint-Siège qui, chaque fois qu'un décret pontifical est promulgué, en contestent la légalité et opposent une fin de non-recevoir absolue, motivée à la fois par des

---

[1] HUGUES DE FLAVIGNY, *Chronicon*, II (MGH, SS, t. VIII, p. 471) donne la date de 1089, LAURENT DE LIÉGE, *Gesta episcoporum Virdunensium*, IX (*Ibid.*, t. X, p. 496) et les *Annales S. Vitonis* (*Ibid.*, t. X, p. 526) celle de 1088, mais le nombre d'années qu'ils attribuent à l'épiscopat de Thierry s'accorde avec la date de 1089, qu'il y a donc lieu d'adopter.

[2] WENRIC DE TRÈVES, *Epistola sub Theoderici episcopi Virdunensis nomine composita*, VI (*Libelli de lite*, t. I, p. 294).

[3] K. FRANCKE, dans son introduction critique (*Libelli de lite*, t. I, p. 283) a réfuté l'hypothèse émise par GIESEBRECHT dans les *Sitzungsberichte der Münchener Akademie*, 1868, p. 302, n. 7, suivant laquelle la lettre de Wenric aurait été composée seulement en 1082 ou 1083, sous prétexte qu'il est question, au chapitre VIII (*Libelli de lite*, t. I, p. 297), des évêques ordonnés par Rodolphe ou Herman. Or, les mots *vel Herimanni* ont été interpolés et ne figurent pas dans l'un des plus importants manuscrits. Les autres arguments qui ont conduit Francke à adopter la date de 1080 ou 1081 nous paraissent avoir peu de valeur. Tout d'abord, il ne reste rien de la démonstration par laquelle il croit établir que la lettre est antérieure au 30 septembre 1082, date présumée de la mort de Wenric (cfr *supra*, p. 144, n. 4). En second lieu, il remarque que Herman de Luxembourg, élu antiroi en août 1081, n'est pas nommé, ce que, dit-il, Wenric n'eût pas manqué de faire, s'il avait écrit après cet événement. Cela n'est pas certain : Grégoire VII n'ayant pas immédiatement reconnu la royauté d'Herman, personnage assez médiocre qui n'a joui dans le parti pontifical que de peu de prestige, il n'y avait aucune raison pour Wenric, qui souhaite la réconciliation du pape avec Henri IV, de soulever cette question. En réalité, les seules raisons tirées du texte même de la lettre permettent, comme on va le voir, de reconstituer les circonstances dans lesquelles Wenric a pris la plume sous l'inspiration de l'évêque de Verdun.

[4] WENRIC DE TRÈVES, *Epistola*, I (*Libelli de lite*, t. I, p. 284-286) et III (*Ibid.*, p. 287-288).

« autorités » *(auctoritates)* et des « raisons » *(rationes)*. Malgré
tous ses efforts pour les confondre, il est obligé de reconnaître
qu'il a toujours le dessous. Il en rougit et il en souffre, mais
il a beau protester de toute son âme contre tant d'insidieuses
calomnies : il n'entraîne pas la conviction et il reste persuadé
que, pour démontrer la justice de la cause qu'il défend, il
est nécessaire de répondre aux *auctoritates* et aux *rationes* par
des références plus probantes, par des raisonnements plus
décisifs. Or, jamais Grégoire VII ne s'est préoccupé des polémiques qui se sont engagées autour de ses décrets ; Thierry
le supplie de venir en aide à ses partisans et, pour que le pape
soit en mesure de construire une argumentation efficace, il
se propose, dans sa lettre, de lui énumérer les diverses accusations formulées contre lui.

Lorsque en 1084 Manegold de Lautenbach entreprit de réfuter l'évêque de Verdun, il lui reprocha avant toutes choses
d'avoir rapporté avec une excessive complaisance les propos
des impérialistes. Dans le prologue de son *Liber ad Gebehardum* [1], il n'a pas craint d'émettre des doutes sur la sincérité de
Thierry. Peut-être n'a-t-il pas entièrement tort. Toutefois, quelle
qu'ait été l'arrière-pensée du prélat, il a cherché à sauver les apparences ; si, au fond de son âme, il a souhaité la ruine du parti
grégorien, il le laisse entendre sans le dire expressément. « Quoique, écrit-il, à la suite d'un examen minutieux des circonstances,
des pensées différentes se soient succédé dans mon esprit, la
fidélité que j'ai conçue envers votre paternité n'est nullement atteinte par ces mouvements de mon âme [2]. Et, pour
que vous ayez davantage confiance en moi, je n'hésite pas à
vous affirmer que, plus je vous vois traité avec irrévérence,
plus l'indignité d'une telle attitude excite mon zèle à vous
défendre... Je tais les conflits incessants que j'ai soutenus
pour le triomphe de la vérité ; je tais les diverses fatigues
subies à cette occasion par mon âme et par mon corps, hors
de proportion avec mon âge et ma santé ; je tais les soupçons
inopinés, les rivalités cachées, les haines manifestes de mes

---

[1] Manegold de Lautenbach, *Liber ad Gebehardum (Libelli de lite*, t. I,
p. 311).

[2] Il y a là une allusion évidente à la lettre dont il a été question p. 141
et qui pouvait quelque peu gêner les efforts actuels de Thierry pour obtenir
le pardon de Grégoire VII. L'évêque essaie de faire croire que les contradictions de son attitude sont dues exclusivement à un excès de sincérité.

amis, de mes subordonnés qui, en toutes choses de grande ou
minime importance, m'avaient soutenu de leur bienveillance.
De là sont résultés pour mon église — je ne puis le rappeler
sans douleur — des dommages éternels, conséquence des injures
qui lui ont été faites ou du retrait de bénéfices qu'elle pouvait
acquérir. Oui, *au dehors les combats, au dedans les craintes* [1]. »
Et, après avoir énuméré les arguments des Henriciens, Thierry
conclut humblement : « Votre sainteté voudra bien accueillir
ces réflexions avec une charité égale à celle qui les a inspirées : puisse-t-elle m'accorder pour ma sollicitude et pour mon
dévouement la récompense que je sollicite, en m'adressant à
bref délai, comme je l'en supplie avec instance, une réfutation
autorisée de toutes les objections dont ses adversaires m'assas-
sinent. Adieu, seigneur et vraiment bienheureux pape [2]. »

Ainsi Wenric de Trèves, tenant la plume pour Thierry
de Verdun, ne se sépare pas du Saint-Siège. S'il se refuse
à renier Henri IV malgré l'excommunication qui pèse sur lui,
s'il flétrit Rodolphe de Souabe comme un usurpateur, il affecte
de ne pas mettre en doute la légitimité du pouvoir de Grégoire
VII et évite avec soin de prononcer le nom de Clément III :
à peine se permet-il une allusion très voilée à l'assemblée de
Brixen [3], et encore est-ce pour faire remarquer au pape que
l'évêque de Verdun n'a pas souscrit au décret qui y a été promulgué, si embarrassé qu'il soit pour répondre aux considé-
rants qui l'accompagnent. Bref, au moment où il dicte sa
lettre à Wenric de Trèves, Thierry a la prétention d'être
fidèle à la fois à Grégoire VII et à Henri IV : il reconnaît
qu'il n'est pas sourd à l'argumentation des impérialistes, mais
se déclare prêt à se rallier aux *auctoritates* et aux *rationes*
par lesquelles le Saint-Siège ne manquera pas d'écraser ses
adversaires. Comment dès lors ne pas conclure qu'à la date
où il écrit, Thierry de Verdun est encore incertain sur l'issue
du conflit engagé depuis le mois de mars 1080 ? Ou Grégoire VII

---

[1] II *Cor.*, VII, 5. — WENRIC DE TRÈVES, *Epistola*, I (*Libelli de lite*,
t. I, p. 284-285).

[2] WENRIC DE TRÈVES, *Epistola*, IX (*Libelli de lite*, t. I, p. 299).

[3] WENRIC DE TRÈVES, *Epistola*, IV : « Qui, quoties in vos incaute consultum et in depositionem vestram inordinate esse actum causamur, litteris
istis in medium prolatis, quanta justicia et a vobis imposita necessitate ad id
perventum sit non absque nostra confusione facile convincimur » (*Libelli de
lite*, t. I, p. 288).

l'emportera, auquel cas il s'avouera satisfait de la réponse pontificale, ou Henri IV aura le dessus et l'évêque jugera cette réponse insuffisante, afin de pouvoir justifier son adhésion définitive au parti du roi et de l'antipape.

Or, il y a une heure où Thierry de Verdun a éprouvé un cruel embarras et hésité sur la voie à suivre. C'est à la fin de 1080, lorsque, pour rentrer dans sa ville épiscopale, il a dépêché à Rome Raoul, abbé de Saint-Vanne, et protesté de son obéissance au Saint-Siège, sans toutefois se séparer de Henri IV dont le triomphe paraissait fort possible [1] ; pour gagner du temps, il donne des gages des deux côtés, jusqu'au jour où la nouvelle de la marche du roi de Germanie sur Rome le déterminera à refuser l'absolution pontificale rapportée par l'abbé de Saint-Vanne. La lettre de Wenric n'a donc pu être écrite après le retour de Raoul ; si elle lui était postérieure, Thierry, après avoir dressé son réquisitoire, signifierait à Grégoire VII qu'il ne peut plus lui conserver son appui et ne le supplierait pas de réfuter les objections des Henriciens. Au contraire, on peut apercevoir chez l'écolâtre de Trèves le reflet de l'état d'esprit de l'évêque de Verdun, au moment où il rentre dans son diocèse : obligé, pour conserver son évêché, de se déclarer partisan de Grégoire VII, il redoute, à d'autres égards, cette soumission exigée par son troupeau pastoral et tient à ménager l'avenir : de là le contraste entre les formules d'obéissance prodiguées soit au début, soit à la fin de l'épître et, ailleurs, le ton acerbe qui a scandalisé Manegold de Lautenbach.

On peut donc conclure que la lettre de Wenric de Trèves est contemporaine de la mission de l'abbé de Saint-Vanne. Toutefois Hugues de Flavigny, par lequel on connaît l'existence de cette ambassade, ne dit pas à quelle date elle se place ; il note simplement que les premiers succès de Henri IV en Italie (mai 1081) sont antérieurs au retour de Raoul [2]. Le même chroniqueur donne un autre renseignement qui mérite de retenir l'attention : l'absolution de Thierry de Verdun, accordée par le pape, devait être solennellement prononcée par l'évêque de Metz, Herman, que Raoul irait trouver à cet effet. Or, la lettre à Herman de Metz, où Grégoire VII justifie par une

---

[1] Cfr *supra*, p. 147.
[2] Sur la date de l'arrivée de Henri IV devant Rome, cfr *supra*, p. 64.

série d'*auctoritates* et de *rationes* l'excommunication et la déposition de Henri IV, est du 15 mars 1081. Il semble vraisemblable qu'elle a été rapportée en Lorraine par Raoul de Saint-Vanne et il est plus probable encore qu'elle a été rédigée en vue de répondre aux objections contenues dans la lettre de Wenric de Trèves que le même abbé a dû mettre sous les yeux du pontife lors de son arrivée à Rome.

Il y a en effet un curieux parallélisme entre l'épître de Wenric de Trèves et la bulle adressée en mars 1081 par Grégoire VII à Herman de Metz. L'objet des deux textes est identique : le pape a-t-il le droit d'excommunier et de déposer les rois, tel est le thème commun qui les anime l'un et l'autre [1]. La méthode suivie est également la même : les *rationes* alternent avec les *auctoritates* puisées aux mêmes sources, l'Écriture et saint Grégoire le Grand [2].

Comment ne pas être frappé de ces coïncidences qui permettent, semble-t-il, de reconstituer comment les choses se sont passées et de fixer avec précision la date à laquelle a été composée la lettre de Wenric de Trèves ? Grégoire VII a rédigé, le 15 mars 1081, à l'intention d'un évêque lorrain, une bulle solennelle où sont réfutées les théories énoncées par Wenric sous le nom d'un autre prélat de la même province de Trèves. On sait par ailleurs que Wenric a écrit au plus tôt en novembre 1080, que vers cette époque Thierry de Verdun a envoyé Raoul de Saint-Vanne à Rome, que celui-ci en est revenu au moment d'une marche de Henri IV sur la ville. En rapprochant ces divers faits, on aboutit à la conclusion suivante : Raoul a quitté Verdun en novembre ou décembre 1080, porteur de

---

[1] Voici en effet comment débute la lettre de Grégoire VII à Herman de Metz (*Registrum*, VIII, 21) : « Vous nous demandez de vous venir en aide par nos écrits et de vous prémunir contre l'insanité de ceux qui prétendent d'une bouche coupable que le Saint Siège apostolique n'avait pas le droit d'excommunier, en vertu de son autorité, le roi Henri... et qu'il ne pouvait délier personne du serment de fidélité qui lui avait été prêté » (édit. CASPAR, p. 547-548 ; édit. JAFFÉ, p. 453, PL, CXLVIII, 594).

[2] Wenric, comme on le verra plus loin, oppose Grégoire VII à Grégoire le Grand toujours respectueux du pouvoir temporel. Grégoire VII, de son côté, rappelle avec insistance que, dans une lettre adressée « à un certain sénateur », Grégoire le Grand affirme « qu'on doit dépouiller de leurs dignités les rois qui se permettraient de violer les décrets du siège apostolique » (*Registrum*, XIII, 11, édit. EWALD, t. II, p. 376-378). Il semble qu'il y ait là une riposte à la lettre de Wenric.

la lettre de Wenric qu'il a remise au pape ; il est revenu de Rome dans l'été de 1081, avec l'absolution de Thierry et la lettre à Herman de Metz.

La lettre, écrite par Wenric de Trèves sous le nom de Thierry de Verdun, a donc été rédigée en novembre 1080 [1]. Elle est antérieure à la *Defensio Heinrici regis*, qui ne l'a d'ailleurs pas utilisée et, tandis que celle-ci représente la version des opposants italiens, elle est le premier document où l'on puisse saisir les réactions suscitées parmi l'épiscopat allemand par les événements du printemps de 1080.

L'auteur se propose de mettre le pape au courant des critiques qu'il entend sans cesse formuler sur sa personne et sur son gouvernement. On ne sera donc pas surpris de trouver tout d'abord dans la lettre de Wenric de Trèves une nouvelle édition de la légende grégorienne qui dérive en droite ligne des textes contemporains de l'assemblée de Worms. Grégoire VII est accusé d'avoir transgressé la règle de saint Benoît, quitté son abbaye pour parcourir sans cesse l'Italie, la Germanie et la Gaule, de s'être montré injuste et violent à l'égard des archevêques, évêques, prêtres, qu'il a accablés d'épithètes « obscènes », aussi bien que des princes et des peuples envers lesquels il a proféré les pires menaces. On lui reproche davantage encore sa course inconsidérée aux honneurs ; avec l'aide de gens de rien, qu'il a gagnés par ses largesses, il a pris d'assaut la tiare et pour quel usage ! « Il est établi — et des témoins autorisés pourraient en fournir des preuves irréfutables — qu'en vendant son concours de mille façons, surtout dans les procès ecclésiastiques, il a pu amasser de formidables sommes d'argent, que, grâce à elles, il s'est attaché comme satellites des hommes corrompus et prêts à toutes les audaces, qu'il a déployé toute son activité à conquérir les châteaux et les municipes qu'il convoitait, qu'il a eu recours à des patronages séculiers et à de puissantes amitiés, qu'il a dispensé à ses partisans armes, coursiers, présents de toute sorte, que lui-même, au milieu

---

[1] MIRBT (*Die Publizistik im Zeitalter Gregors VII*, p. 25) a remarqué avant nous que Wenric avait dû écrire avant la publication de la lettre de Grégoire VII à Herman de Metz, et il est d'avis que son *epistola ad Hildebrandum* a été rédigée entre octobre 1080 et l'été de 1081. Nous croyons que la lettre de Wenric est antérieure non seulement à la publication, mais même à la rédaction de la lettre à Herman de Metz qu'elle a très probablement provoquée.

d'eux, est monté à cheval avec un équipement qui ne con-
venait guère à son état, qu'il a dissimulé son vêtement
monacal, la seule chose qu'il eût conservée, sous des parures
peu ascétiques. Quelle est donc l'âme simple qui pourrait croire
qu'une telle attitude a été inspirée par un excès de dégoût
et de mépris pour le monde, par un attrait sincère pour les
choses célestes [1]? »

« Voilà, conclut Wenric au nom de Thierry de Verdun, ce
que j'entends dire de votre paternité ; j'en rougis, j'en souffre, je
proteste [2].» L'évêque se plaint également des objections auxquelles il se heurte, quand il promulgue les décrets pontificaux, qu'il
proclame leur nécessité et leur efficacité pour le redressement
des mœurs. On lui oppose des *auctoritates* et des *rationes* auxquelles il est fort embarrassé pour répondre, et, sous prétexte
de solliciter du pape d'autres *auctoritates* et d'autres *rationes*,
qui lui permettraient de réfuter ses adversaires, il se livre,
non sans un certain désordre, à une critique des actes de Grégoire VII.

Il s'attaque d'abord aux décrets réformateurs. Il note que
Grégoire VII a inauguré son pontificat en promulguant une
« loi insensée », par laquelle il déclarait nulles les messes des
clercs mariés et permettait aux laïques de réprimer l'incontinence sacerdotale ; il en est résulté, à son avis, un véritable
scandale ; la paix de l'Église a été aussitôt détruite et la tranquillité du peuple de Dieu gravement atteinte ; la foi en a
souffert et aussi la dignité de l'ordre ecclésiastique, si bien que,
par négligence, par sottise et par folie, la maison de Dieu a
été plongée dans le désordre et dans la confusion. Or ce décret
apparaît à Wenric, ou tout au moins à ses interlocuteurs,
comme parfaitement inutile, car des fautes semblables ont
été réprimées, paraît-il, dans le passé par d'autres procédés,
que l'on se garde d'ailleurs d'indiquer, si accablants que soient
les témoignages scripturaires et canoniques que l'on allègue sans

---

[1] WENRIC DE TRÈVES, *Epistola*, II *(Libelli de lite*, t. I, p. 286-287).
Cfr aussi *Epistola*, VII *(Ibid*, p. 346), où Wenric reproche encore à Grégoire VII de défendre par la guerre la cause de saint Pierre. On peut se demander dans quelle mesure il y a lieu d'avoir foi dans ces propos colportés en
Allemagne par les adversaires de Grégoire VII : cfr ERDMANN, *Die Entstehung des Kreuzugsgedankens*, p. 162 et 214-215, qui, à notre avis, les prend
trop au sérieux.

[2] WENRIC DE TRÈVES, *Epistola*, III *(Libelli de lite*, t. I, p. 287).

les citer [1]. Le décret sur l'investiture laïque fait aussi l'objet de remarques acerbes, non pas qu'il soit répréhensible en soi ; « quoiqu'il choque au premier abord par sa nouveauté », il pourrait se justifier, s'il avait été provoqué par un zèle religieux ; malheureusement, il n'en est rien, car il a été dicté par une haine aveugle pour un prince digne de toute estime, Henri IV, accompagnée d'une faveur inconsidérée pour Rodolphe de Souabe. Hildebrand s'est en effet trahi lui-même : n'a-t-il pas envoyé le *pallium* à des prélats nommés par Rodolphe ou par d'autres rois qui jouissaient de la sympathie pontificale, « tandis que nos évêques et nos archevêques, légitimement élus par l'assentiment de tous et auxquels aucune faute ne peut être reprochée, se voient interdire même la communion laïque, et cela uniquement parce qu'ils sont fidèles au seul Henri IV et redoutent le parjure ? » Et le polémiste évoque toutes les tentatives respectueuses des prélats allemands pour fléchir le pape, l'ambassade à Rome, en 1080, de Liémar de Brême et de Robert de Bamberg, réputés l'un et l'autre pour leur science et pour leurs mœurs honnêtes, éconduits du concile, traités, dit-il, comme « des bouffons et des parasites [2] ... »

C'est donc par une aversion aussi tenace qu'irraisonnée à l'égard de Henri IV que s'expliqueraient tous les actes du pontificat, le décret sur l'investiture laïque étant une provocation d'où devaient résulter les graves sanctions prises par le pape contre le souverain. Au nom de Thierry de Verdun et sans doute d'un assez grand nombre d'évêques allemands, Wenric de Trèves émet des doutes sur la valeur de celles-ci ; il prétend qu'on ne peut donner lecture de la bulle pontificale annonçant la déposition de Henri et l'intronisation de Rodolphe, sans soulever des protestations accompagnées de moqueries à l'adresse du pape [3]. Il n'est pas mieux accueilli, continue-t-il, lorsqu'il promulgue la sentence d'excommunication et qu'il transmet le message apostolique : « Celui que j'ai anathématisé, anathématisez-le », car l'ordre des choses humaines, lui objecte-t-on, serait mal établi, si une condamnation divine était provoquée par les mouvements d'un cœur

---

[1] Cfr *Epistola*, III *(Libelli de lite*, t. I, p. 287-288).
[2] WENRIC DE TRÈVES, *Epistola*, VIII *(Ibid.*, t. I, p. 297).
[3] WENRIC DE TRÈVES. *Epistola*, IV *(Ibid.*, t. I, p. 288).

excité et si la colère de chacun voulait en imposer à celui qui
dispense de toutes choses[1]. Enfin, les Allemands se considèrent
comme liés par le serment de fidélité qu'ils ont juré à Henri
IV et se refusent, malgré l'invitation du pape, à commettre
un parjure que réprouverait leur conscience [2].

En réalité, ce ne sont pas ces objections elles-mêmes qui
impriment à la lettre de Thierry de Verdun sa valeur propre ;
ce sont les théories dont elles sont en quelque sorte l'occasion
et qui, tout en offrant quelques points communs avec celles
que soutient, presqu'au même moment, Petrus Crassus dans
sa *Defensio Heinrici regis*, reflètent assez exactement les so-
phismes par lesquels les évêques allemands cherchaient à rassurer leurs consciences alarmées, en s'abritant derrière des apparences canoniques.

On trouve d'abord dans la lettre à Hildebrand une conception de la monarchie, absolue, qui n'est pas très différente
de celle des juristes impériaux, quoiqu'elle ne se présente pas
sous le même aspect. Elles dérivent l'une et l'autre des textes
contemporains de l'assemblée de Worms (janvier 1076). Wenric
s'en inspire beaucoup plus directement que Petrus Crassus ;
il ne fait en somme que reprendre, en l'enrichissant de citations
nouvelles, la thèse contenue dans la lettre adressée en avril
1076 par Henri IV aux évêques de son royaume [3]. Au dire
du roi, les deux glaives spirituel et temporel doivent, en vertu
de « l'ordre établi par Dieu », se prêter un mutuel appui, le
Sacerdoce prêchant la soumission au roi et le roi contraignant
les sujets à obéir au Sacerdoce, ce qui implique que le pouvoir
royal a, comme le pouvoir sacerdotal, une origine divine. Convaincu de cette vérité, Wenric de Trèves s'attache surtout
à développer les conséquences qu'elle comporte et qui peuvent
se résumer d'un mot : le roi, représentant de Dieu, a droit à
l'obéissance absolue et illimitée. « La sagesse veut que les
pouvoirs ordonnés par Dieu soient acceptés avec empresse-
ment, aimés avec passion, respectés avec honneur, supportés
avec patience, et elle le dit en des termes qui ne laissent place
à aucune hésitation pour ceux qui sont à l'affût d'une occasion,
quand ces pouvoirs sont importuns, pervers ou même infi-

---

[1] WENRIC DE TRÈVES, *Epistola*, V *(Libelli de lite*, t. I, p. 291).
[2] WENRIC DE TRÈVES, *Epistola*, VI *(Ibid.*, t. I, p. 293-294).
[3] Cfr *supra*, p. 56-59.

dèles. Tel est le parfum de douceur qui s'est épanché du cœur du Seigneur dans celui des apôtres, que les hommes apostoliques ont reçu des apôtres, qu'ils ont gardé avec soin et fidèlement répandu [1]. »

Au reste, l'obéissance est une nécessité sociale. « D'où proviennent le ravage des campagnes, le bouleversement des villes, les massacres, les révolutions, sinon du fait que ceux-ci veulent supplanter ceux-là, lesquels sont contraints de défendre par les armes leur place, leur liberté, leur royaume, leur charge [2] ? » C'est pour prévenir de pareilles catastrophes que l'Écriture prescrit la docilité à l'égard des pouvoirs établis : *Soyez soumis, au roi* [3], a dit l'apôtre qui ajoute encore : *Craignez Dieu, honorez le roi. Soyez soumis en toute crainte à vos maîtres, non seulement à ceux qui sont bons et doux, mais même à ceux qui sont difficiles* [4].

Les évêques devront naturellement donner l'exemple. Saint Paul ne leur a-t-il pas conseillé dans ses épitres d'être patients et doux ? *Il faut que l'évêque ne soit ni sujet à la colère ni batailleur* [5]. — *Il ne convient pas que le serviteur du Seigneur ait des altercations, mais il doit être doux avec tous* [6]. *Prescris leur*, écrit l'Apôtre à Tite, *d'être soumis aux autorités, à ceux qui ont le pouvoir, en faisant preuve de beaucoup de douceur envers tous les hommes* [7]. Saint Grégoire le Grand, constate à son tour Wenric, a été le scrupuleux interprète de cette doctrine ; il a toujours prêché l'humilité, la mansuétude, protesté de ses sentiments d'obéissance envers l'empereur et s'est conformé en toutes choses aux ordres qui venaient de lui [8].

Wenric se réclame de telles autorités pour dénier au pape le droit de déposer le roi et de délier ses sujets du serment de fidélité. D'ailleurs, le serment est une chose sacrée à laquelle personne, pas même le pape, ne peut se dérober, car le parjure a été flétri par Dieu lui-même sur le Sinaï. « Lorsqu'il est dit : « Je vous absous du serment que vous avez juré à Henri », cela ne revient-il pas à donner l'ordre suivant : « En vertu

---

[1] Wenric de Trèves, *Epistola*, IV (*Libelli de lite*, t. I, p. 290-291).
[2] *Ibid.* (*Libelli*, t. I, p. 289).
[3] I Petri., II, 13.
[4] *Ibid.*, II, 17-18.
[5] *Tit.*, I, 7.
[6] II *Tim.*, II, 24.
[7] *Tit.*, III, 1-2.
[8] Wenric de Trèves, *Epistola*, IV (*Libelli de lite*, t. I, p. 291).

de mon autorité, je vous enjoins de lui refuser la foi que vous lui avez promise ou plutôt que vous n'avez pas promise, mais que vous avez jurée ? » Or, si les lèvres qui profèrent un simple mensonge tuent l'âme, logiquement celles qui joignent le parjure au mensonge doivent la faire périr et, si tous ceux qui commettent un mensonge sont damnés, ceux qui se rendent coupables d'un parjure le sont davantage encore ». Et Wenric de citer la loi de Moïse, confirmée par de multiples passages de l'Ancien Testament, d'où il ressort que l'on ne peut jamais se dispenser d'exécuter un serment même injuste [1].

Le polémiste prévoit pourtant l'objection pontificale : « Celui auquel vous avez prêté serment, dira-t-on, est pervers ; c'est lui-même un parjure, un impie, un scélérat : vous ne lui devez pas la foi ». Nullement, répond-il aussitôt, car Rodolphe est pire qu'Henri ; les parjures et les meurtres dont ce traître est coupable sont innombrables. Et ainsi le problème dévie : il se transforme en une discussion sans issue sur la valeur morale comparée de Henri IV et de Rodolphe de Souabe. C'est — on peut le noter dès maintenant — un des points faibles de l'argumentation de Wenric, car, en portant le débat sur ce terrain, il admet implicitement que, si les sévères appréciations de ses adversaires sur le rôle de Henri IV étaient justifiées, le serment deviendrait caduc et n'aurait donc pas cette valeur intangible qu'il lui a attribuée tout d'abord. Peu importe d'ailleurs, car, même si Henri était impie, pervers ou s'il avait commis tous les crimes dont le pape l'accuse, « est-ce que, s'écrie le polémiste, je dois pour cela renier le serment que je lui ai fait, et, en raison de sa méchanceté, me précipiter visiblement et sciemment par un sacrilège dans la damnation éternelle [2] ? »

Il résulte de ces théories sur la puissance royale et le serment que l'Église, instituée par Dieu pour la direction spirituelle de la société, ne doit avoir aucun contrôle sur son administration temporelle. Le pape peut-il du moins user des *armes de notre milice qui ne sont pas charnelles* [3] ? Wenric, qui cite

---

[1] WENRIC DE TRÈVES, *Epistola*, VI *(Libelli de lite*, t. I, p. 293-294).

[2] *Ibid. (Libelli*, t. I, p. 294). — Nous nous rallions à ce sujet aux observations très justes présentées par M. VOOSEN *(Papauté et pouvoir civil à l'époque de Grégoire VII*, p. 200, n. 14).

[3] I *Cor.*, X, 4.

ce texte de saint Paul, l'admet en principe, mais, quand il en vient à la pratique, il limite tellement le droit pontifical en cette matière d'excommunication qu'il en rend l'exercice à peu près impossible. Avec saint Grégoire le Grand et saint Augustin il soutient que, pour être efficace, la condamnation de l'Église doit être conforme aux vues de Dieu. « Les choses humaines, écrit-il, auraient été vraiment mal disposées, si une sentence divine ratifiait les impulsions désordonnées d'une âme en délire... Que les excommunications qui accompagnent les rancunes privées et les injures domestiques aient force de loi, ni l'Écriture ne l'enseigne, ni la raison ne le permet. [1] » Wenric conclut que le souverain n'a pas à tenir compte d'un ana- thème qui le frappe injustement, ce qui dépasse singulièrement la pensée des docteurs qu'il prétend interpréter. Qui, en effet, sera juge de l'injustice ? Dans le cas présent, il semble bien que ce soit le souverain lui-même qui, on l'avouera, ne saurait être impartial en la matière. Finalement, c'est à une question de fait qu'aboutit la théorie de l'auteur. Wenric accuse Gré- goire VII d'avoir, en excommuniant Henri IV, cédé à la haine et à la soif de la vengeance ; que les partisans du pape prouvent le contraire, et la thèse s'écroule.

En résumé, le Saint-Siège n'a sur le roi aucun pouvoir de coercition [2]. Faut-il en déduire que la séparation totale de l'Église et de l'État soit le régime que rêve Wenric de Trèves ? Cela n'est pas sûr. S'il refuse au Sacerdoce le droit de surveiller le gouvernement de la société laïque, en revanche le roi peut dans certains cas intervenir dans les affaires intérieures de l'Église ; il lui est permis, entre autres choses, de déposer les évêques et les clercs, comme l'ont fait Salomon et d'autres personnes de l'Ancien Testament, comme cela s'est passé aussi plus d'une fois sous la loi nouvelle. « Est-ce qu'Ebbon, arche- vêque de Reims, n'a pas déposé Jessé, évêque d'Amiens, pour son infidélité envers l'empereur ? Est-ce que ce même Ebbon, coupable de la même faute, n'a pas été, lui aussi, privé de sa charge, de l'avis unanime de tous les prêtres, une fois que

---

[1] WENRIC DE TRÈVES. *Epistola*, V *(Libelli de lite*, t. I, p. 291).
[2] Comme l'observe très justement VOOSEN *(op. cit.*, p.151-152), « le prin- cipe du caractère obligatoire de la décision du tribunal romain est détruit et la porte est ouverte à toutes les révoltes contre l'autorité judiciaire du Saint-Siège. »

Louis eut été réintégré dans son royaume ? Bref, « il n'est pas nouveau que les rois punissent ceux qu'ils voient s'insurger contre eux avec une témérité sacrilège... mais, ce qui est nouveau et inconnu de tous les siècles antérieurs, c'est que des pontifes essaient avec une telle aisance de diviser le royaume [1]. » Cela revient à dire que le pape ne peut pas déposer le roi, mais que le roi a toujours la faculté de déposer le pape.

Et ainsi, comme Petrus Crassus, Wenric de Trèves aboutit à proclamer l'omnipotence de l'État, à conférer au roi une puissance illimitée à l'égard de ses sujets, laïques ou ecclésiastiques. Toutefois, tandis que Petrus Crassus ramenait tout son plaidoyer en faveur de Henri IV à une théorie de l'obéissance au souverain fondée sur des arguments juridiques, Wenric de Trèves, porte-parole des évêques et des clercs allemands, se place à un point de vue un peu différent et jette dans le débat deux thèses qui feront fortune par la suite, à savoir la limitation des droits du pape en matière d'excommunication et le caractère intangible du serment, dont personne ne peut délier, pas même le pontife romain.

Si l'on cherche maintenant d'où peuvent provenir les théories de Wenric, il y a lieu de rappeler tout d'abord qu'au début de sa lettre à Hildebrand, Thierry de Verdun se défend d'être original et qu'il prétend rapporter seulement au pape les propos qu'il a entendu tenir par ses adversaires. Il résulte de cet aveu que les sources orales doivent prédominer dans l'œuvre de l'écolâtre de Trèves. Toutefois, on y relève aussi la trace de sources écrites qu'il importe de recenser tout d'abord, avant d'examiner par quel canal elles sont parvenues à l'auteur.

Les sources de Wenric de Trèves peuvent être partagées en deux groupes principaux, les sources historiques et les sources canoniques. Les unes proviennent d'écrivains antérieurs, polémistes, théologiens, chroniqueurs ; les autres sont constituées par des textes scripturaires et patristiques.

Les théoriciens de l'époque carolingienne ne pouvaient être d'un grand secours à Wenric de Trèves, désireux avant tout de prouver qu'en excommuniant Henri IV, Grégoire VII avait outrepassé ses droits. Une telle question ne s'était jamais posée aux contemporains de Charlemagne ni même d'Othon le Grand.

---

[1] WENRIC DE TRÈVES. *Epistola*, IV *(Libelli de lite*, t. I, p. 289).

Cependant, le polémiste connaît les écrivains de cette période et sait les utiliser à l'occasion. Le développement qu'il consacre à la déposition successive de Jessé, évêque d'Amiens, et d'Ebbon, archevêque de Reims, a son origine dans un passage de l'*Historia ecclesiae remensis* de Flodoard, écrite aux environs de 945 [1]. Il a également reproduit, avec quelques coupures, trois chapitres du *De ordinationibus a Formoso papa factis*, composé vers 910 par Auxilius pour légitimer les ordinations alors contestées qu'avait faites le pape Formose (891-896) [2] : Auxilius soutenait déjà dans ce traité que les excommunications injustes ne sauraient être valables ; Wenric, comme on l'a vu, a repris cette thèse qu'il a enrichie de quelques considérations nouvelles [3].

En dehors de Flodoard et d'Auxilius, les seuls écrivains de la génération précédente qu'il ait consultés, Wenric a eu re-

---

[1] FLODOARD, *Historia ecclesiae remensis*, II, 20 : « Itaque, postquam Ludovicus ab aequivoco filio restitutus est in regnum et honorem suum, Ebo propter hujusmodi factum depositus est ab episcopatu pro infidelitate imperatoris. Pro qua re jam ipse Jesse Ambianensium presulem dudum deposuisse traditur » (MGH, SS, t. XIII, p. 471). — WENRIC DE TRÈVES, *Epistola*, IV : « Annon Ebbo, Remensium antistes, Ambianensium presulem pro infidelitate imperatoris deposuit ? Nonne et ipsum Ebbonem in eadem culpa deprehensum, eodem judicio damnatum, Ludovico in regnum restituto, concors omnium sacerdotum sententia ab episcopatu dejecit ? » (*Libelli de lite*, t. I, p. 289).

[2] AUXILIUS, *De ordinationibus a Formoso papa factis*, XXXVI-XXXVIII (PL, CXXIX, 1073-1074). Ces chapitres sont composés exclusivement par des citations. Wenric n'a pas transcrit celles qui se trouvent à la fin du chapitre et, à la suite du chapitre XXXVIII, il a ajouté deux textes tirés l'un de l'Ecclésiaste (IV, 25), l'autre du Deutéronome (XXIII, 4-5).

[3] AUXILIUS, *De ordinationibus a Formoso papa factis*, XXXIV : « Sed, sive, inquiunt, juste, sive injuste obliget pastor, gregi timendum est, ne elatione tumidae reprehensionis, culpa, quae non erat, fiat. Vera quidem sententia, sed non ita intelligenda ut illud, quod dicitur injuste, sic accipiendum sit. Verbi gratia, si te ad perjurium, falsum testimonium, sacrilegium vel homicidium excommunicando impulerit, numquidnam in talibus vel eorum similibus pastoris excommunicatio timenda vel facienda decernitur » (PL, CXXIX, 1072).— WENRIC DE TRÈVES, *Epistola*, V : « Male profecto rebus humanis consultum esset, si ad qualescunque concitati animi motus divina sequeretur damnatio, sicut illi uniuscujusque iracundia dictare vellet, qui omnia dispenset in mensura et pondere et numero, apud quem non est transmutatio nec vicissitudinis obumbratio... Porro ut excommunicationes, quae propter privatos motus et domesticas imputantur injurias, damnationis vim optineant, nec scriptura testatur nec ratio recipit » (*Libelli de lite*, t. I, p. 291). Plus loin, au chapitre VI (*Ibid.*, t. I, p. 293), Wenric reproche à Grégoire VII d'avoir poussé les sujets de Henri IV au parjure, ce qui est précisément un des cas prévus par Auxilius.

cours à des sources plus contemporaines. Le chapitre III de son traité, consacré au décret de Grégoire VII sur le célibat ecclésiastique, procède de l'*Apologie* de Sigebert de Gembloux [1]. L'écolâtre de Trèves affecte d'admettre la nécessité de la continence pour les clercs, mais il s'élève violemment contre la disposition du décret qui interdisait aux fidèles d'assister aux messes des prêtres mariés. Entre les deux auteurs, il n'y a pas seulement parenté d'idées ; la forme elle-même trahit le plagiat et c'est à peine si Wenric a modifié certains termes venus sous la plume du moine de Gembloux [2].

Wenric de Trèves a eu également entre les mains plusieurs des textes issus de l'assemblée de Worms (24 janvier 1076). Il n'a pas connu la lettre écrite au mois d'avril par Henri IV aux évêques allemands, qui constitue un véritable traité des rapports de l'Église avec l'État [3], et dont on ne retrouve aucune réminiscence dans son œuvre. Il ne semble pas non plus qu'il ait eu sous les yeux la première lettre de Henri IV à Grégoire VII, mais il possède à fond l'acte final de Worms que l'on a dû communiquer à l'évêque de Verdun aussitôt après le concile, auquel il n'avait pas assisté, et la seconde lettre écrite par le souverain à l'occasion de la déposition du pape.

C'est à ces deux textes que Wenric a emprunté ses allusions à l'attitude de Grégoire VII envers l'épiscopat, à son élection soi-disant achetée à prix d'argent, à sa richesse et à

---

[1] Cfr *supra*, p. 39 et suiv.

[2] C'est ainsi que le tableau de la société chrétienne se déroule dans le même ordre, avec de grandes analogies dans l'expression. On lit par exemple chez Sigebert de Gembloux, II : « Christianae sanctitatis statuta convulsa, popularis status subitam immutationem, ecclesiastici decoris impiam delirationem... fidem neglegi et impudentiori maliciae licentia imperia et christianae religioni contraria dogmata induci » *(Libelli de lite*, t. II, p. 438). Wenric écrit (III) : « Per quam pax ecclesiae convulsa, tranquillitas populi Dei sublata, pulcherrima ecclesiastici ordinis distinctio confusa, fides concussa » *(Ibid.*, t. I, p. 288). Ce polémiste ne reproduit pas les références patristiques de Sigebert, mais il en signale l'existence, lorsqu'il ajoute au passage cité ci-dessus : « Plerisque sacrae scripturae locis ista plane adversari, legalibus et evangelicis institutionibus, apostolorum et apostolicorum sanctionibus refragari, adeo ut non desint qui, si provocentur, haec contra apostolicam fidem venire debeant profiteri. » Il y a là sans doute une allusion au début du chapitre VI de Sigebert de Gembloux : « Huic autem evangelicae atque apostolicae sententiae patres omnes consonant » *(Libelli de lite*, t. II, p. 441). Suivent de nombreuses citations des Pères qui succèdent à celles de l'Évangile et des apôtres.

[3] Cfr *supra*, p. 56-58.

son luxe. Voici ce qu'il écrit à propos des rapports d'Hildebrand avec les évêques : « Il n'a épargné aucune fonction,
aucune dignité ; les prêtres du Seigneur, les évêques, les archevêques, dont l'Église ne prononce le nom qu'avec respect,
ont été souvent accablés par lui, pour leur plus grande confusion, d'épithètes obscènes [1]. » Or, le concile de Worms, s'adressant au pape, s'exprimait en ces termes : « Aucune plainte
ne sera assez forte au sujet des injures et des outrages adressés
par vous aux évêques que vous traitez de fils de courtisanes
et d'autres qualificatifs du même genre [2]. » Voilà évidemment
quelles sont les « épithètes obscènes ». Au chapitre IV, Wenric
aborde de nouveau ce sujet ; il reproche à Grégoire VII de
«renvoyer comme des fermiers les Christs du Seigneur, auxquels
il ordonne selon son bon plaisir de quitter le royaume de leurs
pères, les menaçant de l'anathème, s'ils n'obéissent aussitôt [3]. »
Or, l'expression de « Christ du Seigneur », appliquée à l'épisco-
copat, venait déjà sous la plume de Henri IV en 1076. « Vous
n'avez pas craint, écrivait le roi, de vous attaquer aux clercs
de la sainte Église, à ceux qui sont les Christs du Seigneur et
que vous avez foulés aux pieds comme des esclaves [4]. » La
comparaison ici avec des esclaves, là avec des fermiers, offre
également de curieuses analogies, en sorte que la filiation des
deux textes paraît évidente.

Le concile de Worms, avant même d'incriminer Grégoire VII
pour son manque de charité envers ses subordonnés, s'occupe
longuement des circonstancs qui ont accompagné l'élection
de 1073. Il donne à cet égard une série de précisions, d'ailleurs
fort discutables, que Wenric n'a pas reproduites ; il a du
moins retenu le chef d'accusation. « L'honneur qu'il prétend
avoir refusé, écrit-il, il l'a obtenu, dit-on, au prix d'une invraisemblable astuce [5]. » Sans doute l'écolâtre de Trèves n'a-t-il pas
insisté davantage, parce qu'au moins en apparence, il reconnaissait encore Grégoire VII pour le pape légitime.

Le reproche de richesse et de luxe est au contraire plus
vague dans les documents relatifs à l'assemblée de Worms

---

[1] WENRIC DE TRÈVES, *Epistola*, II *(Libelli de lite*, t. I, p. 286).
[2] *Constitutiones et acta*, t. I, p. 108. Cfr *supra*, p. 51-52.
[3] WENRIC DE TRÈVES, *Epistola*, IV *(Libelli de lite*, t. I, p. 289).
[4] *Constitutiones et acta*, t. I, p. 110.
[5] WENRIC DE TRÈVES, *Epistola*, II *(Libelli de lite*, t. I, p. 286).

que dans la lettre de Wenric de Trèves. Voici en effet ce qu'é-crivait Henri IV à ce sujet : « Vous vous êtes élevé par les degrés suivants : par la ruse, dont l'état monastique a horreur, vous avez acquis de l'argent, par l'argent vous vous êtes ménagé du crédit, par le crédit des ressources armées qui vous ont permis de parvenir au siège de la paix [1]. » Wen-ric ajoute quelques détails sur les expéditions entreprises par Hildebrand et constate que cette prodigieuse fortune a per-mis au pape de déployer un faste indigne d'un moine [2].

L'écolâtre de Trèves, au début de son traité [3], effleure inci-demment la vie privée de Grégoire VII qui, au dire, de ses adversaires, ne serait pas à l'abri de tout soupçon, et donne libre cours à une indignation quelque peu affectée à l'égard de « ces fils indisciplinés qui osent découvrir aux yeux des laïques ce que leur pudeur devrait particulièrement respecter chez un père. » Comment ne pas apercevoir sous ces termes voilés ce passage de l'épître de Worms : « Ajoutez à cela que vous avez empesté la chrétienté du plus grave des scandales en cohabitant avec une étrangère plus qu'il n'était nécessaire,... en laissant tout ce nouveau sénat de femmes administrer l'Église universelle [4]. »

En somme, la plupart des éléments de la légende grégorienne, telle qu'elle se dessine chez Wenric de Trèves, sont dispersés dans les actes du concile de Worms et dans l'une des lettres de Henri IV contemporaines de cette assemblée. Cependant ils n'y figurent pas tous ; on constate çà et là des lacunes, notam-ment au sujet des voyages d'Hildebrand et de ses expéditions militaires, dont les deux documents en question ne soufflent pas mot. Peut-être, ces faits proviennent-ils de sources orales auxquelles il faut certainement attribuer une part dans l'infor-mation de Wenric. L'auteur y fait allusion à plusieurs re-prises [5] et il est fort probable qu'il rapporte l'écho de con-

---

[1] *Constitutiones et acta*, t. I, p. 111. Cfr. *supra*, p. 52.

[2] WENRIC DE TRÈVES, *Epistola*, II *(Libelli de lite*, t. I, p. 286-287).

[3] WENRIC DE TRÈVES, *Epistola*, I *(Libelli de lite*, t. I, p. 285).

[4] *Constitutiones et acta*, t. I, p. 108. Cfr. *supra*, p. 51-52.

[5] Au chapitre III, Wenric déclare qu'il rougit d'*entendre tenir* sur Gré-goire VII des propos désobligeants : « Haec omnia de paternitate vestra audiens erubesco » *(Libelli de lite*, t. I, p. 287). Les passages suivants semblent aussi faire allusion à des controverses orales : I « Hoc vero, hoc est, ut aiunt, quod volumus, hoc precamur et cupimus » *(Ibid.*, t. I, p. 285) ; III « Illa

versations parfois calomnieuses tenues en présence de Thierry de Verdun, qui y a complaisamment prêté l'oreille. De là, à côté des griefs imputés à Grégoire VII par le concile de Worms, d'autres accusations condensées généralement dans le chapitre VII [1], celle d'homicide par exemple, qui paraissent traduire des bruits publics et des racontars démesurément grossis au fur et à mesure qu'ils se propageaient ; c'est ainsi que la légende grégorienne a pris peu à peu plus de consistance et d'ampleur.

La question des rapports de l'Église et de l'État, qui alimente plusieurs chapitres de *l'Epistola sub Theoderici episcopi Virdunensis nomine composita*, n'a guère été traitée à Worms. C'est seulement dans sa lettre d'avril 1076 que Henri IV expose sa théorie des deux glaives spirituel et temporel donnés par Dieu l'un au pape, l'autre au roi, pour le gouvernement de la société humaine. Wenric n'a pas utilisé ce texte pourtant si curieux. D'ailleurs ses remarques personnelles sont assez brèves ; elles s'intercalent de temps en temps entre les passages de l'Écriture et des Pères qui, le plus souvent, sont placés bout à bout et se relient tant bien que mal les uns au autres. Ce sont les sources canoniques qui ici prédominent. Encore ces *auctoritates* ne sont-elles pas bien nombreuses. Elles se présentent par groupes faciles à déterminer. On y distingue :

1) une série de textes du Nouveau Testament, prescrivant la soumission au pouvoir temporel et recommandant particulièrement aux évêques la douceur et la mansuétude ;

2) des exemples empruntés à l'Ancien Testament et destinés à mettre en lumière d'une part la nécessité pour les prêtres d'être dociles envers les rois, d'autre part la valeur absolue du serment ;

3) des extraits peu nombreux de saint Grégoire le Grand et d'Isidore, sur l'obéissance aux souverains laïques ;

4) enfin un groupe de citations provenant surtout de saint Augustin et ayant pour but de prouver que les excommuni-

---

autem, quae, femporibus vestris a sede apostolica processerunt decreta, quoties in medium profero, quoties ea quasi necessaria et corrigendis idonea, meo quidem judicio suscipienda, amplectenda et sequenda esse pronuntio : ubi vero attente postulant ut audiantur ; si rationes volo, rationibus, si auctoritates quero ad ea refellenda, quippe sanae doctrinae adversantia, se mihi satisfacturos promittunt auctoritatibus » (*Ibid.*, t. I, p. 287).

[1] WENRIC DE TRÈVES, *Epistola*, VII *(Libelli de lite,* t. I, p. 296). Cfr *supra*, p. 155, n. 1.

cations injustes nuisent plus à leur auteur qu'à celui qui en est l'objet.

Wenric laisse entendre que ces références apportées par ses contradicteurs ont été choisies parmi des *auctoritates* qu'il n'a pas toutes reproduites [1]. Il semble résulter de là qu'il avait sous les yeux, au moment où il écrivait, une source écrite où prédominaient sans doute les sentences de l'Écriture et des Pères. Or, on a conservé sous le nom de *De investitura regali collectanea* un recueil d'origine liégeoise ou lorraine [2] qui offre une grande parenté avec la lettre de Wenric, à tel point qu'on pourrait se demander s'il n'en serait pas la source. Tous les textes de saint Grégoire et d'Isidore cités par Wenric [3] y figurent également et sous la même forme [4] ; cependant la documentation est ici beaucoup plus riche, mais Wenric n'a-t-il pas affirmé [5] qu'il pourrait extraire de saint Grégoire le Grand d'autres passages favorables à ses idées ? De plus, le recueil renferme plusieurs exemples empruntés à l'« histoire des papes » et Wenric a écrit : « Le petit livre, intitulé *Actes des pontifes romains*, paraît indiquer, en plus d'une place que, ces choses (la nomination des clercs par le pouvoir temporel) sont permises non seulement aux empereurs, mais aux rois et même aux tyrans [6]. » Enfin, au chapitre IV, Wenric insiste longuement sur la déposition d'Abiathar par Salomon qui lui substitue Sadoch ; le fait est mentionné par les *Collectanea*.

Il y a donc entre les deux œuvres plusieurs points de contact. Faut-il en conclure que les *Collectanea* soient une des sources de Wenric de Trèves ou inversement ? [7] Une telle hypothèse ne saurait être admise. En effet les citations de Grégoire le

---

[1] On lit, au chapitre VIII, à propos des citations de Grégoire le Grand : « Qui autem caetera quaeque in registro ejus scripta attente releget, multa alia ad hanc rem pertinentia sententiae illius testimonia ibidem invenire facile habet » (*Libelli de lite*, t. I, p. 298).

[2] Ce traité a été publié par Boehmer dans les *Libelli de lite imperatorum et pontificum*, t. III, p. 610-614. — Sur son origine, voir l'introduction critique de Boehmer.

[3] Wenric de Trèves, *Epistola*, IV et VIII (*Libelli de lite*, t. I, p. 291 et 298).

[4] *De investitura regali collectanea* (*Libelli de lite*, t. III, p. 610-612).

[5] Wenric de Trèves, *Epistola*, VIII (*Libelli de lite*, t. I, p. 298).

[6] Wenric de Trèves, *loc. cit.*

[7] Boehmer, dans l'introduction citée ci-dessus (*Libelli de lite*, t. III, p. 610-611), pose la question sans la résoudre.

Grand sont plus nombreuses dans les *Collectanea*, ce qui prouve
que l'auteur de ce recueil ne les a pas prises chez Wenric.
Par contre, l'affaire d'Abiathar est contée avec plus de détails
par l'écolâtre de Trèves. En outre, il resterait à expliquer,
chez celui-ci, la provenance d'autres textes concernant le même
sujet qui ne figurent pas dans les *Collectanea*. Aussi est-il difficile de conclure à une filiation entre les deux œuvres ; il est
plus probable qu'elles dérivent d'une source commune où
chaque écrivain a puisé ce qui lui paraissait particulièrement
utile à son argumentation.

On peut se demander si ce ne serait pas aussi à cette source
que Wenric aurait emprunté les autres références qui émail-
lent sa lettre et peut-être aussi quelques éléments du portrait
de Grégoire VII. On a remarqué précédemment ques les textes
scripturaires et patristiques, cités par lui, se présentaient par
groupes [1]. Or, plusieurs de ces groupes se retrouvent avec
assez peu de modifications dans d'autres œuvres de la fin du
XIe siècle.

Au chapitre V [2], Wenric de Trèves veut prouver que l'excommunication, lorsqu'elle est injuste, est plus préjudiciable
à son auteur qu'à celui qui en est l'objet. Il produit à cet effet
une série de textes de saint Augustin. Ces textes réapparaissent dans le même ordre, mais avec quelques variantes,
dans la collection du cardinal Deusdedit, rédigée à la fin du
pontificat de Grégoire VII et publiée sous Victor III (1086-
1087). Wenric de Trèves n'a pu connaître cette collection,
mais, comme elle est elle-même la réunion d'une série de
recueils fragmentaires ayant trait à des sujets déterminés, que
d'autre part Deusdedit ajoute des textes nouveaux, ce qui
prouve qu'il n'a pas utilisé Wenric, il paraît évident que les
citations de saint Augustin avaient été déjà groupées antérieurement à la date où les deux œuvres en question ont été
composées [3].

---

[1] Cfr *supra*, p. 166.

[2] WENRIC DE TRÈVES, *Epistola*, V *(Libelli de lite*, t. I, p. 291-293).

[3] Cfr DEUSDEDIT, *Collectio canonum*, (édit. MARTINUCCI, IV, 49 ; édit.
WOLF VON GLANVELL, IV, 75 et suiv.). Voici comment, en adoptant le numé-
rotage de cette dernière édition, s'établit le parallélisme entre Deusdedit et
Wenric de Trèves. Les canons 75 *(epistola ad Classicianum* ; Deusdedit
écrit : *ad Auxilium*), 76 *(De natura boni* XL), 77 *(De baptismo contra Donatistas*, III, 18) figurent dans le même ordre chez Wenric ; toutefois la der-

Les *auctoritates* empruntées par Wenric à l'Ancien Testament, à propos de la valeur absolue du serment, présentent elles aussi des particularités curieuses. Le problème du serment a été discuté en 1086 par Guy de Ferrare dans son *De scismate Hildebrandi* [1]. Guy a peut-être connu la lettre de Wenric ; en tous cas, il a eu certainement entre les mains une des sources de ce polémiste. En effet, les exemples bibliques, à l'aide desquels Wenric prétend établir sa thèse, sont également cités par lui sous une forme plus condensée et placés sous le patronage de saint Augustin, sans que l'identification soit possible. Il y a donc lieu de supposer que Guy de Ferrare a été chercher son texte du pseudo-Augustin dans une œuvre antérieure à 1080 également utilisée par Wenric, sans qu'il ait signalé la référence patristique.

Reste un dernier groupe de textes. Ce sont ceux qui proviennent du Nouveau Testament et qui ont trait à l'obéissance au pouvoir temporel. Ils étaient d'ailleurs fort répandus et apparaissent déjà dans les œuvres carolingiennes, mais l'ordre dans lequel ils se succèdent varie et tantôt l'un, tantôt l'autre fait défaut ; ils ont dû être divulgués à nouveau dès la première déposition de Henri IV par Grégoire VII en 1076.

En résumé, on peut observer une parenté réelle entre la lettre de Wenric et le traité anonyme sur l'investiture royale, entre Wenric et la collection canonique du cardinal Deusdedit, entre Wenric et Guy de Ferrare, mais il n'y a pas filiation.

---

nière citation est plus courte chez lui et il ne reproduit pas la dernière phrase « Foris quippe nec ligari aliquid potest nec solvi quando in ecclesia non est qui ligare possit aut solvere ». Les deux canons suivants, 78 et 79 (*ad Auxilium episcopum*) ne sont pas dans Wenric, mais on y retrouve le canon 80 (*In sermone Domini in monte*, II, 18). Ensuite les divergences commencent. Le canon 81 (*sermo* CCCI) est remplacé chez Wenric par d'autres textes provenant du *Ad clerum Ypponensium*, du *Contra Secundinum manicheum* et de l'Exposition sur les Psaumes. On trouve ensuite chez Wenric un texte de l'*Expositio in ps. CII* qui forme le canon 82 de Deusdedit, un texte de saint Jérôme (*In Matthaeum*, XVI, 19) dont tient lieu chez Deusdedit, un passage d'Isidore (c. 83) et enfin un passage des Proverbes (XXVI, 2) qui est le canon 84 de Deusdedit. La marche suivie est donc identique, sans aucune interversion, mais elle est rompue par quelques substitutions qui prouvent que la source d'où procèdent Wenric et Deusdedit était plus détaillée que leurs propres œuvres et que chacun d'eux a retenu les textes qui paraissaient convenir au but poursuivi.

[1] GUY DE FERRARE, *De scismate Hildebrandi*, II (*Libelli de lite*, t. I, p. 557). — Il sera question de cette œuvre *infra*, p. 256 et suiv.

Dès lors, il faut admettre que Wenric n'a pas uniquement fixé dans son traité des discussions orales ; il demeure probable qu'il a puisé ses *auctoritates* dans une ou plusieurs sources écrites auxquelles d'autres, après lui, ont eu recours. Sans doute on ne saurait conclure de façon formelle à l'existence d'une source unique, dont la lettre de Thierry de Verdun à Hilde-brand serait le plagiat ou le résumé ; on ne saurait dire davan-tage sous quelle forme, traité ou recueil canonique, cette source se présentait, si elle a elle-même directement inspiré l'auteur des *Collectanea*, Deusdedit et Guy de Ferrare ou s'il y a d'autres intermédiaires.

S'il est difficile de déterminer en toute certitude quelle est cette source [1], du moins y a-t-il de fortes raisons de supposer que Wenric de Trèves a plus ou moins pillé un opuscule apporté en Allemagne, en 1076, par le cardinal Hugues Candide. Hugues qui avait été le fidèle serviteur d'Hildebrand au début de son pontificat, avait abandonné assez vite la cause grégorien-ne ; il était venu au concile de Worms, où il s'était signalé par la la violence de son langage ; c'est devant cette assemblée qu'il produisit l'œuvre en question où, au dire du chroniqueur Lambert de Hersfeld, il critiquait tous les actes de Grégoire VII depuis son enfance, s'efforçant en particulier de prouver que son élection était irrégulière et que, après comme avant, il avait commis les pires fautes [2]. Cette phrase de Lambert pourrait s'appliquer à la lettre écrite par Wenric de Trèves sous le nom de Thierry de Verdun. Devant cette analogie,

---

[1] Les *Gesta Treverorum, Additamentum et continuatio prima*, XIV (MGH, SS, t. VIII, p. 188) attribuent à Thierry de Verdun la paternité de deux ivres « dans lesquels, en accumulant de nombreux mensonges, il a voulu déshonorer Grégoire, prouver l'innocence et la sainteté du roi et de son pape ». Ce texte ne peut s'appliquer à la lettre de Wenric ni au traité qui en est la source, puisque l'œuvre en question s'occupe de l'antipape Clément III et qu'elle est, de ce fait, forcément postérieure. I! est donc probable que Thierry, après sa rupture avec Grégoire VII, a repris, sous une forme différente et plus détaillée, les arguments développés par Wenric de Trèves.

[2] LAMBERT DE HERSFELD, *Annales*, a. 1076 : « Commode quoque conficiendis tantis rebus intervenit quidam ex cardinalibus Romanis, Hugo cognomento Blancus, quem ante paucos dies propter ineptiam ejus et mores inconditos papa de statione sua amoverat, deferens secum de vita et institutione papae scenicis figmentis consimilem tragediam ; scilicet unde oriundus, qualiter ab ineunte aetate conversatus, quam perverso ordine sedem apostolicam occupaverit, quae ante episcopatum, que post acceptum episcopatum memoratu quoque incredibilia flagitia commiserit » (MGH, SS, t. V, p. 242).

n'y a-t-il pas lieu de penser que celle-ci dérive du traité de Hugues Candide, source également des actes du concile de Worms et des lettres de Henri IV ? Et ce serait ainsi Hugues Candide qu'il faudrait considérer comme l'auteur premier de la légende grégorienne; comme il ne pouvait la colporter en Italie, où le pape jouissait d'une grande popularité et où il se serait exposé à des démentis immédiats, on comprend qu'il soit venu la lancer en Allemagne où le terrain était certainement beaucoup plus favorable.

En résumé, il n'y a rien de très personnel dans la lettre où Wenric de Trèves a traduit les hésitations et les scrupules de l'évêque de Verdun, Thierry. La méthode utilisée dans l'interprétation des textes canoniques n'a également rien de très original.

Si en effet on examine comment sont conduites les différentes controverses, on retrouve partout le même procédé, qui est celui de tous les polémistes de l'époque. L'auteur prend pour point de départ un ou plusieurs textes (*auctoritates*), met en regard tel ou tel acte de la politique pontificale, puis conclut — c'est ici qu'interviennent les *rationes* — que le texte condamne l'acte. C'est ainsi que le développement sur l'excommunication de Henri IV peut se schématiser de la façon suivante :

1) Saint Augustin condamne les excommunications injustes.

2) Or Hildebrand a excommunié injustement Henri IV, car il a cédé à la colère et à la haine.

3) Donc Hildebrand se trouve condamné par saint Augustin.

Même procédé de discussion à propos non plus de l'excommunication, mais de la déposition de Henri IV par le pape :

1) L'Écriture ordonne d'obéir au pouvoir ordonné par Dieu.

2) Hildebrand, en déposant Henri IV, a encouragé la désobéissance à un pouvoir établi par Dieu.

3) Donc Hildebrand est en opposition avec l'Écriture.

On a déjà noté, au sujet de la *Defensio Heinrici regis* [1], que de tels raisonnements, en apparence logiques, ne pouvaient résister à un examen critique. Comme Petrus Crassus, Wenric de Trèves ne retient que les textes qu'il juge favorables à sa thèse. Quand il prône, par exemple, l'obéissance absolue et illimitée au pouvoir temporel, il se retranche derrière certains passages de saint Pierre et de saint Paul [2], mais il se garde

---

[1] Cfr *supra*, p. 128 et 137-138.

[2] Cfr *supra*, p. 158.

bien de citer le verset des actes des Apôtres où il est dit qu'en
certains cas *il faut obéir à Dieu plutôt qu'aux hommes* [1]. De
même, le commentaire du commandement du Sinaï : *Tu ne
parjureras point* [2] est quelque peu partial. Le polémiste cite
une série d'exemples empruntés à l'Ancien Testament d'où
il ressort que l'on doit être fidèle à la parole jurée, mais il
ignore trop volontiers certains chapitres de saint Ambroise
qui admet qu'en des circonstances exceptionnelles on ne doit
pas tenir sa promesse. Si par exemple le serment entraîne à
sa suite le vol ou l'assassinat, il vaut mieux s'abstenir de pareils
crimes. « Il est parfois contre son devoir, lit-on dans le *De
officiis*, d'observer un serment : Hérode, qui avait juré qu'il
accorderait à la fille d'Hérodiade tout ce qu'elle lui demande-
rait, a permis la mort de Jean-Baptiste pour ne pas renier sa
parole. Que dire aussi de Jephté qui a immolé sa fille accourue
à sa rencontre, lorsqu'il revint victorieux, parce qu'il avait
promis d'offrir à Dieu en sacrifice le premier objet qui se pré-
senterait à lui ? [3] » Ainsi le commandement *Tu ne parjureras point* comporte des exceptions comme le *Tu ne tueras
point* ; Manegold de Lautenbach, en réfutant Wenric de
Trèves, les notera avec soin et soutiendra que, si l'on a juré à
quelqu'un supposé honnête qu'on lui obéirait en toutes choses,
on ne peut, au nom de ce serment, se faire complice d'un sacrilège ou d'un assassinat [4]. En l'espèce, les Allemands ne pouvaient-ils être déliés de leur fidélité à un prince qui les entraî-
nait dans la révolte contre l'autorité du Saint-Siège ? C'est
ce qu'il fallait sans doute examiner tout d'abord ; Wenric
s'en est dispensé.

On touche ici au second vice de la méthode, à savoir l'ina-
daptation des textes à la thèse elle-même. Wenric a réuni
un grand nombre de textes de saint Augustin en vue d'étayer
cette proposition : une excommunication non motivée est
surtout funeste à son auteur [5]. Or, ajoute-t-il aussitôt, Hil-

---

[1] *Act.*, V, 29.
[2] *Lev.* XIX, 12.
[3] S. AMBROISE, *De officiis*, I, 50 (PL, XVI, 100-101).
[4] MANEGOLD DE LAUTENBACH, *Ad Gebehardum*, XLIX (*Libelli de lite*,
t. I, p. 395-399).
[5] Wenric cite en particulier les textes suivants : *Ad Classicianum, fragm.
post. epist.* CCL : « J'ose affirmer que, si l'un des fidèles a été injustement
frappé d'anathème, cette injustice nuira plus à celui qui l'a commise qu'à

debrand, en condamnant Henri IV, a obéi à des motifs d'ordre privé, à la rancune, à la colère, à la haine. Donc, sa sentence est entachée d'injustice et rentre, de ce fait, dans la catégorie des anathèmes que Dieu réprouve [1]. La déduction est impeccable, mais Grégoire VII s'est-il réellement laissé guider par la rancune, par la colère et par la haine ? Wenric affecte de n'en pas douter. Ce n'est malgré tout qu'une hypothèse. Les Grégoriens ont soutenu une théorie contraire ; si elle est fondée, le syllogisme de l'écolâtre de Trèves devient sans valeur, car l'un des deux termes étant faux, les *auctoritates* qui constituent l'autre sont inadéquates et la conclusion finale est dépourvue de preuves, donc sans autor:té.

La même critique peut se répéter à propos des autres problèmes juridiques ou canoniques que soulève Wenric de Trèves. Tous reposent sur une interprétation personnelle des actes et plus encore des intentions de Grégoire VII. Chaque argument de droit se ramène à une question de fait, sur laquelle l'auteur essaie d'accréditer comme certaine une opinion sujette à caution. Bref, toute la démonstration est subordonnée au portrait qui est tracé, au début de la lettre, du pape Grégoire VII. Pour que les références scripturaires et patristiques aient à intervenir, il faut admettre au préalable que ce portrait est fidèle. On a vu à quelles sources Wenric a puisé les éléments qui le composent ; il est clair qu'il a tenu un trop large compte des bruits tendancieux et des calomnies répandues par des adversaires mécontents et haineux, sans recourir à d'autres témoignages.

Par suite, l'œuvre de Wenric de Trèves offre surtout un intérêt historique : elle reflète les tendances d'une bonne partie du haut clergé allemand au lendemain de la rupture définitive entre Henri IV et Grégoire VII, consommée par le concile de Brixen et par l'élection de Clément III ; elle fixe

---

celui qui l'a supportée ». (PL, XXIII, 1068). — *De natura boni contra Manicheos*, XI : « Suivant la foi catholique et la saine doctrine, personne ne peut nuire à la nature de Dieu ; celle-ci ne peut nuire injustement à personne et ne souffre pas que l'on nuise impunément à quelqu'un. *Celui qui nuit*, écrit l'Apôtre *(Col.*, III, 25), *recevra ce en quoi il a nui* » (PL, XLII, 555).

[1] On remarquera en passant que, si, dans les textes cités par Wenric, saint Augustin condamne les excommunications injustes, il n'affirme nulle part que ces excommunications ne doivent pas être observées par ceux qui en font l'objet.

certains traits de la légende grégorienne dessinée au concile de Worms, mais surtout, afin de rassurer les consciences épiscopales incertaines de leur devoir, elle accrédite des théories canoniques nouvelles, celle de la valeur absolue du serment et celle des excommunications injustes qui ne sauraient atteindre efficacement les personnes qui en sont l'objet, dont la vogue devait aller en croissant parmi les Antigrégoriens allemands ; par là, elle apporte une contribution de premier ordre aux idées et aux doctrines du parti henricien au début de la lutte du Sacerdoce et de l'Empire.

III

La lettre de Wenric de Trèves, écrite sous l'inspiration de Thierry de Verdun, reflète les dispositions de l'épiscopat germanique au lendemain de l'assemblée de Brixen. Le séjour prolongé de Henri IV en Italie et l'inaction relative du parti saxon désorganisé par la mort de Rodolphe de Souabe ont eu pour conséquence un ralentissement notable dans les polémiques entre Grégoriens et Antigrégoriens allemands. Jusqu'en 1084, on a vécu surtout dans l'attente des événements ; aussi bien on manifeste peu, on réserve l'avenir. Le seul document épiscopal de quelque importance qui ait paru pendant le séjour de Henri IV en Italie, est une lettre de l'archevêque de Cologne, Sigwin, à Frédéric, évêque de Munster [1], qui n'apporte aucun renseignement effectif sur les remous qu'ont suscités parmi les prélats henriciens les incidents qui ont eu lieu dans la péninsule.

Il faut attendre l'intronisation de Clément III et le couronnement impérial de Henri IV pour enregistrer un renouveau d'activité littéraire. On a vu comment la *Defensio Heinrici regis* avait été utilisée pour entraîner le ralliement des Saxons à l'empereur[2]. Il était encore plus nécessaire de gagner le haut clergé allemand parmi lequel la cause grégorienne comptait un nombre appréciable d'adhérents. Or, si la plupart des évêques rhénans se groupent autour des métropolitains de Cologne, de Trèves et de Mayence, résolument fidèles à Henri IV, au contraire les évêques saxons et bavarois persistent généralement à ne

---

[1] MGH, série in 4°, *Legum sectio* IV, t. I, p. 603-605.
[2] Cfr *supra*, p. 106-107.

pas vouloir déserter le parti grégorien ; l'épiscopat, dans son ensemble, est fatigué des guerres civiles et aspire à la paix [1].
La victoire de Henri IV en Italie, l'intronisation de Clément
III, l'effondrement de Grégoire VII, obligé de quitter Rome
et d'aller chercher un refuge en terre normande, sont de nature
à faire réfléchir les incertains qui, depuis le début de la lutte
du Sacerdoce et de l'Empire, n'ont jamais franchement opté
pour l'un ou pour l'autre des deux antagonistes en présence.
L'heure paraît propice pour les convaincre et les détacher à
tout jamais de Grégoire VII. Aussi, tandis que Petrus Crassus
remanie une dernière fois sa *Defensio Heinrici regis* à l'intention des Saxons rebelles, avec un curieux synchronisme les
prélats henriciens tentent, de leur côté, un énergique effort
pour déterminer le clergé à reconnaître Clément III, nouvellement installé par Henri IV sur le siège romain. A cet effet,
l'archevêque de Brême, Liémar, et l'évêque d'Osnabrück,
Bennon, devenu après bien des hésitations l'un des plus
chauds partisans de Henri IV, s'adressent à l'écolâtre d'Osnabrück, Guy, qui rédige, sur leur demande, le *Liber de controversia inter Hildebrandum et Heinricum imperatorem* [2].

Ce traité ne nous est parvenu que sous une forme incomplète.
C'est un autre écolâtre d'Osnabrück, qui, chargé, en 1118, de
recueillir quelques arguments en faveur d'Henri V alors en
lutte avec le Saint-Siège, a transmis trois copieux passages de
l'œuvre de Guy ayant trait à l'élection et à la consécration du
pontife romain, à « l'excommunication de l'empereur » et « au
fait que les fidèles du roi ont été déliés par le pape de leur
serment. » La préface, placée en tête de ces extraits, indique
d'ailleurs que ces trois questions formaient l'objet principal de
l'opuscule de Guy d'Osnabrück [3].

Celui-ci a vu le jour entre le couronnement impérial de Henri
IV (31 mars 1084) et la mort de Grégoire VII (25 mai 1085),

---

[1] Sur les dispositions de l'épiscopat allemand à cette date, voir : HAUCK,
Kirchengeschichte Deutschlands, t. III, p. 838-843, et SIEBER, *Haltung Sachsens gegenüber Heinrich IV von 1083 bis 1106* (diss. Breslau, 1888).

[2] Ce traité a été édité par L. de HEINEMANN dans les *Libelli de lite*, t. I,
p. 461-470.

[3] *Liber de controversia inter Hildebrandum et Heinricum imperatorem* :
« Erat autem de tribus principaliter rebus : de electione et consecratione Romani pontificis et de excommunicatione imperatoris et de absolutione juramentorum regi fidelium » *(Libelli de lite*, t. I, p. 462).

très probablement à l'automne de 1084 [1]. Le but poursuivi
est identique à celui que voulait atteindre Petrus Crassus,
lorsqu'il rédigeait, à l'intention des Saxons, la troisième édition de la *Defensio Heinrici regis* : il s'agit de faire reconnaître
Clément III par les évêques allemands, de ruiner leurs derniers
scrupules en leur persuadant que Grégoire VII ne peut être
considéré comme pape légitime, si bien qu'en le déposant,
puis en intronisant à sa place l'archevêque de Ravenne, Henri
IV a redressé la justice outragée. « Puisque, lit-on dans la
préface, beaucoup d'hommes, enveloppés des nuages de l'i-
gnorance ou enflammés d'une vieille colère, osent réprouver
publiquement l'avènement du vénérable pape Clément III
et ne rougissent pas devant l'infamie au point de porter partout la confusion dans le Sacerdoce et dans le royaume, d'empêcher par leurs querelles toute paix et toute concorde, nous
qui, en cette affaire, connaissons la vérité, nous qui voulons
et aimons la tranquillité du troupeau du Christ, nous qui cher-
chons à unir le Sacerdoce et l'Empire par les liens de la paix
et de la concorde, nous jugeons utile ou, pour mieux dire, infiniment nécessaire de prouver, en présence de tous et avec
l'aide du Dieu tout puissant, que le dit pontife, sectateur de
la paix et de la justice, a été installé régulièrement et suivant
l'ordre sur le saint siège apostolique [2]. »

---

[1] Nous ne pouvons que nous ranger à l'opinion de L. de HEINEMANN qui
remarque *(Libelli de lite*, t. I, p. 461, n. 1) que le traité a été écrit du vivant
de Grégoire VII et alors que Henri IV avait été déjà couronné empereur, soit
entre le 22 mars 1084 et le 25 mai 1085. Sans doute, aucune allusion positive
n'est-elle faite aux événements de mars 1084, mais le fait qu'il est toujours
question à propos de l'élection pontificale des droits de l'empereur, et non de
ceux du roi de Germanie, indique clairement que le traité ne peut être antérieur au couronnement impérial de Henri IV. De plus, il est fait mention des
droits du clergé et du peuple romain *(Libelli de lite*, t. I, p. 467), ce que l'auteur
se fût bien gardé de faire, s'il avait écrit au lendemain de l'élection de Guibert
de Ravenne par l'assemblée de Brixen, où ces droits avaient été totalement
méconnus. En outre, il est à remarquer que Bennon, évêque d'Osnabrück, qui
a inspiré le traité, n'a pas souscrit le décret de Brixen et que par la suite, il a
servi de médiateur entre Henri IV et Grégoire VII (cfr *supra*, p.62 et 77-78). Le
liber de controversia inter Hildebrandum et Heinricum imperatorem ne peut donc
être antérieur à la rupture des dernières négociations conduites par ce prélat,
ce qui aboutit encore à en placer la rédaction après mars 1084, sans doute au
moment du retour de Henri IV en Allemagne, car il a visiblement pour but
de préparer le ralliement des évêques dissidents à l'empereur.

[2] *Liber de controversia inter Hildebrandum et Heinricum imperatorem (Libelli
de lite*, t. I, p. 462).

Pour faire la preuve, Guy d'Osnabrück reprendra un certain nombre d'arguments traditionnels sur lesquels il n'y a pas lieu de s'attarder longuement. Deux des parties qui composent son traité sont dépourvues d'originalité : ce sont celles qui ont trait à l'excommunication et à la question du serment de fidélité. Wenric de Trèves avait déjà traité le même sujet [1]. Il ne semble pas que Guy d'Osnabrück se soit inspiré des chapitres consacrés à ce double problème par le porte-parole de Thierry de Verdun. Son argumentation, au moins sur le premier point, est supérieure à celle de l'écolâtre. Au lieu de se borner à une critique, forcément subjective, des dispositions intimes de Grégoire VII pour conclure qu'une sentence dictée par la colère et par la haine ne saurait avoir force de loi, il insiste sur un fait qui, comme il le remarque lui-même, avait échappé à ses devanciers à savoir que la sentence promulguée par Grégoire VII contre Henri IV était sans précédent dans l'histoire. Il a eu entre les mains un opuscule aujourd'hui perdu, intitulé *Scriptura de querimonia Romanorum*, où il a lu, dit-il, que Nicolas Ier avait fait preuve à l'égard du roi Louis II, révolté contre l'autorité apostolique, du véritable esprit de douceur recommandé par l'Évangile. « Combien nombreux et combien grands, s'écrie-t-il, ont été les maux que Louis, père des clercs, a infligés à l'Église romaine, au temps du pape Nicolas, et cela sans aucune raison, de quel siège dur et pénible il a affligé le dit pontife, enfermé avec le clergé et le peuple qui lui étaient confiés dans l'église de Saint-Pierre pendant cinquante-deux jours, sans autre motif que la colère, comment il les a éprouvés par la faim et par le froid en accumulant les meurtres et les rapines, un écrit *de querimonia Romanorum* le montre sans aucun doute. Mais, malgré les douleurs et les injures qui affligeaient son esprit, le pape préféra conserver, en présence du danger, une gravité soutenue par l'humilité et la patience plutôt que provoquer la fureur du prince par la sévérité de sa vengeance, ce qui eût été pire [2]. »

Cet exemple unique est destiné à appuyer une proposition d'ordre plus général : « Il y a eu, depuis que les têtes royales

---

[1] Cfr *supra*, p. 158-159.

[2] *Liber de controversia inter Hildebrandum et Heinricum imperatorem (Libelli de lite*, t. I, p. 467).

se courbent sous le joug du Christ, beaucoup de prédécesseurs d'Hildebrand, beaucoup de pontifes romains, éminents par leur foi et par leur esprit religieux, qui ont vu à leur époque, plusieurs princes romains se rendre coupables, à l'égard de l'Église, de plus graves méfaits, et pourtant aucun de ceux-ci n'a eu à subir l'excommunication du pape [1]. »

On peut évidemment reprocher à Guy d'Osnabrück de ne pas poser le problème sous son angle véritable. En pareille matière, — on l'a déjà remarqué [2] — l'argument historique a peu de portée et les Grégoriens pouvaient objecter que, le cas de Henri IV étant lui-même sans précédent, il avait pu comporter des mesures exceptionnelles ; en d'autres termes, il ne s'agissait pas de savoir si la sentence de 1080 offrait un aspect inédit, mais si elle se justifiait canoniquement par le pouvoir de lier et de délier du pontife romain. Guy d'Osnabrück connaît la lettre de Grégoire VII à Herman de Metz où le pape définit les pouvoirs qu'il revendique en cette matière, mais il se garde d'entamer une discussion à ce sujet ; il se contente de contester l'interprétation qui y est donnée de l'attitude de saint Ambroise à l'égard de Théodose, sans jamais aborder le fond du débat ni tenter le moindre effort pour réfuter la thèse grégorienne.

La dernière partie, consacrée au serment de fidélité, est plus fournie en sources canoniques, encore que certaines d'entre elles aient donné lieu à des erreurs d'attribution [3], mais la démonstration, par elle-même est très banale et n'ajoute rien à celle de Wenric de Trèves. C'est un simple commentaire du *Non perjurabis in nomine meo* [4] auquel Guy d'Osnabrück confère lui aussi une valeur absolue : à l'en croire, lorsque les sujets jurent fidélité à leur souverain, ce serment oblige pour la vie, si bien que, même au cas où l'excommunication prononcée contre Henri IV eût été juste [5], Hildebrand, en contraignant

---

[1] *Liber dec ontroversia inter Hildebrandum et Heinricum imperatorem* (même recueil, p. 467).

[2] Cfr *supra*, p. 118-119.

[3] Guy d'Osnabrück cite en effet plusieurs passages des Fausses Décrétales et deux textes, impossibles à identifier, qu'il attribue à saint Augustin, mais qui ne figurent pas dans les œuvres du docteur.

[4] *Lev.*, XIX, 12.

[5] MIRBT (*Die Publizistik im Zeitalter Gregors VII*, p. 160) remarque, avec beaucoup de raison, que Guy d'Osnabrück conteste d'abord le droit du pape

les Allemands au parjure, aurait violé le commandement de
Dieu et bouleversé impudemment le statut de l'Église, rompu
l'unité chrétienne, détruit la paix, déchaîné la sédition, provoqué le meurtre, l'incendie, toutes sortes de rapines, de sacrilèges et de maux sans nombre. [1]

Il n'est pas besoin d'insister davantage sur ces thèmes
connus. S'il n'y avait que cela dans le *Liber de controversia
inter Hildebrandum et Heinricum imperatorem*, il mériterait
à peine une mention dans la littérature antigrégorienne. Ce
qui constitue son originalité propre, c'est une théorie nouvelle
de l'élection pontificale, destinée à prouver que le pouvoir de
Grégoire VII, issu d'une promotion entachée de nullité, serait
nul, parce que vicié dans son origine : Guy d'Osnabrück est
le premier polémiste qui ait osé affirmer avec une catégoriqne
netteté que l'élection du pontife romain n'est valable qu'après
avoir reçu l'assentiment de l'empereur.

Ce contrôle impérial remonterait à l'époque de Constantin.
Jusque-là, l'Église se débattait avec une situation tellement
instable qu'il ne pouvait y avoir de règles fixes ; de plus, les
empereurs étaient païens et forcément se désintéressaient du
recrutement des pasteurs. « Mais, à l'époque du pape Silvestre,
Constantin, le premier empereur qui soit manifestement parvenu à la vraie foi, permit à tous ceux qui vivaient dans son
Empire d'être chrétiens ; il les autorisa, en outre, à élever
des églises et leur constitua des revenus à cet effet. Tous
ceux qui venaient en foule à la foi du Christ firent aussi des
dons à l'Église de Dieu, afin de racheter leurs fautes, si bien
que l'Église, notamment celle de Rome, connut un état de
prospérité tel que celui qui refusait d'accepter le joug de la foi
chrétienne était du même coup privé d'honneurs et de dignités
séculières. Et, parce que, dans cette période marquée par un
si grand mouvement religieux, notre mère l'Église s'accrut en

---

d'excommunier les rois, mais que, dans sa dernière partie, il envisage le cas
d'une excommunication frappant un souverain et considère celle-ci comme
parfaitement légitime ; le pape, dit-il en effet, ne peut délier les sujets du
serment de fidélité, même *si excommunicatio juste et ordine a recto et catholico
facta fuisset.*

[1] *Liber de controversia inter Hildebrandum et Heinricum imperatorem (Libelli de lite,* t. I, p. 470). Cfr aussi *Ibid.,* p. 468, où, à propos de l'excommunication, l'auteur note les mêmes conséquences en des termes à peu de chose
près identiques.

biens et en vertus, le démon, toujours malin et ennemi du nom chrétien, ne pouvant manifestement détourner les cœurs fidèles du droit sentier de la foi vers l'idolâtrie, chercha à détruire le statut de l'Église par d'autres inventions malicieuses. Peu de temps après, sous son aiguillon acéré, des désordres graves se produisirent au sujet de l'élection des pontifes, l'ambition s'accrut en d'inquiétantes proportions et les luttes, souvent lourdes de périls se multiplièrent. Par suite, les princes romains, dont les concessions et les dons avaient honoré et enrichi l'Église, en vertu du droit que leur conférait leur ancien pouvoir, durent nécessairement canaliser le tumulte des partis par la crainte du châtiment et ne pas permettre que l'élection des pontifes fût faite par une faction et contrairement aux règles canoniques. Car, si les hommes dépravés n'étaient retenus par la crainte des vengeances séculières, aucune censure spirituelle ne pourrait les empêcher de mal agir. De là est résultée pour l'Église romaine la coutume de ne pas ordonner le prélat élu, avant que le décret du clergé et du peuple n'eût été apporté devant l'empereur romain, afin que celui-ci, après avoir pris connaissance du consentement et du désir du clergé et du peuple, s'il jugeait que l'élection avait été conforme au droit et à l'ordre établi, permît de célébrer la consécration selon l'usage. Dans la suite, les saints Pères qui gouvernaient l'Église romaine s'attachèrent à garder cet usage et travaillèrent à l'établir par leurs décrets et par leurs exemples [1]. »

Il est plus question par la suite des précédents que des décrets. Toute la première partie du *Liber de controversia inter Hildebrandum et Heinricum imperatorem* n'est qu'une incursion dans le passé de l'Église romaine. Guy d'Osnabrück n'a pas les connaissances canoniques d'un Petrus Crassus ni même d'un Wenric de Trèves ; il ne semble pas que les recueils constitués en Italie pendant le pontificat de Grégoire VII soient parvenus jusqu'à lui et sa démonstration reste pauvre en *auctoritates*. Ses sources sont d'ailleurs faciles à dénombrer, car il les a indiquées lui-même en signalant que ses « preuves indubitables » étaient tirées des *Romanorum pontificum gesta*, soit du *Liber pontificalis* auquel il a emprunté la plupart de ses

---

[1] *Liber de controversia inter Hildebrandum et Heinricum imperatorem (Libelli de lite*, t. I, p. 463).

exemples, sans altérer gravement la physionomie du texte [1] ;
il connait également la Vie de Grégoire le Grand par Jean
Diacre et l'*Historia tripartita* de Cassiodore.

Il a notamment relevé dans le *Liber pontificalis* plusieurs
élections où le pouvoir temporel est intervenu de toute évidence. Ainsi, au temps d'Honorius et de Valentinien, Boniface
et Eulalius sont élus le même jour ; les empereurs, pour les
départager, les chassent tous deux de la ville, après quoi,
« cédant à l'appel de la miséricorde », ils rappellent Boniface
et l'installent sur le siège apostolique. De même, sous Théodoric, le différend entre Symmaque et son compétiteur, Laurent,
est, en 498, porté devant le roi, à Ravenne [2]. Plus tard, si
Pélage II, prédécesseur immédiat de Grégoire le Grand et pape
de 579 à 590, est ordonné sans que l'empereur intervienne,
cela tient à ce que Rome est alors assiégée par les Lombards et
que les communications sont rendues impossibles avec Constantinople [3]. Quant à Grégoire le Grand, « quoique unanimement

---

[1] *Liber de controversia inter Hildebrandum et Heinricum imperatorem* :
« Hec autem Romanorum pontificum gesta multis in locis ita esse indubi-
tanter ostendunt » *(Libelli de lite,* t. I, p. 463).

[2] Guy d'Osnabrück, pour ces deux exemples, s'inspire très directement de
sa source. Il écrit, en ce qui concerne Boniface et Eulalius : « Bonifacius autem
post Silvestrum decimus, ante Gregorium vero vicesimus primus, qui fuit
temporibus Honorii et Valentiniani augustorum, dissentientibus clero et
populo legitur una die fuisse cum Eulalio ordinatus. Sed, cognita a principibus
causa, expelli ambos de Urbe jusserunt ; sed intuitu misericordiae Bonifacium
postea revocantes stabiliter in sede constituerunt » *(Libelli de lite,* t. I, p, 463).
Voici maintenant le texte du *Liber pontificalis* d'où procède la phrase de Guy :
« Hic (Bonifacius) sub intentione cum Eulalio ordinantur uno die et fuit
dissensio in clero mens. VII. d. XV... Eodem tempore audiens hoc Placidia
Augusta cum filio suo Valentiniano Augusto, dum sederet Ravenna, retulit Honorio Augusto Mediolano sedenti. Eodem tempore ambo Augusti
missa auctoritate hoc preceperunt ut ambo exirent de civitate... Veniens
autem dies proximus Paschae praesumpsit Eulalius, eo quod ordinatus fuisset
in basilica Constantiniana, et introivit in Urbem et baptizavit et celebravit
Pascha in basilica Constantiniana ; Bonifatius vero, sicut consuetudo erat,
celebravit baptismum Paschae in basilica beatae martyris Agnae. Hoc au-
dientes Augusti utrumque miserunt et erigerunt Eulalium et missa auctoritate revocaverunt Bonifatium in urbem Romam et constituerunt episcopum » (édit. DUCHESNE, t. I, p. 227). Il ne saurait y avoir aucun doute sur la
filiation des deux textes : Guy d'Osnabrück a abrégé la version du *Liber pontificalis*, mais, s'il a laissé tomber des détails jugés inutiles, il a conservé la
plupart des expressions et gardé le sens général. Les mêmes remarques
pourraient être faites à propos de Symmaque *(Libelli,* t. I, p. 463-464 et
Liber pontificalis, édit. DUCHESNE, t. I, p. 260).

[3] Cfr *Liber de controversia inter Hildebrandum et Heinricum imperatorem*
(Libelli de lite, t. I, p. 464) et *Liber pontificalis* (édit. DUCHESNE, t. I, p. 309).

élu par tous, il attendit cependant le *consensus* impérial et
n'eut pas la présomption de recevoir la consécration avant qu'il
fût parvenu [1]. » N'affirme-t-il pas d'ailleurs dans ses lettres que
le *ministerium virtutis* lui a été conféré par le prince [2] ? « De
même, après Grégoire et jusqu'à Hildebrand, tous les autres
pontifes ont différé leur consécration jusqu'au jour où ils
eurent reçu la confirmation de l'empereur ». C'est là sans doute
une généralisation un peu hâtive : il n'en est pas moins exact
que les époques carolingienne et othonienne pouvaient fournir
des exemples assez nombreux en faveur de la thèse de Guy
d'Osnabrück. Le polémiste a retenu ceux de Serge IV (844),
de Léon IV (847), de Benoît III (855), de Nicolas Ier (858),
d'Adrien II (867) et des papes institués par Othon le Grand
qui viennent clore cette fastidieuse énumération [3] et préparer la conclusion attendue. Celle-ci est ainsi formulée :
« De ces exemples il résulte avec une manifeste clarté que
l'ordination du pontife doit avoir lieu par le consentement et par l'ordre de l'empereur romain » [4]. On lit encore
un peu plus loin : « Comme il a été dit, il est évident que, selon
l'usage et la législation de l'antiquité, il n'a pas gravi le siège
romain régulièrement et selon l'ordre celui qui a négligé en cela
le consentement de l'empereur, en raison aussi bien de la paix
et de la concorde que de l'honneur dû au royaume [5]. » L'allusion
est limpide et, bien que Guy d'Osnabrück garde le silence sur
les événements contemporains, l'application du principe qu'il
a posé se déduit très aisément : il faut obéir à Clément III,

---

[1] *Liber de controversia inter Hildebrandum et Heinricum imperatorem (Libelli de lite*, t. I, p. 464). Ici la source de Guy d'Osnabrück est la *Vita Gregorii* de Jean Diacre, I, 40.

[2] GRÉGOIRE LE GRAND, *Registrum*, I, 5 (édit. EWALD, t. I, p. 6). Cette lettre
a déjà été citée par Wenric de Trèves, dans son *Epistola sub Theoderici
episcopi Virdunensis nomine composita*, VIII *(Libelli de lite*, t. I, p. 298).

[3] *Liber de controversia inter Hildebrandum et Heinricum imperatorem (Libelli de lite*, t. I, p. 465).— Ces divers exemples ont été empruntés également
au *Liber pontificalis* (édit. DUCHESNE, t. I, p. 371-376 et t. II, p. 107, 141,
152, 174). Sur ces élections, voir L. DUCHESNE, *Les premiers temps de l'État
Pontifical*, 3e édit., Paris, 1911.

[4] *Liber de controversia inter Hildebrandum et Heinricum imperatorem(Libelli de lite*, t. I, p. 465).

[5] *Liber de controversia inter Hildebrandum et Heinricum imperatorem (Libelli de lite*, t. I, p. 467).

en faveur duquel l'empereur s'est prononcé, et non à Grégoire VII [1].

Cette conclusion repose uniquement sur des arguments empruntés à l'histoire et, de ce fait, la démonstration ne porte guère. Les exemples choisis ne prouvent rien sinon qu'à certains moments, notamment à l'époque carolingienne, les empereurs ont été les maîtres de l'élection pontificale [2] et qu'à deux reprises au moins, la papauté a été l'objet de compétitions très vives qui ont nécessité l'intervention du pouvoir temporel. Mais ces précédents suffisent-ils pour constituer un droit ? Il faudrait pour cela qu'à l'appui de la tradition invoquée Guy d'Osnabrück apportât des textes canoniques ayant force de loi, et c'est précisément ce qui manque dans le *Liber de controversia inter Hildebrandum et Heinricum imperatorem*. L'auteur ne cite en effet aucun des décrets qui ont réglé le mode de l'élection pontificale, à l'exception d'une décision, d'ailleurs assez vague, que le *Liber pontificalis* prête au pape Agathon (678-681) [3], et d'une constitution attribuée au pape Deusdedit (615-618) qui est en réalité un faux décret d'Étienne IV, confectionné au temps de Jean IX (898-900) [4]. En revanche on ne relève aucune allusion au décret d'avril 769, abrogé par Lothaire lors de la promulgation de la *Constitutio romana* de 824, par lequel

---

[1] Il est à remarquer que Guy d'Osnabrück n'affirme explicitement nulle part que Grégoire VII se serait passé de la confirmation de Henri IV. Il est possible que la partie de son traité où il discutait cette question, sur laquelle on manque de données précises (cfr t. II, p. 80-88), n'ait pas été reproduite par l'écolâtre du XIIᵉ siècle qui nous a conservé son œuvre, mais il n'est pas impossible non plus que le polémiste ait préféré garder le silence, en raison de l'attitude manifestée par Henri IV au début du pontificat, et d'où il résulte positivement que le souverain a reconnu Grégoire VII et essayé de vivre en bonne intelligence avec lui.

[2] Cfr t. I, p. 3-9.

[3] *Liber de controversia inter Hildebrandum et Heinricum imperatorem (Libelli de lite*, t. I, p. 463). Cfr *Liber pontificalis* (édit. DUCHESNE, t. I, p. 354) : « Hic suscepit divalem jussionem secundum suam postulationem, ut suggessit, per quam relevata est quantitas qui solita erat dari pro ordinatione pontificis facienda ; sic tamen ut si contigerit post ejus transitum electionem fieri, non debeat ordinari qui electus fuerit, nisi prius decretus generalis introducatur in regia urbe, secundum antiquam consuetudinem, et cum eorum scientiam et jussionem debeat ordinatio provenire. »

[4] Sur ce décret de Jean IX, voir JAFFÉ-WATTENBACH, t. I, p. 316-317, et aussi : HINSCHIUS, *Kirchenrecht*, t. I, p. 231 et t. III, p. 715 ; R. W. et A. J. CARLYLE, *A history of medieval political theory in the West*, t. IV, p. 11 ; E. VOOSEN, *Papauté et pouvoir civil à l'époque de Grégoire VII*, p. 26, n. 82.

le pape Étienne III remit au clergé le soin de désigner le pontife romain à l'exclusion des laïques et de tout souverain temporel [1], ni à cet autre décret par lequel, en 1059, Nicolas II confia cette mission aux cardinaux, en condamnant, lui aussi, toute ingérence séculière [2]. Bref, pour Guy d'Osnabrück, la coutume, créée par des précédents souvent lointains ou occasionnels, remplace la loi codifiée en des décrets pontificaux qu'il ignore ou feint d'ignorer.

Guy a cependant prévu que les Grégoriens n'accepteraient pas ses thèses sans discussion et, s'il tait les décrets pontificaux qu'ils ne pouvaient manquer de lui opposer, il leur prête l'intention de le contredire à l'aide d'un décret de Symmaque (498-514), inséré dans les Fausses Décrétales, qui, à propos de l'élection du pape, ne mentionne pas la nécessité du consentement impérial et indique simplement que la tiare appartiendra à celui qui aura obtenu le plus de voix parmi le clergé [3]. Ce silence n'embarrasse aucunement l'écolâtre d'Osnabrück, car il n'implique pas, dit-il, que Symmaque ait voulu modifier l'usage existant ; n'avait-il pas eu lui-même recours au pouvoir temporel pour terminer son différend avec son rival Laurent ? D'ailleurs l'empereur — et c'est là une importante concession aux Grégoriens [4] — ne saurait aller à l'encontre des règles canoniques et, en cas de compétition, « accorder sa préférence à celui contre lequel se dressent ces règles canoniques [5]. » Guy s'attend également à ce qu'on mette en avant le principe qui interdit aux laïques de disposer des biens ecclésiastiques ; il n'en conteste pas l'existence, mais il se refuse à l'étendre à l'empereur que « l'huile de la consécration, on le sait, fait participer au ministère sacerdotal [6] », et cette affirmation mérite à coup sûr d'être soulignée.

---

[1] MGH, série in-4°, *Legum sectio III, Concilia*, t. II, p. 86. Cfr t. I, p. 2-3.

[2] Cela prouve que Guy d'Osnabrück ne connaissait pas la version dite impériale du décret de Nicolas II, car il n'eût pas manqué d'en tirer un argument, qui pouvait paraître décisif, en faveur de sa thèse. Cfr *infra*, Appendice, p. 334.

[3] *Liber de controversia inter Hildebrandum et Heinricum imperatorem (Libelli de lite*, t. I, p. 466).

[4] M. Voosen (*op. cit.*, p. 299) remarque très justement que « cette restriction aux droits de l'empereur distingue Guy d'Osnabrück des autres impérialistes. »

[5] *Liber de controversia inter Hildebrandum et Heinricum imperatorem (Libelli de lite*, t. I, p. 467).

[6] *Liber de controversia inter Hildebrandum et Heinricum imperatorem, loc. cit.*

Cette discussion n'est évidemment pas très pertinente et l'on ne saurait dire que l'argumentation de Guy d'Osnabrück soit convaincante, mais peu importe : le traité n'en garde pas moins une place de choix dans la littérature antigrégorienne. Si restreinte que soit l'information, si faible que soit par moments la discussion, il pose un principe nouveau, celui de l'ingérence de l'empereur dans l'élection pontificale, et de ce principe le polémiste n'hésite pas à tirer toutes les conséquences qu'il comporte. Quoiqu'il n'affirme nulle part que Grégoire VII n'a pas reçu la confirmation impériale, il le suppose implicitement et refuse, en raison de cette carence, toute validité à ses actes pontificaux, notamment à la sentence portée en 1080 contre Henri IV. « Conformément à l'attestation de Léon le Grand, écrit-il, cet honneur ne saurait être légitime puiqu'il a été conféré à l'encontre de la loi divine et des décrets des saints Pères. Aussi celui, dont l'ordination a été faite contre le droit canonique et ne peut donc ni être valable ni avoir aucune efficacité, n'est qu'un pseudo-pontife auquel il ne sera pas permis de lier et de délier suivant le droit pontifical [1]. »

En résumé, le *Liber de controversia inter Hildebrandum et Heinricum imperatorem* ne diffère guère des œuvres qui l'ont précédé quant aux méthodes d'argumentation et l'on a pu relever au passage, chez son auteur, les mêmes insuffisances que chez Petrus Crassus ou chez Wenric de Trèves : faits mal établis, textes scripturaires ou canoniques mal adaptés à la thèse soutenue, syllogismes aux apparences trompeuses, par dessus tout arguments historiques sans aucune portée. Il n'en constitue pas moins une étape importante dans l'histoire des idées antigrégoriennes ; tandis que jusque-là le pouvoir de Grégoire VII n'avait été contesté qu'à l'aide d'insinuations dirigées surtout contre la vie privée du pape, Guy, laissant délibérément de côté les légendes sur le « faux moine », accréditées par l'assemblée de Worms, s'est placé sur un autre terrain en lançant une théorie nouvelle de l'élection pontificale et en revendiquant pour l'empereur, au nom de la tradition, le droit d'intervenir dans la désignation du pape. Il semble d'ailleurs qu'il ait obéi à un mot d'ordre, car, quelques

---

[1] *Liber de controversia inter Hildebrandum et Heinricum imperatorem (Libelli de lite,* t. I, p. 467).

mois plus tard, on voit reparaître sa thèse sous une forme presque identique dans un autre opuscule, le *De papatu romano*[1], qui procède de la même inspiration.

---

[1] Le *De papatu Romano* a été édité, sous le titred e *Dicta cuiusdam de discordia papae et regis*, par KUNO FRANCKE dans les *Libelli de lite*, t. I, p. 454-460. C'est la seule édition critique, reproduisant en trois colonnes les trois rédactions qui ont été conservées et qui ne diffèrent guère que par leur étendue. On s'est demandé quelle était celle de ces trois rédactions qu'il fallait considérer comme la version originelle. Cfr SCHEFFER-BOICHORST, *Die Neuordnung der Papstwahl unter Nicolaus II*, Strasbourg, 1879, p. 134-136, qui ne croit pas à une interdépendance des trois versions, et A. CAUCHIE, *La querelle des investitures dans les diocèses de Liége et de Cambrai*, t. I, p. 69-73, qui conclut à l'antériorité de la version III, dite *Bruxellensis*, qui provient de Gembloux, par rapport aux deux autres, contenues dans les manuscrits de Paris *(Parisiensis)* et de Vienne *(Vindobonensis)*. Sur ces divers manuscrits, voir l'introduction que K. Francke a placée en tête de son édition. A notre avis, la version III *(Bruxellensis)*, dérive, comme la version II *(Vindobonensis)*, de la version I *(Parisiensis)*. Cela résulte d'une phrase relative aux dispositions prises par Othon le Grand en vue de l'élection pontificale. Voici le texte des trois versions, d'après les *Libelli de lite*, t. I, p. 458 :

I	II	III
Postea vero senatus populusque Romanus sibi fidelitatem promiserunt, hoc adjicientes firmiterque jurantes nunquam se ipsos electuros absque electione vel assensu ipsius et filii sui.	Postea vero senatus populusque Romanus fidelitatem ei juramento firmaverunt, hoc in ipso adjicientes juramento, nunquam se papam electuros absque electione vel assensu imperatoris et filii sui.	Postea vero senatus populusque Romanus fidelitatem sibi promiserunt, hoc dato jurejurando addentes, nunquam se papam electuros absque voluntate et assensu imperatoris et filii sui.

Ce passage a été emprunté au *Liber de rebus gestis Ottonis magni imperatoris*, VIII, de Luitprand de Crémone (MGH, SS. t. III, p. 142). Le texte de Luitprand est ainsi conçu : « Cives vero imperatorem sanctum cum suis omnibus in urbem suscipiunt, *fidelitatem repromittunt, hoc addentes et firmiter jurantes numquam se papam electuros* aut ordinaturos *praeter consensum et electionem* domni imperatoris Ottonis Caesaris Augusti filiique ipsius regis Ottonis. » La version I est beaucoup plus proche de ce texte que les deux autres ; le mouvement de la phrase y est le même et on y relève seulement quelques modifications sans importance : *adjicientes* au lieu de *addentes*, *assensus* au lieu de *consensus*, *ipsius et filii sui*, formule abrégée pour *domni imperatoris Ottonis Caesaris Augusti filiique ipsius regis Ottonis* ; en outre, l'auteur du *De papatu Romano* emploie le temps passé au lieu du temps présent et intervertit les deux termes *electio* et *consensus*. Les versions II et III sont plus loin du texte de Luitprand : la version II dérive de la version I, comme le prouve l'emploi du mot *adjicientes* substitué par le rédacteur de I au *addèntes* de Luitprand de Crémone, mais elle laisse tomber le *firmiter* de Luitprand, ce qui prouve que c'est le rédacteur de I et non pas celui de II qui a vu le texte de Luitprand ; la version III est encore plus loin de l'*Historia Ottonis* : elle remplace

Ce traité a donné lieu à trois rédactions différentes, mais entre lesquelles on ne note pas de variantes graves. Il a

notamment le mot *cònsensus* par celui de *voluntas* et modifie assez sensiblement le membre de phrase relatif au serment. Si la version I dérivait de l'une des deux autres, il faudrait admettre que son auteur a collationné le texte de II et III avec celui de Luitprand de Crémone, qu'il a rétabli le mot *firmiter* omis par les autres versions, sans restituer ailleurs le texte original, ce qui est tout-à-fait invraisemblable.

Il semble aussi que, dans les emprunts faits au *Liber pontificalis*, la version I soit plus proche du texte original que la version II. On lit dans le *Liber pontificalis* (édit. DUCHESNE, t. I, p. 227) à propos de Boniface : « Hic sub intentione cum Eulalio ordinantur uno die et fuit dissensio in clero... Eodem tempore, audiens hoc... », dans I et III : « Eulalius et Bonifacius uno eodemque tempore» tandis que II met seulement *eodemque tempore* qui est une leçon meilleure *(Libelli de lite*, t. I, p. 456) ; le rédacteur de I, qui a vu le texte, a combiné gauchement le *unò die* et le *eodem tempore* en *uno eodemque tempore*, ce qui a paru bizarre au copiste de II. Les mêmes formules (avec les mêmes corrections de II) se retrouvent par la suite, le *Liber pontificalis* employant toujours *uno die* et *eodem tempore*.

D'autres indices prouvent l'antériorité de la version I par rapport aux deux autres. Dans l'ensemble, la version II, apparentée de très près à la version I, s'efforce visiblement d'en améliorer le texte qui est souvent obscur, en l'abrégeant ou en l'éclaircissant, ce qui laisse percevoir dans quel sens s'est opéré le remaniement. En voici un exemple *(Libelli de lite*, t. I, p. 455).

I	II
Hec, inquam, postponentes et quod praetuli ad precepta Romani pontificis refutanda machinantes, erecto supercilio et inflato cornu superbiae, adversus eundem pontificem se ipsos sic erigebant. Sed Dei Filius, qui universalis ecclesie sedem apostolicam per beatum Petrum caput esse voluit, noluit, ut vacillaret quod stabilierat, sed potius, ut in sequentibus palam fieret, quatinus stabile, firmum inconvulsumque maneret, quod a primordio nascentis ecclesie beato Petro concesserat.	Hec, inquam, postponentes et supradicta Romani pontificis precepta refutare machinantes, erecto cornu superbie adversus eum se ipsos, ut dictum est, erigebant. Sed eidem Dei Filio, qui sedem apostolicam per beatum Petrum universalis ecclesie caput esse voluit, placuit in posteris generationibus palam fieri stabile, firmum inconvulsumque perpetuo mansurum quod a primordio nascentis ecclesie Petro concesserat.

En outre, le début de l'opuscule ne peut se comprendre dans la version II que si l'on connaît la version I *(Libelli de lite*, t. I, p. 455) :

I	II
Legitur in Gestis Romanorum pontificum, quod tempore Julii papae episcopos Hemilie ac laterales Romani pontificis... patriarcha Antiochenus et Alexandrinus cum omnibus episcopis Orientis ipsum eundem	Legitur in Gestis Romanorum pontificum, quod patriarcha Antiocenus et Alexandrinus cum omnibus episcopis Orientis penitus respuere ac debitam ei subjectionem abnegare decreverunt.

été attribué parfois à Sigebert de Gembloux, sans que cette
paternité puisse invoquer à son actif des preuves vraiment
convaincantes. Il semble plus probable que le *De papatu*

Julium, ab eisdem super multis
insimulatum, deserere, respuere ac
penitus abnegare decreverunt.

On ne voit pas à quoi se rapporte grammaticalement dans II le mot *ei* qui
est évidemment mis pour *papa Julius*, le début de la version I ayant été
omis, mais on ne peut comprendre ce passage qu'à l'aide de cette version I
dont II est, encore une fois, l'abrégé.

Un autre passage indique aussi que c'est bien la version II qui dérive de la
version I. C'est ce qui a trait aux affaires. Dioscore-Boniface et Philippe-
Constantin-Étienne *(Libelli de lite,* t. I, p. 457) :

I	II
Dioschorus et Bonefacius uno eo-lemque tempore in Romana ecclesia sunt constituti ; Bonefacius in sede remansit, de Dioscoro autem quod corrigendum fuerat, Romana per se ipsam ecclesia correxit, et insuper obitus ejus litigio finem imposuit. Philippus, Constantinus, Stephanus uno eodemque tempore in Romana ecclesia sunt constituti ; Stephanus in sede remansit, Philippum et Constantinum Karolus et Karolomagnus imperatores expulerunt.	Philippo et Constantini et Stephano eodem tempore constitutis, Stephano in sede confirmato, Philippum et Constantinum Carolus et Carlomannus imperatores expulerunt. Nam de Dioscoro, qui cum Bonifacio ante istos eodem tempore erat constitutus, Romana aecclesia per se ipsam correxit, et Bonifacium in sede confirmavit. Illius quoque obitus litigio posuit finem.

En transcrivant le texte de la version I, le rédacteur de la version II a
dû tout d'abord oublier le passage relatif à Dioscore et à Boniface ; il s'en
est aperçu aussitôt et l'a assez gauchement rétabli ; cette interversion chronologique indique une fois de plus que c'est l'auteur de I, et non pas celui de
II, qui écrit d'après la source originale dont il est beaucoup plus proche à tous
égards.

La version III n'offre aucun rapport avec la version II et son texte se
rapproche toujours de celui de la version I. Cela est très net en particulier
pour l'affaire de Dioscore et de Boniface qu'elle rapporte à la même place
que la version I. De plus, les expressions supprimées par II se retrouvent au
contraire dans III.On lit, par exemple, à propos d'Othon Ier et de Jean XII,
dans I et III : « Otto Caesar augustus Johannem papam super multis *mirabiliter* accusavit » ..., tandis que le mot *mirabiliter* a été omis dans II.

Il semble donc qu'il y ait lieu de conclure d'abord à l'antériorité de I par
rapport à II et à III, puis à l'indépendance de III par rapport à II, les versions
II et III dérivant l'une et l'autre de I.

La seule objection que l'on puisse opposer à cette hypothèse proviendrait
de la phrase relative à Benoît V et à Léon VIII sur laquelle s'est appuyé
autrefois Scheffer-Boichorst pour affirmer l'isolement des trois rédactions.
On lit en effet dans la version I : « Quo cognito, Otto Romam revertitur ac
citissime Benedictum pervasorem expulit et Leonem restituit » *(Libelli
de lite,* t. I, p. 458). A la différence de ce qui arrive généralement, ce dernier
membre de phrase fait l'objet dans II et dans III d'une formule commune et

Romano est l'œuvre d'un des évêques ou d'un des clercs qui ont accompagné Henri IV en Italie [1].

Si le nom de l'auteur reste inconnu, la date de composition

---

moins condensée, à savoir : « …Leonem ecclesiae sibi commissae restituit » *(Loc. cit)*. Il semblerait donc *a priori* qu'ici I dérive de II ou de III. L'objection ne nous paraît cependant pas devoir s'imposer. En effet le manuscrit original de la version I est perdu et nous n'en avons conservé qu'une mauvaise copie qui contient pas mal de fautes. Aussi est-il très possible et même fort probable que les mots *ecclesiae sibi commissae* figuraient sur l'original, que le copiste du manuscrit de Paris les a laissé tomber, qu'en revanche ils sont passés tels quels dans les versions II et III rédigées d'après l'original perdu ou d'après une copie autre que celle qui a été actuellement conservée. De même, plus haut *(Libelli de lite*, t. I, p. 457), le copiste de I a transcrit inexactement *Sixtus* pour *Sergius*, tandis que II et III ont la bonne leçon.

Il est à remarquer que les trois versions n'ont pas la même étendue. La version I est seule complète ; la version III a supprimé tout le début, sans doute parce qu'il n'avait pas trait à l'élection pontificale ; la version II s'arrête au contraire avec l'intervention d'Othon le Grand et ne mentionne pas celle de Henri III pas plus d'ailleurs que le décret de Nicolas II et les commentaires auxquels il a donné lieu, mais elle transcrit, en appendice, le texte de la version impériale du dit décret, ce qui dispensait sans doute d'en reproduire le résumé tendancieux et erroné qui figurait dans la version I. Enfin la version III a modifié le titre qui n'est plus *De papatu Romano*, comme dans les deux autres, mais *Dicta cujusdam de discordia papae et regis*, ce qui indique que le nom de l'auteur était inconnu à l'époque où elle fut rédigée.

[1] Aucun des arguments indiqués par Cauchie *(La querelle des investitures dans les diocèses de Liége et de Cambrai*, t. I, p. 69 et suiv.) en faveur de l'attribution du traité à Sigebert de Gembloux ne parait devoir être retenu. Sans doute une note en marge du manuscrit de Bruxelles, originaire lui-même de Gembloux, indique bien cette paternité, mais la note en question n'est certainement pas antérieure au XVIe siècle, ce qui lui enlève toute autorité. Cauchie prétend, en outre, que le *De papatu Romano* est la réfutation de la lettre de Grégoire VII à Herman de Metz que le *Liber de scriptoribus ecclesiasticis* mentionne parmi les œuvres de Sigebert (PL, CLX, 587). Or, comme l'avait déjà remarqué Scheffer-Boichorst *(Die Neuordnung der Papstwahl durch Nicolaus II*, p. 146), il est impossible d'apercevoir dans le *De papatu Romano* autre chose que des extraits plus ou moins déformés du *Liber pontificalis*, destinés à prouver que l'empereur a le droit d'intervenir dans l'élection pontificale ; le problème essentiel, autour duquel converge la lettre à Herman de Metz, à savoir le droit du pape d'excommunier les rois en vertu de la prééminence du pouvoir sacerdotal à l'égard du pouvoir civil, n'est pas même effleuré. Le fait, invoqué par Cauchie, que les théories du *De papatu romano* se retrouvent dans la lettre de Sigebert de Gembloux à Pascal II *(Libelli de lite*, t.II, p. 149-166), ne saurait également constituer un argument en faveur de la thèse, car Sigebert a pu, quand il a rédigé cette lettre, avoir le traité sous les yeux, sans l'avoir lui-même composé, et en extraire ce qui lui paraissait utile à sa démonstration sans mentionner sa source, comme cela s'est généralement fait au moyen-âge. Enfin, ce qu'a écrit Cauchie au sujet du décret de Nicolas II ne porte pas, car il a commis une erreur, en attri-

de l'opuscule peut être plus aisément fixée. Le *De papatu
romano*, comme le *Liber de controversia inter Hildebrandum
et Heinricum imperatorem*, a vu le jour entre l'intronisation impériale de Henri IV (31 mars 1084), à laquelle il est fait
allusion, et la mort de Grégoire VII (25 mai 1085) [1].

Le but poursuivi est identique à celui que veut atteindre
Guy d'Osnabrück. Pour rallier à l'antipape Clément III
l'opinion allemande, le polémiste s'efforce de prouver, comme
l'avait fait Guy, qu'il ne peut y avoir de pape légitime sans
l'assentiment de l'empereur. Il affecte une grande fidélité
envers l'Église romaine et ne veut pas laisser aux seuls adversaires de Henri IV le soin de défendre la primauté de Pierre ;
il commente le *Tu es Petrus* dans le même sens que les Grégoriens les plus ardents et s'insurge avec indignation contre les
prétentions des Orientaux qui, au temps du pape Jules, voulaient usurper les prérogatives traditionnelles du successeur
de l'Apôtre, en alléguant que le Fils de Dieu avait vu le jour,
vécu, souffert au milieu d'eux, et que c'était parmi eux qu'il
était ressuscité et monté au ciel [2]. Toutefois, s'il professe catégoriquement son obéissance à la mère « universelle », il formule une réserve qui en dit long sur ses intentions. « Elle
(l'Église romaine), ajoute-t-il, a jugé tout le monde et n'a été

---

buant au *Liber* d'Anselme de Lucques contre Guibert *(Libelli de lite*, t. I,
p. 517-528) la phrase sur les fasifications du décret qui appartient en réalité
au traité du cardinal Deusdedit contre les simoniaques *(Ibid.*, t. II, p. 310)
et qui, par conséquent, est postérieure à la rédaction du *De papatu romano*,
celle-ci étant certainement antérieure à la mort de Grégoire VII.

En faveur de l'hypothèse que nous proposons. après avoir écarté celle de
Cauchie, on peut faire valoir que, parlant du décret de Nicolas II, le polémiste indique que la souscription d'Hildebrand figure au bas du décret
et que des copies de ce texte, souscrites par Hildebrand, existent au palais
impérial et dans les archives romaines où, dit-il, on peut les voir : « Quas
equidem qui videre voluerit in palacio imperatoris vel in archivo Romano
invenire poterit » *(Libelli de lite*, t. I, p. 459), Il paraît résulter de cette phrase
que l'auteur du *De papatu Romano* a exploré les archives romaines. Suivant B.
SCHMEIDLER, *Kaiser Heinrich IV und seine Helfer im Investiturstreit*, p. 195-
198, cet auteur ne serait autre que le « dictateur de Mayence ». Tout en
considérant cette hypothèse comme plus vraisemblable que celle de Cauchie,
les analogies verbales relevées ne paraissent pas suffisantes pour qu'elle
s'impose et il est plus prudent de ne mettre aucun nom.

[1] Cfr la fin du traité d'où il résulte très clairement que Henri IV avait été
couronné et que Grégoire VII était encore vivant *(Libelli de lite*, t. I, p.
459-460).

[2] *Libelli de lite*, t. I, p. 455.

jugée par personne sinon par elle-même, sauf lorsqu'il est arrivé que son titulaire ait été introduit injustement et contre
la dignité impériale, ou qu'il y ait eu trois ou deux papes
à la fois. Ce qu'a détruit alors la censure de l'Empire romain,
le plus souvent l'Église romaine l'a corrigé par elle-même [1]. »

La thèse est donc très nétte : le pouvoir du siège apostolique
ne peut s'exercer sans le contrôle impérial sur l'élection du
titulaire. Parmi les pontifes romains, lit-on à la fin de l'opuscule, il y en a que les empereurs romains n'ont pas voulu
recevoir, parce que coupables, et qu'ils ont écartés ; il en est
d'autres qu'ils ont institués d'eux-mêmes ; pour d'autres enfin,
ils ont donné l'ordre d'instituer, comme on le lit au sujet du
bienheureux Grégoire et de Maurice [2]. » Bref, l'empereur a
tout pouvoir en matière d'élection pontificale, puisqu'il peut
ou annuler la procédure ou se substituer aux électeurs canoniques. Les exemples empruntés au *Liber pontificalis* tendent
à prouver qu'il en a été ainsi dans le passé ; comme le *Liber
de controversia inter Hildebrandum et Heinricum imperatorem*,
le *De papatu Romano* recourt exclusivement à des arguments
d'ordre historique.

Les précédents invoqués sont d'ailleurs peu nombreux et
ne concordent pas tous avec ceux que rappelle Guy d'Osnabrück. Après avoir ressuscité l'histoire de Boniface et d'Eulalius, mis d'accord par Valentinien et Honorius, puis celle
de Laurent et de Symmaque que Guy mentionne également,
le *De papatu Romano* cite les différends de Damase et d'Ursin
(366), de Dioscore et de Boniface (500), de Philippe, Constantin et Étienne IV (768), de Jean et de Serge (844), d'Anastase
et de Benoît III (855) [3]. L'auteur n'a pas les scrupules de Guy
d'Osnabrück qui résumait fidèlement le *Liber pontificalis* :
s'il puise à la même source, il ne craint pas de l'altérer,
parfois assez gravement, pour les besoins de sa thèse. Rien
n'indique dans le *Liber pontificalis* qu'Ursin ait été déposé
par l'empereur, ainsi qu'il l'affirme [4], ni que Philippe et

---

[1] *Libelli de lite*, t. I, p. 456.
[2] *Ibid.*, t. I, p. 460.
[3] *Libelli de lite*, t. I, p. 457-458.
[4] *Liber pontificalis* : « Damasus, natione Spanus, ex patre Antonio, sedit
ann. XVIII, m. III, d. XI. Et cum eodem ordinatur sub intentione Ursinus ;
et facto consilio sacerdotum constituerunt Damasum, quia fortior et plu-

Constantin aient dû, ainsi qu'il le prétend aussi, s'incliner devant Étienne IV sur l'ordre de Carloman et de Charlemagne [1].

Aussi, n'y a-t-il pas lieu d'insister sur cette partie du traité qui, en elle-même, est dépourvue de toute originalité et n'a d'autre intérêt que de jeter une vive clarté sur les tendances de l'auteur et de mettre en évidence son absence totale de scrupules. Seule, la fin de l'opuscule, que le copiste du manuscrit de Vienne n'a pas reproduite, est vraiment nouvelle et s'appuie sur des faits que Guy d'Osnabruck avait laissé tomber et dont l'interprétation reste, comme toujours, d'une exactitude contestable.

Guy s'était borné à rappeler, d'après le *Liber pontificalis*, la condamnation de Jean XII par Othon le Grand et la déposition par le même empereur de Benoît V que les Romains avaient élu, pour l'opposer au pape impérial, Léon VIII [2]. L'auteur du *De papatu Romano* a eu entre les mains l'*Historia Ottonis* de Luitprand de Crémone qu'il a, suivant son habitude, défigurée quant au récit des événements, mais dont il a transcrit textuellement la phrase essentielle. Le panégyriste d'Othon le Grand raconte en effet qu'après le retour de Léon VIII, le sénat et le peuple romain, non contents de promettre fidélité au souverain, « jurèrent avec force qu'ils n'éliraient jamais un pape en dehors de l'élection et de l'assentiment de l'empereur et de son fils [3]. » Ainsi les Romains, au lendemain de la victoire d'Othon le Grand, ont formellement reconnu les droits de l'empereur en matière d'élection pontificale et un tel serment avait à coup sûr plus de valeur que tous les précédents accumulés par Guy d'Osnabrück et par l'auteur du

---

rima multitudo erat, et sic constitutus est Damasus ; et Ursinum erigerunt ab Urbe et constituerunt eum Napolim episcopum ; et mansit Damasus in urbe Roma praesul in sedem apostolicam » (édit. DUCHESNE, t. I, p. 212). On voit que c'est un concile et non pas l'empereur qui a rétabli l'unité.

[1] Philippe a été chassé par le primicier Christophe ; cfr *Liber pontificalis* édit. DUCHESNE, t. I, p. 470-471. Quant à Constantin, il a été déposé par un concile réuni sur l'ordre de Charles et de Carloman qui, comme l'indique encore le récit du *Liber pontificalis* (édit. DUCHESNE, t. I, p. 473-475), avaient été sollicités par Etienne III à cet effet.

[2] GUY D'OSNABRÜCK. *Liber de controversia inter Hildebrandum et Heinricum imperatorem* (*Libelli de lite*, t. I, p. 465).

[3] LUITPRAND DE CRÉMONE, *Liber de rebus gestis Ottonis magni imperatoris* (MGH, SS, t. III, p. 342).

De papatu Romano lui-même dans la première partie de son traité.

Le même auteur a été sans doute frappé de la contradiction qui existait entre le régime othonien et celui qu'avait institué Nicolas II lors de la promulgation du décret de 1059 sur l'élection pontificale, et il s'est appliqué de son mieux à la faire disparaître. Pour mettre ce dernier texte, dont il indique la présence « au palais de l'empereur et aux archives romaines[1]», en harmonie avec la législation antérieure, il a tout simplement repris le passage précédemment cité de Luitprand de Crémone et en a tiré une version à lui des événements de 1059. « Ensuite, écrit-il, au temps du pape Nicolas, fut réuni au Latran un concile de 125 évêques où, à cause de l'hérésie simoniaque et pour mettre fin à la vénalité des Romains qui, pour des raisons de parenté ou d'argent, étaient divisés au sujet de l'élection du pontife, un décret fut rédigé de l'avis de tout le clergé et du peuple, auquel Hildebrand donna son assentiment, puis confirmé, sous peine d'anathème, aux acclamations unanimes du concile, à savoir que quiconque désormais ferait du siège apostolique une affaire de parti et s'y introduirait *en dehors de l'élection et de l'assentiment des deux empereurs Henri père et fils* serait appelé non pas pape, mais Satan, non pas apostolique, mais apostat[2]. »

On remarquera l'analogie frappante de la phrase soi-disant empruntée au décret de Nicolas II avec celle qui avait été extraite de Luitprand de Crémone à propos du serment prêté par les Romains à Othon le Grand et à son fils également nommé Othon[3]. Les termes employés par Luitprand et par l'auteur du *De papatu Romano* sont identiques : les deux Othons sont simplement remplacés par deux Henris. Malheureusement, — et c'est là ce qu'a oublié le polémiste — il n'y avait en 1059 qu'un seul Henri, car Henri III était mort en 1056 et Henri IV, son fils, était alors tout jeune. Le texte du décret de Nicolas II ne mentionne qu'un roi de Germanie (et non pas un empereur) ; le polémiste, avant tout soucieux de le mettre d'accord avec celui d'Othon et de prouver aux Allemands que l'intervention impériale restait cano-

---

[1] *Libelli de lite*, t. I, p. 459.
[2] *Libelli de lite*, t. I, p. 459.
[3] Cfr *supra*, p. 192.

niquement indispensable dans la désignation du titulaire du siège apostolique, ne s'est pas donné la peine de se reporter au texte original.

Si frauduleuse que soit la démonstration, la thèse soutenue au même moment par Guy d'Osnabrück, sur l'invitation de Liémar de Brême, recevait un appoint décisif. L'opinion allemande ne manquerait pas d'être persuadée qu'Hildebrand en devenant pape sans « l'élection et l'assentiment de l'empereur », n'était qu'un usurpateur et que Clément III avait été établi « selon l'antique coutume », conformément au décret de Nicolas II que la littérature antigrégorienne n'avait pas osé jusquelà jeter dans la polémique, mais qui est maintenant vieux de vingt-cinq ans et dont on a pu récemment changer la teneur sans s'exposer à de trop catégoriques démentis [1].

Par là le *De papatu Romano* apparaît comme le dernier anneau de la chaîne tressée par le haut clergé allemand, pour ruiner l'autorité de Grégoire VII et instaurer celle de Clément III sur l'Église impériale. Plus audacieux que Wenric de Trèves et même que Guy d'Osnabrück, son auteur n'a pas reculé devant l'utilisation d'un texte apocryphe, et c'est là ce qui constitue son originalité. Il est fort probable que, ce faisant, il a obéi à un ordre. On notera, en tout cas, qu'il est contemporain de la version dite impériale du décret de Nicolas II, bientôt doublée d'un faux privilège de Léon VIII [1]. Ces deux documents proclament à leur tour le droit d'intervention de l'empereur dans l'élection pontificale et par là confèrent une valeur apparente aux affirmations quelque peu aventureuses de Guy d'Osnabrück et de l'auteur du *De papatu Romano*.

---

[1] Cfr Appendice I.

CHAPITRE III

LE SCHISME IMPÉRIAL
APRÈS LA MORT DE GRÉGOIRE VII

I. — LA CRISE ROMAINE

SOMMAIRE. — I. La mort de Grégoire VII (25 mai 1085) ; difficultés de sa succession ; l'élection de Victor III (24 mai 1086) ; caractère du nouveau pape. — II. L'opposition de Hugues de Lyon ; le concile de Capoue ; couronnement de Victor III.

I

Juristes et évêques ont, entre 1082 et 1085, singulièrement consolidé, en Italie et en Allemagne, la position de Henri IV et de Clément III ; ils ont fourni à l'empereur et à l'antipape une série *d'auctoritates* et de *rationes*, de nature à entraîner l'adhésion de ceux qui hésitaient encore à se rallier à leur cause. La mort de Grégoire VII, survenue le 25 mai 1085, loin de Rome, à Salerne en terre normande [1], n'allait-elle pas consacrer le triomphe de ses adversaires ? On put le croire un instant, car elle engendra presqu'aussitôt de sérieuses divisions parmi ses fidèles, et déchaîna une opposition nouvelle, celle des Grégoriens intransigeants, qui, née à la suite de l'élection du successeur du pontife défunt, trouva un chef énergique en la personne du légat Hugues, archevêque de Lyon, et suscita au pape Victor III des difficultés de nature à compromettre gravement l'autorité du Siège apostolique.

Il s'écoula exactement un an (25 mai 1085-24 mai 1086) entre la mort de Grégoire VII et l'élection de son successeur. Sollicité par son entourage quelques instants avant de rendre son âme à Dieu, de désigner l'homme d'Église qui lui parais-

---

[1] Cfr t. II, p. 422-423.

sait le plus capable de continuer son œuvre, le pape moribond conseilla aux cardinaux-évêques d'élire soit Anselme, évêque de Lucques, soit Eudes, cardinal-évêque d'Ostie, soit Hugues, archevêque de Lyon [1]. Or, aucun de ces trois personnagesne reçut la tiare, dont hérita, après de pénibles incidents, l'abbé du Mont-Cassin, Didier, cardinal-diacre de l'Église romaine.

Cette élection, contraire au désir exprimé par Grégoire VII, portait par elle-même un coup posthume à l'autorité du pape réformateur. Les circonstances, dans lesquelles elle fut acquise, aggravèrent encore la portée de l'événement et imprimèrent à la crise qui en résulta une particulière acuité.

L'avènement de Didier du Mont-Cassin apparaît en effet comme l'œuvre non pas des cardinaux-évêques, mais bien comme celle des princes normands de l'Italie méridionale, dont le sacré collège a subi, consciemment ou non, l'insinuante volonté [2]. Ceux-ci, depuis la prise de Rome par Robert Guiscard et l'exil de Grégoire VII à Salerne [3], s'étaient érigés en protecteurs du Saint-Siège. Comme la papauté disposait d'une grande influence morale et même matérielle, ils avaient intérêt à faire élire un pape qui ne contrecarrât pas leur politique. Or, personne ne pouvait offrir pour eux plus de garanties que l'abbé du Mont-Cassin, Didier, dont la riche abbaye était enclavée dans leurs États, et qui, très soucieux de conserver ses trésors à l'abri des dévastations de ses voisins connus pour leur amour du butin, avait de tout temps jugé plus sûr de cultiver leur amitié.

---

[1] Cfr t. II, p. 423, n. 2 et notre article, *L'élection d'Urbain II*, dans *Moyen âge*, 2e série, t. XIX, p. 356 et suiv.

[2] Sur les États normands de l'Italie du sud, cfr L. von HEINEMANN, *Geschichte der Normannen in Unteritalien und Sicilien bis zum Austerben des normannischen Königshauses*, t. I, Leipzig, 1894, F. CHALANDON, *Histoire de la domination normande en Italie et en Sicile*, Paris, 1907, t. I, et C. H. HASKINS, *The Normans in European History*, Londres 1919. En 1085, il y a en Italie, trois grandes principautés normandes qui sont, en allant du nord au sud : 1º celle de Jourdain Ier de Capoue, fils de Richard Ier (venu en Italie en 1047), comte d'Aversa, prince de Capoue et duc de Gaète ; — 2º l'État de Robert Guiscard qui, arrivé lui aussi en 1047, a conquis successivement la Calabre, la Pouille, Salerne, et, en Sicile, Palerme et la moitié de Messine, et qui, depuis 1080, est occupé par de grandes entreprises, en général peu heureuses, contre l'Empire Byzantin ; — 3º tout à fait au sud, l'État de Roger, frère de Robert Guiscard, qui comprend toute la Sicile n'appartenant pas à Robert. — Des trois princes, le plus puissant est Robert Guiscard qui a réussi à se faire reconnaître suzerain par toute l'Italie du sud.

[3] Cfr t. II, p. 419.

Au moment où meurt Grégoire VII, Robert Guiscard est en Orient où il périra quelques semaines plus tard (17 juillet 1085) [1]. Ni lui ni ses fils, occupés avant tout de vastes projets de conquête en Orient, ne se sont intéressés à l'élection pontificale. Le promoteur de la candidature de Didier a été le prince de Capoue, Jourdain, qui, par une habile diplomatie et avec une absence totale de scrupules, a réussi à évincer les évêques désignés par Grégoire VII. Seule, la résistance de l'abbé du Mont-Cassin faillit faire échouer la combinaison.

De l'élection de Didier il ne reste qu'une seule version détaillée, contenue dans la chronique du Mont-Cassin [2]. En voici le résumé : après la mort de Grégoire VII, les cardinaux-évêques et quelques princes laïques, effrayés par les menées des partisans de Guibert de Ravenne qui cherchaient à profiter de la vacance pontificale pour asseoir leur domination sur Rome, voulurent procéder en toute hâte à l'élection de son successeur et prièrent Didier d'accepter la tiare. Didier refusa, tout en se déclarant prêt à servir de son mieux l'Église romaine et en insistant sur la nécessité de lui donner rapidement un pontife ; le jour de la Pentecôte (8 juin 1085), il va, avec l'évêque de Sabine, trouver le prince Jourdain de Capoue. Celui-ci fait preuve des meilleures dispositions, s'entend avec les cardinaux-évêques pour contraindre Didier à accepter la succession de Grégoire VII, mais Didier s'enfuit au Mont-Cassin et déclare qu'il n'en sortira que sur la promesse formelle qu'aucune pression ne sera exercée sur lui. Jourdain et les cardinaux-évêques n'acceptent pas de prendre un tel engagement. L'élection reste en suspens et les partisans de l'antipape, qui avaient un moment compromis leur situation à Rome par leurs excès, commencent à relever la tête. Inquiets, les cardinaux reviennent à Rome vers Pâques de l'année suivante, y rencontrent l'ex-prince de Salerne, Gisulf, puis demandent à Didier de les rejoindre. Didier, « pensant qu'ils n'avaient plus aucune vue sur lui », se rend à leur invitation. On sollicite de nouveau son assentiment ; il persiste dans son refus et, comme on le prie d'indiquer un candidat de son choix, il propose Eudes, évêque d'Ostie. L'assemblée paraît se ranger à son avis, mais brus-

---

[1] Cfr CHALANDON, *op. cit.*, t. I, p. 285 ; HASKINS, *op. cit.*, p. 206.

[2] PIERRE DIACRE, *Chronica monasterii Casinensis*, III, 65-66 (MGH, SS, t. VII, p. 747-749).

quement un cardinal se lève, déclare que l'élection d'Eudes serait anticanonique ; un revirement se produit ; on revient à Didier qu'on désigne malgré lui (24 mai 1086) et qui ne reconnaîtra son élection que dix mois plus tard.

Tel est le récit de Pierre Diacre. Il appelle, quant à son auteur, les réserves qui ont déjà été formulées [1]. Si on l'examine en lui-même, de nombreuses difficultés surgissent. Ce qui frappe tout d'abord, c'est que Didier du Mont-Cassin refuse la tiare avec un acharnement tenace, mais sans jamais invoquer aucune raison ni même aucun prétexte. Certains historiens modernes en ont cherché pour lui. Pour l'Allemand Hirsch, Didier n'aurait pas cédé aux sollicitations dont il était l'objet parce que âgé et malade ; il comprenait qu'à cause de sa petite santé il ne serait pas en mesure de faire face aux orages qui s'accumulaient à l'horizon, parce que aussi il pensait, en restant à l'écart, jouer plus utilement le rôle d'intermédiaire entre le Saint-Siège et les Normands qu'il avait assumé sous le pontificat de Grégoire VII [2]. Pour le Français Chalandon, Didier aurait jugé que son parti n'était pas assez fort, et il préférait attendre ce qui adviendrait de la succession du plus puissant parmi les princes normands de l'Italie méridionale, Robert Guiscard, mort le 17 juillet 1085 [3].

De telles explications demeurent insuffisantes. Didier trop âgé ? Il a soixante ans, et n'a donné jusque-là aucun signe de santé défaillante. La raison politique n'est pas meilleure : le seul moyen d'assurer à l'Église de façon durable l'appui des Normands n'était-il pas de devenir pape ? Quant à la succession de Robert Guiscard, elle s'ouvre seulement le 17 juillet 1085, et c'est le 8 juin que Didier a été pressenti pour la papauté. Aussi bien le silence de Pierre Diacre reste-t-il inexpliqué. Et pourtant il faut admettre que le chroniqueur ne s'est pas tu sans motif ; il lui était facile de représenter le bon abbé humble, modeste, profondément attaché au monas-

---

[1] Cfr t. II, p. 62-65.

[2] HIRSCH, *Desiderius von Monte-Cassino als Papst Victor III*, dans *Forschungen zur deutschen Geschichte*, t. VII, p. 90-92. Cfr aussi MARTENS, *Die Besetzung des römischen Stuhls unter den Kaisern Heinrich III und Heinrich IV*, p. 245.

[3] CHALANDON, *Histoire de la domination normande en Italie et en Sicile*, t. I, p. 290.

tère qu'il gouvernait depuis de longues années et préférant
aux honneurs du pontificat les joies pures et cachées de la vie
monastique. Si Pierre Diacre n'a pas fait ce tableau attendu,
c'est évidemment qu'il a craint de heurter et de contredire la
réalité. On est ainsi amené à faire une autre supposition :
Didier, fidèle au fond, sinon toujours dans la forme, aux
principes grégoriens, n'aurait-il pas été plutôt guidé par des
scrupules de conscience ? N'aurait-il pas refusé la tiare parce
que son élection était contraire au vœu de Grégoire VII mou-
rant et entachée d'irrégularité ?

En lisant le récit de Pierre Diacre, il est impossible de ne
pas être frappé par la confusion que présente sa narration
de l'assemblée du 24 mai 1086, d'où est sortie l'élection
de Didier. Cette assemblée, sur l'avis de Didier lui-même, se
prononce en faveur d'Eudes d'Ostie, qui va être élu, lorsqu'un
cardinal fait remarquer, sans d'ailleurs indiquer aucune raison,
que l'élection d'Eudes serait anticanonique [1]. Cette affirmation
paraît d'autant plus surprenante qu'Eudes deviendra en 1088
sans la moindre objection le pape Urbain II. De plus, on ne
comprend pas pourquoi, Eudes une fois écarté, on en revient
toujours à l'inévitable Didier, et pourquoi Didier, à peine élu,
prend la fuite pour aller s'enfermer au Mont-Cassin. Le récit
de Pierre Diacre est donc enveloppé d'une obscurité qu'il
s'agit de dissiper.

D'autres textes donnent de l'élection de Didier des versions
plus succinctes, mais qui, malgré leur brièveté, peuvent aider
à découvrir une solution. On lit dans les *Annales Augustani*
à l'année 1087 : « L'abbé du Mont-Cassin, très réputé pour sa
sainteté, séduit par les adversaires de l'empereur, entre à Rome
par une habileté clandestine, avec le concours des Normands
qu'il avait corrompus par de l'argent pour se saisir de la dignité
apostolique [2]. » Bernold de Constance écrit à son tour : « Les
cardinaux-évêques de la sainte Église romaine et les autres
catholiques du clergé et du peuple, avec le concours des Normands, ordonnèrent pape Didier, cardinal de la même Église,
abbé du Mont-Cassin, et lui donnèrent le nom de Victor III [3]. »

Les Annales d'Augsbourg sont, quoiqu'assez impartiales, une

---

[1] *Chronica monasterii Casinensis*, III, 66 (MGH, SS, t. VII, p. 748).
[2] *Annales Augustani*, a. 1087 (MGH, SS, t. III, p. 132).
[3] BERNOLD DE CONSTANCE, *Chronicon*, a. 1087 (MGH, SS, t. V, p. 446).

source impérialiste [1] ; aussi n'y-a-t-il pas lieu d'admettre avec elles que Didier ait acheté son élection, ce qui est contraire à ce que l'on sait de son caractère. Mais, si le commentaire désobligeant dont le successeur de Grégoire VII est l'objet ne doit pas être retenu, le fait de l'intervention normande subsiste, et cela d'autant plus qu'il apparaît dans une autre source tout-à-fait indépendante des *Annales Augustani*, qui se trouve être en même temps une source pontificale de tout premier ordre, la chronique de Bernold de Constance [2]. Ces deux témoignages, de provenance différente, autorisent à affirmer que les Normands ont joué un rôle important dans l'élection de 1085-1086.

Si maintenant l'on revient au récit de Pierre Diacre, il confirme pleinement l'impression laissée par les autres textes. Le rôle de premier plan y est joué constamment par le prince Jourdain de Capoue. Quelques jours après la mort de Grégoire VII, dès le 8 juin, Jourdain négocie avec les cardinaux dans le but de faire élire Didier ; s'il ne peut prévenir la fuite de son candidat, il ne se décourage pas ; avec insistance, il offre à Didier, retiré au Mont-Cassin, de le ramener à Rome, et, comme Didier lui demande de promettre qu'il ne s'emploiera pas à lui faire imposer la tiare contre son gré, Jourdain ne veut prendre aucun engagement ; au printemps de 1087, c'est lui qui décidera Didier, de nouveau réfugié au Mont-Cassin, à accepter les insignes de la papauté et à venir à Rome, pour y être couronné [3]. On peut dès lors se demander à bon droit, si, non content de faire sentir son influence avant et après l'élection, il n'aurait pas aussi exercé une pression sur les électeurs pour leur faire choisir Didier.

Plusieurs indices suggèrent cette hypothèse. D'une part, l'élection a lieu à Rome, où il était impossible de se maintenir sans l'appui d'une armée normande. D'autre part, les intérêts politiques de Jourdain lui commandent de faire désigner Didier. Comte d'Aversa, prince de Capoue, duc de Gaète, il règne sur un petit État, mais nourrit les plus vastes ambitions ; pour les réaliser, il se heurte à la puissance de Robert Guiscard qui domine la Calabre, la Pouille et même une partie de la Sicile,

---

[1] Sur la valeur des *Annales Augustani*, cfr t. II, p. 51-52.
[2] Cfr t. II, p. 47-51.
[3] *Chronica monasterii Casinensis*, III, 68 (MGH, SS, t. VII, p. 749-750).

que par ailleurs ses projets orientaux ont entraîné loin de l'Italie. Jourdain a pu être tenté d'utiliser cet éloignement momentané pour affaiblir un rival gênant, qui avait en quelque sorte confisqué à son profit la personne de Grégoire VII, et pour accaparer à son tour la papauté en imposant la tiare à son fidèle ami. Il apparaît clairement en effet dans le récit de Pierre Diacre que Jourdain s'est employé non pas à donner un pape quelconque à l'Église, pour parer aux inconvénients que pouvait offrir une vacance trop prolongée du siège romain, mais uniquement à pousser Didier sur ce siège apostolique. Dès lors, il devient très vraisemblable, étant donné que les autres sources, grégoriennes ou antigrégoriennes, mettent en relief le rôle des Normands dans l'élection pontificale, que l'incident qui s'est produit dans le collège cardinalice au moment où Eudes d'Ostie allait être promu, a été sinon soulevé, du moins suggéré par Jourdain de Capoue.

Cette hypothèse explique le refus de Didier, inquiet de cette intrusion, contraire aux règles canoniques et aux principes grégoriens, du pouvoir temporel. Elle explique aussi pourquoi Hugues de Lyon, arrivé à Rome peu de temps après l'avènement de Didier, reconnut d'abord le nouveau pape, mais ne tarda pas, lorsqu'il eut appris les circonstances de l'élection, à lui faire une opposition violente dans laquelle il entraîna Eudes d'Ostie. Dans une lettre à la comtesse Mathilde, conservée dans la chronique de Hugues de Flavigny, Hugues de Lyon accuse Victor III d'avoir été élu « non pas selon Dieu, mais d'une façon tumultueuse », et il ajoute que le nouveau pape a « publiquement réprouvé son élection [1]. » En rapprochant ce texte des autres chroniques, il paraît impossible de ne pas conclure que l'élection de Didier du Mont-Cassin est due pour une large part à l'intervention du prince Jourdain de Capoue.

En résumé, Didier est devenu le pape Victor III par la volonté des Normands, et, par là, une atteinte a été portée à l'indépendance de l'Église si âprement revendiquée par Grégoire VII. Il est à remarquer toutefois que dans cette élection,

---

[1] HUGUES DE FLAVIGNY, *Chronicon*, II (MGH, SS, t. VIII, p. 466-467). Sur la date de cette lettre, voir LEHMANN, *Ueber den die Excommunication des Erzbischofs Hugo von Lyon durch Papst Victor III betreffenden Brief des ersteren an die Gräfin Mathilde*, dans *Forschungen zur deutschen Geschichte*, t. VIII, 1868, p. 641-648.

étrange à certains égards, les formes prévues par le décret de
Nicolas II ont été observées. Sans doute les cardinaux-évêques
ont obéi à une impulsion extérieure ; ils ont agi par crainte
ou par ambition ; ils ont nommé Didier par lâcheté, alors qu'au
fond de leur cœur ils souhaitaient remettre la tiare à Eudes
d'Ostie, désigné par Grégoire VII pour lui succéder, mais ce
sont eux malgré tout qui ont nommé le pape. En cela l'élection
est strictement régulière et les principes sont saufs, si bien
que Victor III a pu prendre place dans la liste des papes légitimes. Il n'en reste pas moins que les circonstances fâcheuses
qui avaient entouré l'élection n'étaient pas faites pour rehausser le prestige du pape qui, par son passé et par son
caractère, semblait peu qualifié pour continuer l'œuvre accomplie par son prédécesseur.

Né en 1027, Didier appartenait à une famille princière de
Bénévent. Après la mort de son père, survenue en 1047, il
se retire à l'ermitage de la Cava, entre Salerne et Sorente,
revient ensuite dans sa ville natale, et, tandis qu'il est moine
à l'abbaye de Sainte-Sophie à Bénévent, noue des relations
avec le pape Léon IX, le cardinal Humbert de Moyenmoutier
et l'abbé du Mont-Cassin, Frédéric de Lorraine. En 1055, lors
d'une rencontre en Toscane avec Victor II, successeur de
Léon IX, il obtient l'autorisation de quitter son monastère
et gagne aussitôt le Mont-Cassin dont il devient abbé le 19
avril 1058, après l'élévation à la papauté de Frédéric de Lorraine sous le nom d'Étienne IX. Le 6 mars 1059, Nicolas II,
successeur d'Étienne IX, lui confère la pourpre cardinalice
et lui attribue l'église du Transtévère. Didier devient ainsi
un des personnages les plus importants de l'Église romaine [1].

Il n'aspire pas pour cela aux grands rôles. Les problèmes
vitaux qui se posaient pour l'Église au milieu du XIe siècle
semblent le laisser indifférent. Il se passionne moins pour la
réforme religieuse que pour le gouvernement de son abbaye.
Il n'a qu'un but : il veut rendre au monastère, que saint Benoît
avait fondé sur les crêtes nues et désolées de l'Apennin, sa
splendeur passée ; continuant l'œuvre ébauchée par son prédécesseur Richer, il édifie une bibliothèque, une salle capitulaire,

---

[1] Nous résumons ici l'article déjà cité de HIRSCH, *Desiderius von Monte-
Cassino als Papst Victor III*, dans *Forschungen zur deutschen Geschichte*,
t. VII, p. 6-20, qui a bien utilisé les textes relatifs à la biographie de Didier.

surtout une basilique grandiose, qu'il décore richement, et dont, le 6 octobre 1071, Alexandre II vient faire la dédicace solennelle, escorté de dix archevêques, de quarante-quatre évêques, du prince de Capoue, Richard, qu'accompagnaient son fils Jourdain et son frère, Rainulf, de Gisulf, prince de Salerne, et de nombreux seigneurs laïques [1]. Cette imposante cérémonie fut pour Didier une apothéose. Dès lors, l'abbé n'eut d'autre souci que de compléter son œuvre en accumulant au Mont-Cassin statues, mosaïques, fresques, miniatures, et, plus encore, de mettre ces richesses à l'abri des pillards et des envahisseurs.

Le monastère avait de dangereux voisins, les princes normands, dont la fâcheuse réputation était pleinement méritée. « J'ai vu, écrivait le pape Léon IX, ce peuple indiscipliné, avec une rage incroyable et une impiété qui dépassait celle des païens, ravager en divers endroits les églises de Dieu, persécuter les chrétiens, parfois même les faire mourir dans des tourments inconnus jusqu'à eux. Ils n'épargnent ni les enfants, ni les vieillards, ni les femmes, ne distinguent pas le sacré du profane et pillent les églises des saints qu'ils brûlent et rasent jusqu'au sol [2]. » Didier n'ignorait rien de tout cela et il agit en conséquence.

Il s'efforça tout d'abord d'acquérir les châteaux qui avoisinaient le Mont-Cassin et réussit à constituer à l'abbaye un rempart efficace [3] ; mais surtout il s'appliqua à prévenir la guerre dans l'Italie méridionale, en usant de toute sa diplomatie pour apaiser les rivalités sans cesse renaissantes entre les princes normands, et pour réconcilier ceux-ci avec le Saint-Siège dont ils avaient été, sous le pontificat de Léon IX, les redoutables et victorieux adversaires [4].

Dès 1059, lorsque le décret sur l'élection pontificale eut

---

[1] Léon d'Ostie, *Chronica monasterii Casinensis*, III, 29-30 (MGH, SS. t. VII, p. 719-722). Cfr Hirsch, *article cité*, p. 20-59.

[2] Jaffé-Wattenbach, 4333.

[3] Léon d'Ostie, *Chronica monasterii Casinensis*, III, 16 (MGH, SS, t. VII, p. 708-709).

[4] Léon d'Ostie, *Chronica monasterii Casinensis*, II, 84 (MGH, SS, t. VII, p. 685-686) ; Guillaume d'Apulie, *Gesta Roberti Wiscardi*, II, v. 66 et suiv. (*Ibid.*, t. IX, p. 255). Cfr Chalandon, *Histoire de la domination normande en Italie et Sicile*, t. I, p. 136-137.

brouillé la papauté et la Germanie jusque-là alliées [1], Didier suggère à Nicolas II de chercher un appui du côté des Normands ;
c'est lui qui négocie le rapprochement entre l'Église romaine
et Robert Guiscard, scellé en août 1059 au concile de Melfi [2].
L'entente ne fut, il est vrai, que très éphémère ; la politique
d'Alexandre II, de nouveau favorable à l'Allemagne, et les
velléités conquérantes de Robert Guiscard amenèrent bientôt un refroidissement très marqué. Au début du pontificat de Grégoire VII, en mars 1074, Robert Guiscard est
excommunié pour ses incursions dans la région des Abbruz-
zes qui appartenait au Saint-Siège [3]. C'est pour Didier un
échec grave et le bon abbé, inquiet des conséquences que pourrait avoir pour le Mont-Cassin l'anathème pontifical, s'employa
à le réparer de son mieux. La chose n'alla pas sans difficulté.
C'est seulement à la fin de 1080, après la proclamation par
l'assemblée de Brixen de l'antipape Clément III, que la politique de Didier fut enfin couronnée de succès et que Grégoire
VII, cédant aux sollicitations de l'abbé du Mont-Cassin, tenta
de conjurer la menace allemande en s'alliant à Robert Guiscard,
de nouveau vassal du Saint-Siège [4].

Cette fois encore, la papauté, comme on l'a vu [5], ne retira de
son entente avec les Normands que de médiocres résultats.
La défection de Jourdain de Capoue, qui, en 1082, abandonna
la cause pontificale pour se ranger du côté du roi de Germanie,
mit Didier à l'épreuve et lui inspira la malheureuse idée d'aller
trouver Henri IV, ce qui amena un refroidissement très sensible avec Grégoire VII qui ne lui pardonna pas sa malencontreuse initiative [6]. Il apparaissait clairement que la politique
de l'abbé du Mont-Cassin était plus inféodée à celle des
princes normands qu'à celle du Saint-Siège, et que, dans des
circonstances tragiques, alors que l'indépendance et la liberté
de l'Église romaine étaient menacées, Didier avait fait passer

---

[1] Cfr t. I, p. 325-328.

[2] Cfr t. I, p. 329.

[3] GRÉGOIRE VII, *Registrum*, I, 85ᵃ (édit. CASPAR, p. 123 ; édit. JAFFÉ, p.
108 ; PL, CXLVIII, 358).

[4] GRÉGOIRE VII, *Registrum*, VIII, 1a, b, c (édit. CASPAR, p. 514-517 ;
édit. JAFFÉ, p. 426-428 ; PL, CXLVIII, 574-576) ; *Chronica monasterii Casinensis*, III, 45-46 (MGH, SS, t. VII, p. 734-736).

[5] Cfr t. II, p. 418, n. 1.

[6] Cfr *supra*, p. 74.

les intérêts du Mont-Cassin avant ceux de l'Église universelle.
Bref, par son passé, Didier ne paraissait pas s'imposer pour
assumer la succession du grand pape qui a attaché son nom à
la réforme religieuse du XIe siècle. C'est un architecte et un
bibliophile : ce n'est pas l'homme d'action qu'il eût fallu, en
des conjonctures aussi critiques, pour conduire la barque de
Pierre [1].

Avec un tel pontife, élu dans des conditions pour le moins
douteuses, une crise intérieure était fatale. Elle se produisit
presque aussitôt.

II

La crise qui va déchirer l'Église romaine pendant le pontificat de Victor III a été déterminée par l'opposition des Grégoriens intransigeants, dont le chef est Hugues, archevêque
de Lyon, primat des Gaules, légat pontifical [2].

C'est un réformateur convaincu, d'une énergie sans limites.
Une prodigieuse activité, qui s'allie à un extraordinaire rigorisme, tel est le trait dominant de son caractère. On l'a vu,
au cours de sa légation en Gaule, multipliant les conciles,
visitant sans cesse les diocèses, mandant auprès de lui les
prélats dénoncés comme simoniaques ou fornicateurs, procédant
lui-même aux enquêtes, instruisant les procès, convoquant les

---

[1] Cette appréciation sur le caractère de Didier, que nous avions déjà formulée dans un article sur *Le pontificat de Victor III* qu'a publié la *Revue
d'histoire ecclésiastique*, t. XX, 1924, p. 387-412, a suscité l'indignation de
M. l'abbé Rony qui, dans un article sur *L'élection de Victor III (Revue d'histoire de l'Eglise de France*, t. XIV, 1928, p. 145-160) nous a reproché amèrement d'avoir tracé « un portrait peu flatteur de celui que l'Église honore
sous le nom du bienheureux Victor III » et « accablé de reproches l'abbé du
Mont-Cassin, l'homme de la conciliation à tout prix », pour nous faire « l'avocat » de Hugues de Lyon. Nous ne croyons pas avoir jamais nourri à l'égard
de Victor III les noires intentions que nous prête M. Rony qui, par surcroît,
nous incrimine d'avoir pensé que Didier était « disposé à trahir la cause
de la Réforme Grégorienne et à livrer l'Église à ses ennemis », ce qui est singulièrement dénaturer notre appréciation de son rôle. Nous avons simplement
voulu marquer que Didier était très différent de Grégoire VII, que, comme le
reconnaît M. Rony lui-même (p.149), il était « le candidat non pas de Grégoire,
mais des Normands et surtout de Jourdain, prince de Capoue », et que ceux-ci
étaient intervenus dans son élection avec un esprit peu conforme aux règles
canoniques.

[2] Sur le rôle de Hugues de Lyon pendant le pontificat de Grégoire VII,
cfr t. II, p. 217 et suiv.

témoins, sans jamais s'accorder le moindre instant de repos [1].
Homme d'action avant tout, Hugues de Lyon est aussi un
homme de principes. S'il ne ménage pas ses efforts, s'il se
donne tout entier à sa tâche, c'est pour assurer le triomphe
des décrets édictés par le Saint-Siège. Il a été considéré avec
raison comme le type du Grégorien intransigeant, plus grégorien que Grégoire VII et, de fait, à plusieurs reprises, Grégoire
VII l'a rappelé à la modération [2]. Hugues de Lyon a en
effet un caractère plus entier que celui du pape : il considère
tout atermoiement comme une faiblesse ; il demeure persuadé
que le meilleur moyen de provoquer des retours et des conver-
sions, c'est de frapper durement et, par quelques exemples
bien choisis, de faire redouter aux pécheurs endurcis la rigueur
des sentences pontificales ; chez lui, le souci de la justice semble
avoir fait disparaître toute commisération pour les faiblesses
de l'humanité. Aussi, forme-il avec Victor III le plus étrange
contraste. Entre cet homme d'action, ennemi des compromis,
et le dilettante du Mont-Cassin toute entente paraissait impossible.

L'histoire de leur conflit et de la grave crise qu'il a engendrée
pour l'Église romaine est assez difficile à retracer, tellement
sont opposées les deux versions auxquelles il a donné lieu,
celle de Pierre Diacre dans sa chronique du Mont-Cassin [3]
et celle de Hugues de Lyon dans deux lettres à la comtesse
Mathilde conservées par Hugues de Flavigny [4].

Voici la version de Pierre Diacre. « Quatre jours après son
élection, Didier quitta Rome, gagna Ardée où il séjourna trois
jours, puis Terracine. Là, il déposa la croix, la chlamyde et
les autres insignes du pontificat, sans que personne pût le
décider à les reprendre ; il déclarait en effet qu'il préférait
terminer sa vie sous l'habit monastique plutôt que de se courber
sous le joug d'un fardeau aussi lourd. On insista auprès de
lui, on multiplia chaque jour les supplications et les larmes, on
lui fit voir le péril couru par l'Église, la perte qui en résulterait
pour beaucoup d'âmes, la colère de Dieu qu'il attirerait ma-

---

[1] Cfr t. II, p. 220-223.
[2] Cfr t. II, p. 224-225.
[3] PIERRE DIACRE, *Chronica monasterii Casinensis*, III, 67-68 (MGH, SS, t. VII, p. 749-750).
[4] HUGUES DE FLAVIGNY, *Chronicon*, II (MGH, SS, t. VIII, p. 467-468).

nifestement en ne songeant pas à elles. Rien n'y fit : il retourna
au Mont-Cassin. Pendant toute une année, il persista dans sa
résolution et ne se laissa fléchir par aucun argument, par aucune
exhortation, par aucune prière. Les cardinaux et les évêques
qui l'entouraient ne se laissèrent pourtant pas aller à l'inertie ;
ils commencèrent à supplier le prince Jourdain de hâter le
plus possible les préparatifs d'un voyage à Rome aux fins de
consacrer leur élu. Jourdain vint au monastère avec une
armée ; mais, cédant tout à la fois aux instances de l'élu lui-
même et à la crainte de l'été, il décida de ne pas persévérer
dans son projet et s'en retourna. L'année suivante, au milieu du
carême, un concile d'évêques se réunit à Capoue sous la pré-
sidence de l'élu en question, entouré de prélats et de cardinaux
romains, du consul des Romains, Cenci, d'autres membres
de la noblesse romaine, du prince Jourdain, du duc Roger
qu'accompagnaient presque tous ses *optimates*. » Le chroniqueur
raconte ensuite comment on supplia de nouveau Didier de
revêtir les insignes du pontificat et d'accepter la dignité apostolique, mais pendant longtemps on se heurta à son persévé-
rant refus. « Enfin, comme le duc et le prince avec les évêques
et tous les catholiques qui étaient là s'étaient jetés en larmes
à ses pieds, il céda non sans peine et, prenant la croix et la
pourpre, confirma son élection le 21 mars, jour des Rameaux.
Après quoi, il retourna au Mont-Cassin, y célébra la fête de
Pâques, puis, accompagné des princes de Capoue et de Salerne,
il gagna Rome [1]. »

La version de Hugues de Lyon, dans la lettre écrite à la
comtesse Mathilde à la fin de l'année 1087, diffère très sensiblement de celle de Pierre Diacre. Hugues raconte comment,
après avoir réglé différentes affaires ecclésiastiques qui le re-
tenaient en Gaule, il se mit en route au printemps de 1086,
gagna Rome où l'élection du nouveau pape venait d'avoir
lieu, puis le Mont-Cassin où il rencontra enfin Didier. Il traduit avec émotion l'étonnement qu'a suscité chez lui l'élection
de Victor III, car il a appris de la bouche même du pape,
qui ne s'en cachait pas, les actions abominables dont celui-ci,
s'est rendu coupable : Didier n'a-t-il pas promis à Henri IV
de l'aider à obtenir la couronne impériale, lui conseillant d'at-

---

[1] Pierre Diacre, *Chronica monasterii Casinensis, loc. cit.*

taquer les terres de Saint-Pierre, ce qui lui a valu l'excommunication pontificale ? N'a-t-il pas gratifié de *beatus* le cardinal
Atton de Milan, excommunié par Grégoire VII et mort dans
l'impénitence ? N'a-t-il pas protesté contre les décrets de son
« seigneur pape Grégoire », non seulement en paroles, mais par
ses actes ? N-a-t-il pas déclaré enfin que son élection ne
s'était pas faite selon Dieu, mais qu'elle avait été tumultueuse,
qu'il n'y avait jamais adhéré, qu'il n'y adhérerait jamais ?
Or, c'est aux fins d'élire un pape que, comme vicaire apostolique, il a convoqué à Capoue un concile auquel Hugues
fut prié d'assister par l'intermédiaire de l'évêque d'Ostie, du
prince de Salerne et de Cenci, qui transmirent l'invitation.
Richard, abbé de Saint-Victor de Marseille, fut également
convoqué, ainsi que le duc Roger Guiscard, « naïvement
gagné par certaines ruses du prince Jourdain. »

La fin de la lettre est consacrée au concile de Capoue.
Hugues de Lyon et Richard de Marseille, en arrivant dans
cette ville, apprennent que Didier veut se faire forcer la main
et reprendre la tiare. Hugues s'entretient de cette nouvelle
avec Eudes d'Ostie et le moine Guimond, futur évêque d'Aversa. Tous trois conviennent de ne pas se prêter à la manœuvre
combinée entre Didier, ses partisans et le prince de Capoue,
et de refuser leur assentiment jusqu'au moment où auraient
été canoniquement examinées toutes les questions relatives
à Didier et à son passé. Or, Didier refuse de se prêter à l'examen
canonique réclamé par ses adversaires ; il déclare qu'il n'est
pas venu à Capoue pour cela, que d'ailleurs il ne reconnaîtra
jamais son élection, puis il se retire après avoir donné tout
pouvoir de lui élire un remplaçant, mais non sans que Guimond
lui eût reproché d'être taxé d'infamie, parce qu'il avait été
excommunié par Grégoire VII et qu'il était resté un an sans
faire pénitence. Dès lors l'assemblée est dissoute, mais le duc
Roger retient Didier ainsi que l'évêque d'Ostie et d'autres
cardinaux-évêques, pour obtenir d'eux que son ami Alfano fût
consacré comme archevêque de Salerne. Eudes objecte qu'Alfano s'est livré à des manœuvres coupables en vue de monter sur
le siège qu'il convoitait, et s'oppose à cette nomination. Le
duc se retire fort en colère.C'est alors que Didier, comprenant
qu'il ne pouvait devenir pape sans l'appui de Roger, fait rappeler celui-ci au milieu de la nuit et lui promet de consacrer

Alfano le lendemain, jour des Rameaux. Le dimanche 21 mars,
sans avoir rien dit à Hugues de Lyon ni à Eudes d'Ostie,
mais d'accord avec le duc Roger et avec le prince Jourdain,
Didier revêt la chape pontificale, et Eudes, craignant, au dire
de Hugues, d'être dépossédé de son siège, s'il ne consacrait
le pape, fait la paix avec Didier et lui témoigne le respect
qui est dû à un pontife romain [1].

En présence de ces deux versions qui présentent de notables
divergences, les historiens modernes se sont surtout préoccupés
de juger le rôle de Hugues de Lyon : les uns lui ont reproché
d'avoir agi par dépit et par ambition, les autres d'avoir tenté
de supplanter le parti modéré représenté par Victor III, tandis
que certains d'entre eux célèbrent sa bonne foi et lui savent
gré de ses efforts pour briser un pape qui ne représentait pas
la pure tradition grégorienne [2]. Au fond, ce débat n'a pas grande
portée et il importerait tout au moins, avant de l'entreprendre
d'établir la vérité historique sur le concile de Capoue, en cri-
tiquant les deux textes en présence, au lieu de les combiner
tant bien que mal, comme on l'a fait trop souvent jusqu'ici.

La version de Pierre Diacre appelle de graves réserves.
Comme toujours, il faut tenir compte de sa partialité et
de son patriotisme local qui veut que les abbés du Mont-

---

[1] Hugues de Flavigny, Chronicon, II (MGH, SS, t. VIII, p. 467-468)
— Sur la date de cette lettre, cfr R. Lehmann, Ueber den die Excommunication
dès Erzbischofs Hugo von Lyon durch Papst Victor III betreffenden Brief an
der Gräfin Mathilde, dans Forschungen zur deutschen Geschichte, t. VIII, p.
641-648. Nous adoptons pleinement les conclusions de cet article, contrairement à Hirsch, Desiderius von Monte-Cassino als Papst Victor III, dans
Forschungen znr deutschen Geschichte, t. VII, p. 102, qui voudrait reporter
la lettre au début du pontificat d'Urbain II. Le texte prouve en effet qu'au
moment où Hugues écrivait, la papauté était vacante, et que Hugues était
arrivé en Italie l'année précédente (août 1086). De plus, la formule d'excommunication prononcée par Victor III contre Hugues de Lyon est identique
à celle que donne la chronique du Mont-Cassin.
[2] Le rôle de Hugues de Lyon a été très sévèrement jugé par Martens,
Die Besetzung des päpstlichen Stuhles, p. 248 et suiv., qui reproche à l'archevêque d'avoir calomnié Victor III, tout en admettant qu'il ait pu lui demander des explications sur ses rapports avec Henri IV, comme le raconte le
légat dans sa lettre. Hirsch (article cité, p. 95-96) pense que Hugues a agi
par ambition tout en voulant sincèrement défendre les idées de Grégoire
VII. Rony (article cité, p. 153) considère la lettre de Hugues comme « un
tissu de calomnies évidentes, le cri de fureur d'un ambitieux déçu dans ses
espérances ». Luehe (Hugo von Lyon, p. 88 et suiv.) prend au contraire la
défense de l'archevêque de Lyon, qu'il croit de très bonne foi.

Cassin soient à l'abri de tout soupçon, et la défiance qu'il suscite trouve ici de nouvelles raisons de s'accroître [1]. Il prétend en effet qu'au cours de son entrevue avec l'archevêque de Lyon au Mont-Cassin, Victor III a manifesté sa volonté de ne pas accepter la tiare et qu'il a renouvelé à Hugues sa légation en Gaule. La contradiction est flagrante ; si Victor III refuse la papauté, il n'a pu faire acte de pape, ce qui eût été implicitement reconnaître son élection ; donc, il n'a pu conférer à Hugues les fonctions dont il était déjà chargé sous Grégoire VII, c'est-à-dire la mission de représenter le pontife romain dans l'un des royaumes de la chrétienté. Il apparaît que Pierre Diacre a voulu prouver que Victor III n'avait aucune antipathie préconçue à l'égard de celui qui allait se dresser en face de lui, sans s'apercevoir qu'il trahissait son pieux mensonge en juxtaposant deux faits incompatibles.

Quant à l'histoire du concile de Capoue, elle est dans la chronique du Mont-Cassin d'une remarquable imprécision. Quelles raisons ont décidé Didier à convoquer cette assemblée ? Pierre Diacre omet de les indiquer : il se borne à constater que le pape a enfin reconnu la validité de sa propre élection, après avoir opposé, en arrivant à Capoue, un refus énergique. Pourquoi cette volte-face ? Sous quelles influences, sous quelles pressions s'est-elle opérée ? Même mutisme, ce qui laisse supposer qu'elle a pu être déterminée par des motifs assez délicats à avouer et qui pourraient être ceux auxquels il est fait allusion dans la lettre de Hugues de Lyon à la comtesse Mathilde. D'autre part, on relève chez Pierre Diacre quelques erreurs manifestes qui achèvent de ruiner l'autorité de son témoignage : à l'élection de Didier il fait assister Richard, abbé de Saint-Victor de Marseille, qui ne faisait pas partie du clergé de Rome[2]; il raconte qu'après le concile de Capoue le roi de Germanie, Henri IV, est venu ravager la campagne romaine et introniser l'antipape Clément III sur le siège apostolique [3], ce qui est

---

[1] M. Rony, qui admet cette version dans l'article cité à la note précédente, a eu le tort à notre avis de ne tenir aucun compte des objections formulées contre la véracité du chroniqueur du Mont-Cassin et de s'en rapporter à des impressions purement subjectives.

[2] PIERRE DIACRE, *Chronica monasterii Casinensis*, III, 72 : « Et Richardus quidem electionem nostram cum episcopis et cardinalibus fecerat » (MGH, SS., t. VII, p. 752).

[3] PIERRE DIACRE, *Chronica monasterii Casinensis*, III, 70 (MGH, SS, t. VII, p. 751.) Il y a là une simple réédition des événements de 1084.

faux et trahit l'intention habituelle d'exalter Victor III, « tenu par tous en grande vénération », de faire valoir la parfaite orthodoxie de ce pontife « aussi éminent par le savoir que par la religion », de prouver que les rapports du Saint-Siège avec Henri IV ont, sous le nouveau pontificat, gardé la même allure que sous Grégoire VII.

Pour ces diverses raisons, le témoignage de Pierre Diacre est inacceptable. En est-il de même pour celui de Hugues de Lyon ?

Sans doute, Hugues est-il un personnage impulsif, fougueux, dur pour ses adversaires ; mais, quelle que soit l'opinion que l'on puisse avoir sur sa personne et sur ses méthodes, il est impossible de ne pas rendre hommage à la loyauté de son caractère et à la droiture de ses sentiments. Si, au cours de sa légation en Gaule, il s'est parfois cru obligé de lutter contre l'indulgence de Grégoire VII, toujours prêt à pardonner et à accueillir les promesses de repentir, on ne voit pas que, pour charger des prélats ou des clercs coupables, il ait jamais produit contre eux des allégations inexactes ou mensongères. Bref, s'il est par lui-même assez peu sympathique, du moins son honnêteté est-elle à l'abri de tout soupçon, et comme on ne voit pas en outre quel intérêt il aurait eu, après la mort de Victor III, à accréditer une fausse version du concile de Capoue, il faut convenir que de fortes présomptions d'ordre général militent en sa faveur. De plus, l'examen critique de la lettre elle-même achève de décider en sa faveur [1].

Tout d'abord, la lettre de Hugues de Lyon est le seul texte qui contienne une explication plausible de l'attitude étrange de Victor III au lendemain de son élection, en faisant allusion à des scrupules de conscience. De plus, le revirement du pape au concile de Capoue, que rien ne permet de comprendre dans le récit de Pierre Diacre, se justifie pleinement ici par l'intervention des princes normands, en particulier du jeune Roger Guiscard qui triomphe des dernières résistances. Or, Roger a été jusque-là l'adversaire de Victor III, parce que Victor III a été le candidat de son rival, Jourdain de Capoue, très désireux

---

[1] L'authenticité de la lettre est certaine, car Hugues de Flavigny transcrit toujours avec fidélité les textes originaux qu'il incorpore dans sa chronique (cfr t. II, p. 59).

d'utiliser à son profit la puissance morale de la papauté. En outre, Roger est préoccupé de faire élire comme archevêque de Salerne un de ses amis. De là son rôle qui a décidé de l'élection et qui est clairement retracé par Hugues de Lyon. Il est arrivé à Capoue avec des dispositions plutôt peu sympathiques à Didier, mais il suffit qu'on lui fasse entrevoir pour Salerne une solution conforme à ses désirs pour qu'il se rallie. C'est cette brusque conversion qui amène Didier à céder aux instances de Jourdain et à reprendre les insignes de la papauté.

En résumé, si l'on retranche de la lettre de Hugues de Lyon les insinuations qu'il lance contre Didier, la version qu'elle donne du concile de Capoue peut être adoptée dans ses grandes lignes : Didier, sur les instances de Jourdain de Capoue, a convoqué le synode avec l'intention de se faire décharger par lui du fardeau de la papauté ; à peine arrivé, il a dû faire face à une attaque violente du moine Guimond et il a battu en retraite tout en étant peut-être ébranlé dans ses dispositions par l'âpreté de ses adversaires. Jourdain de Capoue l'a obligé à revenir sur son refus en lui ralliant un redoutable opposant, Roger Guiscard, qui, moyennant la promesse de l'archevêché de Salerne pour son ami Alfano, a joint ses instances à celles de Jourdain. De plus, il est fort possible que tous ceux qui n'avaient aucun parti pris aient été indignés par le discours de Guimond et qu'ils soient résolument passés du côté de Didier après être restés jusque-là dans l'expectative. Ainsi s'expliquerait l'adhésion d'Eudes d'Ostie (le futur Urbain II), que Hugues impute à la crainte. En tout cas, Eudes a jugé qu'après l'acceptation de Didier, il ne pouvait faire autrement que de le consacrer ; et c'est là l'épilogue du concile de Capoue.

L'assemblée s'est dissoute le 21 mars 1087. Victor III va aussitôt célébrer la fête de Pâques au Mont-Cassin, puis il se rend à Rome, escorté par les princes de Capoue et de Salerne, passe le Tibre près d'Ostie, et campe devant Saint-Pierre que tenaient toujours les partisans de Clément III. L'armée normande s'empare de la basilique. Le 9 mai, en présence d'une nombreuse foule, le nouveau pape est enfin consacré par Eudes de Châtillon, cardinal-évêque d'Ostie, as-

sisté des cardinaux-évêques de Tusculum, Porto et Albano,
de nombreux évêques et abbés [1].

Il semble qu'à cette date la crise romaine ouverte par la
mort de Grégoire VII soit terminée. Sans doute, Victor III
n'arrivera-t-il pas à secouer son inertie indécise et timorée ;
sans doute, jusqu'à sa mort (16 septembre 1087), séjournera-t-il
au Mont-Cassin sans se signaler par aucun acte retentissant,
mais les résistances qui se sont fait jour du fait de son élection
peu conforme aux directions grégoriennes sont définitivement

---

[1] Nous avons reproduit la version de la chronique du Mont-Cassin, la seule
qui soit détaillée, mais qu'il n'y a aucune raison de suspecter ici, car elle n'est
pas contredite par les autres chroniques. En général, celles-ci enregistrent simplement le fait de la consécration à Saint-Pierre sans aucun com-mentaire.
BERNOLD DE CONSTANCE, *Chronicon*, a. 1087 : « Consecratus est autem exeunte
mense maio apud sanctum Petrum a cardinalibus episcopis Ottone Ostiense
et Petro Albanense cum reliquis cardinalibus » (MGH, SS, t. V, p. 446). —
Annales Cavenses, a. 1087 : « Desiderius abbas in papam Victorem ordinatur
7 idus maias » *(Ibid.* t. V, p. 190). — La chronique du Mont-Cassin relate que,
tandis qu'il campait devant Saint-Pierre, Victor III a été malade. Cet incident
a été dramatisé par ses adversaires qui y virent un jugement de Dieu : HUGUES
DE FLAVIGNY, *Chronicon*, II : « Hic igitur, consecratus ab Ostiensi episcopo,
cum missas apud sanctum Petrum diceret, infra actionem judicio Dei percus-
sus est, et, quamvis tarde cognoscens se errasse, se ipse deposuit, et, accitis
fratribus de Monte-Cassino qui secum aderant, praecepit se illo deferri et
in capitulo non ut papam, sed ut abbatem sepeliri » (MGH, SS, t. VIII,
p. 468). Cette version a été souvent reprise au XIIe siècle et enrichie de détails
nouveaux : *Annales Augustani*, a. 1087 : « Ipse (Desiderius) vero in immode-
rata perdurans ambitione, multa dando et plura pollicendo, collecta clam
gravi multitudine, absente Wigberto, in ipsa sacratissima vigilia pentecostes,
ex insidiis occulto aditu Romam invasit, sancti Petri domum expugnavit,
irrupit, statimque violentia quadam ipsa die se inthronisari fecit atque conse-
crari. Sed miser ille atque maledictus, dum missarum sollemnia celebraret,
inter ipsa sacramenta nondum perfecta, fetore turpissimo effusis intestinis,
labitur atque extra ecclesiam semivivus deportatur » (MGH, SS, t. III, p.
132). — *Annales Brunwillarenses*, a. 1083 : « In ascensu Domini, Victor,
abbas Casinensis, annitentibus Romanis, sedem apostolicam invadit, expulso
Clemente ; set inter agendam missam dissentria pervasus, missis imperfec-
tis, Casinum rediit et obiit ; Clemens sedem recepit » *(Ibid.*, t. XVI, p. 725).
— ORDERIC VITAL, *Historia ecclesiastica*, VIII, 7 : « Victor papa, postquam
apicem pontificatus ascendit, primam missam in die sancto pentecoste solem-
niter cantare cepit, sed occulto Dei nutu gravem morbum subito incurrit.
Nam, diaria cogente, ter latrinam de missa ductus est et sic in papatu vix
una tantum missa perfunctus... repente infirmatus est ; in aegritudine tamen
a pentecostes usque ad augustum languens defunctus est » (édit. LEPREVOST,
t. III, p. 306). — GUILLAUME DE MALMESBURY, *De gestis regum Anglorum*,
III, 266 : « Victor... ad primam missam incertum quo discrimine, cecidit
exanimatus, calice, si dignum est credere, veneno interfectus » (édit. STUBBS,
t. II, p. 326).

calmées et ses adversaires garderont un silence aussi digne que respectueux de la discipline romaine. Aussi bien, l'horizon s'éclaircit-il et s'allège-t-il des nuées orageuses qui s'y étaient amoncelées depuis la mort de Grégoire VII. Il n'en est pas moins vrai que cette crise intérieure a rendu confiance aux schismatiques et engendré parmi eux d'immenses espoirs. Rien ne pouvait mieux servir les desseins de Henri IV et de Clément III que la vacance prolongée du siège apostolique et les querelles stériles qui dressaient les uns contre les autres ceux qui se réclamaient de la tradition grégorienne. Il en résulte que la période qui a suivi la disparition de Grégoire VII sera immédiatement marquée par une recrudescence de l'opposition antigrégorienne, par un vigoureux effort pour jeter le discrédit sur l'œuvre du pontife défunt et pour conquérir à l'antipape, à la faveur de circonstances éminemment propices, le plus grand nombre possible d'adeptes. Une nouvelle génération d'écrivains, qui ont nom Benzon d'Albe, Benon, Guy de Ferrare, s'efforcera d'adapter aux nécessités nouvelles les thèmes traditionnels. A cette occasion, surgiront des conceptions souvent originales, dont l'apparition est une conséquence évidente de la crise romaine retracée dans les pages qui précèdent.

II. — LES PAMPHLETS ANTIGRÉGORIENS

SOMMAIRE. — I. Le *Liber ad Heinricum* : l'auteur ; biographie de Benzon,
évêque d'Albe ; caractères de l'œuvre ; la théorie de l'Empire romain
et de ses rapports avec l'Église ; attaques contre Grégoire VII, les Patares
et les Normands. — II. Les *Gesta Romanae ecclesiae* : l'auteur ; violences
à l'égard de Grégoire VII ; la théorie du pouvoir pontifical et le rôle attribué
aux cardinaux dans le gouvernement de l'Église romaine.

Parmi les œuvres polémiques qui ont vu le jour au lendemain
de la mort de Grégoire VII, on peut isoler un premier groupe,
constitué par de véritables pamphlets. Leur ton ne ressemble
en rien à celui des traités précédemment étudiés où, malgré
une hostilité non déguisée à l'égard du pape, la controverse
gardait, au moins dans la forme, une décente modération. Le
pontife disparu, il semble que, dans un certain clan, pour rallier à Clément III le clergé italien jusque là indécis, on ait cru
nécessaire de salir la mémoire du défunt non seulement en
accréditant, comme on l'avait fait auparavant, une interprétation tendancieuse de ses actes, mais encore en déversant
sur lui un torrent d'expressions injurieuses, qui parfois attei-
gnent l'ordure, et en lançant des accusations de sorcellerie,
de magie et autres analogues qui n'avaient qu'effleuré l'esprit des polémistes allemands. Si ces pamphlets se réduisaient
à ce seul aspect, ils n'offriraient qu'un très médiocre intérêt,
mais il se trouve que deux d'entre eux, le *Liber ad Heinricum*
de Benzon d'Albe et les *Gesta Romanae ecclesiae* du cardinal
Benon, renferment, à côté de calomnies sans grande portée,
des conceptions tout à fait nouvelles et à certains égards
capitales pour l'histoire des idées au moyen âge [1].

---

[1] Outre les ouvrages généraux déjà indiqués, et en particulier celui de
SCHRAMM, *Kaiser, Rom und Renovatio*, où l'on trouvera (t. I, p. 258-274)
quelques pages excellentes sur Benzon d'Albe, voir PIETRO ORSI, *Un
libellista del secolo XI, Benzone, vescovo d'Alba*, Turin, 1884 ; HUGO LEHM-
GRÜBNER, *Benzo von Alba. Ein Verfechter der Kaiserlichen Staatsidee unter*

I

Originaire vraisemblablement de la Basse-Italie où il a dû naître au début du XIᵉ siècle [1], Benzon a été nommé évêque d'Albe avant 1059, sans qu'il soit possible de préciser davantage la date de son intronisation [2]. On ne sait rien de sa jeunesse ni de sa formation intellectuelle, morale et religieuse. A travers son œuvre, il apparaît comme pétri de culture hellénique, ce qui ne saurait surprendre étant donné le milieu où il a passé ses premières années. Il est également probable qu'avant son élévation à l'épiscopat il a séjourné en Allemagne, car il connaît admirablement la langue germanique et a une expérience très approfondie des buts et des nécessités de la politique impériale [3].

Il restera d'ailleurs, pendant toute sa vie, l'infatigable champion de l'idée impériale et ne cessera de combattre pour le triomphe de la royauté germanique en Italie. C'est au lendelain de la mort de Nicolas II qu'il entre en lice : à Anselme de Lucques, élu pape le 1ᵉʳ octobre 1061 par les cardinaux sous le nom d'Alexandre II, l'impératrice régente, Agnès, vient d'op-

---

Heinrich IV, Berlin, 1887 (fasc. 6 des *Historische Untersuchungen* de JAS-TROW) ; JOSEPH SCHNITZER, *Die* Gesta Romanae ecclesiae *des Kardinals Beno und andere Schriften der schismatischen Kardinäle wider Gegor VII*, Bamberg, 1892.

[1] Cette date ne saurait être indiquée avec précision ; LEHMGRÜBNER *(op. cit.*, p. 5) voudrait que Benzon fût né vers 1010, sous prétexte qu'il était assez âgé lors de la dernière rédaction de son ouvrage, entre 1085 et 1089, et qu'il paraît avoir connu certains évêques du début du XIᵉ siècle, comme Léon de Verceil, mort en 1026 (cf. SCHRAMM, *op. cit.*, t. I, p. 263), mais c'est là une conjecture que l'on ne peut donner comme une certitude. Les arguments invoqués en faveur de l'origine méridionale de Benzon *(ibid.*, p. 3-4) sont mieux fondés : il n'est pas douteux que Benzon emploie beaucoup de termes grecs et qu'il a une haine profonde pour les Normands qu'il considère comme des intrus et des oppresseurs ; les allusions à la Sibylle *(Liber ad Heinricum*, I, 15, dans MGH, SS, t. XI, p. 605), au système d'impôts en usage dans la Basse-Italie *(Ibid.*, I, 5 et 6, dans MGH, SS, t. XI, p. 601-602) confirment cette hypothèse.

[2] Benzon est nommé par Bonizon de Sutri, au *Liber ad amicum*, VI *(Libelli de lite*, t. I, p. 594), parmi les évêques lombards venus au concile tenu à Rome par Nicolas II, en avril 1059.

[3] Il est impossible toutefois de déterminer à quel moment et dans quelles circonstances il est venu en Allemagne. LEHMBRÜBNER *(Benzo von Alba*, p. 6) pense qu'il a été chapelain de Henri III et que l'empereur, pour le récompenser de ses services, l'aurait nommé évêque d'Albe.

poser Cadalus évêque de Parme, ou Honorius II [1] ; Benzon se range délibérément à ses côtés. Il est assez malaisé de définir quel a été exactement son rôle en la circonstance, car on ne le connaît guère que par lui-même, et il semble bien qu'il ait, dans un but qui n'était peut-être pas entièrement désintéressé, quelque peu exagéré la valeur de ses services et de ses succès personnels [2].

Quoi qu'il en soit, il a combattu en faveur d'Honorius II qu'il s'est efforcé d'installer sur le siège apostolique. En 1061, peut-être sur un ordre de l'impératrice Agnès, il traverse la Toscane, gagne les seigneurs à prix d'argent, pénètre à Rome avec leur concours, y recueille un certain nombre de serments de fidélité à l'antipape [3] ; à l'en croire, il aurait confondu Alexandre II [4] et réussi « en pleine mer et sous la menace de tempêtes subites », à maintenir les Romains dans l'obéissance [5]. Ce qui demeure sûr, c'est que le parti allemand a fait, à ce moment, de notables progrès auxquels Benzon n'est sans doute pas étranger, car, en mars 1062, l'évêque d'Albe va au-devant de Cadalus à Sutri et, après lui avoir rendu compte de l'évo-

---

[1] Sur ces événements, cfr t. I, p. 341 et suiv.

[2] Dans les livres II et III du *Liber ad Heinricum*, Benzon a réuni tout ce qu'il avait écrit sur le schisme de Cadalus, et il revient encore sur ce sujet au début du livre VII. On s'est demandé quelle était la valeur historique de son témoignage, s'il avait voulu vraiment faire l'histoire du schisme ou simplement donner libre cours à ses sentiments violemment hostiles au parti de la réforme. En réalité, il a cherché avant tout, comme dans le reste de son œuvre, à faire valoir les services qu'il avait rendus à la cause impériale et à accréditer l'idée que l'empereur a seul le droit de nommer le pape. LEHMGRÜBNER (*op. cit.*, p. 91-111) a prouvé que les morceaux qui composent les livres II et III revêtent des caractères assez différents : les uns sont contemporains, les autres ont été ajoutés après coup, sans qu'il y ait jamais aucun lien chronologique rigoureux ; les mêmes événements réapparaissent parfois sous des formes différentes et les expressions, qui reviennent fréquemment, de *longum tempus*, de *multi dies*, et autres du même genre, prouvent suffisamment que Benzon n'a aucun souci de précision. Aussi est-on autorisé à conclure que son récit est dépourvu de valeur historique, mais il n'en reste pas moins avéré — et c'est là ce qu'il suffit de retenir ici — que l'évêque d'Albe est intervenu à plusieurs reprises, dans des circonstances qui demeurent assez confuses, pour défendre l'antipape Honorius II et ruiner l'autorité d'Alexandre II.

[3] *Liber ad Heinricum*, II, 1 (MGH, SS, t. XI, p. 612).

[4] *Liber ad Heinricum*, II, 2 (MGH, SS, t. XI, p. 612-613). Au chapitre III (*Ibid.*, p. 614), Benzon s'attribue le titre de *regis legatus*.

[5] *Liber ad Heinricum*, II, 6 (MGH, SS, t. XI, p. 615).

lution qui s'était produite en sa faveur, le décide à venir prendre possession de la capitale chrétienne [1]. L'antipape entre aussitôt à Rome. Toutefois il n'y reste pas longtemps : l'intervention de Godefroy de Lorraine l'oblige à se retirer à Parme, toujours accompagné du fidèle Benzon [2].

Celui-ci, au cours des années suivantes (1062-1064), ne put prévenir le triomphe d'Alexandre II [3], mais il ne modifia pas sa façon de penser et demeura obstinément hostile au pape légitime. On devine, à travers les différents morceaux qui composent le livre III du *Liber ad Heinricum*, quelles ont pu être les formes de son activité inquiète et fébrile. Elles dérivent de ses rancunes personnelles : il n'a pas pardonné à Alexandre II et conserve encore plus d'animosité envers ceux qui ont facilité le succès de l'évêque de Lucques, à savoir les Patares, qui ont créé un mouvement d'opinion en sa faveur, et les Normands qui sont intervenus après la mort de Nicolas II pour assurer la liberté du choix des cardinaux [4], enfin Annon de Cologne qui, en octobre 1062, a eu l'audace de réunir « sous les apparences d'un synode » le *conventiculum* qui a ratifié l'élection d'Alexandre II [5].

Il ne pouvait pas grand chose contre Annon, qu'il s'est contenté de flétrir avec son habituelle âpreté. C'est surtout aux Normands qu'il s'attaquera. Il nourrit, depuis sa première jeunesse, une profonde aversion à l'égard de ces maîtres de l'Italie méridionale : *Normanni, qui melius dicuntur Nullimanni, fetidissima scilicet stercora mundi*, s'écrie-t-il au début du livre III [6]. Aussi réclame-t-il un châtiment exemplaire, que seul le roi de Germanie est capable de leur infliger. Il essaie de persuader à l'archevêque de Brême, Adalbert, dont l'influence est grande à la cour depuis la majorité de Henri IV, qu'une expédition allemande dans l'Italie méridionale s'impose, mais Adalbert est trop conscient des intérêts réels de la politique germanique pour s'engager dans pareille aventure [7]. Ce sont alors des

---

[1] *Liber ad Heinricum*, II, 9-11 (MGH, SS, t. XI, p. 615-616). Cfr t. I, p. 345.

[2] *Liber ad Heinricum*, II, 13 (MGH, SS, t. XI, p. 617). Cfr t. I, p. 346.

[3] Cfr t. I, p. 345-350.

[4] Cfr t. I, p. 342-343.

[5] *Liber ad Heinricum*, III, 26 (MGH, SS, t. XI, p. 632).

[6] *Liber ad Heinricum*, III, 1 (MGH, SS, t. XI, p. 622).

[7] Sur le rôle d'Adalbert de Brême, cfr MEYER VON KNONAU, *Jahrbücher des*

appels directs et pathétiques au roi lui-même : « Est-ce vous qui devez venir ou faut-il en attendre un autre ? [1] » Et Benzon de proposer en exemple au jeune prince son prédécesseur Othon III qui, mieux que quiconque, a incarné la fonction impériale en fixant à Rome la capitale de l'Empire [2]. Ces supplications restant vaines, l'évêque d'Albe prit le parti de se rendre en Allemagne. Il a laissé un récit de son voyage et reconstitué dans le *Liber ad Heinricum* le discours qu'il aurait prononcé en présence de la cour, discours bourré de souvenirs historiques où il rappelle les randonnées fameuses des Othons et de Henri II en Italie, où il énumère toutes les chances de réussite et suggère, en fin de compte, la conclusion d'une alliance avec l'empereur byzantin également intéressé à la disparition de la puissance normande dans l'Italie méridionale [3]. Ce discours, selon lui, aurait suscité un vif enthousiasme, mais cet enthousiasme, s'il s'est produit, fut sans résultat effectif, car Henri IV ne descendit pas dans la péninsule et ne vint pas châtier les Normands.

Du côté patare, Benzon n'eut pas plus de succès. Pendant tout le pontificat d'Alexandre II, le parti de la réforme ne cessa de progresser en Italie du Nord et les tentatives pour ressusciter le schisme demeurèrent sans effet. Il semble que l'évêque d'Albe en ait éprouvé un vif dépit. A la fin du livre III du *Liber ad Heinricum*, il constate avec mélancolie qu'il reste seul pour combattre l'erreur et la folie, s'appliquant la parole de l'Écriture : *parce que ses mains se sont portées contre tous et les mains de tous contre lui* [4].

Cet échec semble avoir atténué son ardeur combative. Après l'avènement de Grégoire VII, il restera à l'arrière-plan et ne sera directement mêlé à aucun des événements qui ont marqué les débuts de la lutte du Sacerdoce et de l'Empire.

---

deutschen Reichs unter Heinrich IV und Heinrich V, t. III, p. 400 et suiv., et A. FLICHE, *L'Europe occidentale de 888 à 1125* (t. II, de l'*Histoire Générale, Moyen âge* sous la direction de GUSTAVE GLOTZ), Paris, 1930, p. 352-354.

[1] *Liber ad Heinricum*, III, 5 (MGH, SS, t. XI, p. 624).

[2] *Liber ad Heinricum*, III, 6 (MGH, SS, t. XI, p. 624).

[3] *Liber ad Heinricum*, III, 12-19 (MGH, SS, t. XI, p. 627-630).

[4] *Liber ad Heinricum*, III, 29 : « Remansit solus frater Benzo, insanias falsas contradicens eis, in spiritu et habitu Hysmalielis. De quo dicit Scriptura *quia manus ejus contra omnes et manus omnium contra eum (Gen.*, XVI-12) » (MGH, SS, t. XI, p. 632).

Chassé de son diocèse par les Patares en 1076 ou 1077 [1], il paraît avoir mené, pendant les années qui suivirent, une existence assez misérable ; la maladie elle-même l'a éprouvé et empêché d'assister, en 1080, à l'assemblée de Brixen [2]. Il n'en est pas moins resté fidèle à Henri IV, qu'il n'a cessé de défendre par la plume avec l'espoir qu'il tirerait un jour profit du zèle manifesté pour la cause germanique en Italie.

On a conservé de cette période un certain nombre de pièces de vers qui plus tard ont été groupées dans le *Liber ad Heinricum*. La plupart sont adressées à des évêques [3]. Benzon y apparaît ardemment préoccupé de maintenir les partisans de Henri IV dans la fidélité au roi, de ramener les transfuges, par dessus tout d'anéantir les Patares qu'il considère comme les pires ennemis de la royauté allemande. Il blâme Denis de Plaisance d'avoir trahi la cause commune en négociant avec Grégoire VII [4]. A Tedald, élu en 1075 archevêque de Milan [5], il reproche sa mollesse, son manque de virilité, qui contraste avec la farouche énergie des évêques du temps des Othons [6]. Cunibert de Turin est lui aussi invité à imiter les prélats de la grande époque [7], de cet « âge d'or », comme il est dit encore dans le poème adressé à l'évêque d'Ivrée, Oger, sans doute

---

[1] Sur la date, voir LEHMGRÜBNER, *Benzo von Alba*, p. 7.

[2] Il s'est excusé de son absence, alléguant qu'il souffrait de rhumatismes, dans la pièce 11 du livre IV (MGH, SS, t. XI, p. 645).

[3] Ces pièces figurent pour la plupart dans le livre IV. LEHMGRÜBNER *(op. cit.*, p. 66) en a tenté le classement chronologique et ses conclusions paraissent, dans l'ensemble, pouvoir être adoptées.

[4] *Liber ad Heinricum*, IV, 2 (MGH, SS, t. XI, p. 636). — Cette lettre est certainement de la fin de 1074, ou du début de 1075, car il est fait allusion à des négociations dans une lettre de Grégoire VII en date du 27 novembre 1074 *(Registrum*, II, 26, édit. CASPAR, p. 158-159 ; édit. JAFFÉ, p. 138 ; PL, CXLVIII, 381) et à leur rupture dans une autre bulle du 3 mars 1075 *(Registrum*, II, 54, édit. CASPAR, p. 198 ; édit. JAFFÉ, p. 172 ; PL, CXLVIII, 406), où Grégoire VII demande aux habitants de Plaisance d'expulser leur évêque.

[5] Cfr t. II, p. 272.

[6] *Liber ad Heinricum*, IV. 1 (MGH, SS, t. XI, p. 634-636). Cette pièce est antérieure à la consécration de Tedald comme archevêque de Milan (4 février 1076) faite contre le gré de Grégoire VII, car, après cette date, Benzon n'avait plus aucune raison de reprocher à Tedald son manque d'énergie ; elle date donc des derniers mois de 1075 ou, au plus tard, de janvier 1076.

[7] *Liber ad Heinricum*, IV, 3 (MGH, SS, t. XI, p. 637). — LEHMGRÜBNER *(op. cit.*, p. 45-46) considère ce poème comme contemporain de celui qui est cité à la note précédente; cela paraît vraisemblable, sans qu'il y ait des indices chronologiques absolument sûrs.

au lendemain de l'entrevue de Canossa [1]. En même temps, Benzon ne cesse de dénoncer les Patares comme l'ennemi qu'il faut écraser à tout prix, si l'Italie veut encore connaître les douceurs du régime impérial, tel qu'il fonctionnait au début du siècle. « Soyez forts, ne vous laissez pas séduire, ne craignez pas les ombres vaines, mais serrez vos rangs autour du roi, souvenez-vous que vos prédécesseurs étaient aussi unis que nous sommes divisés, que par là nous prêtons le flanc à l'astuce de nos ennemis », tels sont les conseils qui reviennent sans cesse dans les poésies des années 1076 et 1077 [2].

Ces véhéments appels ne semblent pas avoir été entendus. Benzon, abandonné de tous, dut quitter son évêché, sans doute au printemps de 1077 [3]. Les derniers poèmes du livre IV respirent beaucoup d'amertume, mais une amertume résignée, dépouillée de tout sentiment belliqueux et même de passion : le malheureux exilé se plaint de ce que l'on n'agisse pas ; il déplore qu'une « fausse idole » retienne Henri IV en Allemagne[4], et, devant l'avarice, la lâcheté, l'orgueil des prélats qu'il flétrit à maintes reprises, il place tous ses espoirs dans la venue du « divin Henri », comptant à cet effet sur l'appui d'Adélaïde de Savoie, belle-mère de Henri IV, pour détacher la comtesse Mathilde de l'alliance du Saint-Siège [5] et affaiblir ainsi les Patares plus que jamais considérés comme responsables de la situation actuelle [6].

L'arrivée de Henri IV dans la péninsule en 1081 fut saluée par Benzon comme l'aurore de jours radieux. Elle le consola de n'avoir pu assister à l'assemblée de Brixen d'où la maladie l'avait éloigné ; elle lui fit surtout espérer que le retour du régime othonien était proche. Désormais, il vit dans l'attente des grands événements qui doivent ramener en Italie la paix

---

[1] *Liber ad Heinricum*, IV, 4 (MGH, SS, t. XI, p. 638). — Sur la date, cfr LEHMGRÜBNER, *op. cit.*, p. 48-52.

[2] Cfr surtout : *Liber ad Heinricum*, IV, 3 (MGH, SS, t. XI, p. 637) ; IV, 4 *(Ibid.*, p. 638-639) ; IV, 5 *(Ibid.*, p. 641).

[3] LEHMGRÜBNER *(op. cit.*, p. 56) montre bien que l'expulsion de Benzon a dû se produire entre la rédaction de IV, 5 et celle de IV, 6 qui inaugure une nouvelle série.

[4] *Liber ad Heinricum*, VI, 4 (MGH, SS, t. XI, p. 662). — Il s'agit sûrement de Rodolphe de Souabe.

[5] Plusieurs lettres du livre V, qui datent des années 1079 et 1080, lui sont adressées. Cfr LEHMGRÜBNER, *op. cit.*, p. 72-73.

[6] Cfr surtout *Liber ad Heinricum*, V, 1 (MGH, SS, t. XI, p. 648-649).

impériale. Il célèbre la victoire de Henri sur Rodolphe de
Souabe qu'un jugement de Dieu a châtié de son audace impie[1],
proclame avec feu que le roi est l'élu de ce Dieu qui manifeste
son amour envers lui en lui infligeant de rudes épreuves avant
de lui ménager le triomphe auquel il a droit [2]. L'entrée de
Henri IV à Rome, en mars 1084, comble ses vœux ; les chants
d'allégresse succèdent aux accents de l'inquiétude ; Benzon
se réjouit de la défaite de ses ennemis et se complaît à penser
que le souverain victorieux, après avoir réparé les injustices
commises, n'oubliera pas celui qui fut un de ses meilleurs serviteurs [3].

On ne sait pas si la victoire de Henri IV eut pour l'évêque
d'Albe les conséquences qu'il en attendait. Les dernières années
de sa vie sont enveloppées d'une obscurité totale. Il y a lieu
de croire qu'il a vécu encore quelque temps, mais non sans
ressentir les atteintes de l'âge et de la maladie. Sa mort est
certainement antérieure à la seconde expédition de Henri IV
en Italie qui se place en 1090, mais on ne peut en fixer la date
exacte [4].

Il reste que cette existence mouvementée a été tout entière
consacrée au service de la royauté germanique et qu'elle
offre par là une remarquable unité. Benzon d'Albe ne ressemble en aucune façon à ces évêques allemands qui ont eu tant
de peine à opter pour la papauté ou pour l'Empire, plaçant
leurs espoirs dans une chimérique réconciliation et passant
alternativement d'un parti à l'autre suivant les circonstances
et les chances de succès. Il n'a jamais cherché à se rapprocher
de Grégoire VII, allié de ces Patares qu'il méprise et qu'il
hait, même quand son intérêt le lui aurait commandé. Très
versé dans la connaissance des choses du passé, il n'a pas
poursuivi d'autre objectif que la restauration du régime othonien et la subordination de l'Italie à la royauté germanique
dotée à nouveau de la dignité impériale.

Très mêlé aux événements politiques et religieux qui se sont
déroulés sous les pontificats d'Alexandre II et de Grégoire VII,

---

[1] *Liber ad Heinricum*, VI, 4 (MGH, SS, t. XI, p. 661-662).
[2] *Liber ad Heinricum*, VI, 4 (MGH, SS, t. XI, p. 663).
[3] *Liber ad Heinricum*, VI, 6 (MGH, SS, t. XI, p. 668) et VI, 7 *(Ibid.*,
p. 669)
[4] Cfr LEHMGRÜBNER, *Benzo von Alba*, p. 7-8.

Benzon d'Albe est aussi et surtout l'auteur du *Liber ad Hein-ricum* [1].

Cette œuvre ne ressemble en rien à celles qui ont été précé-demment examinées. Elle n'a pas l'allure d'un traité : elle se compose d'une série de pièces de circonstance, plus ou moins longues, les unes en vers, les autres en prose, dédiées à des personnages très divers, mais où l'on retrouve un bon nom-bre de thèmes communs et inspirés par les idées pour les-quelles Benzon n'a cessé de lutter et de souffrir ; l'écrivain est chez lui inséparable de l'homme d'action.

Il n'est pas nécessaire d'analyser ici une à une ces diffé-rentes pièces ni de rechercher à quelle occasion elles ont vu le jour ; le travail a déjà été fait [2] et c'est l'ensemble du recueil qui seul a de l'importance pour l'histoire de l'opposition antigrégorienne. Il suffira de rappeler que les plus anciennes de ces pièces — celles des livres II et III—sont sans doute con-temporaines du schisme de Cadalus, soit des années 1064-1065, mais ne sont pas parvenues sous leur forme primitive [3]. Les livres IV, V, VI groupent des poèmes qui s'échelonnent pour la plupart entre les années 1074 et 1084, tandis que les livres I et VII, à l'exception de quelques morceaux antérieurs qui y ont été enchâssés, ont été seulement rédigés après la vic-toire de Henri IV sur Grégoire VII [4]. Ce qui importe davantage,

---

[1] Nous n'avons pas d'édition critique récente du *Liber ad Heinricum*. Il faut se reporter à celle des MGH, SS, t. XI, p. 591-681.

[2] Cfr LEHMGRÜBNER, *op. cit.*, p. 8 et suiv., auquel nous renvoyons et dont les conclusions, comme on l'a déjà noté, méritent le plus souvent d'être retenues.

[3] Cfr *supra*, p. 217, n. 2, et LEHMGRÜBNER, *op. cit.*, p. 91-111. Les livres II et III, relatifs au schisme de Cadalus, groupent au moins trois récits rédigés peu après les événements et intercalés dans la rédaction définitive.

[4] Le livre I, qui comprend une série d'opuscules en prose dont aucun n'est antérieur à 1083, constitue une sorte de préface à l'ensemble de l'œuvre. A partir du livre IV, il semble que Benzon ait réuni ses poèmes et opuscules en prose suivant un ordre chronologique assez rigoureux : ceux du livre IV s'échelonnent entre 1076 et 1080, à l'exception de l'opuscule 2 qui est certai-nement de 1074 ou au plus tard du début de 1075 ; le livre V se place entre la fin de 1080 et le début de 1082 ; le livre VI a trait aux événements qui se sont déroulés en Italie de 1082 à 1085 ; enfin le livre VII est postérieur à la mort de Grégoire VII. Sans doute, avant la composition définitive, y a-t-il eu des groupements partiels ; il est probable que les livres I, IV et VI ont été rédigés séparément avant de prendre place dans le *Liber ad Heinricum* sous la forme où nous le possédons aujourd'hui.

c'est de déterminer à quelle date et dans quel but le rassemblement a été fait, le *Liber ad Heinricum* n'ayant exercé d'influence sur le mouvement des idées qu'après avoir revêtu sa forme définitive.

Or, on peut affirmer que sous son aspect actuel le *Liber ad Heinricum* a définitivement vu le jour au lendemain de la mort de Grégoire VII, soit à la fin de 1085, soit au début de 1086 [1]. Le seul manuscrit qui le contienne et qui est certainement l'original [2], porte la trace de remaniements qui sont de la main de Benzon lui-même et prouvent que l'auteur n'a cessé de revoir et de corriger sa rédaction, même après l'avoir achevée : la dédicace à Henri IV, les prologues des livres V, VI, VII [3], une lettre à Adélaïde de Suse [4] et une des pièces en vers du livre VI [5] représentent des additions postérieures — d'assez peu sans doute — à la composition du *Liber ad*

---

[1] On trouve des allusions à la mort de Grégoire VII dans VII,2 : *depulsus ab urbe, putrescit* (MGH, SS, t. XI, p. 673) et il résulte aussi de l'emploi du passé au lieu du présent que le pape avait disparu au moment où ce livre VII fut composé ; il en est de même pour les derniers chapitres du livre I. De plus, soit au livre I, soit au livre VII, Benzon parle de la victoire de Henri IV à Rome et du couronnement impérial qui a suivi, ainsi que de l'intronisation de Clément III ; on remarque en particulier dans les derniers chapitres du livre I l'emploi des qualificatifs *imperator* et *augustus* pour désigner Henri IV, à la place de celui de *rex* jusque-là utilisé ; enfin, dans le prologue du livre VII, Benzon raconte comment Grégoire VII a été déposé et Clément III élu. Ainsi la rédaction définitive est forcément postérieure au couronnement impérial de Henri IV et à la mort de Grégoire VII (25 mai 1085). Par ailleurs, le *Liber ad Heinricum* a été composé à un moment où Henri IV était en Allemagne : les poèmes 3 à 6 du livre VII (MGH, SS, t. XI, p. 673-678) adjurent le prince de revenir en Italie. On ne saurait donc accepter l'opinion de PERTZ (MGH, SS, t. XI, p. 596) suivant laquelle le *Liber ad Heinricum* ne serait pas antérieur à 1091, car Henri IV est revenu dans la péninsule en avril 1090 et cette année marque le *terminus ad quem*. Il y a lieu, à notre avis, d'ajouter que les noms des successeurs de Grégoire VII ne sont jamais prononcés et que, à plusieurs reprises, Benzon suggère à Henri IV de venir en Italie pour donner un pape à l'Église. Il est donc infiniment probable qu'au moment où le *Liber ad Heinricum* prit sa forme définitive, Didier du Mont-Cassin n'avait pas encore été élu ou tout au moins intronisé, sans quoi le nouveau pape aurait été violemment incriminé d'avoir ceint la tiare sans l'assentiment impérial. Tout concorde donc pour placer la composition du *Liber ad Heinricum* à la fin de 1085 ou au début de 1086.

[2] On trouvera la description de ce manuscrit, actuellement à Upsal, dans LEHMGRÜBNER, *Benzo von Alba*, p. 21 et suiv.

[3] MGH, SS, t. XI, p. 647, 656-659, 669.

[4] *Liber ad Heinricum*, V, 12 (MGH, SS, t. XI, p. 654-655)

[5] *Liber ad Heinricum*, VI, 7 (MGH, SS, t. XI, p. 668-669).

Heinricum et qui ne modifient pas la physionomie de l'œuvre.

Du fait que le *Liber ad Heinricum* est un recueil de pièces généralement très courtes et écrites au fil des événements, la pensée de l'auteur se présente sous une forme assez fugitive et décousue ; elle s'exprime spontanément, suivant les circonstances ou les impulsions du moment, et elle est parfois difficile à saisir, tellement la langue est abstraite et imagée, tandis que fourmillent les allusions à des faits difficiles à reconstituer ou à des personnages dont le rôle est mal connu. On découvre rarement l'imitation d'une source écrite[1], et l'on chercherait en vain l'armature de textes juridiques et canoniques à l'aide desquels un Petrus Crassus, un Wenric de Trèves ou un Guy d'Osnabrück échafaudaient quelques années plus tôt leurs théories politiques et religieuses ; en revanche, on y relève, outre un nombre relativement considérable de citations scripturaires, des réminiscences classiques et des souvenirs de l'histoire sacrée ou profane qui viennent tout naturellement sous la plume et laissent deviner une culture plus variée et plus étendue que celle des polémistes contemporains. Benzon d'Albe est, à bien des égards, un humaniste : il suffit de parcourir son œuvre pour y découvrir de probants indices de cette renaissance des lettres antiques qui s'affirmera à Rome au XIIe siècle[2] et dont les débuts coïncident avec la réapparition déjà signalée du droit romain à l'école de Ravenne. Comme Petrus Crassus, il est lui aussi, dans un domaine tout différent, un précurseur. Non seulement il a, comme on le verra par la suite, des notions assez précises sur l'histoire des empereurs païens, mais il sait à l'occasion rappeler le

---

[1] M. SCHRAMM, *Kaiser, Rom und Renovatio*, p.264-267, pense que Benzon a utilisé les *Graphia aureae urbis Romae* et d'autres œuvres issues de ce texte célèbre pendant la première moitié du XIe siècle. La chose n'est pas impossible, sans que les analogies relevées dans l'expression soient absolument convaincantes ; il y a sans doute identité de la pensée.

[2] Sur cette renaissance de l'humanisme, voir F. NOVATI, *L'influsso del pensiero latino sopra la civilta italiana del m. e*, Milan, 1899 ; DRESDNER, *Kultur und Sittengeschichte der ital. Geistlichkeit im X und XI Jahrhundert*, Breslau, 1890 ; E. JORDAN, *Dante et la théorie romaine de l'Empire*, dans *Revue historique du droit français et étranger*, t. XLVI, 1922, p. 203 et suiv. ; R. HOMO, *Rome médiévale*, Paris, 1934, p. 250-252, et enfin SCHRAMM, *op. cit.*, t. I, p. 259 et suiv.

souvenir des grands hommes de la période républicaine ;
quand il invite Henri IV à déraciner les scandales de son
époque, il lui propose Scipion en exemple [1] ; ailleurs, il le
met au-dessus de Fabius, de Cicéron, de Fabricius et de
Caton [2]. C'est qu'il connaît ses auteurs latins : il cite Horace
qui paraît avoir été son auteur préféré [3] ; il a aussi des souvenirs
de Salluste, de Cicéron, d'Aulu-Gelle, de Virgile [4] ; et, dans sa
dédicace en vers, il mentionne en outre les noms de Démos-
thène, de Lucain, de Stace, de Pindare, d'Homère, de Quin-
tilien et de Térence [5]. Il est aussi familier avec la mythologie
qu'avec l'histoire : Hercule et Hector, Éaque et Radamanthe
ne lui sont pas plus étrangers que Darius, Cyrus, Socrate,
Diogène, Alexandre et Ptolémée [6], et le nom de la Sibylle
revient plusieurs fois sous sa plume à côté de ceux des prophètes
de l'Ancien Testament [7]. Benzon d'Albe est donc nourri d'antiquité latine et même grecque ; c'est là ce qui explique la
physionomie tout-à-fait à part de son œuvre littéraire.

On ne doit pas non plus, pour peser exactement la valeur du
Liber ad Heinricum, faire abstraction des préoccupations personnelles qui ont présidé à sa rédaction. Tout en travaillant
pour la restauration en Italie du régime impérial, tel qu'il
avait existé à la fin du Xe siècle et au début du XIe, Benzon
n'a garde de s'oublier lui-même ; il réclame avec une insistance
parfois assez lourde la situation à laquelle il estime avoir droit
dans l'État dont il poursuit la réalisation : n'a-t-il pas « exposé
son corps et son âme pour rester fidèle au roi ? [8] » Lorsqu'il
retrace l'histoire du schisme de Cadalus, non content de vanter

---

[1] *Liber ad Heinricum,* I, *Prologus* (MGH, SS, t. XI, p. 597).

[2] *Liber ad Heinricum,* VI, 7 (MGH, SS, t. XI, p. 668).

[3] Cfr notamment *Liber ad Heinricum,* I, 2 (MGH, SS, t. XI, p. 600) ;
II, 6 *(Ibid.,* p. 615) ; III, 15 *(Ibid.,* p. 628) ; III, 19 *(Ibid.,* p. 629) ; VII, 2
(Ibid., p. 672 et 673).

[4] Au *Liber ad Heinricum,* I, 22 (MGH, SS, t. XI, p. 608), il cite un passage
de *Jugurtha* (XXX, 26).On note encore des réminiscences des *Noctes atticae*
(V, 9) au I, 37 *(Ibid,* p. 611), de Virgile au II, 6 *(Ibid.,* p. 615) et au VII, 1
(Ibid., p. 670), des Tusculanes (I, 3, 6) au III, 12 *(Ibid.,* p. 627).

[5] *Liber ad Heinricum,* I (MGH, SS, t. XI, p. 599).

[6] Cfr notamment *Liber ad Heinricum, Epigramma libri primi* (MGH, SS,
t. XI, p. 600); I, 18 *(Ibid.,* p. 607); I, 28 *(Ibid.,* p. 610) ; IV, 5 *(Ibid.,* p. 640) ;
VI, 4 *(Ibid.,* p. 662).

[7] Cfr surtout *Liber ad Heinricum,* I, 15 (MGH, SS, t. XI, p. 605).

[8] *Liber ad Heinricum,* I, 26 (MGH, SS, t. XI, p. 609).

les services rendus à la cause impériale en cette circonstance, il a soin de rappeler combien ses interventions avaient été appréciées en ces temps déjà lointains et moins présents à la mémoire des survivants. « Frère Benzon, lui aurait-on dit à la cour lors de son ambassade en Germanie, nous devons à bon droit vous aimer, car nous nous rendons compte que vous n'avez jamais eu aucune défaillance dans le service du roi ; au milieu de tous les dangers vous avez combattu pour lui, et vous vous êtes montré intrépide. Entré à Rome sur l'ordre de notre maître, vous avez déposé les hérésiarques, fixé notre ligne de conduite et bu le calice de beaucoup de passions pour le maître auquel vous pouvez dire en toute confiance : *Voici que j'ai tout laissé et que je vous ai suivi* [1] .»

Les services rendus ne se sont pas d'ailleurs limités à la période d'Alexandre II : si « Éaque et Radamante » ont été expulsés de l'arche de Pierre, si Rome a été maintenue dans l'obéissance du roi et si Clément III est installé sur le siège apostolique, c'est bien à l'activité de l'évêque d'Albe, pourtant si mal secondé par ses confrères, que Henri IV le doit [2]. Et dès lors pourrait-il y avoir « un seigneur assez dur pour ne pas donner à un tel serviteur, qui a pris si souvent la plume pour lui, quelque récompense ? [3] » Toutes les pièces qui composent le livre V du *Liber ad Heinricum* développent ce thème avec une fatigante monotonie. La préface l'annonce sans détour : « Puisque personne ne se souvient de moi, gémit Benzon, alors que j'ai tant peiné à Rome pour l'honneur du roi, je vais en peu de mots, ô grand roi, vous dévoiler certains faits. J'ai fait la guerre à Prandellus et à Badaculus, qui ont enfoui dans leur sac le trésor de Saint-Pierre, et je les ai chassés de l'arche.» Suit le récit, souvent emphatique, des luttes soutenues pour le succès de la cause et destiné à amener cette conclusion : « Il convient qu'un si grand seigneur récompense un serviteur que ni les flatteries ni les menaces n'ont fait fuir et qui n'a

---

[1] Luc, XVIII, 28. — *Liber ad Heinricum*, III, 22 (MGH, SS, t. XI, p. 630). — Cfr aussi la lettre de l'impératrice Agnès à Benzon, où il est dit : « Sicut fidelis servus et prudens pro causa domini tui regis bene cucurristi in stadio, fortiter resistens adversario» *(Ibid.*, II, 16, dans MGH, SS, t. XI, p. 619).

[2] *Liber ad Heinricum*, I, 28 (MGH, SS, t. XI, p. 610).

[3] *Liber ad Heinricum*, I, 29 (MGH, SS, t. XI, p. 610).

pas craint pour lui de se perdre lui-même [1]. » Les lettres à la reine
Adelaïde et au roi, réunies à la fin de ce livre V, n'ont, elles
aussi, d'autre but que de prouver que nul n'a combattu plus
âprement en leur faveur [2]. Ailleurs encore, Benzon se plaint
d'être malade, et insinue à cette occasion qu'il paye par là
toutes les fatigues qu'il a endurées pour la cause germanique en
Italie [3].

Il n'est pour ainsi dire pas de page du *Liber ad Heinricum*
où ne se découvre le but intéressé que poursuit son auteur [4].
Il en résulte qu'à l'observer superficiellement on n'y apercevrait qu'un panégyrique de Henri IV, inspiré par le plus vil
esprit courtisan. Benzon d'ailleurs ne s'en cache pas. Dans
le prologue du premier livre, il dévoile son intention qui n'est
autre, dit-il, que de « narrer les victoires de son seigneur,
l'empereur Henri [5] » et aussi les raisons qui l'ont porté à célébrer des triomphes sans précédent : les grands hommes seraient
tombés dans l'oubli, s'ils n'avaient trouvé d'historiens ; Charlemagne, les trois Othons, les deux Henris, Conrad ont pu,
grâce aux chroniqueurs qui ont rapporté leurs actions d'éclat,
prendre place pour toujours parmi les « rois catholiques » ;
Benzon se propose de rendre le même service à Henri IV [6].
A l'en croire, les mérites du nouveau « César Auguste» sont
encore supérieurs à ceux de tant d'empereurs illustres ; les
trophées de ses victoires dépassent en nombre tout ce que l'on
peut imaginer et, par un don de Dieu, il a toujours atteint
la perfection, ce qui ne saurait surprendre, car, en toute circonstance, Dieu lui-même, précède son christ, Henri, et lui
assure la victoire, si bien que la terre l'attend comme un
rédempteur [7].

---

[1] *Liber ad Heinricum*, V, 1 (MGH, SS, t. XI, p. 648).— Au livre V, 3 *(Ibid.*,
p. 650), Benzon reprend le même thème sans guère changer les termes :
   « Dignus est mercede sua Albensis episcopus
   « Qui pro rege cum Zyphis pugnavit prae omnibus. »
Cfr aussi la conclusion du livre III citée p. 213, n. 3.
[2] *Liber ad Heinricum*, V, 9 et suiv. (MGH, SS, t. XI, p. 653-656).
[3] *Liber ad Heinricum*, VI, 2 (MGH, SS, t. XI, p. 660).
[4] Cfr notamment : IV, 7 (MGH, SS, t. XI, p. 643 ; V, 9 *(Ibid.*, p. 653-656) ;
VI, 3 *(Ibid.*, p. 660) ; VI, 7 *(Ibid.*, p. 669).
[5] *Liber ad Heinricum*, I, *Prologus* (MGH, SS, t. XI, p. 597).
[6] *Liber ad Heinricum*, I, *Prologus* (MGH, SS, t. XI, p. 597-599).
[7] *Liber ad Heinricum*, I, 14 (MGH, SS, t. XI, p. 604-605).

A plusieurs reprises, Benzon revient sur cette idée que Henri
IV n'est pas un homme selon la chair, mais un envoyé de Dieu[1].
« Louez le Seigneur dans les cieux, s'écrie-t-il ; oui, nous devons louer Dieu qui a permis que son christ, Henri, remportât
toujours sur ses ennemis une éclatante victoire. Que son nom
soit béni dans les siècles, car sa main soutient la main de son
christ, Henri[2]. » Aussi bien, en raison de ses succès, Henri
IV peut-il être comparé avec les plus grands héros païens
et chrétiens : égal à Scipion ; il surpasse Fabius et Cicéron,
Fabricius et Caton, Théodoric, Justinien et Charlemagne[3].
Très sérieusement encore, Benzon estime que les douze travaux
d'Hercule « offrent une ressemblance évidente avec ceux de
notre seigneur César.[4] » « Vous êtes, César, aussi grand que le
monde », s'écrie-t-il encore avec son habituelle emphase[5].
Et ce César, grand comme le monde, « sera glorifié au-dessus
de tous les rois de la terre.[6] » Il ne sera pas dit de lui : Cet
homme a commencé à *édifier, mais il n'a pu terminer*[7], car,
« foulant aux pieds toutes les difficultés il a terminé triompha-
lement tout ce qu'il a entrepris[8]. »

Dans la pensée de son auteur, le *Liber ad Heinricum* est
destiné à accumuler les manifestations sensibles de cette gloire
« afin que ce qui est endormi dans le sein de l'oubli réappa-
raisse à la lumière grâce à la révélation qu'en fera Benzon
serviteur de l'empereur Henri[9]. » Toutefois, si les opuscules
qui le composent se bornaient à cette louange servile et inté-
ressée, ils mériteraient à peine une mention dans la littérature
polémique de la fin du XIe siècle. Fort heureusement, Benzon
d'Albe, tout en flattant et en exaltant son souverain, ne craint
pas de lui donner des conseils, ce qui le conduit à formuler des
théories sur le pouvoir impérial. « Tout ce que contient ce

---

[1] *Liber ad Heinricum*, VI, 7 : « De coelo missus, non homo carnis » (MGH,
SS, t. XI, p. 669).

[2] *Liber ad Heinricum*, I, 4 (MGH, SS, t. XI, p. 601).

[3] *Liber ad Heinricum*, VI, 7 (MHG, SS, t. XI, p. 668-669).

[4] *Liber ad Heinricum*, I, 18 (MGH, SS, t. XI, p. 607). Cfr aussi VI, 4 :
« Clemens Deus regem nostrum temptavit laboribus » *(Ibid.,* p. 663).

[5] *Liber ad Heinricum*, VI, 7 (MGH, SS, t. XI, p. 668).

[6] *Liber ad Heinricum, Epigramma libri primi* (MGH, SS, t. XI, p. 600).

[7] Luc, XIV, 30.

[8] *Liber ad Heinricum*, I, 18 (MGH, SS, t. XI, p. 607).

[9] *Liber ad Heinricum, Epigramma libri primi* (MGH, SS, t. XI, p. 599).

livre, lit-on encore dans la préface, est nécessaire à connaître à César Auguste et à ses successeurs car il y est question de l'administration de l'Empire [1]. »

De ce fait, le *Liber ad Heinricum* renferme les éléments d'une théorie du pouvoir impérial qui, sans doute, ne revêt pas une allure didactique, incompatible avec les caractères de l'œuvre, mais transperce çà et là, à propos d'un fait ou pour alimenter une discussion. A l'aide de réflexions éparses, on peut du moins dégager les tendances du polémiste et les confronter avec celles des écrivains antérieurs, pour fixer ensuite la nouvelle étape franchie par les thèses impérialistes à la fin du pontificat de Grégoire VII.

Ce qui frappe avant toutes choses à travers les fragments divers qui, en 1085 ou 1086, ont constitué le *Liber ad Heinricum,* c'est une admiration, qui confine à l'idolâtrie, pour l'institution impériale sans laquelle le monde ne saurait trouver sa stabilité ni vivre en paix. Si Benzon d'Albe éprouve pour Grégoire VII, on le verra plus loin, une aversion violente et tenace qu'il déverse en des termes confinant parfois à l'ordure, c'est d'abord parce qu'il a conscience que les décrets grégoriens et les mesures qui en ont découlé ont porté un coup terrible au régime othonien. Restaurer ce qui existait à la fin du xe siècle et au début du xie, tel est le but avoué vers lequel convergent tous ses efforts. A Henri IV il propose sans cesse comme modèle Othon III pour lequel il éprouve une vénération aussi enthousiaste que sincère : « O homme parmi tous les hommes, s'écrie-t-il, ô empereur parmi tous les empereurs, dont la libéralité survivra pendant tous les siècles des siècles. S'il est le troisième Othon, vous êtes, ô César Henri, le troisième Henri [2]. Soyez donc un, vous deux qui portez le chiffre trois [3]. » Ailleurs il établit un parallèle entre la vie des deux souverains : Othon III a été, dès son enfance, arraché au sein de sa mère, et Henri a bu au même calice d'amertume ; les habitants de Pavie ont opposé à Othon III un pseudopasteur et Henri en a vu surgir un autre ; les Romains ont dressé devant Othon

---

[1] *Liber ad Heinricum, Epigramma libri primi* (MGH, SS, t. XI, p. 599).

[2] Henri IV est toujours désigné par Benzon d'Albe sous le nom de Henri III ; il est en effet le troisième empereur du nom de Henri, le fondateur de la dynastie saxonne, Henri Ier n'ayant pas porté le titre impérial.

[3] *Liber ad Heinricum,* VII, 2 (MGH, SS, t. XI, p. 670).

un simoniaque (Jean XVI), et Henri a cruellement souffert du fait de l'«idole des Normands.» Mais Othon a vengé ces injures par toutes sortes de lois ; par la subtilité de son esprit, il a « réparé la monarchie et tout l'Empire [1]. » Grâce à son génial effort, admirablement secondé par celui des évêques, le monde a pu recouvrer les fruits de la paix. « Nulle part aucun trouble, partout le règne de la raison ; la terre, comme le ciel, goûtait le repos ; les clercs se montraient aussi pieux que les chœurs évangéliques. O heureux temps, sans ruses perfides, sans crainte, sans déshonneur, et où l'erreur ne répandait pas ses nuages [2]. » Bref, l'époque d'Othon III apparaît comme un « âge d'or », où « la sagesse romaine, dérivée de la source grecque, fleurissait largement [3], âge d'or qui s'est d'ailleurs prolongé sous les successeurs du grand empereur, les Henris, dont l'actuel Henri devra méditer les exemples et les leçons. [4] »

Cette admiration n'est d'ailleurs pas irraisonnée et l'on perçoit très bien les raisons pour lesquelles, en dehors des motifs d'ordre personnel signalés plus haut, le régime othonien apparaît à Benzon d'Albe comme un idéal à ressusciter. Othon III s'est proposé avant toutes choses la reconstitution de l'Empire romain, *renovatio imperii Romanorum*, suivant l'expression inscrite sur son sceau ; il a cherché à rétablir l'État romain *(ut restituatur respublica)* ; il s'est vanté d'avoir porté le nom romain jusqu'au bout du monde et même dans des contrées qu'il n'avait pas atteintes autrefois. « L'Empire, à ce moment, comme on a pu l'écrire très justement, a fait un pas de plus et très grand, dans la romanisation [5]. »

Toutefois, cette tradition othonienne a subi une éclipse dès le temps de Henri II, et surtout de Conrad II, qui a de l'Empire une conception toute germanique [6] ; même sous Henri III,

---

[1] *Liber ad Heinricum*, III, 6 (MGH, SS, t. XI, p. 624).

[2] *Liber ad Heinricum*, IV, 6 (MGH, SS, t. XI, p. 642).

[3] *Liber ad Heinricum*, IV, 4 (MGH, SS, t. XI, p. 638) et II, 12 *(Ibid.,* p. 617).

[4] *Liber ad Heinricum*, VII, 7 (MGH, SS, t. XI, p. 679-680). Cfr aussi III, 6 *(Ibid.,* p. 624) où Benzon souhaite à Henri IV d'être animé par « le souffle du troisième Othon ».

[5] Cfr E. JORDAN, *Dante et la théorie romaine de l'Empire* dans *Revue historique de droit français et étranger*, t. XLV, 1921, p. 374.

[6] Cfr A. FLICHE, *L'Europe occidentale de 888 à 1025* (t. II de l'*Histoire Générale, Moyen âge*, sous la direction de G. GLOTZ), p. 232-233 et 246-247.

la théorie romaine ne réapparaît que très timidement [1]. Benzon
d'Albe, au contraire, au lendemain du couronnement impérial
de Henri IV, la reprend dans son intégrité, et c'est ce qui
fait l'originalité de son œuvre, où elle procède des connaissances littéraires déjà signalées chez lui [2]. Il n'a pas la science
du droit romain qui a inspiré à Petrus Crassus une conception
de l'État fondée sur le Code Justinien et les Institutes ; ce
n'est pas, comme l'auteur de la *Defensio Heinrici regis*, un
théoricien qui expose un système juridique ; il apparaît uniquement comme un lettré, un poète, enthousiaste, ardent,
passionné, peu accessible aux *rationes* et aux déductions savamment conduites, chez qui l'amour comme la haine jaillit
spontanément sous le choc des événements ou par le contact
avec le passé. Une lecture assidue des écrivains classiques a
fait naître chez lui la conviction qu'il fallait, pour ramener l'ordre en Italie et dans le monde occidental, faire revivre la vieille
Rome, ou, plus exactement, la Rome impériale, tour à tour
païenne et chrétienne, mais au fond toujours identique à
elle-même [3]. Le prologue placé en tête du *Liber ad Heinricum*
est très significatif à cet égard : « Je supplie la majesté de
mon seigneur Henri, empereur des empereurs, écrit Benzon,
de laisser cet opuscule en héritage aux fils de ses fils, afin
qu'ils conservent indéfiniment les leçons de leurs pères. »
En tête de ces « pères » figurent « les héros qui ont conquis
l'Asie et l'Afrique et qui, y joignant l'Europe, ont créé la
monarchie. [4] » Ces conquêtes, ajoute-t-il, ont abouti à « l'exal-
tation de Rome et de son Empire. » Les empereurs romains,
qu'il s'agisse de Tibère,« qui a enrichi le jardin public de nombreuses plantes », ou de Constantin, « à qui Dieu, par un privilège particulier, a manifesté son amour [5]», sont les prédécesseurs directs de Henri IV, car l'Empire est une institution

---

[1] Elle se réduit en somme au fait que l'empereur est patrice des Romains.
Cfr la *Disceptatio synodalis* de Pierre Damien *(Libelli de lite*, t. I, p. 80).

[2] Cfr *supra*, p. 225-226.

[3] SCHRAMM *(Kaiser, Rom und Renovatio*, p. 260) a très justement noté que
chez Benzon d'Albe ces réminiscences antiques ne sont pas seulement des
figures de rhétorique, mais qu'elles correspondent à un idéal précis.

[4] *Liber ad Heinricum*, I, *Prologus* (MGH, SS, t. XI, p. 597-598).

[5] *Liber ad Heinricum, loc. cit.*, et aussi VI, 6 (MGH, SS, t. XI, p. 668).
H. LEHMGRÜBNER *(Benzo von Alba*, p. 119) pense que Benzon connaît
l'histoire de Tibère par Velleius Paterculus, bien qu'il ne le cite pas, comme
il l'a fait pour Salluste au livre I, 23 et au livre VII, 2.

continue qui a survécu à toutes les secousses et à toutes les
crises, en passant simplement des Romains aux Grecs, puis
des Grecs aux Francs, enfin des Francs aux Allemands [1].
Rome reste d'ailleurs la capitale de l'Empire, et quiconque en
est le maître doit régner sur le monde [2]. Toujours poursuivi
par l'obsédante image de l'Empire romain, Benzon veut que
les limites des territoires sur lesquels s'exercera l'autorité de
Henri IV, nouveau César, ne soient autres que celles de l'Empire romain au moment de sa plus grande extension. Dans
un opuscule en prose du livre I, postérieur au couronnement
impérial de 1084, il avertit son cher souverain qu'il lui reste
« une longue route à parcourir », car, après avoir tout d'abord
« rétabli l'ancien statut de la Pouille et de la Calabre, il devra
aller se faire couronner successivement à Constantinople et
à Jérusalem « pour la louange et la gloire de celui qui vit dans
les siècles des siècles [3]. » La croisade, tel est donc le but final
assigné à l'activité impériale [4], mais une croisade qui préfi-
gurerait davantage celle de Frédéric II que celle d'Urbain II.
Et ainsi Henri IV, héritier des empereurs romains, réalise-
rait ce que n'avait pu accomplir Charlemagne qui, dans un
autre opuscule, interpelle son successeur, l'exhorte à la per-
sévérance et l'invite à ajouter à ses succès antérieurs d'autres
succès plus éclatants encore [5].

---

[1] *Liber ad Heinricum*, VI, *Prologus* (MGH, SS, t. XI, p. 661) et VII, 3
(Ibid., p. 670).

[2] *Liber ad Heinricum*, VI, 6 : « Roma, Caesar, subjugata, possides imperium » (MGH, SS, t. XI, p. 667). Quelques vers plus loin, Benzon ajoute :
          « Caesar, spes ecclesiarum, stude sapientiae
          « Quae tibi servabit arcem Romanae potentiae. »
Les expressions d'*imperium Romanum,* de *Romanorum imperator augustus*,
reviennent souvent sous la plume de Benzon. Comme le remarque SCHRAMM
(op. cit., t. I, p.261), Benzon d'Albe professe le plus grand mépris à l'égard
de l'empereur grec, qu'il appelle dédaigneusement *rex byzanzenus* (cfr. *Liber
ad Heinricum*, III, 15, dans MGH, SS, t. XI, p. 628).

[3] *Liber ad Heinricum*, I, 15 (MGH, SS, t. XI, p. 605). — L'opuscule suivant est destiné à prouver que la réalisation de ce rêve n'a rien d'impossible.
Il suffit d'avoir la foi :
          « Credite et invenietis,
          « Et gaudium magnum inde accipietis » (MGH, SS, t. XI, p. 605).

[4] Cfr aussi *Liber ad Heinricum*, I, 19 (MGH, SS, t. XI, p. 607) où Benzon
enjoint en quelque sorte à Henri IV, lorsqu'il aura exterminé ses ennemis,
d'aller frapper par derrière les Sarrasins, et VI, 4, (MGH, SS, t. XI, p. 664),
où on lit :   « Clarum est quod eum amat rector dominantium ;
          « Ante Romam confert ei regna circumstantium,
          « Africam Siciliamque, par Romae Bizancium. »

[5] *Liber ad Heinricum*, I, 17 (MGH, SS, t. XI, p. 606-607).

Peu importent toutefois ces prophéties. Ce qu'il y a lieu de retenir avant tout, comme étant l'essence même de la théorie de Benzon, c'est que Henri IV est « César Auguste », « empereur auguste », « empereur romain auguste », et qu'il gouverne, « l'Empire romain. [1] » On ne saurait assez souligner la nouveauté de ces idées, si chimériques qu'elles puissent paraître tout d'abord. Si elles n'affectent pas la forme d'un exposé doctrinal, il n'en est pas moins vrai que personne, avant Benzon d'Albe, n'a énoncé ce projet de restauration de l'Empire romain dans toute son étendue territoriale et avec Rome pour capitale. Cette conception, Benzon lui-même ne l'a exprimée que dans les pièces postérieures à la prise de Rome, qui a évidemment ravivé chez lui bien des souvenirs de l'Empire païen et chrétien, mais le seul fait qu'elle ait pris corps à cette date mérite d'être souligné. Si Henri IV ne paraît pas s'en être beaucoup soucié, elle ne sera pas perdue pour ses successeurs des XIIe et XIIIe siècles : Henri VI apercevra dans la conquête de l'Italie méridionale un moyen de dominer la Méditerranée, et Frédéric II comblera le vœu de Benzon en allant se faire couronner à Jérusalem. Si l'on songe à ces manifestations ultérieures de la politique impériale, on peut considérer que l'apparition du pamphlet intitulé *Liber ad Heinricum* n'est pas une des moindres manifestations de l'opposition antigrégorienne.

Benzon d'Albe ne se préoccupe pas seulement de faire revivre cet Empire romain dans ses formes extérieures : le nouveau Charlemagne ne sera pas seulement un conquérant ; il devra s'inspirer dans son gouvernement des directives de ses prédécesseurs. Le polémiste est ainsi amené à exprimer sur le fonctionnement de l'institution impériale des idées qui ne diffèrent pas sensiblement de celles que Petrus Crassus, peu auparavant, avait fondées sur le droit romain et sur le droit divin ; il n'y a toutefois aucune filiation entre l'œuvre du juriste et celle du poète dont la pensée, loin d'avoir la même rigueur, est à la fois plus mouvante et plus superficielle.

Le pouvoir impérial, pour Benzon d'Albe, repose d'abord, comme on l'a déjà noté, sur la tradition, et c'est là une

---

[1] Cfr notamment *Liber ad Heinricum*, I, 1 (MGH, SS, t. XI, p. 598) ; *Epigramma libri primi (Ibid.*, p. 599) ; I, 4 *(Ibid.*, p. 601) ; I, 6 *(Ibid.*, p. 602) ; II, 2 *(Ibid.*, p. 613); V, *Praefatio (Ibid.*, p. 647) ; VII, 1 *(Ibid.*, p. 669).

idée commune avec Petrus Crassus, qui célébrait lui aussi
la merveilleuse continuité des princes chrétiens [1]. Cette tradition se transmet par l'hérédité de la couronne, et de cela
Benzon est aussi persuadé que le juriste de Ravenne : « Que
mon seigneur César suive donc les exemples de ces empereurs,
car par l'hérédité et par la dignité il est leur véritable successeur [2]. » S'il n'essaie pas, comme Petrus Crassus, de justifier
cette thèse par des textes, il ne la met pas en doute un seul
instant, et ses invectives contre Rodolphe de Souabe, l'élu
des princes allemands, prouvent suffisamment qu'il le consi-
dérait comme un simple usurpateur sans aucun droit à la couronne [3].

Que l'hérédité soit le signe de la transmission divine, il ne
l'indique pas explicitement, mais il le suppose en considérant
d'un côté que Henri IV tient son pouvoir de ses ancêtres [4],
et de l'autre en ne mettant pas un instant en doute l'institution divine de ce même pouvoir. L'empereur est « l'image de
Dieu [5] », le « christ de Dieu [6] », le « vicaire du Créateur [7] »,
chargé avant tout de punir les méchants ; il a « reçu de la
main du Tout-Puissant le glaive de la vengeance », et au-dessus de lui il n'y a aucune autre autorité que celle de Dieu [8]. »
Dieu lui-même lui a conféré le pouvoir de placer les hommes
aux degrés supérieurs de la même façon qu'il règle la hiérarchie des citoyens du ciel [9]. »

Comme chez Petrus Crassus, le roi, en vertu de cette origine
divine de son pouvoir, dispose d'une puissance absolue et
illimitée. Benzon cite la parole de Salluste : « Accomplir
impunément sa volonté, c'est être roi [10] » et il en conclut que

---

[1] Cfr supra, p. 118.

[2] Liber ad Heinricum, I, 34 (MGH, SS, t. XI, p. 611).

[3] Cfr supra, p. 221-222.

[4] Liber ad Heinricum, I, 34 : « Sequaris ergo dominus meus Cesar exem-
plum illorum, quia et hereditate et honoris dignitate es verus heres eorum »
(MGH, SS, t. XI, p. 611).

[5] Liber ad Heinricum, I, 17 et 26 (MGH, SS, t. XI, p. 606 et 609).

[6] Liber ad Heinricum, I, 4 (MGH, SS, t. XI, p. 601).

[7] Liber ad Heinricum, I, 26 (MGH, SS, t. XI, p. 609).

[8] Liber ad Heinricum, I, 23 : « Gladium habes, o Caesar, de manu omnipo-
tentis... Post Deum, o Caesar, tu es rex, imperator, tu rege, tu impera tre-
menti potestate » (MGH, SS, t. XI, p. 608).

[9] Liber ad Heinricum, I, 26 (MGH, SS, t. XI, p. 609).

[10] SALLUSTE, Jugurtha, XXXI, 26 : « Nam impune facere quae libet, id est
regem esse. »

ce roi, que Dieu a élevé « au dessus de tous les pouvoirs et de tous les droits des royaumes [1] » tient en ses mains « le lien de la loi [2] » ; c'est le « prince des princes qui possède dans leur plénitude le pouvoir judiciaire [3] et le pouvoir législatif [4]. Il entend toutefois que le souverain fasse bon usage de l'autorité qui lui est confiée, afin de se concilier ainsi l'affection des gouvernés ; tout en définissant les droits du roi, il sait accorder une place à ses devoirs. L'Écriture, dit-il, ordonne de craindre Dieu et d'honorer le roi [5], ce qui implique chez les sujets non seulement l'obéissance, mais aussi l'amour, car « en vertu de ces témoignages, on doit considérer comme un transgresseur de la loi celui qui a fléchi dans l'amour du roi [6]. » Et ainsi l'amour répondra à l'amour. « Une chose est nécessaire, à savoir que le roi aime ceux qui l'aiment, afin de les rendre par là plus ardents dans l'amour de son service [7]. »

C'est donc sur l'amour que l'État sera fondé. Le rêve de Benzon d'Albe, c'est à la tête de l'Empire un prince philosophe, comme l'ont été, paraît-il, Justinien et Théodose, ou encore l'empereur Henri, père du souverain actuel [8] ; car « l'État est bien gouverné, quand les philosophes gouvernent et que les empereurs font de la philosophie [9]. »

A ces conceptions on reconnaît que Benzon d'Albe est plus un humaniste qu'un juriste. Il n'en est pas moins capable de

---

[1] *Liber ad Heinricum*, I, 26 : « In tantam itaque sublimitatem Divinitate propitia elevatus, et super omnes potestates omniaque jura regnorum exaltatus, jactet super Dominum suos cogitatus, et in cunctis actionibus suis habeat, precor, nutricem virtutum discretionem » (MGH, SS, t. XI, p. 609).

[2] *Liber ad Heinricum*, IV, 6 (MGH, SS, t. XI, p. 642).

[3] *Liber ad Heinricum*, I, 23 (MGH, SS, t. XI, p. 608).

[4] *Liber ad Heinricum*, VI, 6 :
« Legifer es, dante Deo, in subjectis gentibus,
« Equa lance pensa pondus parvis et potentibus,
« Sic jus legis temperabis sub te quiescentibus » (MGH, SS, t. XI, p. 667).

[5] Cfr I *Petri*, II, 17.

[6] *Liber ad Heinricum*, I, 1 (MGH, SS, t. XI, p. 600). Cfr aussi la préface du livre V : « Unusquisque de se videat utrum Deum et regem veraciter diligat » *(Ibid.*, p. 647).

[7] *Liber ad Heinricum*, I, 1 (MGH, SS, t. XI, p. 600).

[8] *Liber ad Heinricum*, VI, 6 (MGH, SS, t. XI, p. 667).

[9] *Liber ad Heinricum*, I, 1 : « Quia tunc bene regitur res publica, quando imperant phylosophi et phylosophantur imperatores » (MGH, SS, t. XI, p. 600). Cfr aussi I, 3 : « Tunc bene regnatur, cum princeps phylosophatur » *(Ibid.*, p. 601).

descendre des hautes sphères de l'idée dans le domaine de la réalité concrète, et l'on peut glaner çà et là dans son *Liber ad Heinricum* des indications pratiques sur le fonctionnement de ce régime impérial fondé sur la philosophie et sur l'amour. Elles dérivent d'ailleurs de son projet de restauration de l'Empire romain, tel qu'il a été exposé plus haut et le souvenir du temps des Othons hante sans cesse l'imagination de l'écrivain [1].

Les conceptions politiques et administratives de Benzon se ramènent d'ailleurs à quelques directives très simples. Pour consolider la monarchie impériale, l'auteur du *Liber ad Heinricum* estime qu'il faut avant tout la dégager de l'étreinte des deux puissances susceptibles de contrecarrer son action, la féodalité et l'épiscopat. Les affaiblir, c'est travailler à la restauration de l'Empire romain, tel qu'il se présentait à l'époque bienfaisante des Othons.

Il faut donc tout d'abord affranchir le souverain de la tutelle de ses vassaux. Benzon, qui ne manque pas de sens historique, a bien vu en quoi la monarchie de Henri IV différait de celle de la période précédente : en Italie comme en Allemagne, le régime seigneurial a triomphé pendant la première moitié du XIe siècle, à la suite de la constitution de Conrad II qui, le 28 mai 1037, a consacré l'hérédité des fiefs [2]. Aussi, pour restituer à l'empereur l'autorité absolue selon la volonté divine, le *Liber ad Heinricum* prévoit-il une vaste réforme qui ne manque pas d'originalité et qui consisterait à rétablir le système fiscal de l'Empire romain, tel qu'il fonctionnait en Pouille et en Calabre, où il n'avait jamais disparu. Le panégyriste de Henri IV considère comme déshonorant que l'empereur en soit réduit à mendier, alors que d'autres s'enrichissent de ses propres revenus. Aussi bien veut-il remettre en vigueur l'ancienne tradition en aidant « César » à recouvrer ce qui lui appartient et en lui apprenant qu'il peut remédier à son indigence s'il a une exacte notion des redevances auxquelles il a droit dans chaque pays, afin que l'argent qui lui est dû

---

[1] M. SCHRAMM, *Kaiser, Rom und Renovatio*, p. 262 remarque que Benzon va jusqu'à attribuer à Henri IV les fonctionnaires du temps d'Othon III (*magister sacri palatii, logotheta*, etc...).

[2] Cfr A. FLICHE, *L'Europe occidentale de 888 à 1025*, (t. II de l'*Histoire Générale, Moyen âge*, sous la direction de G. GLOTZ), p. 258 et 311.

par les provinces puisse affluer de nouveau dans les caisses
impériales et par là affermir sa puissance. En d'autres termes,
il suggère de remplacer l'aide féodale, dont on ne peut attendre
un sérieux rendement, par un « cens général » qui sera effectivement perçu et donnera à l'empereur les ressources nécessaires à l'entretien d'une armée [1]. « Il convient, lit-on encore
au prologue du livre V, que partout, dans les provinces des
royaumes qu'englobe l'Empire romain, tous les ordres apportent leurs dons à l'empereur, chacun suivant le ministère de
sa profession [2]. » Et ainsi, Henri, doté d'une puissance finan-
cière et d'une puissance militaire indiscutables, pourra réaliser
les grands projets d'extension territoriale conçus par Benzon.

Cette monarchie absolue, libérée de la féodalité, dominera
l'Église comme la société laïque. En face des prétentions grégoriennes développées dans la lettre à Herman de Metz [3],
Benzon d'Albe ressuscite, en les rajeunissant, les thèses césa-
ropapistes qui avaient prévalu jusqu'au milieu du XIe siècle.
Tout le livre VI a trait aux obligations des évêques, et celles-
ci peuvent se ramener à une seule chose, l'obéissance au roi.

Nulle part la thèse césaropapiste n'a été mieux posée que
dans le prologue du livre en question : « Si nous ne voulons
pas, mes frères et coévêques, écrit le polémiste, encourir la
mort éternelle, il importe que nous obéissions à la parole du
Seigneur qui a dit : *Vous ne pouvez servir deux maîtres* [4]. Vous
avez été en effet plantés dans la maison du Seigneur par les
mains du roi et non par celles de Folleprand. Il faut donc que
vous soyez soumis à celui qui a planté et très peu à celui qui
a supplanté. Vous devez le service militaire au roi qui vous a
élevés à l'honneur de l'épiscopat et l'obéissance synodale à
l'archevêque qui a répandu sur vous,par le souffle de l'Esprit-
Saint, la bénédiction d'un si grand honneur… Pourquoi dès
lors abandonner le roi, notre seigneur après Dieu,et nous hâter
au secours d'un tel apostat [5]. »

Il résulte de ce passage, imprégné de la tradition an-

---

[1] *Liber ad Heinricum*, I, 5 (MGH, SS, t. XI, p. 601-602). Cfr aussi III,
16 *(Ibid.*, p. 629).

[2] *Liber ad Heinricum*, V, *Prologus* (MGH, SS, t. XI, p. 647).

[3] Cfr t. II, p. 389 et suiv.

[4] MATTH., VI, 24.

[5] *Liber ad Heinricum*, IV, *Prologus* (MGH, SS, t. XI, p. 634).

tigrégorienne, que le roi a tout pouvoir sur le clergé, et le grand grief de Benzon contre Grégoire VII provient précisément de ce que le pape a voulu se substituer au souverain dans la direction de l'Église.

On retrouve la même idée dans un poème dédié à Burchard de Lausanne où, avec une formule à la fois plus brève et plus saisissante, Benzon d'Albe déclare que l'Église doit vivre «en paix sous la domination du roi» *(sub rege in pace)*[1], ce qui est tout-à-fait conforme aux théories othoniennes. Les évêques, pour lui, doivent rester les vassaux du roi, ses *milites*, comme ils l'étaient au début du XIe siècle ; si le métropolitain — et non pas le pape — leur confère le Saint-Esprit,sans lequel ils ne pourraient exercer leur puissance sacerdotale, c'est le roi seul qui les nomme, et, tel un bon jardinier, les plante sur le sol qu'ils doivent cultiver au spirituel[2]. Il fait les évêques, est-il dit au prologue du livre V[3]. « On lit dans le *Liber pontificalis*, est-il écrit ailleurs, que l'ordination du pape et des évêques est faite et doit être faite par les mains *(per manus)* du roi[4]. » Des exemples concrets viennent également à l'appui de la thèse : « Si vous avez quelque bon sens, Anselme, aurait déclaré Benzon d'Albe à Alexandre II lors de leur rencontre à Rome, vous vous souvenez, je suppose, que mon seigneur, l'empereur Henri, vous a placé à la tête de l'église de Lucques et que, comme c'est l'usage,vous lui avez prêté à lui et à son fils le serment de remplir tous vos devoirs envers lui, plus particulièrement de veiller au salut de l'Empire romain[5]. »

Le pape n'échappe pas à la règle générale. Ne tire-t-il pas lui-même sa puissance de l'empereur ? « Ce Sarabaïte (Hildebrand) avait dit qu'il était de son pouvoir de promouvoir à l'Empire qui il voudrait et d'en écarter celui qu'il rejetterait. Le témoignage du *Liber pontificalis* l'accuse de mensonge, car on y lit que l'ordination du pape et des évêques a lieu et ne doit se faire que par les mains du roi et de l'empereur[6]. »

---

[1] *Liber ad Heinricum*, IV, 13 (MGH, SS, t. XI, p. 647).
[2] *Liber ad Heinricum*, IV, *Prologus* (MGH, SS, t. XI, p. 634). Cfr *Epigramma libri primi (Ibid.*, p. 599).
[3] *Liber ad Heinricum*, V, *Prologus* (MGH, SS, t. XI, p. 647).
[4] *Liber ad Heinricum*, VII, 1 (MGH, SS, t. XI, p. 670).
[5] *Liber ad Heinricum*, II, 2 (MGH, SS, t. XI, p. 613).
[6] *Liber ad Heinricum*, VII, 1 (MGH, SS, t. XI, p. 670).

Toute une pièce du livre VII est consacrée à l'histoire de l'élection pontificale depuis ses plus lointaines origines. La procédure en aurait été fixée par Constantin qui, après s'être lui-même converti et avoir converti Rome, établit son patrice pour garder l'État. « Et, puisque l'élection du pape avait eu lieu jusqu'alors en cachette à cause de la crainte des païens, il ordonna qu'elle fût faite à l'avenir très solennellement dans l'assemblée des peuples. Si l'empereur se trouvait en un lieu où une ambassade romaine pût l'atteindre dans l'espace d'un ou deux mois, on différerait l'élection de façon à lui faire demander par son légat s'il lui plaisait d'y assister en personne. Si au contraire César séjournait dans une partie éloignée de l'Empire, en deça ou au delà de la mer, le patrice siégerait à la place de l'empereur et l'élection par le clergé, par le sénat et par le peuple se ferait selon Dieu en sa présence. Enfin l'élu ne pourrait être consacré jusqu'à ce que le consentement impérial eût été notifié directement ou par lettre [1]. »

Telle est, selon Benzon d'Albe, la législation constantinienne, et elle aurait été toujours observée sauf pour Pélage (579-590), élu sous la menace lombarde. Le successeur de Pélage, Grégoire le Grand (590-604), a été, en revanche, intronisé avec le concours du patrice, par la volonté et sur l'ordre de l'empereur Maurice. Pour appuyer sa thèse, Benzon renvoie au *Liber pontificalis*, en se contentant de commenter les élections contemporaines d'Othon III et de Henri III. Il raconte avec force détails comment ce dernier souverain, ayant appris que « trois démons avaient usurpé la chaire de Pierre », les convoqua à Sutri, les déposa, puis vint à Rome où il réunit un concile dans l'église du prince des apôtres. Il siégea lui-même au milieu des évêques, entouré de la noblesse romaine et des princes laïques parmi lesquels le marquis Boniface, et, tandis que tous se taisaient et l'écoutaient attentivement [2], il aurait invité les Romains à élire librement le pape de leur choix. Ceux-ci de répondre unanimement : « Lorsque la majesté royale est présente, le consentement de l'élection ne dépend pas du choix de notre volonté. Et, si par hasard vous êtes

---

[1] *Liber ad Heinricum*, VII, 2 (MGH, SS, t. XI, p. 670).
[2] Benzon cite ici le vers de l'Énéide (II, 1) :
    « Conticuere omnes attentique ora tenebant. »

absent, par l'office du patrice, qui est votre vicaire, vous assistez toujours à la désignation apostolique. En effet, le patrice n'est pas le patrice du pape, mais le patrice de l'empereur chargé de pourvoir aux affaires de l'État. Nous avouons avoir intronisé parfois des hommes peu sages, vaniteux et sans intelligence. Il appartient à votre puissance impériale de redresser par des lois la république romaine, de relever ses mœurs, de gouverner cette sainte Église romaine en la défendant de votre bras, afin qu'elle ne souffre aucun dommage. » Puis, avec l'approbation du synode, des sénateurs et des *cives romani*, il fut décidé que Henri et ses successeurs seraient patrices, comme l'avait été autrefois Charlemagne. Enfin, en 1061, lors de la minorité de Henri IV, les Romains auraient envoyé au jeune roi une chlamyde, une mitre, un anneau et la « couronne patriciale », montrant par là qu'ils reconnaissaient toujours le pouvoir remis par eux au roi de Germanie [1].

Il n'y a pas lieu de discuter ici la véracité de ce récit [2]. Ce qui importe plus que la réalité des faits narrés par le polémiste, c'est la thèse elle-même que l'on peut résumer en ces termes : la législation constantinienne stipule que nul ne peut devenir pape sans le consentement impérial ; cette législation, le *Liber pontificalis* révèle qu'elle a été constamment appliquée ; enfin, au temps de Henri III, les Romains ont reconnu n'avoir aucune compétence pour désigner leur pontife et se sont remis de ce soin à l'empereur représenté par son patrice. Bref, selon une antique coutume, le pape tire son pouvoir de l'empereur auquel appartient, en fin de compte, la toute puissance spirituelle aussi bien que la plénitude de la puissance temporelle, ou, si l'on préfère, Benzon d'Albe ne peut concevoir les rapports de la papauté et de l'Empire sous une autre forme qu'une religion d'État.

Cette conception n'est pas nouvelle : elle reflète les prétentions sans cesse affichées par les empereurs byzantins, caro-

---

[1] *Liber ad Heinricum*, VII, 2 (MGH, SS. t. XI, p. 670-672). Cfr E. JORDAN, *Dante et la théorie romaine de l'Empire* dans *Nouvelle revue historique de droit français et étranger*, t. XLV, 1921, p. 394-395.

[2] Cfr t. I, p. 109-110. Nous ne reviendrons pas davantage ici sur l'histoire du schisme de Cadalus qui, comme le remarque très justement LEHMGRÜBNER, *Benzo von Alba*, p. 111, n'est pas une narration historique, mais est uniquement destinée à mettre en lumière l'utilité du régime d'élection des papes institué par Henri III.

lingiens, germaniques, et Benzon d'Albe peut affirmer, sans crainte d'être contredit, que l'histoire se prononce en sa faveur. Elle s'accorde en outre fort bien avec les tendances générales du *Liber ad Heinricum*, car le césaropapisme fait partie intégrante de l'Empire chrétien aussi bien au temps d'Othon III qu'aux époques plus lointaines de Constantin et de Théodose. La doctrine de Benzon, si elle est dépourvue de tout esprit systématique, si elle est impliquée plutôt qu'exposée dans un livre lui-même constitué par la réunion arbitraire de fragments épars, est d'une cohérence et d'une logique indiscutables : tout concourt dans son œuvre à la restauration intégrale de l'Empire romain, et c'est là ce qui en fait la réelle originalité. Tout en soutenant sur le droit divin les mêmes idées que les autres écrivains impérialistes, tout en rêvant comme eux de subordonner l'Église à l'État et le pape à l'empereur, il a réussi à grouper ces théories traditionnelles autour de la notion d'Empire telle que l'avait conçue assez vaguement Othon III, d'un Empire qui aurait Rome pour capitale et le bassin de la Méditerranée comme domaine. Avec lui, l'opposition antigrégorienne franchit une étape décisive : Petrus Crassus était surtout un théoricien de l'État, préoccupé d'étayer l'absolutisme monarchique sur les concepts du droit romain et du droit divin, mais l'idée impériale n'apparaît chez lui qu'à l'arrière-plan ; elle est encore plus effacée chez les évêques allemands, égoïstement soucieux de rétablir l'accord entre les deux puissances sacerdotale et pontificale, auxquelles ils sont également attachés ; elle anime au contraire toute l'œuvre de Benzon d'Albe : les poèmes antérieurs à 1085 ne sont qu'un véhément appel au roi de Germanie, afin qu'il sauve l'Italie et s'empare de Rome, capitale de l'Empire ; après la prise de Rome par Henri IV, l'auteur entonne le chant de l'allégresse et adjure le prince de parachever son œuvre en subjuguant la Méditerranée et en allant délivrer Jérusalem [1].

Théoricien de l'Empire chrétien, convaincu que l'Italie ne pouvait vivre heureuse que sous le sceptre germanique, Benzon d'Albe devait éprouver fatalement une aversion violente pour Grégoire VII, dont les efforts tendaient précisément à remplacer le vieil ordre établi par un régime où la prééminence pontifi-

---

[1] Cfr *supra*, p. 233.

cale s'exercerait au spirituel et au temporel. Avec son sens
politique affiné, Benzon d'Albe a fort bien compris que le pape
constituait le principal obstacle à la réalisation de son programme : « Rome, jadis tête du monde, écrit-il, est devenue
Babylone. Tandis qu'elle écoutait le roi qui dictait les témoignages de la loi, elle a bientôt lancé contre lui deux démons, à
savoir *Alexandrellus* et le moine *Prandellus*, ministre du diable,
par l'entremise desquels se déchaînent sur la terre toutes les
formes de scandale [1]. » Pour restaurer l'Empire romain, il
faut donc abattre à tout prix celui qui s'est employé à le détruire : tel est le but du *Liber ad Heinricum*, où si neuves
qu'elles soient, les théories ne se révèlent qu'incidemment et
en vue de leur application immédiate, à tel point que, comme
on l'a déjà remarqué, un observateur superficiel, qui s'en tien-
drait uniquement aux apparences, n'y apercevrait sans doute
qu'un panégyrique de Henri IV, doublé d'un pamphlet acerbe
et virulent contre Grégoire VII.

Jamais le pape n'a été plus outrageusement malmené et
les invectives de l'assemblée de Worms font elles-mêmes pâle
figure à côté des ordurières calomnies déversées dans le *Liber
ad Heinricum. Folleprandus, Prandellus, Merdiprandus*, tels
sont les qualificatifs qui servent habituellement à désigner le
chef de l'Église universelle élu en 1073 [2] ; Grégoire VII est
encore le « fils de Simon », qui, par son argent, a su se ménager
l'appui des Normands et assurer l'élection d'*Asinandrellus*
(Alexandre II) [3] ; c'est un « homme entièrement perdu » ou
plus exactement « le véritable Satan qui prend le visage d'un
ange », le «ministre du diable », le « membre du diable », un
«nouvel Antéchrist [4]», «tête de toutes les erreurs [5] » ; ce monstre
aux visages divers sait, paraît-il, alternativement rire et pleurer
mais par-dessus tout mentir [6] ; bref, c'est un faux moine

---

[1] *Liber ad Heinricum*, VI, 4 (MGH, SS, t. XI, p. 661).
[2] Cfr notamment *Liber ad Heinricum*, II, 1 (MGH, SS, t. XI, p. 612) ;
VI, 6 *(Ibid.*, p. 666).
[3] *Liber ad Heinricum*, II, 2 (MGH, SS, t. XI, p. 613).
[4] *Liber ad Heinricum*, II, 3 (MGH, SS, t. XI, p. 614) ; VI, 2 *(Ibid.*, p.
659) ; VI, 4 *(Ibid.*, p. 661) ; VI, 6 *(Ibid.*, p. 666). Lehmgrübner insiste avec
raison sur cette idée chère à Benzon, notant qu'il y a chez lui à cet égard
une véritable mystique *(op. cit.*, p. 121).
[5] *Liber ad Heinricum*, VI, 6 (MGH, SS, t. XI, p. 666).
[6] *Liber ad Heinricum*, loc. cit.

«aùx mille vices», qui occupe indûment le siège de saint Pierre [1].

Ces épithètes peu flatteuses reviennent presque à chaque page du *Liber ad Heinricum*. Sans s'attarder davantage sur leur grossièreté, il est plus curieux de noter comment Benzon d'Albe, afin de rallier le plus grand nombre possible d'Italiens à l'antipape Clément III, a déformé l'histoire du pontificat et quel aspect revêt chez lui la légende grégorienne.

Le trait dominant du caractère d'Hildebrand, c'est ici l'ambition. Fils d'un chevrier, le futur pape « a fait son nid sur le balcon de Pierre [2] ». Dès l'avènement de Nicolas II, il corrompt les Romains avec beaucoup d'argent, ce qui lui permet dans un synode, de « couronner son idole », sans soulever la moindre protestation des évêques, et de s'emparer en fait de la tiare, car « il nourrissait son Nicolas dans le palais du Latran comme un âne dans l'écurie [3]. » Il en profite naturellement pour amasser une fortune sans cesse croissante, à l'aide de laquelle « il réunit une troupe d'esclaves » désormais à sa solde [4]. Puis, Nicolas II étant mort, il appelle Richard de Capoue pour introniser Alexandre II. «Voici, s'écrie Benzon, le combat entre les anges et les démons. Tandis que le roi ordonne justement et légalement son pape avec les évêques, Prandellus installe le sien simoniaquement avec les Normands [5]. » On a déjà vu que les livres II et III étaient consacrés au schisme de Cadalus [6]. Hildebrand y apparaît comme étant l'âme de la résistance à la cour germanique : il organise l'embuscade où doit tomber l'antipape, fait appel aux Normands, dirige la bataille dans Rome [7].

Il n'y a pas lieu de revenir ici sur ces événements pas plus que sur le récit tendancieux de l'élection de Grégoire VII,

---

[1] *Liber ad Heinricum*, VI, 2 (MGH, SS, t. XI, p. 659-660).

[2] *Liber ad Heinricum*, VI, 2 (MGH, SS, t. XI, p. 660).

[3] *Liber ad Heinricum*, VII, 2 (MGH, SS, t. XI, p. 671-672). Cfr aussi : III, 10 *(Ibid.,* p. 626) et V, I *(Ibid.,* p. 648).

[4] *Liber ad Heinricum*, II, 8-9 (MGH, SS, t. XI, p. 615-616) et 17 *(Ibid.* p. 619-620) ; III, 10 *(Ibid.,* p. 626).

[5] *Liber ad Heinricum*, VII, 2 (MGH, SS, t. XI, p. 672). Cfr aussi : II, 2 *(Ibid.,* p. 613).

[6] Cfr *supra*, p. 217, n. 2.

[7] *Liber ad Heinricum*, II, 9 (MGH, SS, t. XI, p. 616) et 17-18 *(Ibid.,* p. 619-620).

la version de Benzon d'Albe à ce sujet ayant été précédemment discutée [1]. On retiendra seulement la conclusion : « Il est donc manifeste que *Prandellus* a été sarabaïte et non pape... Quiconque pense autrement sur ce point est étranger à la foi catholique et ne peut être sauvé [2]. » Ici, la thèse de Benzon rejoint celle des évêques allemands [3] : l'élection de 1073 est nulle et, de ce fait, tous les actes de Grégoire VII n'ont aucune valeur canonique, et il en est de même pour tous les évêques qui tiennent leurs pouvoirs de lui ou de son prédécesseur, Alexandre II. Benzon d'Albe n'en passe pas moins en revue certains épisodes du pontificat, avec la pensée de mieux faire éclater la perfidie de l'adversaire qu'il hait, et de fortifier la conclusion qu'il s'efforce d'établir : « Rome, jadis capitale du monde, s'est transformée en Babylone [4]. » Le principal grief qu'il a retenu est celui de parjure. Hildebrand, dit-il, en substance, a déchaîné les furies infernales et les esprits malins, les a dépêchés au-delà des monts, afin de les mettre au service de Rodolphe de Souabe, désigné sous le nom de *Merdulfus* et représenté comme le pire des traîtres [5]. La révolte de ce Rodolphe aurait d'ailleurs été permise par Dieu, qui en infligeant à « son élu » cette dure épreuve, a voulu lui mieux témoigner son amour [6]. En effet, « de même que saint Michel, dont la devise est : *qui est Dieu*, a couché à terre le dragon et ceux qui l'accompagnaient, de même la barbarie saxonne a été écrasée par César Henri, car la main de Dieu était avec lui [7]. » Après la défaite et la mort de Rodolphe, Henri IV ne cessera d'être victorieux et couronnera ses triomphes en pénétrant dans Rome où sera prononcée la déchéance du « membre du diable [8]. »

En un mot, Hildebrand, pourri d'ambition dès sa jeunesse, a cherché, depuis 1059 jusqu'en 1085, à détruire le pouvoir de Henri IV pour y substituer le sien : c'est à cela que se ramène

---

[1] Cfr t. II, p. 75-76.

[2] *Liber ad Heinricum*, VII, 2 (MGH, SS, t. XI, p. 673).

[3] Cfr *supra*, p. 179 et 192-193.

[4] *Liber ad Heinricum*, VI, 4 (MGH, SS, t. XI, p. 661).

[5] *Liber ad Heinricum*, VI, 4 (MGH, SS, t. XI, p. 661-662).

[6] *Liber ad Heinricum*, VI, 4 (MGH, SS, t. XI, p. 663).

[7] *Liber ad Heinricum*, VI, *Prologus* (MGH, SS, t. XI, p. 656).

[8] Les livres VI et VII sont consacrés à l'expédition de Henri IV en Italie Celle-ci y apparaît beaucoup plus triomphale qu'elle ne l'a été en réalité. Cfr *supra*, p. 63 et suiv.

l'histoire du pontificat de Grégoire VII. Les décrets réformateurs n'existent pas pour Benzon d'Albe ; toute sa pensée converge autour des combats soutenus par Henri IV pour la restauration de l'Empire romain que la politique grégorienne, à
ses yeux, menaçait de la destruction totale. Bien entendu, les
autres ennemis italiens de la royauté germanique, prédestinée
à l'Empire, ne sont pas oubliés : Patares et Normands sont
englobés dans le réquisitoire dont Grégoire VII est l'objet.

Benzon d'Albe a fort bien vu que les Patares constituaient
le principal obstacle à la domination germanique en Italie.
Très nombreux au nord de la péninsule, partisans décidés de
la réforme de l'Église et notoirement hostiles aux évêques nommés par le roi, dont ils flétrissaient l'attachement trop prononcé
aux biens de ce monde, dirigés par des chefs entreprenants
et audacieux qui ne ménageaient pas leur dévouement et
étaient toujours prêts à se sacrifier, ils constituaient une force
redoutable et pouvaient, à l'occasion, en créant une agitation
violente dans les villes lombardes, apporter un appoint précieux aux forces grégoriennes groupées en Toscane autour de
la comtesse Mathilde. C'était là, pour les armées allemandes,
relativement peu nombreuses, un danger permanent. Aussi
s'explique-t-on que Benzon ait essayé de ruiner dans l'opinion
publique ces adversaires de l'Empire qu'il accable de ses invectives les plus acerbes. Ce sont « les hérétiques qui récemment
ont surgi de l'enfer [1] », les « serviteurs de la perfidie [2] » qu'« Asinander, cet âne hérétique, a été chercher dans tous les chemins
et carrefours [3] », qui « conspirent contre leur mère et contre
le roi, son fils, répandent l'idée qu'il n'y a ni temple ni sacerdoce, tournent en dérision le sacrifice et affirment qu'il n'y
a pas de Dieu [4]. » Bref, l'enfer a vomi tout ce qu'il contient
et tout ce qu'il pouvait rejeter, envahissant la terre, les rues
et les sanctuaires [5]. Il appartiendra à Henri IV de détruire
ce qu'Asinander et Prandellus, instruments du démon, ont
propagé, car l'erreur se répand dans toutes les cités et menace
de détruire la foi catholique. Les évêques devront le soutenir

---

[1] Liber ad Heinricum, VI, 2 (MGH, SS, t. XI, p. 659).
[2] Liber ad Heinricum, IV, 5 (MGH, SS, t. XI, p. 641).
[3] Liber ad Heinricum, V, 1 (MGH, SS, t. XI, p. 647-648).
[4] Liber ad Heinricum, loc. cit.
[5] Liber ad Heinricum, IV, 6 (MGH, SS, t. XI, p. 642).

dans ce qui n'est en somme que le combat de la croyance contre l'incroyance [1]. Et, si ces prélats veulent aboutir à un résultat, ils resteront unis : c'est pour eux une question de vie ou de mort. Plusieurs poèmes sonnent ce ralliement et visent à stimuler les courages quelque peu défaillants [2]. « Pourquoi craignez-vous les Patares, évêques, s'écrie le polémiste ? Leur amour du mensonge les condamne… Serrez vos rangs autour du roi [3]. »

La comtesse Mathilde, qui occupe une place de choix dans la polémique allemande [4], n'a donné lieu à aucune critique sérieuse de Benzon d'Albe, sans que l'on perçoive clairement les raisons pour lesquelles il a tenu à la ménager. Son nom n'est cité que deux fois [5], à propos de l'expédition de Henri IV en Italie, sans commentaire désobligeant.

Si les Patares risquent de gêner les communications entre l'Allemagne et l'Italie, une opposition, non moins grave à la domination germanique dans la péninsule existe au sud, depuis que les Normands occupent la Pouille et la Calabre. Ils ont, en 1047, arrêté l'expansion de Henri III [6] ; et le rapprochement de Robert Guiscard avec Grégoire VII a failli compromettre le succès de la marche de Henri IV sur Rome [7]. Il y a là une force dont l'entrée en scène peut avoir, à un moment donné, des répercussions décisives. En outre, Robert a eu des visées sur l'Orient et poursuit, de son côté, le rêve d'hégémonie méditerranéenne que Benzon nourrit pour le compte de Henri IV. Il importe donc, si l'on veut consolider l'autorité impériale à Rome et reconstituer l'Empire romain dans son intégrité territoriale, de briser cette force redoutable. Aussi Benzon d'Albe s'efforce-t-il d'accréditer l'opinion que les « Nullimands » sont des brigands et des tyrans, *stercora mundi*, *fetidissima stercora mundi* [8]. Ils sont venus des extrémités de

---

[1] *Liber ad Heinricum*, IV, 5 (MGH, SS, t. XI, p. 642). Ce poème est d'ailleurs fort obscur. Cfr V, 1 *(Ibid.,* p. 648) et VI, 6 *(Ibid.,* p. 667).

[2] *Liber ad Heinricum*, IV, 1, 2, 3 (MGH, SS, t. XI, p. 634-637).

[3] *Liber ad Heinricum*, IV, 10 (MGH, SS, t. XI, p. 645).

[4] Cfr *supra*, p. 51-52, 165.

[5] *Liber ad Heinricum*, VI, *Praefatio* (MGH, SS, t. XI, p. 658) et VI, 3 *(Ibid.,* p. 663).

[6] Cfr A. FLICHE, *L'Europe occidentale de 888 à 1125*, p. 266-267.

[7] Cfr t. II, p. 386-389.

[8] *Liber ad Heinricum*, II, 1 (MGH, SS, t. XI, p. 613) et III, 1 *(Ibid.,* p. 623).

la terre pour « bouleverser le pacte fraternel de l'Empire indi-
visible [1]. » Dès le temps d'Alexandre II, Benzon invitait la
cour à entreprendre contre eux une expédition qui finalement
n'eut pas lieu [2]. Il ne prit pas son parti de cet insuccès et ne
cessa de recommander la destruction totale de ces perfides
ennemis de la monarchie germanique et de la paix impériale.

En cela Benzon d'Albe a vu juste. On doit convenir que
personne n'a mieux dénoncé que lui les obstacles à la restauration du régime othonien. Tant que Grégoire VII n'aurait
pas été définitivement abattu, et avec lui, ses meilleurs défenseurs, les Patares et les Normands, les grands projets ca-
ressés pour l'avenir ne pourraient se transposer dans le domaine des réalités. Une fois de plus, le polémiste italien est
en avance sur son temps : non content d'esquisser la conception de l'Empire, telle qu'elle s'affirmera dans la seconde
moitié du XIIe siècle et la première du XIIIe siècle, il a un
plan de politique italienne qui annonce celui de Frédéric Barberousse et de ses successeurs ; il eût applaudi à l'écrasement
des villes lombardes, où s'était implanté le patarisme, aussi
bien qu'à l'absorption du royaume de Sicile dans l'Empire.

Pour le moment toutefois, son objectif est plus limité.
Terminant son œuvre littéraire au lendemain de la mort de
Grégoire VII et avant l'avènement de Victor III, il veut profiter du désarroi qui sévit parmi les partisans de l'orthodoxie
grégorienne pour affirmer l'autorité du pape impérial, Clément
III. Après avoir narré l'histoire du concile de Rome où Grégoire VII fut déposé, il conclut : « Alors, à la fin de ce synode,
les livres furent ouverts et l'on produisit les témoignages des
Écritures d'où il résultait qu'Hildebrand devait être pour
toujours rejeté de toutes les églises. Puis, une fois que l'on
eut écarté le fils de la nuit, l'archevêque de Ravenne, fils
de lumière, fut installé dans la maison de Pierre. Le roi
ordonna ensuite de le consacrer et lui imposa le nom de Clément [3]. »

Le ralliement à Clément III, « fils de la lumière », pape selon

---

[1] *Liber ad Heinricum*, II, 7 (MGH, SS, t. XI, p. 615).
[2] *Liber ad Heinricum*, III, 3 (MGH, SS, t. XI, p. 623) et 15-19 *(Ibid.,*
p. 628-630).
[3] *Liber ad Heinricum*, VII, *Prologus* (MGH, SS, t. XI, p. 669). Cfr VI, 4,

la volonté de Henri IV, tel est donc le but immédiat que poursuit le *Liber ad Heinricum*, car, tant que le pape désigné par l'empereur ne sera pas accepté par l'unanimité du monde chrétien, la reconstitution de l'Empire romain ne se fera pas.

II

On a édité sous le nom de *Gesta Romanae ecclesiae contra Hildebrandum* [1] deux opuscules où, comme dans le *Liber ad Heinricum*, Grégoire VII est l'objet des critiques les plus acerbes et les plus virulentes. Le second de ces opuscules, qui n'est en réalité qu'une continuation du premier, date des premières années du pontificat d'Urbain II [2], en sorte qu'il n'y a pas lieu d'en faire état ici ; il n'ajoute d'ailleurs que des détails sans grande importance à la première rédaction, qui a suivi d'assez près la mort de Grégoire VII et qui renferme, outre quelques additions à la légende grégorienne, une théorie nouvelle du gouvernement de l'Église [3].

C'est aussi un pamphlet qui est loin d'avoir l'importance et l'étendue du poème de Benzon d'Albe. L'auteur, le cardinal Benon, est un personnage peu connu dont on sait seulement qu'il était cardinal-prêtre au titre de Saint-Martin et qu'après avoir été longtemps aux côtés de Grégoire VII, il a abandonné

---

le chant triomphal inspiré à Benzon par la chute de Grégoire VII *(Ibid.,* p. 664) et encore : VI, 6 *(Ibid.,* p. 666) :

« Condemnato incubone, Ravennas eligitur
« Orthodoxus, qui de regum traduce producitur,
« Cesare precipiente, papa benedicitur. »

[1] Les *Gesta romanae ecclesiae contra Hildebrandum* ont été édités par K. Francke dans les *Libelli de lite imperatorum et pontificum,* t. II, p. 366-422.

[2] Au chapitre II *(Libelli de lite,* t. II, p. 375), Urbain II est positivement nommé comme successeur de Grégoire VII. Ce second opuscule a surtout trait au rôle d'Hildebrand avant son avènement comme pape.

[3] Il résulte d'un passage du chapitre I *(Libelli de lite,* t. II, p. 369) que Grégoire VII était mort au moment où fut faite cette première rédaction des *Gesta romanae ecclesiae.* Comme, en revanche, il n'est pas fait mention de Victor III, il y a tout lieu de supposer que celui-ci n'était pas encore pape, ce qui placerait cette rédaction à la fin de 1085 ou au début de 1086 ; elle est donc tout-à-fait contemporaine du *Liber ad Heinricum* de Benzon d'Albe.

le pontife en 1084 avec douze autres cardinaux pour passer au schisme [1].

C'est précisément pour justifier cette défection que Benon a rédigé ses *Gesta romanae ecclesiae* qui n'ont en aucune façon, comme le laisserait supposer leur titre, le caractère d'une œuvre historique, mais se bornent à une critique de certains actes de Grégoire VII, dans le but de prouver que le pape est hérétique. « Étant donné, lit-on au début de l'opuscule, que parmi tous les cardinaux de l'Église romaine, Eusèbe presque seul a déclaré hérétique le pape Libère et que les clercs de la même Église romaine ont condamné Anastase II qui, en ayant des rapports avec les excommuniés, faisait deux églises, j'ai pensé qu'il n'était pas absurde de faire connaître les noms et dignités de ceux qui ont abandonné Hildebrand après avoir publiquement abjuré ses erreurs graves et intolérables, et cela sans aucun esprit de retour [2]. »

Après avoir livré les noms de ces cardinaux, Benon entreprend de dénoncer les « erreurs graves et intolérables » qui ont motivé leur tardive défection. La charité indulgente de Grégoire VII à l'égard de l'hérétique Bérenger, déjà incriminée dans la déclaration de Brixen [3], donne lieu à des insinuations défavorables : Grégoire VII, en prescrivant aux cardinaux un jeûne spécial, destiné à obtenir du ciel les lumières nécessaires, aurait douté de la vraie foi et tomberait sous le coup d'une sentence du concile de Nicée ainsi conçue : « Celui qui doute de sa foi est infidèle [4]. » D'autres accusations sont plus inédites, par exemple celles qui touchent aux tentatives de meurtre dont le pape se serait rendu coupable : sachant que Henri IV allait souvent prier à l'église Sainte-Marie de l'Aventin, Hildebrand aurait repéré l'endroit où il avait l'habitude de se tenir et fait placer sur la poutre qui se trouvait au-dessus une grosse pierre qui aurait consommé son œuvre fatale, si celui qui avait été chargé de cette coupable mission ne s'était tué en l'accomplissant [5].

---

[1] Cfr *supra*, p. 81. Sur la biographie de Benon, voir SCHNITZER, *Die « Gesta romanae ecclesiae » des Kardinals Beno*, p. 1 et suiv.

[2] *Gesta romanae ecclesiae*, I *(Libelli de lite*, t. II, p. 369.)

[3] Cfr *supra*, p. 60.

[4] *Gesta romanae ecclesiae*, IV *(Libelli de lite*, t. II, p. 370-371.)

[5] *Gesta romanae ecclesiae*, V *(Libelli de lite*, t. II, p. 371)* — SCHNITZER

Homicide, Grégoire VII serait également un faux prophète : devant le clergé et le peuple romain réunis à Saint-Pierre pour la messe, il aurait, du haut de l'ambon, solennellement annoncé qu'avant le jour de la solennité des saints Apôtres Henri IV mourrait ; plus tard, quand il put constater que sa prophétie ne s'était pas vérifiée, il allégua, dit Benon, qu'il s'agissait de l'âme et non du corps du roi [1].

Deux griefs fort originaux terminent l'opuscule, celui d'avoir fait célébrer une fête en l'honneur de Libère, ce qui était adhérer à son hérésie [2], et celui plus curieux encore de magie [3].

Tels sont les attentats contre la loi chrétienne qui ont, paraît-il, soulevé la conscience des cardinaux. Il est impossible de reconstituer les faits qui ont inspiré les *Gesta romanae ecclesiae;* cette recherche n'offrirait d'ailleurs en elle-même qu'un assez médiocre intérêt. Ce qui fait l'originalité du pamphlet du cardinal Benon n'est pas là, et il vaut mieux arriver de suite au reproche fondamental adressé à Grégoire VII, à savoir celui de s'être insurgé contre la constitution de l'Église en n'associant pas les cardinaux à son gouvernement.

Jamais encore les opposants antigrégoriens n'avaient formulé pareille accusation. Elle revêt ici plusieurs aspects curieux. Tout d'abord, elle a trait à l'élection pontificale du 22 avril 1073 qui s'est faite le jour même de la mort d'Alexandre II [4], alors que suivant les canons trois jours auraient dû s'écouler

---

(*op. cit.*, p. 37) a cherché à fixer la date de cette prétendue tentative d'assassinat et il opine pour la période entre le 21 mars et le 21 mai 1084, mais aucun texte n'autorise cette conjecture et il semble bien que l'on se trouve en présence d'une pure invention.

[1] *Gesta romanae ecclesiae*, VII (*Libelli de lite*, t. II, p. 371-372). — Bonizon de Sutri, dans son *Liber ad amicum*, IX *(Ibid.*, t. I, p. 616-617) a relevé l'accusation de Benon que visent évidemment ces mots : *Sunt et alii qui dicunt, quod verbum male intelligentes...*, et s'est efforcé de la réfuter. Cfr aussi SIGEBERT DE GEMBLOUX, *Chronicon*, a. 1080 (date également donnée par Bonizon de Sutri) : « Hildibrandus papa quasi divinitus revelatum sibi praedixit hoc anno falsum regem esse moriturum ; et verum quidem praedixit, sed fefellit eum de falso rege conjectura, secundum suum velle super Heinrico rege interpretata » (MGH, SS, t. VI, p. 364).

[2] *Gesta romanae ecclesiae*, IX (*Libelli de lite*, t. II, p. 373).

[3] *Gesta romanae ecclesiae*, *loc. cit.* — Dans la seconde rédaction des *Gesta romanae ecclesiae*, contemporaine des premières années du pontificat d'Urbain II, le cardinal Benon ajoutera d'autres accusations empruntées aux polémistes antérieurs et qui manquent totalement d'originalité.

[4] En réalité l'élection a eu lieu seulement le lendemain. Cfr t. II, p. 71.

entre les funérailles du pontife défunt et la désignation de son successeur, et par l'entremise des seuls laïques, sans que les cardinaux eussent été admis à y participer [1]. Par la suite, ceux-ci ont été systématiquement écartés des conseils du Saint-Siège : « Rome sait, pour l'avoir vu et entendu, quelles personnes ont été appelées à donner leur avis ». Benon souligne la gravité de cette exclusion : en l'absence des cardinaux, la vie et la doctrine d'Hildebrand n'ont pas eu de témoins, alors que les saints canons prescrivent qu'en tous lieux trois cardinaux-prêtres et deux cardinaux-diacres ne quittent jamais le pape [2]. C'est en particulier sans l'assentiment des cardinaux qu'Hildebrand, en dehors des règles fixées par les canons, a précipitamment prononcé contre Henri IV une excommunication injuste à laquelle aucun cardinal n'a souscrit et qui a scindé l'unité de l'Église [3]. Telles sont les graves raisons qui ont motivé la défection des cardinaux-prêtres. Si l'on en croit Benon, les cardinaux-évêques les eussent volontiers suivis dans leur retraite, mais le pape les convoqua, après avoir pris soin au préalable de s'entourer de laïques, puis, par la menace et par la terreur, il leur arracha le serment de ne jamais l'abandonner pour défendre la cause du roi et de son pape, après quoi, aidé du prince de Salerne, il les expédia en Campanie, afin d'empêcher tout contact entre eux et les cardinaux-prêtres [4].

Il est à peine nécessaire de souligner la nouveauté de cette thèse. Ce n'est plus l'attitude de Grégoire VII à l'égard du roi de Germanie qui est en cause, et, si Benon reproche au

---

[1] *Gesta romanae ecclesiae*, II *(Libelli de lite*, t. II, p. 370). — SCHNITZER *(op. cit.*, p. 34) s'étonne de ce que Benon ne tire pas argument du fait que Grégoire VII n'a pas sollicité l'assentiment royal. Outre que le fait a prêté à discussion (cfr t. II, p. 80-88), Benon ne s'occupe pas de l'intervention du roi de Germanie dans les affaires de l'Église et s'applique uniquement à revendiquer les droits des cardinaux.

[2] *Gesta romanae ecclesiae*, II *(Libelli de lite*, t. II, p. 370). — Il s'agit d'une fausse décrétale du pape Lucius Ier, qui est ainsi conçue : « Igitur duo presbyteri et tres diaconi in omni loco episcopum non deserant propter testimonium ecclesiasticum » (édit. HINSCHIUS, p. 175).

[3] *Gesta romanae ecclesiae*, III *(Libelli de lite*, t. II, p. 370). — La question de procédure sera reprise plus en détail dans le second opuscule ; dans la première rédaction des *Gesta*, Benon a voulu uniquement marquer que les cardinaux n'avaient pas été consultés.

[4] *Gesta romanae ecclesiae*, I *(Libelli de lite*, t. II, p. 369-370).

pontife ses procédés vis-à-vis du souverain, il ne revendique pas pour l'empereur le pouvoir de désigner le pape ni de contrôler le gouvernement de l'Église. Issu d'un tout autre milieu qu'un Wenric de Trèves ou un Guy d'Osnabrück, qu'un Petrus Crassus ou un Benzon d'Albe, il se soucie en somme assez peu de la restauration du césaropapisme et du régime othonien; il poursuit uniquement une réforme administrative de l'Église romaine. Ce qui le choque chez Grégoire VII, ce n'est pas son indépendance envers le pouvoir temporel, c'est la façon toute personnelle dont il a exercé l'autorité apostolique.

Que cette critique soit en partie fondée, on n'en saurait douter. Dans les *Dictatus papae*, qui reflètent plus fidèlement que tout autre texte la pensée grégorienne, aussi bien que dans les collections canoniques composées sous l'inspiration de Grégoire VII, il n'est pas fait mention des cardinaux et c'est le pape qui est investi du droit de déposer et d'absoudre les évêques, d'établir de nouvelles lois dans l'Église, de délier les sujets du serment de fidélité, en un mot de prendre des décisions de tout ordre [1].

Si, par ailleurs, on examine comment a fonctionné l'autorité romaine entre 1075 et 1085, on ne voit pas que les cardinaux aient collectivement joué le moindre rôle : les deux rouages essentiels du gouvernement de Grégoire VII sont les conciles romains, composés d'évêques italiens, auxquels s'adjoignent de plus en plus des prélats venus de toutes les parties de l'Occident, et les légats, chargés d'appliquer la législation réformatrice promulguée par les conciles [2]. Parmi ces légats, il y a eu des cardinaux — et plus de cardinaux-évêques que de cardinaux-prêtres, — mais ces cardinaux ne figurent jamais qu'à titre individuel et en vertu d'une délégation personnelle du pontife romain ; leur fonction ne leur confère aucun droit de préemption [3].

---

[1] Cfr t. II, p. 191 et suiv.

[2] Cfr t. II, p. 205 et suiv.

[3] C'est le cas par exemple du cardinal-prêtre Hugues Candide, utilisé en Espagne après 1073 (cfr t. II, p. 114) et du cardinal-diacre Bernard qui a été chargé d'importantes missions après 1077 (cfr t. II, p. 211, n. 4 et 359 et suiv.); mais, en général, Grégoire VII préfère confier les légations temporaires soit à des cardinaux-évêques, tels que Géraud, puis Eudes d'Ostie, Hubert de Préneste, Pierre d'Albano, soit plutôt à de simples clercs ou à des moines (cfr t. II, p. 214-215).

Benon a donc raison quand il constate que, pendant le pontificat de Grégoire VII, les cardinaux n'ont eu aucune part au gouvernement de l'Église. Mais est-ce là une nouveauté ? Il lui eût été difficile de le prouver. Le seul canon qu'il puisse invoquer en faveur de sa thèse est une fausse décrétale du pape Lucius Ier qui ne concerne même pas, comme on l'imagine ici, les cardinaux [1], et il faut bien convenir qu'en fait d'*auctoritates* ce témoignage isolé fait assez pâle figure. En réalité, jusqu'à la fin du XIe siècle, les cardinaux ont pu éclairer les pontifes romains en telle ou telle circonstance, mais ils n'ont pas assumé le rôle officiel qui va leur échoir par la suite, lorsqu'ils deviendront les conseillers habituels du Saint-Siège, formant le consistoire que présidera le pape. Encore semble-t-il que l'on se soit, pour ces avis officieux, adressé de préférence aux cardinaux-évêques *quibus auctoritas est maior*. Ce sont ceux-ci, qui en vertu du décret de 1059, jouent le rôle primordial dans l'élection pontificale, tandis que les cardinaux-prêtres se bornent à ratifier le choix intervenu au cours de la *tractatio* des cardinaux-évêques [2].

Il en sera tout autrement au XIIe siècle et l'idée semée par les *Gesta romanae ecclesiae* fera son chemin. A partir du pontificat d'Alexandre III (1159-1181), non seulement le privilège des cardinaux-évêques disparaîtra en matière d'élection pontificale et les cardinaux-clercs seront admis à la *tractatio*, mais, en outre, le consistoire, ou assemblée des cardinaux présidée par le pape, deviendra le rouage essentiel de l'administration romaine et constituera ce conseil permanent que réclame Benon pour assister le titulaire du siège apostolique dans le gouvernement de l'Église [3].

L'esquisse de ce projet de réforme de la curie romaine, destiné à tempérer l'exercice de l'autorité pontificale, constitue l'originalité des *Gesta romanae ecclesiae*. Ce bref pamphlet est l'indice d'une réaction contre les tendances du gouvernement

---

[1] Cfr *supra*, p. 252, n. 2. Cette fausse décrétale, qui est mentionnée dans la collection d'Anselme de Lucques (VI, 127, édit. THANER, p. 329), concerne les évêques en général et le mot de cardinaux n'y figure pas.

[2] Cfr t. I, p. 317.

[3] Sur le rôle des cardinaux dans l'administration romaine, voir J. B. SAGMÜLLER, *Die Thätigkeit und Haltung der Cardinäle bis Papst Bonifaz VIII*, Fribourg-en-Brisgau, 1896, et V. MARTIN, *Les cardinaux et la curie*, Paris, s. d. (1930).

ecclésiastique, si personnel, de Grégoire VII. Au moment où
Benzon d'Albe combattait avec la verve que l'on sait, les reven-
dications du pape à l'égard des puissances temporelles, il s'est
trouvé un homme d'Église pour demander que l'autorité pontificale fût limitée par le contrôle incessant des cardinaux. Sur
le plan ecclésiastique aussi bien que sur le plan politique,
l'œuvre grégorienne a subi de rudes assauts au lendemain de
la mort du pape qui l'avait conçue, et l'on voit s'ébaucher,
épars à travers les œuvres polémiques, le programme des
grandes transformations qui s'accompliront au cours du siècle suivant.

III. — GUY DE FERRARE

SOMMAIRE. — I. Sa biographie ; date de rédaction du *De scismate Hildebrand di*. — II. Analyse du *De scismate Hildebrandi* ; arguments pour et contre Grégoire VII. — III. Les sources du *De scismate Hildebrandi* : sources littéraires et sources canoniques ; mode d'interprétation. — IV. La théorie de l'investiture ; distinction du spirituel et du temporel dans l'évêché : influence et but immédiat du *De scismate Hildebrandi*.

Le but des pamphlets qui ont vu le jour au lendemain de la mort de Grégoire VII, *Liber ad Heinricum* de Benzon d'Albe et *Gesta romanae ecclesiae* du cardinal Benon, a été, en jetant le discrédit sur la vie et l'œuvre du pontife défunt, de ramener le plus grand nombre possible de ses partisans à l'obédience de l'antipape Clément III. C'est le même résultat que se propose d'atteindre, par des voies toutes différentes, une autre œuvre polémique contemporaine, le *De scismate Hildebrandi*, dû à la plume de l'évêque schismatique de Ferrare, Guy, qui, après avoir soutenu pendant quelques années la cause grégorienne, était passé au parti impérial [1].

I

De Guy de Ferrare lui-même on ne sait que fort peu de chose. Aucun chroniqueur n'a prononcé son nom ; c'est à peine si quelques renseignements épars dans des actes diplomatiques et les allusions qu'il fait, dans son traité, à diverses circonstances de sa vie, permettent de dissiper faiblement l'obscurité dont sa personne demeure enveloppée.

---

[1] Le *De scismate Hildebrandi* a été édité par DÜMMLER dans les *Libelli de lite imperatorum et pontificum*, t. I, p. 529-567). On trouvera quelques indications dans les livres déjà cités de MIRBT, SOLMI et CARLYLE. — La seule monographie concernant Guy de Ferrare est celle de PANZER, *Wido von Ferrara*, 1880.

Il n'est pas prouvé que, — comme le veut Barotti [1], Guy fût
arétin d'origine. Il faut se résigner également à ignorer la
date de sa naissance qu'il est impossible de déterminer, même
de façon approximative. On sait seulement qu'il a séjourné
à Rome pendant la première partie du pontificat de Grégoire
VII ; il a même dû participer assez activement à la réforme de
l'Église et faire partie de l'entourage familier du pape, car
il affirme, dans le *De scismate Hildebrandi* [2], avoir eu l'occasion
d'assister souvent à sa messe.

On ne peut dire avec précision à quel moment cette colla-
boration a commencé ni à quel moment elle a pris fin. Guy de
Ferrare avoue [3] n'avoir pas assisté à l'élection d'Hildebrand,
en 1073 : il a dû sans doute arriver à Rome peu de temps après
et il a été témoin de la déposition de Henri IV, au concile
de 1080 [4]. Entre 1081 et 1083, il abandonne Grégoire VII
pour se ranger sous la bannière du roi de Germanie et de l'antipape Clément III. C'est dans une charte du 1er décembre
1086 que, pour la première fois, le titre d'évêque de Ferrare
figure à côté de son nom [5]. Cette dignité lui était échue quelque
temps auparavant, le siège étant devenu vacant en 1083, par
la mort de l'évêque Gratien.

Le rôle politique de Guy, comme évêque de Ferrare, n'a été
retracé par aucune chronique. Il dut pourtant avoir une certaine importance, car Clément III, à une date incertaine, con-
féra à son fidèle partisan les fonctions de vice-chancelier et de
bibliothécaire, qu'il exerçait en 1099 [6]. On perd ensuite la trace
de Guy. Était-il encore évêque de Ferrare, lorsqu'en 1101 les
troupes de la comtesse Mathilde reprirent la ville ? Ce problème n'est, jusqu'à nouvel ordre, susceptible d'aucune solution.

---

[1] BAROTTI, *Serie de vescovi et arcivescovi di Ferrara*, 1781.

[2] *De scismate Hildebrandi*, I, 2 *(Libelli de lite*, t. I, p. 535).

[3] *De scismate Hildebrandi*, I, 1 *(Libelli de lite*, t. I, p. 534).

[4] *De scismate Hildebrandi*, I, 7 *(Libelli de lite*, t. I, p. 540).

[5] Cfr BAROTTI, *op. cit.*, p. 15. — Une autre charte, de 1092, renferme aussi
parmi les souscripteurs le nom de Guy de Ferrare.

[6] On connaît ce détail par une bulle de Clément III, en date du 18 octobre
1099, publiée par P. WEBER *(Archivio della R. Società Romana di storia
patria*, t. XXIII, 1900, p. 280-283). On y lit la souscription suivante : « Data
Tibure per manus Guidonis Ferrariensis episcopi, vice cancellarii et biblio-
thecarii, anno ab incarnatione Christi millesimo LXXXXVIII, quinto deci-
mo kalendas novembris, indictione VII. »

L'obscurité qui plane sur la vie de l'auteur du *De scismate Hildebrandi* n'atténue en rien la valeur de l'œuvre. Avant d'en aborder l'étude, il importe de fixer la date de son apparition sur laquelle les critiques ne sont pas d'accord [1].

Guy de Ferrare, dans sa préface, rapporte qu'il a écrit son traité à la suite d'une discussion qui s'était produite, au milieu du carême précédent, dans l'entourage du pape Clément III qui résidait alors à Ravenne. Comme, d'autre part, les derniers moments de Grégoire VII sont racontés à la fin de la première partie [2], le *De scismate Hildebrandi* est certainement postérieur au 20 mai 1085, date de la mort de Grégoire VII, et antérieur au 8 septembre 1100, date de la mort de Clément III.

Pour arriver à une précision plus grande, il faut maintenant dresser la liste des années, comprises entre 1085 et 1100, pendant lesquelles Guibert a passé le carême dans sa ville épiscopale.

Or, on sait que l'antipape a été obligé de quitter Rome dans l'été de 1085 et qu'il s'est retiré à Ravenne [3], où il se trouvait encore pendant le carême de 1086, comme l'attestent deux bulles, datées l'une du 27 février (première semaine du carême), l'autre du 15 mai [4]. Pour 1087, il est plus difficile de se prononcer : très probablement Guibert était à Ravenne le 2 mars [5], c'est-à-dire dans la troisième semaine du carême, mais il résulte d'un passage de Pierre Diacre, dans sa chronique de l'abbaye du mont Cassin [6], qu'il a officié à l'église Saint-Pierre de Rome le dimanche des Rameaux (21 mars). En 1088,

---

[1] La date généralement adoptée est celle de 1086 ; elle a été proposée par PANZER, *Wido von Ferrara*, 1880, p. 22, conservée par DÜMMLER, dans la préface de son édition de Guy de Ferrare *(Libelli de lite*, t. I, p. 510), MIRBT, *Die Publizistik im Zeitalter Gregors VII*, p. 41, MEYER VON KNONAU, *Jahrbücher des deutschen Reichs unter Heinrich IV und Heinrich V*, t. V, p. 143. LŒWENFELD, dans les *Regesta pontificum*, t. I, p. 652, se prononce pour 1088, et R. WILMANS, dans les MGH, SS, t. XII, p. 149, pour 1090.

[2] *De scismate Hildebrandi*, I, 20 *(Libelli de lite*, t. I, p. 549-550).

[3] Le fait est affirmé par Bernold de Constance, dans sa chronique, à l'année 1084 (MGH, SS, t. V, p. 444).

[4] Cfr JAFFÉ-WATTENBACH, 5322 et 5323. Sur l'itinéraire de Guibert en 1086 et pendant les années suivantes, cfr KÖHNCKE, *Wibert von Ravenna*, p. 69 et suiv.

[5] Il semble bien, en effet, qu'il faille placer en 1087, la bulle 5319 de JAFFÉ-WATTENBACH, datée de la troisième année du pontificat de Clément III. Cfr KÖHNCKE, *op. cit.*, p. 72, n. 1.

[6] *Chronica monasterii Casinensis*, III, 68 (MGH, SS, t. VII, p. 749).

Guibert réapparaît à Ravenne le 5 avril, soit au milieu de la
période quadragésimale [1]. En 1089, il rentre de nouveau à
Rome, y tient un concile qui se place entre le 18 avril et le
1er juillet [2], mais à cette date, Urbain II s'empare de la ville [3],
dont il est chassé dans l'été de 1090 [4], pour y rentrer seulement
à la fin de l'année 1093 [5]. Guibert a donc passé le carême à
Ravenne en 1086, 1088, 1090, peut-être aussi en partie en
1087 et 1089. Après 1090, son itinéraire est très incertain.

En somme, l'étude des déplacements de l'antipape ne permet d'aboutir à aucune conclusion catégorique. D'autres indices, fort heureusement, acheminent vers des résultats plus
positifs.

Le *De scismate Hildebrandi* ne saurait être de beaucoup
postérieur à la mort de Grégoire VII. Il y est dit, en effet, que
le pape désigna pour successeur l'abbé du Mont-Cassin, Didier,
mais aucune allusion n'est faite aux pontificats de Victor III
et d'Urbain II. Or, l'auteur, s'il avait été témoin au moment
où il écrivait, des actes des successeurs d'Hildebrand, n'aurait
pas manqué de les flétrir eux aussi comme entachés de schisme.
Il y a là déjà, comme on l'a remarqué plusieurs fois [6], une
présomption très forte pour la date de 1086. Toutefois, ce
n'est pas la seule : l'opportunité du *De scismate Hildebrandi*
pour le parti de Guibert apparaît comme beaucoup plus évidente, si l'on se souvient des circonstances qui ont entouré
l'élection de Victor III [7].

On comprend qu'en présence du désarroi suscité par le refus
persistant de l'abbé du Mont-Cassin d'accepter la tiare,
le parti de Guibert ait jugé l'occasion favorable — la chronique

---

[1] JAFFÉ-WATTENBACH, 5327 et 5328.

[2] La date de ce concile a été très discutée. Pour plus de détails, à ce sujet,
voir MEYER VON KNONAU, *Jahrbücher des deutschen Reichs unter Heinrich
IV und Heinrich V*, t. IV, p. 265-269, qui résume toutes les discussions et
démontre de façon péremptoire que c'est bien en 1089 qu'il faut placer le
concile.

[3] Le fait est attesté par Urbain II lui-même, dans une bulle longtemps
restée inédite et qu'a publiée C. KEHR dans *Archivio della R. Società Romana di storia patria*, t. XXIII, 1900, p. 273-280.

[4] Cf JAFFÉ-WATTENBACH, 5437 et suiv.

[5] Cf BERNOLD DE CONSTANCE, a. 1094. (MGH, SS, t. V, p. 457).

[6] C'est l'avis de PANZER, MIRBT, MEYER VON KNONAU, *loc. cit.*, qui se bornent à cet unique argument.

[7] Cf *supra*, p. 195 et suiv.

du Mont-Cassin en fait l'aveu — pour reprendre l'offensive et provoquer un ralliement en masse à l'antipape. Or, le *De scismate Hildebrandi* a pour but de prouver que l'élection de Grégoire VII est nulle et que celle de Clément III présente toutes les garanties nécessaires ; l'Église ayant à sa tête un pape légitime, il n'y a pas lieu d'en élire un autre. Cette thèse concorde bien avec les préoccupations des partisans de Guibert de Ravenne, en 1086. Au contraire, en 1088 un mois après l'élection d'Urbain II, ou en 1090, après deux ans d'un nouveau pontificat, la composition d'une œuvre conçue dans un tel esprit, n'aurait pas présenté le même intérêt.

En résumé, le *De scismate Hildebrandi* a été commencé en avril 1086, à la suite du recul du parti grégorien à Rome, pour prévenir l'élection d'un nouveau pape, et achevé au cours des mois qui ont suivi.

II

Avant d'examiner la valeur historique et juridique de l'œuvre de Guy de Ferrare, il est nécessaire d'en esquisser le plan et d'en dégager les principales idées.

Guy indique dans son prologue le but qu'il a poursuivi. Un jour, dans son entourage, « un débat s'éleva entre frères au sujet du schisme dit d'Hildebrand, que les uns combattaient et que les autres défendaient. » Les antagonistes firent appel à son autorité. « Après une série de discussions qui paraissaient traîner en longueur, raconte-t-il, tous vinrent à moi et me demandèrent de caractériser ce schisme en quelques mots, de définir d'abord quelles excuses il pouvait invoquer en sa faveur, de l'écraser ensuite sous les arguments les plus décisifs. Cet exposé paraissait très nécessaire, étant donné que l'erreur avait pris naissance en secret, progressé peu à peu, à la manière du reptile qui rampe contre terre, conquis finalement de nombreuses provinces [1]. » Guy, après avoir refusé d'entreprendre une tâche aussi ardue, se laissa fléchir, sans doute à la suite d'une intervention de Guibert de Ravenne auquel il

---

[1] *De scismate Hildebrandi, Prologus (Libelli de lite,* t. I, p. 532).

s'adresse en personne à la fin de son traité, lui rappelant l'« ordre » qu'il lui a donné [1].

Le plan est très simple : dans le premier livre, Guy développe les raisons qui, en apparence, justifient le schisme d'Hildebrand ; dans le second, il examine celles qui interdisent d'y adhérer [2].

Pour répondre aux reproches que l'on adressait en général à Hildebrand, l'évêque de Ferrare classe méthodiquement les différents chefs d'accusation.

1. On a prétendu que l'élection de Grégoire VII était irrégulière. Or, il faut convenir que les règles canoniques ont été scrupuleusement observées. En s'appuyant « sur le témoignage d'hommes très religieux », Guy raconte comment les choses se sont passées. « Lorsque, dit-il, Alexandre, de bienheureuse mémoire, eut rendu l'âme, avant même que sa dépouille mortelle n'eût été mise au tombeau, le clergé, le peuple et le sénat se réunirent ; du vœu de tous et par un consentement unanime ; Hildebrand fut élu par le clergé, réclamé par le peuple, confirmé par le suffrage de tous les évêques et prêtres [3]. Ainsi, suivant la parole de saint Cyprien au sujet de Corneille [4], il a été fait évêque selon Dieu et conformément aux canons [5]. »

2. Hildebrand, affirment encore ses adversaires, a eu une vie peu sacerdotale ; trop porté vers la bonne chère, peu soucieux du patrimoine de l'Église romaine, il s'est, pour toutes choses, conduit plus en seigneur qu'en prêtre. A l'encontre de si noires calomnies, Guy de Ferrare trace de Grégoire VII un portrait

---

[1] *De scismate Hildebrandi*, II : « non ausus jussioni tuae quicquam negare » *(Libelli de lite*, t. I, p. 567).

[2] *De scismate Hildebrandi*, II : « Haec tibi, venerabilis pater, sicut jussisti, composui, in quibus et pro Ildebrando multa volumine primo disserui et contra illum secundo copiosius disputavi. » *(Ibid.).*

[3] On remarquera que le récit de Guy de Ferrare diffère légèrement de la version traditionnelle, telle qu'elle figure dans le registre de Grégoire VII (Cfr t. II, p. 72), Le pape rapporte que, pendant les funérailles d'Alexandre II, « un grand tumulte s'éleva parmi le peuple, qui s'élança sur lui dans un insensé frémissement », et que les cardinaux ne firent ensuite que ratifier les acclamations populaires. Manegold de Lautenbach, dans le *Liber Gebehardum*, XIV *(Libelli de lite*, t. I, p. 336-337), tait, comme Guy de Ferrare, ces circonstances qui donnaient à l'élection un caractère un peu irrégulier.

[4] S. CYPRIEN, *Epist.* LV (PL, III 829).

[5] *De scismate Hildebrandi*, I, 1 *(Libelli de lite*, t. I, p. 534).

auquel auraient pu souscrire les plus ardents défenseurs du
pontife. « A peine élu évêque, dit-il, il s'est montré fidèle administrateur et prévoyant dispensateur des biens de l'Église ; il
a fait garder les cités, les bourgs, les municipes, et les châteaux,
veillant sur ceux qu'il possédait, s'efforçant de recouvrer ceux
qui avaient été perdus et enlevés par la force. Il a réuni une
troupe de soldats, non pas, comme on le croit, par souci
d'une vaine gloire, mais pour étendre l'Église romaine qui,
violentée par les Normands et foulée aux pieds par d'autres
voisins, paraissait réduite presque à rien. Aussi, tous ceux qui
l'avaient lésée et avaient envahi ses biens furent-ils frappés
de terreur... Entre temps, défenseur des veuves et des enfants,
secours des orphelins, avocat des pauvres, Hildebrand, à l'aide
des ressources dont il pouvait disposer, soulageait les humbles
et les faibles, les malheureux et les indigents. Attentif au
jeûne, absorbé par la prière, sans cesse adonné à la lecture, il
faisait de son corps le temple du Christ. Tourmenté par le
sommeil, il supprimait tout repos ; joyeusement, alors que
sa table regorgeait des mets les plus raffinés et que d'un signe
il pouvait tout avoir, il souffrait la faim, endurait la soif et
diverses tortures du corps. D'autres ont fui la présence des
hommes, évité tout entretien avec les femmes, renoncé au
tourbillon de la vie urbaine, se sont échappés vers d'inacces-
sibles solitudes ou cachés dans les antres des montagnes et les
cavernes des rochers, se nourrissant d'herbes, s'abreuvant aux
sources et préférant habiter avec les fauves. Lui, contraint
par les nécessités du gouvernement dont il avait charge, a
eu le singulier mérite de garder sa dignité dans le siècle,
au milieu des fils des ténèbres. Tandis que tous étaient absorbés
par les affaires, les appétits et les gains du monde, il planait
au-dessus de tant de vils soucis et, avec sa grandeur d'âme
habituelle, se pénétrait de l'idée qu'il accomplissait ici-bas
un voyage, traversait une patrie qui n'était pas la sienne. »
Guy, passant en revue les principales vertus de Grégoire VII,
fait encore l'éloge de son affabilité, de sa sainteté, de sa so-
briété. Il le félicite d'avoir lutté avec énergie et « sous l'inspiration du divin amour » contre un épiscopat simoniaque, sen-
tine de tous les vices, qui méprisait la loi du célibat, donnait
publiquement l'exemple de l'adultère, du parjure, du sacrilège, jetait partout la confusion et la chaos. Ce combat, qui

lui a valu nombre d'injures, Hildebrand a eu l'immense mérite de le mener jusqu'au bout et « sans jamais s'écarter de la règle de la vérité [1]. »

3. On reproche à Hildebrand son attitude envers Henri IV : il aurait été injuste et violent. Guy de Ferrare établit que la conduite du roi était loin d'être exemplaire, et, tout en rejetant certaines accusations particulièrement obscènes qui ne lui paraissent pas prouvées, il retient celles d'impiété, d'âpreté au gain, de vénalité et d'adultère ; les enfants nés de cette dernière faute, ajoute-t-il, sont là pour en témoigner. Hildebrand s'est proposé de ramener le jeune souverain à des mœurs meilleures, en lui adressant par lettre de doux avertissements qu'il puisait dans l'Écriture, en lui envoyant des légats chargés de lui rappeler les préceptes divins. Vaines tentatives ! « Dès qu'il eut reçu les bulles apostoliques, Henri, inquiet pour son pouvoir et pour sa fortune, ne songea plus qu'à renverser Hildebrand ; il chercha aussitôt le moyen de mener son projet à bonne fin, assembla tous les évêques de Germanie et de Lombardie, afin de leur faire annuler son excommunication et maudire le pape. Mais cet homme, semblable à une montagne qu'aucune tempête ne peut abattre, resta impassible devant l'orage, et, sans s'éloigner du sentier de la justice, parla plus durement au roi, lui fit craindre la malédiction apostolique, puis la déposition, s'il persistait dans son attitude. » Les menaces, comme les avertissements, restant sans effet, Hildebrand convoque Henri IV à Rome. Il ne vient pas. Alors, le pape l'excommunie et avec lui tous ceux qui ne se sépareraient pas de sa communion. Guy de Ferrare considère que le droit du pontife était formel ; il cite, à l'appui, plusieurs textes canoniques qu'il emprunte à saint Ambroise, à saint Cyprien, à saint Paul, et plusieurs précédents qui confirment la doctrine [2].

4. Guy de Ferrare examine ensuite l'un des griefs les plus répandus contre Grégoire VII : le pape se serait rendu coupable de parjure en approuvant l'élection de Rodolphe en 1077, en reconnaissant comme valables les serments prêtés au duc de Souabe par des chevaliers qui avaient déjà juré fidélité à Henri IV. Il constate, tout d'abord, qu'Hildebrand a lui-même

---

[1] De scismate Hildebrandi, I, 2 (Libelli de lite, t. I, p. 534-536).
[2] Ibid., I, 3-6 (loc. cit., p. 536-539).

exposé, au concile de Rome (1080), les raisons qui ont déterminé la déposition du roi et juré, en prenant à témoin le ciel et la terre, qu'il n'avait en aucune façon participé à l'élection de Rodolphe. Mais, ajoute Guy, supposons un instant qu'il ait menti : ne peut-il encore se justifier du fait que Rodolphe n'a été désigné qu'après la condamnation et la déposition de Henri IV [1] ? « Si le chevalier avait aspiré à la couronne, avant qu'une sentence eût frappé son seigneur, il paraîtrait répréhensible. Mais, puisque ce seigneur était excommunié et déchu par l'autorité de Pierre, je ne vois pas comment Rodolphe, pourrait être accusé de lui avoir arraché le royaume [2]. » Guy de Ferrare relève de nombreux cas identiques qui n'ont jamais causé aucun scandale : lorsqu'un évêque a été déposé, les fidèles promettent obéissance à son successeur, sans être liés par leurs serments antérieurs; l'époux et l'épouse sont unis par le mariage jusqu'à la mort, mais si l'un des conjoints verse dans l'hérésie, l'autre devra-t-il renier lui aussi la foi chrétienne ? De même encore, celui qui, pour une dette, fournit un gage, est débiteur aussi longtemps que ce gage reste entre les mains de son créancier, mais, du jour où le gage est rendu, corrompu ou perdu, il ne doit plus rien. « De tout ce que nous avons dit, conclut l'auteur, il résulte, en toute certitude, que Rodolphe n'a pas parjuré et qu'Hildebrand n'est pas répréhensible pour avoir consenti à son élection [3]. » De ce fait, le rôle joué par les légats en Allemagne se trouve lavé de tout soupçon ; ils ont été les instruments de Grégoire VII et « ont libéré les Allemands de leurs scrupules [4]. »

5. Hildebrand a-t-il failli à ses obligations en poussant les Allemands à la guerre ? Guy de Ferrare ne le croit pas, car, d'après saint Augustin, Pélage Ier et saint Grégoire le Grand, la guerre est permise, lorsque le but qu'elle poursuit est juste et conforme à la volonté divine. Saint Augustin, notamment,

---

[1] Guy de Ferrare paraît oublier qu'au moment de l'élection de Rodolphe (15 mars 1077), Henri IV, frappé d'anathème en 1076, avait reçu son pardon six semaines auparavant, le 28 janvier, à Canossa. D'ailleurs, de 1077 à 1080, Grégoire VII a observé la plus stricte neutralité et n'a reconnu Rodolphe qu'après avoir déposé Henri IV, infidèle aux engagements de Canossa. Cfr t. II, p. 305-308 et 357-381.

[2] De scismate Hildebrandi, I, 7 (Libelli de lite, t. I, p. 540).

[3] Ibid. I, 7 (Libelli de lite, t. I, p. 541).

[4] De scismate Hildebrandi, I, 9 (Libelli de lite, t. I, p. 543).

rappelle l'histoire de Sara, l'épouse légitime, image de l'Église, qui chasse la servante Agar, parce qu'elle l'injuriait. « Si les bons et les saints ne persécutaient personne, ajoute le docteur, mais souffraient toujours, que signifierait la parole du psaume : *Je poursuivrai mes ennemis* [1]. » De plus, celui qui agit avec une bonne intention ne peut être rendu responsable des accidents qui surviennent en cours de route. « Un chrétien n'est pas coupable, si son bœuf ou son cheval cause la mort d'autrui, ou alors que les bœufs des chrétiens n'aient pas de cornes leurs chevaux, pas de sabots, leurs chiens pas de crocs [2]. » De ces textes, il résulte clairement, je suppose, que, soit qu'il ait permis aux Allemands de lutter contre le roi Henri, soit qu'il ait persécuté — pour employer l'expression de ses adversaires, — le dit roi, Hildebrand est resté en parfait accord avec les multiples sentences des Pères [3]. »

6. Pourquoi Hildebrand a-t-il eu recours aux laïques pour châtier les clercs simoniaques ou incontinents, au lieu de s'en tenir aux censures ecclésiastiques de ses prédécesseurs ? Pourquoi a-t-il exercé contre eux des sévices, dignes de nations païennes ou barbares ? « Comme je le tiens de témoins très fidèles qui se sont longuement entretenus avec lui de tels sujets, atteste Guy de Ferrare, il a affirmé à plusieurs reprises qu'il n'a jamais ordonné rien d'aussi cruel ni d'aussi pénible. Il ressentait même un chagrin très vif, chaque fois qu'une foule ignorante se livrait à des injures déplacées ; il réprouvait pour les clercs la peine du fouet et celle de la prison, surtout si elles étaient infligées par des laïques [4]. » D'ailleurs, même s'il n'avait eu cette attitude, Hildebrand aurait été pleinement autorisé par les textes canoniques à faire appel au bras séculier. « Quoi de plus juste, en effet, que de réfuter l'erreur des schismatiques ? Et il faut non seulement la réfuter, mais la combattre [5]. » Témoin saint Grégoire de Nazianze qui, dans son discours sur la paix, s'exprime en ces termes : « Il est évident que nous devons lutter pour la vérité contre l'impiété par le feu,

---

[1] Ps. XVII, 38. S. Augustin, *Epist.* CLXXXV, 2 (PL, XXXIII, 797).
[2] S. Augustin, *Epist.* XLVII (PL. XXXIII, 187).
[3] *De scismate Hildebrandi*, I, 8 et 16 *(Libelli de lite*, t. I, p. 545-542 et 545-547).
[4] *De scismate Hildebrandi*, I, 10 *(Libelli de lite*, t. I, p. 543-544).
[5] *De scismate Hildebrandi*, I, 12 *(Libelli de lite*, t. I, p. 544).

le fer, la puissance, les lois, à condition toutefois de ne pas être souillés par le ferment de la malice et de ne pas consentir au mal[1]. »

7. Guy de Ferrare passe plus rapidement sur une autre objection, soulevée fréquemment par les polémistes du XIᵉ siècle. Peut-on avoir des rapports avec les schismatiques et les excommuniés ? Il note simplement que, d'après les Pères, on ne peut avoir de relations avec eux, sans être soi-même excommunié, mais il esquive, pour le moment, la question beaucoup plus controversée, de la validité de leurs sacrements sur laquelle il se prononcera seulement dans le second livre[2].

8. Guy aborde enfin, pour terminer, le problème de l'investiture. « En ce qui concerne l'ordination et l'investiture des églises qui n'appartiennent pas aux princes, mais aux prêtres, dit-il, les documents précédents suffiraient, s'il ne fallait réfuter l'erreur tant de fois répétée par les rivaux d'Hildebrand. » En présence de leurs accusations acharnées, l'auteur juge indispensable de fortifier encore la thèse précédemment énoncée, à l'aide d'un texte emprunté aux canons des apôtres. « Si un clerc, avec l'appui des pouvoirs séculiers, obtient des dignités ecclésiastiques, qu'il soit déposé[3]. » Hildebrand a rigoureusement maintenu cette doctrine : par là, il a soulevé contre lui les évêques d'Italie et de Germanie qui l'ont condamné sur l'ordre et avec le consentement du roi Henri. « Quelle est l'intelligence, si bornée qu'elle soit, qui ne puisse apprécier la perversité d'un tel acte ?[4] »

Ces diverses considérations prouvent qu'Hildebrand n'a pas démérité et que, par suite, on ne peut considérer comme valable l'élection de Guibert de Ravenne, « homme réputé aussi bien pour ses mœurs que pour sa naissance, d'une urbanité remarquable, d'une grande prudence, d'un bon conseil, d'une science à toute épreuve, d'un esprit vif et pénétrant. » En effet, ses adversaires tiennent ce raisonnement : « Si Hildebrand ou Grégoire était pontife, la chaire de Pierre n'était pas vacante ; dès lors, comme le juge suprême ne peut être condamné par

---

[1] S. Grégoire de Nazianze, *Oratio* VI, 20. (PG, XXXV, 747). — *De scismate Hildebrandi* I, 13-14 *(Libelli de lite,* t. I, p. 544-545).

[2] *De scismate Hildebrandi,* I, 17-18 *(Libelli de lite,* t. I, p. 547).

[3] *Canones apostolorum,* XXXI.

[4] *De scismate Hildebrandi* I, 19 *(Libelli de lite,* t. I, p 547-548)

personne, il est manifeste que Guibert n'a aucun pouvoir ni aucun droit [1]. » Guy cite, à l'appui de cette affirmation, un texte de saint Cyprien : « L'Église est une ; elle ne peut être à la fois au dedans et au dehors. Si elle est chez Novatien, elle n'a pas été chez Corneille. Si elle a été chez Cornélius, qui a légitiment succédé à l'évêque Fabien, Novatien ne peut, dans l'Église, être considéré comme évêque [2]. »

Le plaidoyer en faveur de Grégoire VII se termine par une digression sur l'exil et la mort du pontife [3]. Aussitôt après, commence le réquisitoire qui fait l'objet du second livre. « Il est temps de condamner d'une façon irréfutable, à l'aide de témoignages certains, une erreur qui s'est répandue au loin et au large, qui s'est propagée dans de nombreuses provinces. [4] »

Le second livre se présente sous une forme différente : il a l'allure d'un dialogue entre deux personnages, l'un qui questionne *(proponens)*, l'autre qui répond *(respondens)* ; la division en chapitres a disparu et l'ordre n'est pas toujours le même que dans le premier livre. Toutefois, les différentes questions, auxquelles Guy de Ferrare avait précédemment apporté une solution grégorienne, sont toutes reprises et tranchées dans un sens diamétralement opposé.

1. L'élection d'Hildebrand, qui tout à l'heure était conforme aux canons, est maintenant entachée de nullité. On a porté contre elle deux accusations, l'une certaine, l'autre plus contestable. Tout d'abord, — et c'est là ce qui est sûr, — Hildebrand n'a pas sollicité l'assentiment de l'empereur ; or, un décret de Nicolas II a frappé d'anathème quiconque accepterait la papauté dans de telles conditions ou reconnaîtrait un pape ainsi nommé. « C'est pour cela que l'on réprouve, que l'on critique et que l'on condamne l'élection d'Hildebrand, qu'on l'appelle non une élection, mais une « dégradation *(deiectionem)* », parce que, ou bien la constitution du pape Nicolas II paraîtra injuste (et dire une chose pareille serait un sacrilège, car le siège romain n'a jamais rien promulgué qui fût injuste ou impie, Dieu étant l'auteur de ses décisions) ou bien, si elle est

---

[1] *De scismate Hildebrandi*, I, 20 *(Libelli de lite, t. I, p. 548)*.
[2] S. CYPRIEN, *Epist.* LXXVI, 3 (PL, III, 1187).
[3] *De scismate Hildebrandi* I, 20 *(Libelli de lite, t. I, p. 548-550)*.
[4] *De scismate Hildebrandi*, II, *Praefacio (Libelli de lite, t. I, p.550)*.

juste (et il a toujours été permis à l'Église romaine de légiférer
à nouveau, pourvu que la loi fût sauve), il est évident qu'Hildebrand n'a pas été justement élu et qu'il a encouru le péril de
la malédiction [1]. » Quant au second motif, qui, pour quelques-
uns, infirme l'élection, il est très douteux : on a raconté que,
pendant la nuit qui suivit la mort d'Alexandre II, Hildebrand
avait soudoyé des troupes et répandu l'or à pleines mains pour
provoquer les acclamations populaires en sa faveur ; si la chose
est vraie, elle est très répréhensible, mais, « comme je considère
qu'elle est incertaine, je m'abstiens d'émettre un avis ». Il n'en
reste pas moins vrai que, Hildebrand n'étant pas en droit titulaire de sa charge, tous les actes de son pontificat sont nuls, que,
par là-même, la substitution de Guibert à Hildebrand est légitime. Pourtant, afin d'accumuler les griefs, Guy de Ferrare
suppose un instant que l'élection de 1073 a été régulière ; il
va prouver qu'Hildebrand « a abusé du pouvoir qui lui était
concédé » et que, par suite, selon l'expression du pape Simplicius, « il a mérité de perdre son privilège [2]. »

2. Hildebrand a vécu contre la règle des saints Pères. Sa
physionomie se modifie singulièrement d'un livre à l'autre. Le
pape, qui était plus haut l'incarnation vivante de toutes les
vertus sacerdotales, apparaît maintenant comme « très adonné,
dès sa jeunesse, à la milice terrestre. » Il a, au témoignage de ses
contemporains, amassé de bonne heure d'immenses trésors
qui, sous le fallacieux prétexte de défendre saint Pierre, lui
ont permis d'entretenir une armée à sa solde. Mais, s'écrie le
proponens, cet argent n'était-il pas destiné à la libération de
l'Église romaine? Peu importe, objecte aussitôt le *respondens*,
car l'Église est semblable à la colombe qui ne cherche pas à
s'approprier la nourriture qu'un autre oiseau apporte à son nid,
et plusieurs textes canoniques condamnent les clercs qui ont
recours aux armes. En outre ces sommes, adressées à l'apôtre,
Hildebrand s'en est servi pour insuffler la haine et se concilier
des partisans, afin de triompher dans sa lutte avec l'empereur.
Or, « c'est l'équivalent d'un sacrilège, a dit saint Jérôme, que
de donner les biens des pauvres à des non pauvres. Tout ce

---

[1] *De scismate Hildebrandi*, II, *(Libelli de lite*, t. I, p. 551-552).
[2] SIMPLICIUS, *Epist.* XIV ; *De scismate Hildebrandi*, II *(Libelli de lite*, t. I,
p. 553).

que possède l'évêque appartient aux indigents [1].» Bref, Guy, sans contester les vertus de Grégoire VII, dont il a fait l'éloge, lui reproche surtout d'avoir usé d'une trop grosse fortune dans un but non pas charitable, mais politique [2].

3. Il avait été prouvé, dans le premier livre, que Grégoire VII n'avait été envers Henri IV ni injuste, ni violent, que, même en l'excommuniant, il s'était maintenu dans les strictes limites du droit. Cela n'empêche pas qu'il soit accusé ici de ne pas s'être conformé à la procédure fixée par les canons. « Les règles pour l'excommunication veulent que ceux qui sont accusés ou coupables d'une faute passible de cette peine, soient d'abord cités deux et trois fois ; qu'une fois cités, ils soient examinés; puis, avant que la sentence n'intervienne, convaincus en présence de témoins, à moins qu'ils n'aient eux-mêmes avoué leur péché. Or, nous n'avons rien vu ni entendu de tel au sujet du roi Henri.» Saint Augustin se porte en quelque sorte garant de ces principes canoniques. Et, comme le contradicteur énumère certains précédents en faveur d'Hildebrand, Guy de Ferrare ajoute qu'« une telle excuse ne peut être prise en considération et qu'un plaidoyer de ce genre ne saurait avoir aucun poids [3] », estimant avec saint Grégoire de Nazianze qu'il n'est pas permis de s'autoriser d'une circonstance exceptionnelle pour légiférer en pareille matière, « de même que l'on n'affirmera pas que le printemps est commencé, parce que l'on a vu une hirondelle isolée, ou que l'on ne prescrira pas de toujours naviguer en hiver, parce qu'une fois on n'aura pas fait naufrage en cette saison [4]. » L'Église ne doit jamais perdre de vue sa mission pacifique, et, dans l'intérêt de la paix, il y a parfois, intérêt, comme l'ont montré Cyprien et Augustin, à conserver l'ivraie au milieu du bon grain. C'est là ce qu'Hildebrand a eu le tort de ne pas comprendre, lorsqu'il a excommunié Henri IV.

4. Guy de Ferrare reprend ensuite le grief de parjure qu'il avait paru réfuter dans sa première partie. Il établit, à l'aide de saint Augustin et de fausses décrétales empruntées à saint Innocent et au pape Pie, que, pour être homicide et parjure,

---

[1] S. Jérome, *Epist* LXVI (PL, XXII, 644).
[2] *De scismate Hildebrandi*, II *(Libelli de lite*, t. I, p. 554-555).
[3] *De scismate Hildebrandi*, II *(Libelli de lite*, t. I, p. 560-562)
[4] *De scismate Hildebrandi*, II *(Libelli de lite*, t. I, p. 562).

il n'est pas nécessaire d'être l'auteur personnel de ces crimes,
mais qu'il suffit d'inciter les autres à les commettre. Hildebrand
« est coupable de tous ces maux parce qu'il a ordonné d'élire
Rodolphe et lui a permis de supplanter celui auquel il était lié
par de nombreux serments, parce qu'il a absous les princes
allemands de la fidélité qu'ils devaient au même Henri, leur
seigneur, enfin parce que, tant par ses lettres que par ses am-
bassades, il leur a conseillé la guerre [1]. » Et pourtant il appartenait au pape de prononcer une parole de miséricorde. « Quelle
gloire, écrit saint Ambroise, y a-t-il à ne pas faire tort à
celui qui ne nous a pas lésés ? La vertu consiste à pardonner à
celui qui nous a causé un dommage. Combien est-il honnête
celui qui aurait pu nuire à un roi ennemi, et a préféré l'épargner !
Et quelle leçon pour d'autres qui apprendront ainsi à garder
la foi envers leur propre roi, à ne pas usurper l'Empire, mais à
le redouter [2]. »

5. En même temps que parjure, Grégoire VII est homicide,
parce qu'il est l'auteur indirect de la guerre. Cependant, remarque le *proponens*, si l'on en croit Hildebrand, il n'a ni ordonné ni voulu cette guerre, mais a simplement transféré le pouvoir
d'un tyran à un autre roi. « Je ne veux pas, clame le *respondens*,
réfuter des excuses aussi ineptes, mais je laisse la parole au vé-
néré Augustin : « Etes-vous donc endurcis à ce point, faux Israélites ? Avez-vous donc, dans votre excès de malice, perdu
tout sens commun, pour croire que vous n'êtes pas souillés
de sang, parce que vous avez abandonné à un autre le soin de
le verser ? Est-ce que Pilate a tué de ses mains celui qui lui a été
livré pour être mis à mort ? Si vous n'avez pas sollicité son châtiment, si vous ne l'avez attiré dans une embuscade, si vous n'avez
donné de l'argent pour qu'il fût livré, si vous ne l'avez saisi,
enchaîné, entraîné, si vous ne l'avez offert de vos mains pour
qu'il fût tué, vous contentant de réclamer sa mort par vos
cris, alors vantez-vous qu'il n'a pas été assassiné par vous [3]. »
On peut tenir le même langage à Hildebrand et à ses complices :
Si vous n'avez pas envoyé la couronne à Rodolphe, si vous n'avez
pas provoqué la guerre par vos légats et par vos bulles, si vous

---

[1] *De scismate Hildebrandi*, II *(Libelli de lite*, t. I, p. 555).
[2] S. AMBROISE, *De officiis*, III, IX, 59-60 (PL, XVI, 171). — *De scismate
Hildebrandi*, II *(Libelli de lite*, t. I, p. 556).
[3] S. AUGUSTIN, *In Joh. evang. tract.* CXIV, 4 (PL, XXXV, 1937),

n'avez pas tendu d'embuscade, si vous n'avez pas armé les
chevaliers contre leur seigneur, si vous n'avez pas envoyé
là-bas l'argent de Rome, si vous n'avez consenti à l'injustice,
oui, alors, vantez-vous que vous n'êtes pas responsable du
meurtre de tant d'innocents ! [1] »

6. Tandis que dans la première partie Hildebrand était lavé
de l'accusation de violence et d'appel au bras séculier, Guy lui
reproche, dans la seconde, d'avoir fait preuve « d'une férocité
de bête fauve » à l'égard de ses adversaires, de les avoir jetés
en prison, mis aux fers, tandis que, par ailleurs, il se montrait
très doux à l'égard des hommes les plus pervers, tels que Grégoire de Verceil et Ulric de Padoue. Or, saint Ambroise et saint
Grégoire de Nazianze condamnent les clercs qui imposent par de
tels procédés l'obéissance aux ordres les plus légitimes. « Il ne
faut pas contraindre, écrit ce dernier, par la force ou par la
nécessité, mais persuader par le raisonnement et par l'exemple ;
tout ce qui est arraché aux hommes malgré eux leur paraît
tyrannique et ils ne peuvent alors persévérer. Il en est ainsi
de ce que l'on obtient par la violence, à l'image de l'arbuste
dont on attire le sommet vers soi et qui, si on l'abandonne,
revient à sa position première. Mais ce que l'on fait de propos dé-
libéré et par sa propre inclination est aussi légitime que sûr
et enchaîne par les liens très solides de la volonté personnelle [2]. »

7. Hildebrand « a donné un enseignement contraire à celui
des Pères du Nouveau Testament quand il a dit « qu'il ne fallait
pas recevoir, mais refuser les sacrements des schismatiques et
des indignes, considérer comme sans valeur leurs consécra-
tions, qu'il s'agît du saint-chrême, de l'eucharistie ou des ordinations. » Guy de Ferrare cite à cette occasion plusieurs textes
bien connus de saint Augustin, pour prouver que le ministre
du sacrement n'est pas le prêtre, mais, suivant les cas, le Christ
ou le Saint-Esprit et que, dès lors, la qualité de l'intermédiaire
importe peu. Les hérétiques par exemple ajoute Guy, ne
perdent pas le droit d'ordonner qu'ils ont reçu dans l'Église,
car, quand ils reviennent à l'unité, on ne le leur rend pas. Par
suite, Hildebrand est gravement coupable, puisque ses complices

---

[1] *De scismate Hildebrandi*, II *(Libelli de lite*, t. I, p. 556).

[2] S. Grégoire de Nazianze, *Oratio II*, 15 (PG, XXXV, 425-426,). — *De
scismate Hildebrandi*, II *(Libelli de lite*, t. I, p. 557-558 et 563).

« crient sur les toits que les sacrements des excommuniés n'ont aucune valeur [1]. »

8. Dans les dernières pages, qui sont de beaucoup les plus intéressantes du livre, Guy de Ferrare oppose à la conception grégorienne de l'investiture une théorie nouvelle et fort originale pour la fin du XIe siècle. Hildebrand, avec saint Ambroise, et Gélase, interdisait aux rois de s'occuper des affaires de l'Église. Et, de fait, ces deux autorités lui donnaient raison, au moins en apparence. « Mais, si vous interprétez ces textes avec discrétion, ils n'empêchent en rien les investitures impériales. En effet, deux droits sont accordés à l'évêque, l'un spirituel ou divin, l'autre séculier ; l'un relève du ciel, l'autre des pouvoirs publics. Tous les attributs de la fonction épiscopale sont divins, parce que, quoique concédés par le ministère de l'évêque, ils le sont en réalité par le Saint-Esprit. Au contraire, tous les attributs judiciaires et séculiers, qui sont conférés aux églises par les princes de ce monde et les hommes du siècle, comme la possession des biens immobiliers ou mobiliers, les droits régaliens, sont dits séculiers, parce que précisément ils relèvent des séculiers. Aussi le divin, qui provient du Saint-Esprit, ne peut-il être soumis au pouvoir impérial ; mais les donations des empereurs, parce qu'elles ne restent pas perpétuellement aux églises, si la concession n'en a été renouvelée par les empereurs et les rois qui se succèdent, sont soumises en un certain sens à ces derniers, puisqu'elles retombent sous leur pouvoir, si elles n'ont été confirmées par eux aux églises [2]. » En résumé, Guy de Ferrare renonce pour l'empereur à l'investiture spirituelle des évêques qu'il abandonne à l'Église, mais revendique pour lui celle des biens temporels qu'il a donnés et qu'il peut toujours reprendre.

Pour toutes les raisons qui viennent d'être énumérées, Grégoire VII ne pouvait être considéré comme pape et, par suite, l'élection de Guibert de Ravenne, se trouve légitime [3]. « Il y

---

[1] *De scismate Hildebrandi*, II *(Libelli de lite*, t. I, p. 558-560).
[2] *De scismate Hildebrandi*, II *(Libelli de lite*, t. I, p. 564-565).
[3] *De scismate Hildebrandi*, II *(Libelli de lite*, t. I, p. 563-564). Guy de Ferrare remarque à ce propos qu'à plusieurs reprises au cours de l'histoire, il y a eu simultanément deux papes, Damase et Ursin, Boniface et Eulalius, Silvère et Vigile, Symmaque et Laurent, et que c'est toujours l'empereur qui a départagé les pontifes rivaux.

a deux choses, conclut finalement Guy de Ferrare, qui doivent entraîner la condamnation d'Hildebrand : il a fait créer roi Rodolphe et n'a pas empêché la guerre allemande, dans laquelle le sang de huit mille hommes a été répandu. Il a encouru l'accusation de parjure, parce qu'il a fait violer aux Allemands, enchaînés par les liens du serment, la religion du serment. Enfin, il a été encore schismatique en ce qu'il a enseigné que les sacrements des ministres indignes et excommuniés étaient souillés et ne pouvaient être reçus par les fidèles ; il n'a pas voulu qu'on les appelât sacrements, ce en quoi il s'est écarté des règles tracées par les saints Pères [1]. »

Telles sont les principales idées du *De scismate Hildebrandi*. Il résulte de cette rapide analyse, que le livre se présente sous deux aspects, qu'il va falloir examiner successivement. On peut y distinguer une partie historique où l'auteur accumule un certain nombre de faits et de témoignages, relatifs à Grégoire VII, qui doivent être discutés et critiqués, et une partie juridique qui, sans doute, tient une place moindre, mais qui par sa nouveauté, a une importance beaucoup plus décisive.

III

Le *De scismate Hildebrandi*, écrit, on l'a vu, sur l'ordre de Clément III, était destiné, avant tout, dans la pensée de son auteur, à prouver que Grégoire VII était schismatique et ne pouvait prendre place dans la liste des papes légitimes, tandis que l'antipape, créé par l'empereur, devait rallier autour de lui les vrais fidèles. Pour fixer la valeur de cette thèse, il est nécessaire de déterminer, au préalable, les sources auxquelles l'auteur a eu recours et la méthode qu'il a suivie.

L'œuvre de Guy de Ferrare apparaît tour à tour comme un plaidoyer et un réquisitoire où sont examinés et appréciés, à la lumière du droit canon, les faits reprochés à l'accusé. Par suite, on peut partager en deux groupes les sources dont l'auteur a fait usage pour établir ses thèses successives : les sources historiques et les sources canoniques.

Les sources proprement historiques se ramènent à fort peu de choses. On ne retrouve pas chez Guy de Ferrare la trace

---

[1] *De scismate Hildebrandi*, II (*Libelli de lite*, t. I, p. 566-567).

de chroniques ni de documents officiels. Ses informations se
rattachent à des souvenirs personnels ou à la tradition orale.
Guy a eu des rapports suivis avec plusieurs personnages haut
placés dans le parti grégorien : c'est à eux qu'il emprunte
comme il l'avoue lui-même [1], la plupart de ses renseignements.
Au reste, les événements, auxquels il fait allusion, ne sont pas
antérieurs à 1073 ; ils sont très connus et le *De scismate Hildebrandi* n'ajoute pas grand chose à ce que l'on sait mieux par
ailleurs.

Toutefois, à défaut de sources historiques, au sens le plus
strict du mot, Guy de Ferrare a puisé quelques idées et quelques
jugements sur Grégoire VII dans certaines œuvres de la polémique religieuse contemporaine.

Il a connu tout d'abord une lettre d'Anselme de Lucques
à Guibert de Ravenne que, à plusieurs reprises, il vise très directement [2]. Cette lettre était provoquée par une réponse de
l'antipape à une première épître d'Anselme. Le début de la correspondance a malheureusement disparu [3]. Dans le petit traité
qui a été conservé, l'évêque de Lucques s'occupe de certaines
questions auxquelles se rapporte aussi le *De scismate Hildebrandi* : il s'attache notamment à prouver que l'élection de
Guibert est nulle parce que l'Église avait un pasteur légitime,
— que la persécution est nécessaire, quand elle a pour but
de défendre la justice, — enfin qu'il est permis de tuer en
certains cas.

Ces trois sujets ont été longuement discutés par Guy de
Ferrare, dont la parenté avec Anselme de Lucques paraît
évidente.

1º Guy de Ferrare applique à l'élection de Grégoire VII
un texte de saint Cyprien relatif à Corneille, qu'Anselme de
Lucques cite intégralement [4].

2º Pour réfuter l'accusation d'homicide portée contre Hil-

---

[1] *De scismate Hildebrandi* I, 1 : « Nam, ut a viris religiosissimis didici et
fama ferente recognovi... » *(Libelli de lite,* t. I, p. 534).

[2] Elle a été éditée par Bernheim dans les *Libelli de lite,* t. I, p. 517-528.

[3] Anselme de Lucques révèle lui-même l'existence de sa première lettre,
quand il écrit : *Scripsi tibi pauca cum multo dolore et sincerae caritatis affectu ;*
il ajoute que c'est la réponse de Guibert qui le détermine à s'adresser à lui
une seconde fois.

[4] *De scismate Hildebrandi,* I, 1 *(Libelli de lite,* t. I, p. 534) ; *Liber contra
Wibertum (Ibid.,* t. I, p. 521).

debrand, Guy utilise de nombreux textes qui proviennent tous de la lettre d'Anselme de Lucques [1].

3° A propos de la persécution, parfois légitime, Guy de Ferrare reproduit un passage de cette même lettre, dont il attribue la paternité à saint Ambroise [2].

4° Enfin, il emprunte à l'évêque de Lucques l'idée qu'il développe à la fin de sa première partie [3], à savoir que, si Grégoire VII était réellement pape, Guibert ne pouvait légitimement être élu. « Ses partisans, écrit-il, pour défendre son ordination, s'expriment habituellement ainsi : Si Hildebrand, disent-ils, ou Grégoire était apôtre, la chaire de Pierre n'était pas vacante, et, étant donné que le juge ne peut être condamné par personne, il est manifeste que Guibert n'a aucun pouvoir ni aucun droit. De même, le bienheureux Cyprien s'adressait en ces termes à l'évêque Magnus : « L'Église est une ; elle ne peut être au dedans et au dehors. Si elle est chez Novatien, elle n'a pas été chez Corneille. Si elle a été chez Corneille qui a légitimement succédé à l'évêque Fabien, Novatien ne peut dans l'Église être considéré comme évêque [4]. » Dans ce passage Guy de Ferrare cite presque textuellement sa source : c'est à l'évêque de Lucques qu'il fait allusion par ces mots : *ses partisans*, et, plus loin, *disent-ils*. Voici, en effet, ce qu'écrivait ce dernier à l'antipape : « Ainsi qu'il a été déjà dit, si Grégoire a été dans l'Église, comme le juge ne peut être condamné par personne, il est manifeste que vous avez été détaché de la racine de l'Église, que vous n'avez aucun pouvoir ni aucun droit. De même, le bienheureux Cyprien s'adresse en ces termes au prêtre Magnus : *L'Eglise est une...* [5] » La filiation des deux textes n'est pas douteuse.

On peut se demander si Guy de Ferrare n'a utilisé que la lettre d'Anselme de Lucques et s'il n'a pas connu aussi celle de Guibert de Ravenne, aujourd'hui perdue [6].

---

[1] *De scismate Hildebrandi*, I, 8, 9, 14 (*Libelli de lite*, t. I, p. 542-543 et 545); *Liber contra Wibertum* (*Ibid.*, t. I, p. 523-525, 527).

[2] *De scismate Hildebrandi*, I, 10 (*Libelli de lite*, t. I, p. 544) ; *Liber contra Wibertum* (*Ibid.* t. I, p. 526).

[3] *De scismate Hildebrandi*, I, 20 (*Libelli de lite*, t. I, p. 548) ; *Liber contra Wibertum* (*Ibid.*, t. I, p. 521-522).

[4] S. Cyprien, *Epist.* LXXVI, 3, (PL, III, 1187).

[5] *De scismate Hildebrandi*, I, 20 (*Libelli de lite*, t. I, p. 548) ; *Liber contra Wibertum* (*Ibid.*, t. I, p. 522).

[6] C'est l'avis notamment de Panzer, *op. cit.*, p. 10, 17 et 57-63, suivi par

A plusieurs reprises, surtout dans le premier livre, Guy de Ferrare énumère certaines accusations portées contre Hildebrand par ses adversaires, et il se sert à cet effet des mêmes expressions : *inquiunt, aiunt,* par lesquelles il désignait tout à l'heure, sans le nommer, Anselme de Lucques. On a pu en induire que tous les passages commençant par ces mots constitueraient autant d'extraits de la lettre adressée à Anselme de Lucques par Guibert de Ravenne [1]. Les propos, imputés aux adversaires d'Hildebrand, devraient ainsi être placés dans la bouche de l'antipape lui-même.

Une telle hypothèse, sans être radicalement fausse, peut paraître exagérée. Sans doute, Guy de Ferrare reproduit de temps en temps une source écrite, [2] mais cette source est-elle unique ? Est-elle la lettre de Guibert à l'exclusion de toute autre œuvre polémique ? De telles questions soulèvent de sérieuses difficultés qui paraissent infirmer la thèse précédemment énoncée.

Anselme de Lucques, dans sa réponse, ne cite de la lettre de Guibert que cette phrase sur laquelle il revient à deux reprises : « parce que nous avons reçu le gouvernement de l'Église universelle (*quia universalis ecclesie curam suscepimus*) [3]. » Par suite, la bulle ne peut être reconstituée qu'à l'aide de conjectures, dont certaines paraissent hasardées.

Le contenu de la lettre d'Anselme de Lucques est plus restreint que celui du *De scismate Hildebrandi.* Sur les huit

---

DÜMMLER *(Libelli,* t. I, p. 530) et aussi, semble-t-il, par MIRBT et MEYER VON KNONAU. LŒWENFELD, *(Regesta pontificum,* t. I, p. 650) affirme au contraire qu'il n'est nullement prouvé que le traité auquel répond Guy de Ferrare soit bien la lettre de Guibert.

[1] Telle est la thèse soutenue par PANZER et DÜMMLER. Ce dernier, dans son édition du *De scismate Hildebrandi,* a placé entre « » les passages qui, selon Panzer, proviennent de la lettre de Guibert. Ces deux critiques nous paraissent avoir poussé leur système beaucoup trop loin. Il n'y a aucune raison pour refuser à Guy de Ferrare la paternité de certains passages du livre II, que Panzer attribue systématiquement à Guibert (cfr par exemple : *Libelli de lite,* p. 554 : *Ideo videlicet...* ; p. 556 : *In libro...* ; p. 563 : *Ut taceamus omnia...*).

[2] L'existence d'une source écrite est en particulier indiscutable pour le chapitre X du livre I, *(Libelli de lite,* t. I, p. 543-544) où l'auteur rapporte certains incidents qui, suivant le contradicteur, se sont passés à Crémone : « Mais, ô douleur, dit celui-ci, le respect dû au sacerdoce est tombé à un tel degré d'ignominie qu'en notre présence, sous nos yeux, à Crémone, un prêtre pris en flagrant délit d'adultère, a été promené par les rues de la ville... » Une source orale ne pourrait avoir une telle précision.

[3] *Liber contra Wibertum (Libelli de lite,* t. I, p. 521).

questions examinées par Guy de Ferrare, trois seulement sont effleurées : celle de la double élection de Grégoire VII et de Clément III, celle de l'homicide, celle de la persécution infligée dans l'intérêt de la justice. On a peine à croire que, si Guibert de Ravenne avait formulé les autres accusations relatées par son disciple, Anselme de Lucques les eût laissées sans réponse. Aussi paraît-il fort probable que, seuls, les chapitres, où sont discutés les problèmes auxquels Anselme apporte lui-même une solution, ont été inspirés par la lettre de l'antipape [1].

On peut encore établir des rapports entre le *De scismate Hildebrandi* et d'autres œuvres polémiques, antérieures à l'année 1086. La plupart des sujets de discussion soulevés par Guy de Ferrare ont leur origine première dans le décret par lequel le concile de Brixen, en 1080, a prononcé la déposition de Grégoire VII[2]. Déjà les évêques impérialistes reprochent au pape d'avoir obtenu la tiare par la violence pour aboutir, en fin de compte à cette conclusion que « non seulement Rome, mais le monde romain tout entier, atteste qu'Hildebrand n'a pas été élu par Dieu»; cette dernière expression, empruntée à saint Cyprien, a été reprise par Anselme de Lucques et par Guy de Ferrare. Le décret de Brixen, après avoir flétri l'acte de 1073 qui est nul et rend nul le pouvoir de Grégoire VII, poursuit son réquisitoire : Hildebrand a « bouleversé l'ordre ecclésiastique, troublé le gouvernement de l'Empire chrétien, menacé de mort spirituelle et corporelle un roi catholique et pacifique, défendu un roi parjure et traître, semé la discorde parmi ceux qui s'entendaient, provoqué la guerre entre hommes pacifiques... » Chacune de ces phrases a servi en quelque sorte de thème aux développements de Guy de Ferrare ; il ne manque dans le décret de Brixen que les propositions qui ont trait aux sacrements des excommuniés et à l'investiture laïque, mais celles-ci ont alimenté trop souvent la polémique religieuse pour que l'auteur du *De scismate Hildebrandi* n'ait pas tout naturellement songé à elles.

---

[1] Il n'est même pas absolument sûr que la question de la double élection ait été traitée par Guibert de Ravenne ; si Anselme de Lucques s'en occupe, c'est uniquement pour prouver que Clément III ne peut être compté parmi les papes légitimes.

[2] *Constitutiones et acta*, t. I, p. 118-120. Cfr *supra*, p. 60.

Avec le décret de Brixen, Guy de Ferrare utilise aussi un faux privilège d'Adrien qu'il cite nommément [1].

Si l'on ne trouve chez lui aucune trace des œuvres polémiques rédigées en Italie pendant les années précédentes (la *Defensio Heinrici regis* de Petrus Crassus ne paraît pas être parvenue jusqu'à lui), en revanche on peut relever des analogies entre le *De scismate Hildebrandi* et deux œuvres allemandes qui ont fait leur apparition entre 1080 et 1084, la lettre écrite par Wenric de Trèves sous le nom de Thierry de Verdun et le *Liber ad Gebehardum* de Manegold de Lautenbach [2].

Dans le deuxième livre du *De scismate Hildebrandi*, Guy de Ferrare reproche à Grégoire VII d'avoir amassé un trésor qui lui a permis de prendre à sa solde une armée. Or, ce grief est formulé en des termes à peu près identiques par Wenric de Trèves. Les deux auteurs s'autorisent l'un et l'autre de «témoignages certains et contemporains» et présentent les faits dans le même ordre [3]. Cette analogie laisse supposer que Guy a lu la lettre de Wenric. De plus, — ce qui n'est pas moins probant, — Guy de Ferrare cite au livre II [4] un texte inconnu de saint Augustin qui figure, sans désignation d'écrivain sacré, dans le chapitre VI de Wenric de Trèves [5]. Guy n'aurait-il pas tout simplement copié Wenric en commettant une erreur d'identification ?

---

[1] Voir *infra*, p. 335.

[2] Cfr *Libelli de lite*, t. I, p. 286-299 et p. 300-430 et *supra*, p. 143-145.

[3] L'analogie est frappante, si l'on met en regard les deux textes :

WENRIC DE TRÈVES, II	GUY DE FERRARE, II
(Libelli de lite, t. I, p. 286).	*(Libelli de lite*, t. I, p. 554).
Constat enim et adhuc in medio sunt quorum inrefragabili astruitur testimonio, multis modis, maxime in causis aecclesiasticis, operam suam venditando illum ingentem vim pecuniae contraxisse ; inde sibi corruptorum hominum et in quibus nihil nisi audatia querebatur, satellitium parasse.	Quod terrenae militiae studuerit et bellis semper operam dederit, omnium Romanorum sibi contemporalium testimonio comprobatur. Nam, cum adhuc adolescentulus monachus diceretur, magnam sibi pecuniam congregavit et quasi sub specie defendendi et liberandi Romanam ecclesiam satellitium fuit.

Guy n'ajoute en somme que la phrase sur la défense de l'Église romaine.

[4] *Libelli de lite*, t. I, p. 557.

[5] WENRIC DE TRÈVES, *Epistola*, VI *(Libelli de lite*, t. I, p. 294).

Si Guy de Ferrare a emprunté à Wenric de Trèves certains
éléments de son portrait de Grégoire VII, celui qu'il trace du
jeune roi Henri, dans la première partie, paraît en revanche
dériver de l'adversaire de Wenric, l'Alsacien Manegold de
Lautenbach. « Le roi Henri, écrit Guy, parvenu à l'adolescence,
s'habituait à avoir des conseillers du même âge que lui ; contre
toutes les habitudes royales, il s'éloignait avec horreur des
nobles et des seigneurs et, tandis que le roi doit se distinguer par
le sérieux de ses mœurs, — il convient qu'il soit constant,
courageux, sévère, magnanime, généreux, libéral, — Henri
délaissait les vieillards et les personnes sérieuses, ne prenait
plaisir qu'en compagnie de celles qui étaient légères ou jeunes
tant par les années que par les sentiments... Il commença donc
à négliger la piété, à être attaché au gain, à introduire la vénalité en toutes choses, à s'adonner à la luxure, et, quoique enchaîné par les liens du mariage, il goûtait les faveurs de plusieurs femmes. Il adorait la société des enfants, en particulier
de ceux qui étaient beaux, mais était-ce pour assouvir un
vice, ainsi que quelques-uns l'ont imaginé, la chose n'est pas
certaine. En revanche, il est sûr qu'il dédaignait son épouse
pour s'adonner à la lubricité et à diverses passions, comme l'attestent les fils nés de l'adultère [1]. » Si l'on passe successivement
en revue les différentes parties qui composent ce tableau, on
remarque d'abord que Guy de Ferrare expose, avant toute
chose, une conception de la royauté qui est celle de Manegold
de Lautenbach, au chapitre XXX du *Liber ad Gebehardum* :
pour l'un, « il convient que le roi soit constant, courageux,
sévère, magnanime, généreux, libéral » ; pour l'autre, ce roi
« doit l'emporter sur tous par la sagesse, la justice, la religion [2] »
L'accusation principale, portée ensuite par Guy est celle d'impiété résultant de la débauche et de la luxure : or, les mœurs
effroyables de Henri IV sont déjà stigmatisées par Manegold,
avec plus de précision encore : les concubines du roi, Judith
et Offige, sont expressément nommées et les fruits de l'adultère
pris à témoin de la faute. Enfin, Manegold fait une allusion
moins voilée à des péchés plus graves et flétrit chez Henri IV
les plus honteuses turpitudes, en ajoutant qu'il ne rougit pas

---

[1] *De scismate Hildebrandi*, I, 3 *(Libelli de lite,* t. I, p. 536).

[2] MANEGOLD DE LAUTENBACH, *Liber ad Gebehardum,* XXX *(Libelli de lite,*
t. I, p. 365).

d'apporter de tels détails, car « il est plus abominable de consommer le crime que d'en parler [1]. » Aussi, n'est-il pas impossible que Guy de Ferrare songe à Manegold de Lautenbach sous cette expression générale, qu'il emploie ordinairement pour désigner tel ou tel autre écrivain, « ainsi que quelques-uns l'ont imaginé (*ut aliqui confixerunt*). »

Lorsqu'il retrace, par la suite, les rapports de Grégoire VII et de Henri IV, Guy de Ferrare semble suivre pas à pas le chapitre XXV du *Liber ad Gebehardum* [2]. Il remarque d'abord que Grégoire VII « a doucement averti le roi et l'a instruit par des exemples, par des arguments tirés de l'Écriture », qu'il a adressé les mêmes exhortations à son entourage, qu'il lui a envoyé fréquemment des légats dont les appels réitérés sont restés vains. Bien plus, Henri IV, sourd aux avertissements comme aux menaces, a convoqué (à Worms) les évêques d'Allemagne et de Lombardie pour leur faire maudire Hildebrand. Or, voici ce qu'écrit Manegold : « En 1076, Grégoire, septième de ce nom, étant assis sur le siège apostolique, le roi Henri, depuis bientôt trois ans, était paternellement prié par le pape soit par des lettres, soit par des personnes qui lui étaient adressées, de faire pénitence pour ses crimes... Mais ce roi, quand il s'aperçut qu'il faudrait satisfaire selon la justice pour des crimes plus funestes encore au royaume qu'à lui-même ou qu'il subirait la vengeance ecclésiastique, préféra, en accumulant les fautes, recourir aux pires extrémités [3].» Suit le récit de l'assemblée de Worms, beaucoup plus détaillé que chez Guy de Ferrare. La suite des idées et des faits est la même chez les deux auteurs : Grégoire VII envoie des bulles et des légats, puis Henri IV convoque les prélats pour les contraindre à déposer le pontife.

En dehors de ces passages, la parenté entre Guy de Ferrare et Manegold de Lautenbach est plus lointaine. Pourtant, les deux écrivains traitent les mêmes questions : comme Guy, Manegold examine la procédure suivie par Grégoire VII lors de l'excommunication de Henri IV, consacre plusieurs chapitres

---

[1] Cfr *Liber ad Gebehardum*, XXIX *(Libelli de lite, t. I, p. 363).*

[2] *De scismate Hildebrandi*, I, 3 *(Libelli de lite, t. I p. 536-537).*

[3] *Liber ad Gebehardum*, XXV *(Libelli de lite, t. I, p. 356-357).*

au parjure, au rôle du bras séculier,à l'investiture des évêchés [1]. Il n'est pas impossible que Guy de Ferrare ait eu connaissance des réflexions du moine de Lautenbach sur ces divers sujets.

Il paraît donc infiniment probable que Guy de Ferrare n'a pas ignoré la polémique engagée entre Wenric de Trèves et Manegold de Lautenbach. En tout cas, il résulte des rapprochements qui ont été faits plus haut que Guy de Ferrare n'a pas pour source unique la lettre, aujourd'hui perdue, de Guibert de Ravenne à Anselme de Lucques. Les idées contenues dans son traité sont celles qui alimentaient la littérature religieuse à la fin du pontificat de Grégoire VII [2]; elles se sont enrichies chez lui de quelques arguments nouveaux qu'il a pu cueillir de côté ou d'autre ou qu'il a imaginés lui-même, en puisant dans l'arsenal des textes canoniques. Ceux-ci constituent le second groupe des sources du *De scismate Hildebrandi.*

C'est à l'aide des Pères que Guy de Ferrare se propose tantôt de justifier, tantôt de condamner Hildebrand. Saint Augustin parait avoir été, comme pour beaucoup de ses contemporains, son auteur favori, mais on trouve également d'abondantes citations des autres Pères latins, notamment de saint Cyprien, de saint Ambroise, de saint Grégoire le Grand, des fausses décrétales, et aussi, ce qui est plus original, de l'oraison sur la paix de saint Grégoire de Nazianze.

La plupart de ces textes figurent dans les deux grandes collections canoniques qui datent de la fin du pontificat de Grégoire VII, celle d'Anselme de Lucques et celle du cardinal Deusdedit. Cette parenté évidente a fait parfois supposer que Guy de Ferrare avait eu à sa disposition l'un ou l'autre de ces recueils, probablement le second [3]. Le problème n'a en lui-même qu'une importance médiocre : la voie par laquelle

---

[1] *Liber ad Gebehardum,* XXVIII *(Libelli de lite,* t. I, p. 359-361), XLVII-XLIX *(Ibid.,* p. 391-399), XXXIII-XLI *(Ibid.,* p. 369-383), LXIV-LXVII *(Ibid.,* p. 416-419).

[2] Bien que, pour légitimer l'intervention du pouvoir impérial dans l'élection pontificale, Guy de Ferrare cite un certain nombre de cas relevés dans le *De papatu Romano,* nous ne croyons pas pourtant qu'il ait connu cet opuscule, car sa documentation est certainement plus riche.

[3] Cfr Duemmler, dans son introduction critique *(Libelli de lite,* t. I, p. 531).

Guy a été chercher ses auteurs ne signifie rien pour l'interprétation qu'il en donne. Aussi, n'y aurait-il pas lieu d'insister, si une telle hypothèse ne mettait en cause la date à laquelle le *De scismate Hildebrandi* a été rédigé. Le recueil de Deusdedit est dédié au pape Victor III ; il n'a donc été divulgué qu'en 1086 ou 1087 ; par suite, s'il est prouvé que Guy de Ferrare l'a utilisé, il faut reporter à 1088 au plus tôt la rédaction de son traité. La question des rapports de Guy de Ferrare avec Deusdedit, et incidemment avec Anselme de Lucques, mérite, de ce chef, d'être examinée d'un peu près.

Le fait que les textes cités par Guy de Ferrare ne se trouvent pas tous chez Deusdedit ne saurait être considéré comme un argument contre l'opinion énoncée plus haut. Les exceptions ne sont pas assez nombreuses et peuvent provenir de sources secondaires ; une bonne partie a pour origine la lettre d'Anselme de Lucques à Guibert de Ravenne. En revanche, une observation plus attentive des textes communs aux deux auteurs prouve que la version de Guy de Ferrare diffère parfois de celle de Deusdedit, tandis que celle d'Anselme de Lucques (dans sa collection canonique) se rapproche tantôt de l'une, tantôt de l'autre.

Dans bien des cas, il est vrai, il ne s'agit que de variantes sans importance, dont il n'y a pas lieu de tenir compte, car elles peuvent être dues à des erreurs de copistes, mais il n'en est pas toujours ainsi. A propos des sacrements des hérétiques, Guy de Ferrare a eu recours à plusieurs textes de saint Augustin ; quelques-uns sont mentionnés par Deusdedit, mais avec des particularités notables. Ainsi, le texte de la lettre 93 *(ad Vincentium Donatistam)* est très différemment rapporté [1]; un extrait

---

[1] GUY DE FERRARE, II, : « Ecclesiae sunt omnia sacramenta quae sic habetis et datis, quemadmodum habebatis et dabatis, priusquam inde exiretis. Non improbamus quod facitis, in quo consuetudinem ecclesiae tenetis. Propterea de talibus dictum est : *Quoniam in multis erant mecum* ». *(Libelli de lite,* t. I, p. 556). DEUSDEDIT, IV, 229 : « ... Ex catholica enim ecclesia sunt omnia sacramenta dominica, que sic habetis et datis, quomodo habebantur et dabantur, etiam priusquam inde exiretis. Non tamen ideo non habetis, quia non estis ibi, unde sunt que habetis. Non in vobis mutamus, in quo estis nobiscum. In multis enim estis nobiscum. Nam de talibus dictum est : *Quoniam in multis erant mecum.* » (édit. WOLF VON GLANVELL, p. 527). Le texte de Deusdedit est plus voisin de l'original. Il en est de même de celui d'Anselme de Lucques, qui s'écarte aussi de Guy de Ferrare. Voici, en effet, ce qu'écrit Anselme, IX, 41 : « Ecclesiae sunt omnia sacramenta dominica

du livre III du *De baptismo contra Donatistas* est indiqué par Deusdedit comme provenant du livre V, mention qui n'est pas chez Guy de Ferrare [1]. On peut faire la même remarque pour une lettre de saint Cyprien, dont Guy et Deusdedit donnent deux leçons différentes qui s'écartent l'une et l'autre de l'original [2]. Enfin, une fausse décrétale du pape Jules est plus détaillée chez Deusdedit que chez Guy de Ferrare ; de plus, Guy ajoute, à la suite, un chapitre du *capitulum Angilramni* qui n'est pas chez Deusdedit [3].

Dans les passages qui viennent d'être critiqués, Deusdedit est plus complet que Guy de Ferrare. L'on pourrait dire que l'un transcrit l'autre, en l'abrégeant. Mais le phénomène inverse se produit tout aussi souvent et, dès lors, l'expérience est beaucoup plus concluante. En voici quelques exemples.

1. Livre I, chapitre 4, Guy de Ferrare cite la lettre du pape Gélase aux évêques d'Orient. La seconde phrase, seule, figure chez le cardinal Deusdedit et chez Anselme de Lucques [4].

---

quae sic habetis **et** datis, quomodo habebantur et dabantur, etiam priusquam inde exiretis, non tamen ideo non habetis quia non estis ibi unde sunt quae habetis. Non in vobis mutamus quibus nobiscum estis : in multis enim estis nobiscum, nam de talibus dictum est : *Quoniam in multis erant mecum.* » (édit. Thaner, p. 474).

[1] Deusdedit, IV, 231 (édit. Wolf von Glanvell,, p. 528).

[2] Guy de Ferrare, I, 20 : « Ecclesia una est quae intus et foris esse non potest. Si enim apud Novatianum est, apud Cornelium non fuit. Si autem apud Cornelium fuit, qui Fabiano episcopo legitima ordinatione successit, Novatianus in ecclesia non est nec episcopus computari potest. » (*Libelli de lite*, t. I, p. 548). Deusdedit, I, 268 : « Ecclesia enim una est quae una intus et foris esse non potest. Si enim apud Novatianum est, apud Cornelium non fuit. Si vero apud Cornelium fuit, qui Fabiano episcopo legitima ordinatione successit, et quem preter sacerdotii honorem martirio quoque dominus significavit, Novatianus in ecclesia non est » (édit. Wolf von Glanvell, p.157). Le texte d'Anselme de Lucques, XII, 40 est identique à celui de Deusdedit ; toutefois, après *in ecclesia non est*, il ajoute, comme Guy de Ferrare : *nec episcopus computari potest* . Ces derniers mots figurent dans l'original qui, au début, porte : *Quae una et foris esse*, et qui n'est exactement reproduit par personne.

[3] Deusdedit, IV, 330 (édit. Wolf von Glanvell, p. 567) ; *De scismate Hildebrandi*, I, 19 *(Libelli de lite*, p. I, p. 548).

[4] Gélase, *Epistola ad episcopos orientales*, VIII. *De scismate Hildebrandi*,I, 4 *(Libelli de lite*, t. I, p. 537-358) Deusdedit. IV, 51 (édit. Wolf von Glanvell, p. 424) ; Anselme de Lucques, VI. 149 (édit. Thaner, p. 273). — Anselme de Lucques et Deusdedit ne citent pas la première phrase qui en est extraite par Guy de Ferrare : *Ad sacerdotes Deus voluit quae ecclesiae sunt disponenda pertinere, non ad seculi potestates…*, mais seulement la seconde qui, chez eux, est encadrée dans le contexte : *Obsequi solent principes christianis decretis ecclesiae, non suam praeponere potestatem.*

2. Livre I, chapitre 6, Guy de Ferrare reproduit un fragment connu du *De baptismo contra Donatistas*. Le texte, plus conforme à l'original, de Deusdedit, renferme pourtant une lacune [1].

3. Livre I, chapitre 17, un passage du *Liber sententiarum* de Prosper est plus détaillé chez Guy de Ferrare que chez Deusdedit [2].

4. Livre II (p. 556), deux citations de saint Augustin sont tronquées par le cardinal Deusdedit (IV, 255 et 263) [3].

5. Enfin, livre II sur trois citations de la lettre 250 de saint Augustin, la dernière seule, est rapportée par Deusdedit [4].

---

[1] S. AUGUSTIN, *De baptismo contra Donatistas*, III, 18, Voici les deux versions : GUY DE FERRARE, I, 6 : « Petra tenet, petra dimittit. Columba tenet, columba dimittit. Unitas tenet, unitas dimittit. » *(Libelli de lite*, t. I, p. 539). La phrase *unitas tenet, unitas dimittit* n'est pas reproduite par Deusdedit, IV, 77, dont la citation est pourtant plus étendue : « Petra tenet, petra dimittit. Columba tenet, columba dimittit. Foris quippe nec ligari aliquid potest nec solvi, quando in ecclesia non est qui ligare possit aut solvere ». (édit. WOLF VON GLANVELL, p. 434).

[2] PROSPER, *Liber sententiarum ex August.*, XV — *De scismate Hildebrandi*, I, 17 *(Libelli de lite*, t. I, p. 547) : « *Sicut videndum est quod offeras et cui offeras, ita etiam considerandum est ubi offeras, quia* veri sacrificii locus extra catholicam ecclesiam non est. » Les mots en italique ne figurent pas dans le texte donné par le cardinal Deusdedit IV, 24, 4 (édit. WOLF VON GLANVELL, p. 532).

[3] S. AUGUSTIN, *In Johan. evang., tract.*, CXIV, 4. *De scismate Hildebrandi*, II, *(Libelli de lite*, t. I, p. 556) : « Itane obduruistis, falsi Hisraelitae? Ita omnem sensum malitia nimia perdidistis. ut ideo vos a sanguine impollutos esse credatis, quia eum fundendum alteri tradidistis? Numquid et Pilatus illum, qui potestati ejus ingeritur occidendus, suis est manibus occisurus ? Si non eum voluistis occidi, si non insidiati estis, si non vobis tradendum pecunia comparastis, si non comprehendistis, vinxistis, adduxistis, si non occidendum manibus obtulistis, vocibus poposcistis, non eum a vobis interfectum jactate ». La version de Deusdedit, IV, 255, est sensiblement plus abrégée :« Si non voluistis Christum occidi, si non vobis tradendum pecunia comparastis, si non comprehendistis, vinxistis, adduxistis, non eum a vobis interfectum esse jactate » (édit. WOLF VON GLANVELL, p. 538). Ainsi, les deux premières phrases font défaut, et, en outre, le passage *Si non voluistis...* ne renferme pas toutes les propositions qui figurent dans l'original exactement reproduit par Guy de Ferrare. La même remarque peut s'appliquer à la citation qui accompagne celle-ci et qui provient de l'*Enarratio in psalm.* LVI, 12 : « Noli attendere inermes manus, sed os armatum, unde (Deusdedit : *inde*) gladius processit, unde Christus occidetur (Deusdedit, *occideretur*). *Filii hominum dentes eorum arma et sagittae, et lingua eorum gladius acutus*». Les mots en italiques ne sont pas transcrits par Deusdedit, IV, 263 (édit. WOLF VON GLANVELL, p. 540).

[4] *De scismate Hildebrandi*, II *(Libelli de lite*, t. I, p. 560) ; DEUSDEDIT, IV, 78 (édit. WOLF VON GLANVELL, p. 434).

Si Guy de Ferrare avait puisé ces différents textes dans la collection canonique de Deusdedit, il les aurait transcrits suivant la même formule abrégée. De même, en certains cas, il n'aurait pas rectifié son auteur au sujet d'attributions erronées, comme celle d'un fragment de saint Augustin que le cardinal impute au pape Victor, [1] ou celle d'un autre texte de saint Augustin qu'il donne comme étant de saint Ambroise [2]; il n'aurait pas lui-même commis des erreurs identiques en plaçant sous le nom de saint Jérôme une lettre de Pierre Damien que Deusdedit cite avec exactitude tout en omettant la phrase *ad hanc formam...* qui précisément n'est pas de Pierre Damien [3].

On en vient donc à se demander si, étant donné les analogies et les différences qui existent entre Guy de Ferrare et le cardinal Deusdedit, ils ne procéderaient pas l'un et l'autre d'un troisième recueil canonique qui serait aussi la source de la collection d'Anselme de Lucques.

On a noté plus haut la divergence qui existe entre Guy de Ferrare (I, 17) et Deusdedit (IV, 244) au sujet d'un texte du *Liber sententiarum* [4]. Or, ce texte est immédiatement précédé à la fois chez Guy et chez Deusdedit d'un passage des *Moralia* de Grégoire le Grand. Si les deux versions de Prosper étaient identiques, il y aurait là une preuve éclatante de l'utilisation de Deusdedit par Guy, mais, comme il n'en est pas ainsi, on peut conclure, semble-t-il, que les textes de Grégoire le Grand et de Prosper se trouvaient déjà accouplés ailleurs, que le dernier a été reproduit intégralement par l'évêque de Ferrare, partiellement par le cardinal.

Une étude détaillée des différentes versions permet donc de saisir quelques traces d'une source identique. Il y a toutefois certaines présomptions plus fortes encore. Les citations communes aux deux auteurs, font toutes partie du livre IV de la collection de Deusdedit, sauf trois (I, 80, 168, 279) [5] qu'il n'y a pas lieu de retenir, car elles figurent aussi dans celle

---

[1] DEUSDEDIT, IV, 223 et 224 (édit. WOLF VON GLANVELL, p. 522 et 523).

[2] DEUSDEDIT, IV, 263 (édit. WOLF VON GLANVELL, p. 540).

[3] PIERRE DAMIEN, *Epist.* IV, 9 (PL, CXLIV, 316); *De scismate Hildebrandi,* II *(Libelli de lite,* p. 554) ; DEUSDEDIT, IV, 246 (édit. WOLF VON GLANVELL, p. 532-535).

[4] Cfr *supra,* p. 284.

[5] I, 80, 168, 279, (Édit. WOLF VON GLANVELL, p. 71, 107, 163.

d'Anselme de Lucques (XII, 47 ; XII, 40 ; V, 2) [1]. Pourquoi, si Guy de Ferrare avait eu le recueil complet entre les mains, n'aurait-il pas fait usage des trois premiers livres qui pouvaient lui fournir bien des textes intéressants ? D'autre part, il semble que, même parmi les textes du livre IV, on peut déterminer certains groupes, utilisés par Guy à l'exclusion des autres.

On relève, en effet, dans le *De scismate Hildebrandi* :

1. Les textes relatifs au schisme et aux peines qui doivent le frapper (I, 4, 5, 6, 7, 8, 10, 12, 13, 14) [2] ; ils sont tous compris, dans le livre IV de Deusdedit entre le canon 51 et le canon 94, et appartiennent aux chapitres XLIII, XLVIII, XLIX, LIII, accolés les uns aux autres dans la table des matières qui précède la collection [3].

2. Les citations qui ont trait à l'Église et à la guerre [4] réunies par Deusdedit dans les chapitres CXXXI-CXXXII (c. 246, 250, 255, 259, 261, 263, etc.) [5].

3. Une série assez nombreuse également sur l'excommunication et les règles qui y sont attachées [6] ; la question est traitée par Deusdedit aux chapitres CXVI, CXXIV, CXXVII, CXXVIII, (c. 201, 217, 223, 224, 229, 231) que la table rapproche encore les uns des autres [7].

4. Enfin, un dernier groupe de textes relatifs aux sacrements et ordinations des excommuniés [8] que Guy emprunte uniquement aux chapitres CXXVIII et CXXIX (c. 229, 231, 243, 244) [9].

En dehors de ces familles nettement délimitées, on ne trouve dans le *De scismate Hildebrandi* que, çà et là, quelques textes isolés ; encore plusieurs d'entre eux proviennent-ils en droite ligne de la lettre d'Anselme de Lucques à Guibert de Ravenne. En outre, sur des questions communes, Guy de Ferrare est

---

[1] ANSELME DE LUCQUES, XII, 47 et 40, V, 2 (PL, LXLIX, 532 et édit. THANER, p. 232).

[2] *Libelli de lite*, t. I, p. 537-545.

[3] DEUSDEDIT (édit. WOLF VON GLANVELL, p. 424-442). Ces chapitres représentent la division contenue dans le principal manuscrit de Deusdedit (Vatican, 3833) que Wolf von Glanvell a jugé préférable, à tort ou à raison, de remanier.

[4] *De scismate Hildebrandi*, II *(Libelli de lite*, t. I, p. 554-555).

[5] Édit. WOLF VON GLANVELL, p. 532, 537, 538, 539, 540.

[6] *De scismate Hildebrandi*, II *(Libelli de lite*, t. I, p. 560-563).

[7] Édit. WOLF VON GLANVELL, p. 506, 520, 522, 527, 530

[8] *De scismate Hildebrandi*, II *(Libelli de lite*, t. I, p. 558-559).

[9] Édit. WOLF VON GLANVELL, p. 527, 528, 532.

parfois original ; il connaît notamment saint Grégoire de Nazianze que ne cite pas Deusdedit. On peut en inférer que le
cardinal et l'évêque ont puisé dans le même fond, ont eu entre
les mains tel et tel recueils concernant tel et tel problèmes canoniques, qu'ils ont maniés à leur guise et d'où ils ont extrait
ce qui leur paraissait particulièrement probant, mais il paraît
certain que Guy de Ferrare n'a pas connu la collection de
Deusdedit [1].

On ne saurait être aussi affirmatif en ce qui concerne celle
d'Anselme de Lucques. Ici les divergences sont moindres ;
toutefois, plusieurs, assez sérieuses, ont été relevées plus haut
et elles conduisent à une conclusion identique. D'ailleurs la
provenance des textes ne signifie pas grand'chose ; ce qui est
décisif, c'est leur interprétation.

La méthode suivie par l'évêque de Ferrare ne diffère pas
beaucoup de celle qu'ont adoptée les autres polémistes du
XIe siècle : c'est la méthode d'autorité, qui consiste à accumuler les textes canoniques, sans les soumettre à aucune espèce
de critique. « Il va falloir, écrit Guy dans sa préface, naviguer
sur la haute mer des écritures, se conduire à travers le dédale
de tant d'auteurs divins, puiser ce qu'il y a de meilleur dans
les talents de chacun d'eux [2]. »

L'auteur du *De scismate Hildebrandi* a cependant donné
quelques entorses à son plan. Il a eu vaguement conscience
que la discipline de l'Église ayant subi au cours des siècles
certaines atténuations, tel décret pouvait paraître favorable à
la politique grégorienne, tel autre servir de point d'appui aux
partisans de Guibert de Ravenne. A propos du privilège de
Nicolas II qui, selon lui, exigerait l'assentiment du pouvoir
temporel dans l'élection pontificale, il remarque que ce privilège n'est pas d'accord avec un canon du sixième concile
œcuménique, opposé à l'intervention royale [3]. Comment con-

---

[1] Cette opinion est aussi celle de Paul FOURNIER qui croit que « Deusdedit
a inséré dans son œuvre des séries toutes faites, prises sans doute, quand il
s'agit de fragments patristiques, dans ces *Excerptiones* ou *Collectanea* si répandus dans les bibliothèques du Moyen âge » (*Revue d'histoire ecclésiatique*, t. VIII,
1907, p. 568) ; cf. aussi du même auteur, *Les collections canoniques romaines
de l'époque de Grégoire VII*, dans *Mémoires de l'Académie des Inscriptions
et Belles Lettres*, t. XLI, 1918, p. 380-396.

[2] *De scismate Hildebrandi*, I, *Praefacio* (*Libelli de lite*, t. I, p. 532).

[3] *De scismate Hildebrandi*, II (*Libelli de lite*, t. I, p. 552-553). Il s'agit de

cilier ces deux décisions opposées ? Guy de Ferrare imagine, à cette fin, une solution assez voisine de la théorie de la dispense, d'après laquelle le pape pouvait, en certains cas difficiles, tempérer les canons de l'Église [1]. « Sans doute, écrit-il, si les circonstances le permettent, il ne faut pas solliciter le consentement royal, mais, si elles ne le tolèrent pas, si l'on prévoit de troubles au cas où on n'aurait pas l'assentiment du souverain, il vaut mieux assurer la paix de l'Église que de provoquer un immense scandale. » A l'appui de sa thèse, Guy a recours une fois de plus à l'autorité des Pères qui n'auraient pas toujours enseigné les mêmes théories ni mis en pratique les mêmes préceptes : c'est ainsi que saint Grégoire aurait, dans une de ses lettres, interdit aux prêtres fornicateurs de reprendre leurs fonctions sans avoir fait pénitence, tandis que, dans une autre, il se montrerait beaucoup moins sévère [2]. « En outre, les Écritures, en des cas innombrables, posent des règles qui varient parce qu'elles sont appropriées aux circonstances, et nous abondons en exemples. D'où il résulte qu'il ne faut pas considérer comme absurde que, sur un fait donné, le pape ait créé un précédent, contraire à la doctrine de beaucoup d'autres Pères [3]. »

La méthode d'autorité comporte donc des exceptions ; elle nécessite un choix judicieux entre des textes parfois contradictoires. Mais comment procéder à ce choix ? C'est ce que Guy de Ferrare n'a expliqué nulle part. Inquiet des conséquences que les Grégoriens pouvaient tirer du passage consacré au décret de Nicolas II, il a eu soin d'apporter ailleurs un cor-

---

la XIVe session du 6e concile œcuménique, réuni à Constantinople en 680 : l'empereur y abolit la coutume selon laquelle les exarques de Ravenne devaient confirmer l'élection des papes. Toutefois la vie d'Agathon, qui raconte le fait, ajoute que l'empereur se réserva personnellement cette confirmation. Cfr MANSI, XI, 168, et HEFELE-LECLERCQ, *Histoire des conciles*, t. III, 1re partie, p. 506.

[1] La théorie de la dispense a été formulée par plusieurs canonistes du XIe siècle, en particulier par Bernold de Constance (*opusc.* X, 51 et suiv. dans *Libelli de lite*, t. II, p. 135 et suiv.).

[2] GRÉGOIRE LE GRAND, *Reg.* IV, 26 et IX, 147 (édit. EWALD, t. I, p. 260-261 et II, p. 142-148). En réalité, la contradiction signalée par Guy de Ferrare n'existe pas, car le passage de la seconde lettre, sur lequel il prétend s'appuyer a été interpolé. Cfr à ce sujet EWALD, dans son édition des lettres de Grégoire le Grand, t. II, p. 146.

[3] *De scismate Hildebrandi*, II (*Libelli de lite*, t. I, p. 553).

rectif à la proposition qu'il avait énoncée sur ce sujet délicat en établissant qu'il faut savoir distinguer entre la règle et l'exception : l'une fait autorité, l'autre n'a aucune valeur ; si certains papes ou évêques ont pu avec juste raison excommunier certains rois, il ne s'ensuit pas nécessairement que Grégoire VII était dans son droit quand il a frappé Henri IV d'anathème. Lorsque l'on fait usage d'un texte canonique, on doit déterminer au préalable si son adaptation à telle ou telle circonstance est légitime. Certains Pères condamnent les rois rebelles aux lois de l'Église, mais Henri IV était-il en révolte contre elles ? Oui, affirment les Grégoriens ; non, allèguent les Guibertistes. C'est à cette impasse qu'aboutit finalement la méthode d'autorité : Guy de Ferrare a-t-il été capable d'y échapper ?

Si l'on examine le *De scismate Hildebrandi,* on constate que son auteur n'est guère soucieux d'établir la vérité historique des faits qu'il rapporte. Il se contente trop facilement d'affirmations sans preuves, auxquelles il accroche pour ainsi dire les textes canoniques qui, tour à tour, condamnent Clément III et Grégoire VII. Si l'affirmation est fausse, il va de soi que la culpabilité n'est pas démontrée et que la sentence est nulle. Pour qu'elle fût valable il faudrait que le réquisitoire de la seconde partie prouvât de façon péremptoire l'inanité des arguments en faveur d'Hildebrand apportés dans le plaidoyer et déjà étayés par des textes canoniques. Or, il n'en est rien : Guy s'improvise successivement avocat et ministère public, mais chacun des personnages qu'il joue ignore l'autre ; les deux livres de son traité se juxtaposent sans se pénétrer mutuellement. Quelques exemples vont mettre en lumière ce point faible de son œuvre.

Dans le portrait qu'il trace de Grégoire VII au premier livre, Guy de Ferrare insiste sur son détachement des choses de ce monde et sur l'usage très pieux qu'il a fait de sa fortune. « A peine élu évêque, il s'est montré fidèle administrateur et prévoyant dispensateur des biens de l'Église... Défenseur des veuves et enfants, secours des orphelins, avocat des pauvres, Hildebrand, à l'aide des ressources dont il pouvait disposer, soulageait les humbles et les faibles, les malheureux et les indigents [1]. » Comment peut-on concilier ce passage avec cet autre

---

[1] *De scismate Hildebrandi,* I, 2 *(Libelli de lite,* t. I, p. 534).

du livre II : « Il s'est souillé d'un sacrilège, parce qu'il a dé-
tourné de sa destination l'argent envoyé à saint Pierre et s'en
est servi le plus souvent pour soulever la haine [1]. » La contradiction est évidente. De deux choses l'une : ou Grégoire VII
a dispersé ses trésors par charité ou ses largesses n'ont eu qu'un
but intéressé, mais l'une de ces hypothèses exclut l'autre et, si
Guy de Ferrare dit la vérité au second livre, il l'altère au premier ou réciproquement [2].

La même remarque s'applique à une foule de chapitres.
Grégoire VII a eu une petite armée à sa disposition ; au premier
livre, « ce n'est pas, comme on le croit, par souci d'une vaine
gloire, mais pour étendre l'Église romaine qui, violentée par
les Normands et foulée aux pieds par d'autres voisins, paraissait réduite presque à rien [3]. » Mais au second, il l'a formée
uniquement parce qu'il était « adonné à la milice terrestre »
et «sous le prétexte de défendre et de libérer l'Église romaine [4].»
Est-ce un prétexte ou une réalité ? C'est encore ce qu'il faudrait
établir. De même, au livre II [5], le pape est accusé de ne pas
s'être conformé à la procédure canonique de l'excommunication, qui exige que l'accusé soit convoqué à deux et trois
reprises, alors qu'au livre I il affirme qu'il en a été ainsi pour
Henri IV[6]. De même Hildebrand est d'abord absous du crime de
parjure, parce qu'il n'a délié les sujets du serment de fidélité
qu'après avoir légitimement déposé Henri IV[7], mais ce grief est
repris ensuite contre lui, car, pour être parjure, il n'est pas nécessaire de s'en rendre soi-même coupable ; il suffit d'engager les
autres dans cette voie [8].

En résumé, Guy de Ferrare aboutit à des contradictions
qu'il ne peut résoudre qu'en niant ce qu'il avait d'abord considéré comme certain, en opposant des témoignages à d'autres
témoignages, sans jamais critiquer la valeur des uns ni des
autres. Aussi, son argumentation pèche-t-elle par la base : les

---

[1] *De scismate Hildebrandi*, II *(Libelli de lite*, t. I, p. 555).
[2] Cette contradiction enlève, à notre avis, toute valeur au témoignage
de Guy de Ferrare auquel C.ERDMANN, dans son livre récent, *Die Entstehung
des Kreuzzugsgedankens*, p. 240-241, attache sans doute trop d'importance.
[3] *De scismate Hildebrandi*, I, 2 *(Libelli de lite*, t. I, p. 534).
[4] *De scismate Hildebrandi*, II *(Libelli de lite*, t. I, p. 554).
[5] *Libelli de lite*, t. I, p. 560
[6] *De scismate Hildebrandi*, I, 3 *(Libelli de lite*, t. I, p. 537).
[7] *De scismate Hildebrandi*, I, 7 et 9 *(Libelli de lite*, t. I, p. 539-541 et 543).
[8] *De scismate Hildebrandi*, II *(Libelli de lite*, t. I, p. 556-557).

textes canoniques s'adapteraient-ils merveilleusement aux faits qu'ils ne prouveraient encore rien, puisque ces faits ne correspondent pas à des réalités, mais à des hypothèses.

L'interprétation des sources canoniques peut soulever des objections analogues. Si, parmi les problèmes examinés dans le *De scismate Hildebrandi* certains doivent être écartés au préalable pour insuffisance des données, quelques autres peuvent être retenus. Ainsi, le premier et le second livre s'accordent pour affirmer qu'Hildebrand a poussé les Allemands à la guerre. Canoniquement a-t-il eu raison ou tort ? Saint Augustin, Pélage Ier, saint Grégoire le Grand viennent tout d'abord le justifier par des textes qui paraissent si décisifs que Guy se croit autorisé à conclure que « soit qu'il ait permis aux Allemands de lutter contre le roi Henri, soit qu'il ait persécuté — pour employer l'expression de ses adversaires — le dit roi, Hildebrand est resté en parfait accord avec les multiples sentences des Pères [1]; » mais au second livre, précisément pour avoir permis aux Allemands de faire la guerre, le pape est inculpé d'homicide en vertu d'un autre texte de saint Augustin qui condamne les Israélites pour meurtre, parce qu'ils ont été complices de la mort du Christ [2]. En quoi le second texte annule-t-il le premier ? C'est la première question qui se pose. Guy de Ferrare n'a même pas songé à la résoudre.

Le *De scismate Hildebrandi* pèche donc, comme la plupart des œuvres contemporaines, par défaut de critique : ce n'est qu'une collection canonique, dans laquelle sont enchâssées des appréciations, vagues et contradictoires, sur le gouvernement de Grégoire VII. Il ne prouve rien ni pour ni contre le pape et n'apporte une contribution à l'histoire du pontificat que sur deux points: l'élection de 1073 et les événements de 1084-1085 [3].

Envisagée sous cet unique aspect, l'œuvre de Guy de

---

[1] *De scismate Hildebrandi*, I, 8 *(Libelli de lite*, t. I, p. 542).

[2] *De scismate Hildebrandi*, II *(Libelli de lite*, t. I, p. 556).

[3] Cf. t. II, p. 76, n. 3, 80, n. 3, 419, et 423, n. 2. On peut encore relever çà et là dans le *De scismate Hildebrandi* quelques détails intéressants sur la reconstitution par Grégoire VII du patrimoine de l'Église romaine (I, 2, *Libelli de lite*, t. I, p. 534), sur les violences dont les prêtres nicolaïtes furent l'objet (I, 10, *ibid.*, p. 543-544). Enfin, Guy de Ferrare confirme (I, 3, *ibid.* p. 536) tout ce que l'on sait au sujet des mauvaises mœurs de Henri IV, qu'il n'a pas niées dans le second livre.

Ferrare n'ajouterait pas grand'chose aux matériaux accumulés par la littérature antigrégorienne, mais, comme dans celle de Benzon d'Albe, les attaques contre Grégoire VII ont donné lieu à des développements fort originaux qui ici concernent l'investiture des évêchés.

IV

D'après la théorie grégorienne de l'investiture, l'évêché, avec les prérogatives spirituelles et temporelles qui y sont attachées, forme un tout dont on ne peut disjoindre aucune partie. C'est la thèse formulée par le cardinal Humbert dans son traité *Adversus simoniacos*, par Grégoire VII dans le décret de 1075, par Bernold de Constance, Manegold de Lautenbach et les autres polémistes partisans de la réforme. Tous considèrent que permettre aux laïques d'investir des évêchés, c'est leur concéder un pouvoir sacerdotal auquel ils n'ont pas droit, c'est favoriser l'ingérence dans les affaires ecclésiastiques de personnes étrangères à l'Église, c'est ouvrir la porte à la simonie, au nicolaïsme et aux autres fléaux de la vie spirituelle.

En opposition à cette thèse, les impérialistes en ont formulé une autre qui est celle-ci : le pouvoir temporel a contribué par ses donations à l'établissement de l'Église ; il l'a, au cours des siècles, enrichie et protégée : aussi doit-il nommer les évêques qui jouissent des biens attachés à leur fonction.

Entre ces deux théories extrêmes, Guy de Ferrare prend une position moyenne ; il s'efforce de sauver les droits du pouvoir temporel et imagine une séparation des divers attributs de l'évêque, à laquelle personne n'avait encore songé. Chez lui, la fonction épiscopale se dédouble : elle consiste à la fois à transmettre le Saint-Esprit par les sacrements et à administrer les biens d'église. « Deux droits, dit-il, sont accordés à l'évêque : l'un spirituel ou divin, l'autre séculier ; l'un procède du ciel, l'autre de l'État. Tous les attributs spirituels de la fonction épiscopale sont divins parce que, quoique concédés par le ministère de l'évêque, ils le sont en réalité par le Saint-Esprit. Au contraire, tous les attributs judiciaires et séculiers qui sont conférés aux églises par les princes de ce monde et les hommes du siècle, tels que terres, biens, droits réga-

des empires ne se transmettent pas, eux non plus, suivant ce principe et ne peuvent rester éternellement à ces rois et à ces empereurs. S'ils ne demeurent perpétuellement entre leurs mains, comment pourrait-il en être ainsi pour ceux auxquels ils sont confiés ? De même, en effet, que le royaume et l'Empire passent d'un homme à un homme, ainsi les droits du royaume subsistent avec le roi aussi longtemps qu'il conserve la couronne, et s'en vont avec lui lorsqu'il perd l'Empire ou le royaume. Aussi a-t-il paru utile que ces droits impériaux et royaux une fois abandonnés aux églises fussent confirmés par une fréquente investiture des rois et des empereurs, étant donné qu'ils ne peuvent leur rester éternellement par la concession d'un seul empereur ou d'un seul roi [1]. »

Jusqu'ici, il ne s'agit que de la confirmation répétée des biens ecclésiastiques à leurs usufruitiers ; mais, quelques lignes plus loin, Guy de Ferrare accorde au mot investiture un sens très différent. « Cette investiture (royale), dit-il, est conforme à la tradition : elle réfrène l'ambition et met fin aux séditions populaires. C'est cette concession que le pape Adrien à faite à l'empereur Charles, Léon III à Louis [2], d'autres pontifes romains à d'autres empereurs, à la condition qu'ils seraient les défenseurs de l'État chrétien et apaiseraient les troubles populaires dans les élections épiscopales . » [3] Ici ce ne sont plus les propriétés ou revenus de l'évêché qui sont en

---

[1] De scismate Hildebrandi, II (Libelli de lite, t. I, p. 564-565).

[2] On a voulu voir ici une allusion au faux privilège de Léon VIII dont il sera question dans l'appendice (p. 319 et suiv.). Après un nouvel examen des textes, nous ne croyons pas devoir maintenir l'adhésion que nous avions donnée à cette opinion dans notre article sur Guy de Ferrare paru en 1916 dans le Bulletin italien. En effet, le privilège sur lequel s'appuie Guy de Ferrare est adressé à un empereur Louis. Or il y a eu un empereur Louis (Louis le Pieux) contemporain de Léon III (795-816) tandis que l'empereur contemporain de Léon VIII n'est autre qu'Othon le Grand, plusieurs fois nommé dans le faux privilège. On s'expliquerait dès lors difficilement que, si Guy de Ferrare avait eu sous les yeux le faux privilège de Léon VIII, il se soit à la fois trompé sur le chiffre du pape et sur le nom de l'empereur, en substituant Léon III à Léon VIII et Louis à Othon ; il serait non moins étonnant qu'il n'eût pas tiré parti de ce texte lorsqu'il reproche à Grégoire VII d'être devenu pape sans l'assentiment de l'empereur. Il est donc plus probable que Guy de Ferrare a cru que le faux privilège d'Adrien à Charlemagne avait été confirmé par Léon III à Louis le Pieux au début de nouveau règne ; peut être le texte qu'il a eu sous les yeux portait-il trace de cette confirmation.

[3] De scismate Hildebrandi, II (Libelli de lite, t. I, p. 565).

cause, mais bien les personnes épiscopales que le roi aurait
le droit de désigner, à l'exclusion, semble-t-il, du pouvoir sacerdotal. « Que ceux qui pensent que les ordinations des églises
appartiennent aux prêtres, daignent considérer que Moïse ne
fut pas prêtre. Pourtant Dieu l'a placé à la tête du peuple
d'Israël et lui a accordé un si grand crédit que c'est par lui qu'il
a transmis la loi, qu'il a créé et ordonné des prêtres, par lui qu'il
a désigné pour son temple les objets sacrés, les ministres, les
fonctions, les rites, les sacrifices nécessaires à son culte. Or,
si toutes ces choses ont été concédées à Moïse qui n'avait par
lui-même aucun rôle sacré, comment peut-il paraître indigne
que les empereurs et rois ordonnent les églises, eux qui, à leur
sacre, ont reçu des fonctions à certains égards plus saintes que
celles des prêtres eux-mêmes ? Oui, certes, les rois ne peuvent
être comptés parmi les laïques, mais par suite des mérites de
leur sacre, ils doivent être considérés comme les élus de Dieu [1]. »

En résumé, Guy de Ferrare revendique pour le souverain
temporel deux privilèges : celui de confirmer la possession
des biens ecclésiastiques et celui de nommer l'évêque.

Une telle théorie allait à l'encontre des textes canoniques
derrière lesquels s'abritaient les décrets grégoriens : saint Ambroise allègue que les églises sont aux prêtres [2] ; Gélase interdit
aux empereurs de s'occuper des questions sacerdotales [3]. La
théorie de la dispense est heureusement là pour concilier toutes
choses : on a déjà vu qu'à plusieurs reprises Guy de Ferrare
émet l'idée que les canons ne sont pas immuables, qu'ils doivent
tenir compte des circonstances et s'adapter à elles. Saint
Augustin n'a-t-il pas dit dans son traité contre les Donatistes
« Il est évident que les conciles qui se tiennent dans chaque
région ou dans chaque province peuvent s'incliner sans difficulté devant l'autorité des conciles pléniers œcuméniques et
que souvent les conciles pléniers eux-mêmes sont ensuite cor-
rigés par d'autres, lorsque l'expérience a ouvert ce qui était
fermé et dévoilé ce qui demeurait caché [4]. » Aussi les principes
de Gélase et de saint Ambroise au sujet des églises ont-ils
pu être légitimement réformés par la suite « en sorte que ce

---

[1] *De scismate Hildebrandi*, II *(Libelli de lite*, t. I, p. 566).
[2] S. Ambroise, *Epist.* I, 20 (PL, XVI, 1036-1045).
[3] Gélase, *Epistola ad episcopos orientales* (PL, LIX, 95).
[4] S. Augustin, *Contra Donatistas*, II, 9 (PL, XLIII, 435).

qui paraissait défendu par les anciens a été ensuite permis pour la nécessité et l'utilité de l'Église [1]. » Dès lors, les décrets d'Adrien, de Léon III, de Nicolas II doivent avoir force de loi et annulent la procédure antérieurement admise.

Ainsi se trouvent légitimées toutes les prétentions du pouvoir temporel dont Guy de Ferrare, malgré son apparente modération, reste le fidèle défenseur. Toutefois son rigorisme est moins absolu que celui des autres impérialistes ; on peut le considérer à certains égards comme un homme de tiers parti, soucieux d'établir une limite entre les droits et les prétentions du roi et du pape. Il reste à déterminer maintenant si, comme l'admettent en général les critiques allemands [2], il est l'inventeur des idées qu'il a développées ou si, au contraire, il les a puisées à d'autres sources.

On remarquera d'abord que, contrairement à son habitude, Guy de Ferrare ne cite que peu de références. En dehors de saint Augustin, auquel il rattache sa théorie de l'évolution des canons, il invoque seulement trois autorités : la donation du pape Adrien à Charlemagne, un soi-disant privilège de Léon III, le décret de Nicolas II. Le faux privilège d'Adrien, après avoir rappelé que le pape a concédé à Charlemagne le droit et le pouvoir de disposer du Saint-Siège, s'exprime en ces termes : « En outre, dans toutes les provinces, les archevêques et évêques reçoivent l'investiture de l'empereur et seulement ensuite la consécration, afin que soit aboli pour l'avenir l'usage ancien grâce auquel la parenté, l'amitié ou l'argent permettaient d'arriver à l'épiscopat et qu'au seul roi soit attribué le pouvoir respectable de choisir l'évêque. En tout cas, si pour un motif, soit présomptueux, soit religieux, l'évêque est élu par le clergé ou le peuple, qu'il ne soit consacré par personne, s'il n'a été approuvé et investi par le roi. [3] »

Si l'on rapproche de ce document le passage du *De scismate Hildebrandi* concernant l'investiture, on constate que la conclusion est identique : aucune élection épiscopale ne peut être va-

---

[1] *De scismate Hildebrandi*, II *(Libelli de lite*, t. I, p. 565).

[2] Tel est, en effet, l'avis de Panzer, Mirbt, Meyer von Knonau et de A. Scharnagl, *Der Begriff der Investitur in den Quellen und der Literatur des Investiturstreites*, dans les *Kirchenrechtliche Abhandlungen de* Stutz (fasc. LVI, 1908, p. 48-54).

[3] *Constitutiones et acta*, t. I, p. 660.

lable sans l'assentiment royal. Mais le faux Adrien ne s'occupe
pas de la confirmation des biens ecclésiastiques, ni ne sépare
dans l'évêché le temporel du spirituel. Ce texte, pas plus que la
version impériale du décret de Nicolas II qui n'a trait qu'au
siège romain, ne peut donc suffire à expliquer la thèse soutenue
par Guy de Ferrare qui est plus complète et plus originale.

Quelques érudits allemands ont pensé que Guy de Ferrare
avait subi l'influence féodale et assimilé l'évêché au fief [1].
De même que le vassal prête hommage à l'héritier de son suzerain et reçoit de lui l'investiture de sa terre, de même l'évêque,
à la mort du roi, sollicite la confirmation des biens ecclésiastiques et des droits qui relèvent de son évêché. Une telle hypothèse soulève plus d'une difficulté. A vrai dire, l'évêque, chez
Guy de Ferrare, ne prête pas hommage à proprement parler ;
il ne jure pas fidélité, mais requiert simplement un diplôme.
Le nouveau roi accorde à l'église la tranquille possession de
ce qu'elle possède. Bref la concession des biens et privilèges
ecclésiastiques n'engage en rien les rapports du roi et de l'évêque qui n'est, d'ailleurs, que le représentant, le mandataire
de son église et, théoriquement, elle persiste, si cette église
vient à changer de titulaire.

Si ingénieuse qu'elle soit, la théorie féodale ne tient pas un
compte suffisant des faits. En outre, elle ne saurait expliquer
comment Guy de Ferrare a été conduit à isoler les fonctions
temporelles de l'évêque de ses attributs spirituels. Il faut donc
chercher autre chose et c'est à l'hérésie simoniaque elle-même
qu'il faut faire remonter la source première de la thèse. Toutes
les idées exprimées dans le passage en question du *De scismate
Hildebrandi* étaient déjà combattues avec véhémence environ
vingt ans plus tôt, dans deux lettres de Pierre Damien,
adressées l'une au pape Alexandre II, l'autre aux chapelains de
Godefroy, duc de Toscane. [2]

Les chapelains de Godefroy, Tudechin, d'origine barbare
(c'est-à-dire germanique), et Jean, vénitien de naissance, affir-
maient que « l'on ne pouvait considérer comme souillé par
l'hérésie simoniaque celui qui recevait un évêché du roi ou d'un

---

[1] C'est la théorie de MIRBT, *op. cit.*, p. 507, combattue par SCHARNAGL, *loc. cit.*

[2] PIERRE DAMIEN, *Epist.* I, 13, et V, 13. (P.L., CXLIV, 219-223 et 358-367).

autre prince temporel, en l'achetant, pourvu que la consécration fût gratuite. » Et voici comment, suivant Pierre Damien, ils justifiaient leur prétention : « Ils disaient que, lorsque les choses se passent ainsi, le spirituel n'est pas en jeu, mais le temporel ; on n'achète pas le sacerdoce, mais la possession des biens. En effet, ce contrat pécuniaire concerne seulement les ressources matérielles et non le sacrement qui confère la fonction avec l'église. N'est vénal, ajoutaient-ils, que ce qui les rend riches ; ils reçoivent gratuitement ce qui les fait prêtres... En somme, en un seul homme, ils distinguent deux personnes, le clerc qui ne peut sans péché se prêter à aucun commerce et le riche propriétaire qui, lui, peut être taxé pour de l'argent [1]. »

Le farouche solitaire de Fonte-Avellana s'indigne avec véhémence contre une pareille prétention ; il raille vigoureusement ses adversaires, leur demande avec sa cinglante ironie quel était l'aspect de l'investiture déposée par le prince entre leurs mains et essaie de leur prouver que la distinction qu'ils veulent établir est purement artificielle. « Lorsque, leur écrit-il, le prince vous a remis le bâton pastoral, vous a t-il dit : Recevez les terres et les richesses de cette église ? N'a-t-il pas dit plutôt, ce qui est pour moi fort certain : Recevez cette église [2]. » Or, recevoir les biens sans l'église, ajoute-t-il, c'est être schismatique et sacrilège, car c'est séparer les biens de l'église elle-même. Recevoir l'église avec les biens, c'est être simoniaque et hérétique, car c'est nécessairement acheter la consécration dont la possession des biens est inséparable.

Entre les deux lettres de Pierre Damien et le *De scismate Hildebrandi* l'analogie est frappante. Avant Guy de Ferrare, les chapelains du duc Godefroy ont imaginé, pour défendre leur commerce pervers, de distinguer dans l'évêché la dignité temporelle, qu'ils achètent au roi et reçoivent de ses mains par l'investiture, de la fonction spirituelle qui, seule, constitue le sacrement. Il semble donc que, contrairement a ce qui a été admis jusqu'à présent, Guy de Ferrare soit tout simplement l'interprète de certaines idées qui avaient cours dans l'Italie du nord avant le pontificat le Grégoire VII. A-t-il eu entre les mains les deux lettres de Pierre Damien ? La chose n'est pas impos-

---

[1] PIERRE DAMIEN, *Epist.*, I, 13 (P. L: CXLIV, 219).
[2] PIERRE DAMIEN, *Epist.* V, 13 (P. L., CXLIV, 364).

sible, car il a subi à plusieurs reprises l'influence du grand Pré-
grégorien. Sur la validité des sacrements simoniaques il professe
la même doctrine et sa conception du pouvoir sacerdotal de
l'évêque dérive de celle qui est exprimée dans le *Liber gratissimus*. « Tous les attributs spirituels de la fonction épiscopale
sont divins, écrit-il, parce que, quoique concédés par le ministère de l'évêque, ils le sont en réalité par le Saint-Esprit. Aussi
le divin, conféré par le Saint-Esprit ne peut-il être soumis au
pouvoir impérial [1]. » Ce sont, à peu de choses près, les termes
dont se sert Pierre Damien, pour qui les ordinations simoniaques
sont valables parce que l'évêque n'est, en somme, qu'un médiateur, un intermédiaire, le véritable auteur du sacrement de
l'ordre étant le Saint-Esprit [2].

Les chapelains du duc Godefroy admettaient implicitement
un droit du roi sur les propriétés ecclésiastiques. Toutefois,
il n'est pas question, dans les lettres de Pierre Damien, d'une
confirmation à chaque changement de règne, telle que la
suppose Guy de Ferrare. L'origine de celle-ci doit être cherchée
dans les diplômes par lesquels les souverains assuraient aux
églises et aux abbayes la libre jouissance des biens et des droits
qui leur avaient été accordés soit par leurs prédécesseurs ou
par eux-mêmes, soit par des seigneurs, soit par des particuliers.
Les privilèges de ce genre abondent au moyen âge ; ils concernent soit les terres, soit des coutumes ou des redevances variées,
dont l'ensemble constitue les *regalia*. Guy de Ferrare a eu tout
simplement l'idée de les ériger à l'état de règle générale ; il
suppose qu'ils sont renouvelés en bloc par le roi, au moment
de son avènement à la couronne. De là il conclut que ces diverses donations n'ont qu'un caractère temporaire, que le roi
est libre de les confirmer ou non, que par suite, les évêques
n'ont que la jouissance des biens et droits inhérents à l'évêché,
mais non la propriété, d'où résulte la nécessité de l'investiture
laïque.

On peut donc assez exactement reconstituer la provenance
des idées que Guy de Ferrare a tant bien que mal soudées
les unes aux autres. Aux hérétiques flétris par Pierre Damien,
il emprunte leur distinction entre le temporel et le spirituel

---

[1] *De scismate Hildebrandi*, II *(Libelli de lite*, t. I, p. 564).
[2] Cfr *Liber gratissimus*, IX et suiv. *(Libelli de lite*, t. I, p. 27 et suiv.)

de l'évêché ; de là il conclut, en s'inspirant des privilèges royaux, que le roi a le droit de confirmer les biens ecclésiastiques, et, finalement, revendique pour ce même souverain la faculté de nommer les évêques. Sa théorie est une synthèse de trois sources différentes et, bien que n'étant pas absolument nouvelle, elle apparaît pour la première fois dans le *De scismate Hildebrandi* sous une forme dogmatique qui, à elle seule, fait l'originalité du traité.

Par ses conceptions juridiques, ce traité aura par la suite une certaine influence sur l'évolution de la querelle des investitures : Guy de Ferrare a posé la distinction, jusqu'ici inconnue, du spirituel et du temporel, que reprendra, quelques années plus tard, le canoniste français, Yves de Chartres, et sur laquelle reposeront les concordats de Sutri (1111) et de Worms (1122). Pour le moment il importe surtout de rappeler que la thèse de l'investiture, énoncée dans le *De scismate Hildebrandi* ne vise qu'un objectif très particulier : ce que veut insinuer avant tout Guy de Ferrare, c'est que l'évêque de Rome n'échappe pas au sort commun et que, comme tous ses confrères, il ne tient son pouvoir que de l'empereur. Par suite, le pontife légitime ne saurait être Grégoire VII, rejeté par Henri IV, mais Clément III, institué et intronisé par ses soins.

Par là, le *De scismate Hildebrandi* rejoint les pamphlets parus au lendemain de la mort de Grégoire VII. S'il a une allure plus grave que le *Liber ad Heinricum* ou les *Gesta romanae ecclesiae*, il poursuit le même but, qui est de rallier les Romains et tous les chrétiens à l'antipape henricien.

CHAPITRE IV

L'AVÈNEMENT D'URBAIN II

SOMMAIRE. — I. Échec de l'opposition antigrégorienne : difficultés de Henri
IV en Allemagne ; rétablissement de l'unité grégorienne ; le concile de
Bénévent (29 août 1087) ; mort de Victor III (16 septembre 1087) ; élection d'Urbain II (8-12 mars 1088). — II. Fécondité du mouvement d'i-
dées antigrégoriennes : sa place dans l'histoire religeuse et politiquue du
moyen âge.

I.

Au lendemain de la mort de Grégoire VII, l'opposition antigrégorienne a tenté un gros effort pour rallier à Clément III
tous ceux que pouvait ébranler dans leur fidélité romaine le
spectacle des divisions entre les partisans de la Réforme.
Benzon d'Albe, le cardinal Benon, Guy de Ferrare, par des
moyens différents, ont essayé de ruiner le prestige du pontife
défunt et d'accréditer l'idée que son pouvoir n'étant pas légitime, seul le pape intronisé par Henri IV présentait les garanties nécessaires d'orthodoxie. Le moment paraissait d'autant
plus propice que les armes henriciennes étaient victorieuses
en Allemagne comme en Italie [1]. Et pourtant, c'est à un échec
qu'aboutit finalement cette tentative conduite avec la plus
ardente foi dans le succès et parfois avec une réelle habileté.

Pour réussir, il eût fallu que Henri IV pût revenir dans la
péninsule et appuyer par une action militaire l'attaque des
polémistes. Or, en Allemagne, il n'a pu exploiter son succès
du printemps de 1085. A Metz, l'usurpateur Galon, à peine
installé par le roi [2], fut saisi par le remords ; il alla se jeter,
contrit et repentant, dans les bras de l'évêque grégorien,
Herman, qu'il avait supplanté ; celui-ci lui pardonna de grand

---

[1] Cfr *supra*, p. 91 et suiv.
[2] Cfr *supra*, p. 94.

cœur [1]. C'était un rude coup pour les impérialistes. Si les Grégoriens avaient été mieux dirigés, il leur aurait été possible, sans doute, de reprendre la position perdue ; mais l'évêque Herman, dont le tempérament était plutôt mou, n'osa pas aller de l'avant. Henri IV profita de son inertie pour placer sur le siège de Metz un autre pasteur de son parti, Brun [2]. Il est vrai que le choix n'était pas heureux : Brun était connu pour la légèreté de ses mœurs et la dureté de son caractère. Son gouvernement mécontenta tout le monde, y compris les partisans du roi qui ont porté sur son compte les jugements les plus sévères [3]. Aussi la libération de la Lorraine apparaît-elle comme proche ; elle se produira au début du pontificat d'Urbain II.

En Saxe, le triomphe de Henri IV est encore plus éphémère. Le prince avait réussi à se débarrasser des évêques qui lui étaient hostiles et à leur substituer des prélats dévoués à sa cause. Après avoir réduit l'épiscopat, il voulut briser la domination de certains seigneurs laïques dont il se méfiait et procéda tout d'abord à des remaniements territoriaux qui suscitèrent une violente opposition [4]. Il se forma une conjuration dont l'âme fut le comte Egbert [5], et Henri IV, qui avait licencié son armée, dut battre en retraite [6].

---

[1] Hugues de Flavigny, *Chronicon*, II (MGH, SS, t. VIII, p. 471) ; *Rodulfi gesta abbatum Trudonensium*, III, 15 (*Ibid.*, t. X, p. 246).

[2] Hugues de Flavigny, *Chronicon*, et *Gesta abbatum Trudonensium, loc. cit.*

[3] Le *Liber de unitate ecclesiae conservanda*, II, 30 (*Libelli de lite*, t. II, p. 256), lui reproche de n'avoir pas été élu régulièrement et d'être venu « ut furtum faceret, mactaret et perderet..., non episcopus, sed tyrannus. »

[4] C'est du moins la raison donnée par les *Annales Ratisponenses maiores* (MGH, SS, t. XIII, p. 49) que l'on peut considérer comme la plus impartiale parmi les sources relatives à cet événement. Bernold de Constance (*Chronicon*, a. 1085) accuse en termes vagues Henri IV de s'être conduit en tyran : « Pristinam tirannidem in illos exercere non desiit ; unde et ipsi versa vice eum fugaverunt » (MGH, SS, t. V, p. 444). La version impériale, représentée surtout par le *Liber de unitate ecclesiae conservanda* (*Libelli de lite*, t. II, p. 250) et par les *Annales Augustani*, a. 1085 (MGH, SS, t. III, p. 136), flétrit la mauvaise foi des Saxons qui auraient conspiré sans motif dès que le roi eut licencié son armée.

[5] Sigebert de Gembloux, a. 1085 (MGH, SS, t. VI, p. 365) ; Ekkard d'Aura, a. 1085 (MGH, SS, t. VI, p. 206).

[6] *Annales Ratisponenses maiores*, a. 1085 (MGH, SS, t. XIII, p. 49) ; Bernold de Constance, a. 1085 (*Ibid.*, t. V, p. 444) ; *Annales Augustani*, a. 1085 (*Ibid.*, t. III, p. 136).

Cette fuite rapide laissait le champ libre à ses adversaires : les évêques qu'il avait bannis purent rentrer dans leurs diocèses ; une nouvelle offensive du roi échoua piteusement[1]. Une fois de plus, la Saxe échappait à la domination henricienne ; le Saint-Siège pouvait trouver en elle un point d'appui, si du moins surgissait parmi l'épiscopat un véritable chef religieux, capable de remplacer Gebhard de Salzbourg et Hartwig de Magdebourg, déjà vieux et un peu usés.

Or, ce chef se révéla au sud de l'Allemagne en la personne du nouvel évêque Constance, Gebhard, que le légat Eudes d'Ostie avait ordonné en 1084. Moine de Hirschau, Gebhard est animé du plus pur esprit de réforme qu'il a propagé dans les abbayes de la Forêt Noire, avant d'en imprégner l'Église séculière. Dès son avènement épiscopal, il cherche à donner plus de cohésion au parti grégorien en convoquant à Constance un synode qui, avec de nombreux abbés, réunit les ducs Welf de Bavière et Berthold de Rheinfelden, les comtes Burchard de Nellenbourg, Cunon de Welfingen et de nombreux chevaliers [2]. Déjà Gebhard s'impose par la sûreté de sa doctrine et par sa débordante activité ; c'est lui qui désormais dirigera en Allemagne le parti grégorien et lui infusera une sève nouvelle.

Enfin, la Bavière s'est révoltée au mois de juin 1086. La lutte s'y concentra autour de Wurtzbourg où les Grégoriens avaient décidé de faire rentrer l'évêque légitime, Adalbéron, chassé en 1077. Un complot s'était formé et Adalbéron, après la bataille de Bleichfeld (4 août 1086), avait pu pénétrer dans sa ville épiscopale. Il n'y resta pas longtemps : Henri IV réussit en effet à reprendre Wurtzbourg et à y installer le compétiteur d'Adalbéron, Méginhard [3]. Malgré ces succès, le

---

[1] En 1086, en effet, Henri IV, après avoir séjourné successivement en Franconie, en Bavière et dans la région rhénane, revient vers la Thuringe et, en février, essaie de pénétrer en Saxe, mais il ne peut y parvenir et bat en retraite vers la Bavière. Sur cette expédition, voir, outre les sources déjà indiquées, MEYER VON KNONAU, *Jahrbücher des deutschen Reichs unter Heinrich IV und Heinrich V*, t. IV, p. 56 et suiv., 113 et suiv., dont les conclusions paraissent indiscutables.

[2] Cfr LUDWIG MÜLLER, *Regesta episcoporum Constantiensium*, 531-532, p. 69.

[3] Sur tous ces événements, cfr MEYER VON KNONAU, *op. cit.*, t. IV, p. 124 et suiv. — Une certaine obscurité plane sur l'affaire de Wurtzbourg, par suite des contradictions qui existent entre la version grégorienne, représentée surtout par Bernold de Constance, et la version impériale que l'on

parti impérial, épuisé par une lutte longue et ardue, désirait la paix. Pour y parvenir, le roi convoqua pour le 28 février à Oppenheim une assemblée qui ne parvint pas à se réunir [1]. Après avoir solennellement couronné son fils à Aix-la-Chapelle, il entreprit de nouvelles démarches et pria les princes du parti adverse de venir conférer avec lui à Spire le 1er août. Ceux-ci se rendirent à sa convocation, mais de chaque côté on se refusa à toute concession et l'on se sépara sans avoir abouti à rien [2].

L'Allemagne restait donc profondément divisée et, dans de telles conditions, Henri IV ne pouvait s'en éloigner pour aller secourir l'antipape Clément III, ce qui rendait inopérantes toutes les tentatives multipliées par les polémistes pour ramener à lui les Grégoriens que la mort de leur chef avait privés d'une sûre direction.

Les difficultés rencontrées par Henri IV en Allemagne sont donc la première cause de l'échec de l'offensive antigrégorienne. Le rétablissement de l'unité parmi les Grégoriens n'y a pas moins contribué.

---

trouve dans le *Liber de unitate ecclesiae conservanda*, II, 16, 29, 30, et les *Annales Augustani*. La défaite de Henri IV à Bleichfeld n'est pas douteuse et elle est avouée par ses partisans qui, comme toujours en pareil cas, l'attribuent à la trahison. On voit moins bien pourquoi les Grégoriens n'ont pu poursuivre leurs avantages. Meyer von Knonau pense que le silence de Bernold sur les événements de la fin de l'année est un indice de mécontentement dans son entourage et il suppose, non sans raison, qu'il dut y avoir des dissentiments dans le parti saxon sur la conduite à tenir, les uns voulant continuer la guerre, les autres au contraire inclinant à la paix. Henri IV aurait essayé d'exploiter cette division en prenant l'initiative de négociations, ce qui paraît très vraisemblable.

[1] BERNOLD DE CONSTANCE, a. 1086 et 1087 (MGH, SS, t. V, p. 445-446) ; *Annales Augustani*, a. 1087 *(Ibid.*, t. III, p. 132).

[2] Le couronnement d'Aix-la-Chapelle est signalé par les *Annales Weissemburgenses* (MGH, SS, t. III, p. 72) qui le placent au 30 mai, et par les *Annales Patherbrunnenses* (édit. SCHEFFER-BOICHORST, p. 100) ; cfr aussi STUMPF, 2886 et 2886a. — Sur l'assemblée de Spire, voir BERNOLD DE CONSTANCE, a. 1087 (MGH, SS, t.V, p. 446) et les *Annales Augustani*, a. 1087 *(Ibid.*, t. III, p. 132). — Il est à remarquer qu'à cette assemblée de Spire, les partisans de Henri IV ont tous considéré Victor III comme un ennemi au même titre que Grégoire VII ; le *Liber de unitate ecclesiae conservanda*, qui reflète assez bien la pensée de l'entourage de Henri IV, s'exprime en ces termes (II, 17) : « Ille Casinensis abbas Sergius, qui, post decessionem imperatoris ex Italia, subintroductus est et per studia partium Hildebrandi ordinatus, cujus scilicet honoris coronam non diu impunitus tenuit » *(Libelli de lite*, t. II, p. 232).

Huit jours après sa consécration [1], Victor III a quitté Rome
et il est retourné au Mont-Cassin [2]. Pierre Diacre, son histo-
riographe, n'indique pas les causes de cette retraite ; sans
doute faut-il l'imputer au mauvais état de santé du pape et
à l'instabilité de sa situation à Rome. En effet, si Clément III
a été obligé de céder momentanément Saint-Pierre, il n'en tient
pas moins une bonne partie de la ville [3], et il eût fallu bien des
luttes pour permettre à Victor III de vivre en paix dans sa
capitale. Plutôt que de les entreprendre, le pontife préféra
regagner les cimes de l'Apennin et gouverner l'Église universelle du fond de son palais du Mont-Cassin.

Il y serait sans doute resté jusqu'à sa mort, si la pieuse
comtesse Mathilde ne l'avait troublé dans sa quiétude. Elle était
venue à Rome pour saluer le nouveau pape ; mais, arrivée
quelques jours après son départ, elle se rendit au Mont-Cassin,
supplia Victor III de retourner dans sa capitale et finit par
triompher des objections de santé qu'il lui opposa. Aussi, le
11 juin 1087, Victor III célèbre-t-il de nouveau la messe
à Saint-Pierre, puis, avec l'aide de Mathilde, il entre
dans Rome par le Transtévère et se rend maître du
château Saint-Ange, ainsi que des quartiers de la rive droite
du Tibre. Le 28 juin, attaqué par l'antipape qui tenait à
célébrer la messe à Saint-Pierre le lendemain, jour de la fête
des saints Apôtres, il est obligé de battre en retraite et de s'enfermer dans le château Saint-Ange. Le 29, la situation est
indécise autour de Saint-Pierre et c'est seulement le 30 que
Victor III reprend possession de la basilique. Toutefois ces
luttes l'ont fatigué : vers la fin de juillet, il se dirige une fois
de plus vers le Mont-Cassin, où il séjourne quelque temps avant
d'aller tenir un concile à Bénévent [4].

---

[1] Cfr *supra*, p. 212-213.

[2] PIERRE DIACRE, *Chronica monasterii Casinensis*, III, 68 (MGH, SS, t.
VII, p. 750).

[3] Le 8 juin, Clément III délivre encore à Rome même une bulle par laquelle
il prend certaines dispositions pour les soins à donner aux étrangers et aux
malades (JAFFÉ-WATTENBACH, 5326).

[4] Victor III était encore à Rome le 14 juillet, date à laquelle il accorde
un privilège d'immunité à l'abbaye de Montier-en-Der (JAFFÉ-WATTENBACH,
5344). La suite de son itinéraire n'est connue que par la chronique du
Mont-Cassin, III, 65 (MGH, SS, t. VII, p. 750), seule source pour l'histoire du
concile de Bénévent.

Cette assemblée, composée presqu'exclusivement des évêques de Pouille et de Calabre, se réunit le 29 août 1087 [1]. C'est l'événement essentiel du pontificat : Victor III y a formulé un programme de gouvernement de l'Église que la mort ne lui a pas laissé le temps d'exécuter. Dans le discours que lui prête Pierre Diacre et qui, malgré certains termes sujets à caution, semble refléter assez fidèlement la pensée pontificale, il rappelle les maux dont l'Église a souffert du fait de Guibert, « précurseur de l'Antéchrist et porte étendard de Satan », et, pour conclure, renouvelle l'anathème porté contre lui par son prédécesseur, le prive de toute charge, de tout honneur, de toute fonction dans l'Église [2]. En un mot, Victor III annonce qu'il repousse tout compromis avec l'antipape.

Selon Pierre Diacre, les décrets grégoriens furent renouvelés par l'assemblée. « Nous avons décidé, aurait dit le pape, que celui qui a reçu un évêché ou une abbaye de la main d'une personne laïque ne peut être compté parmi les évêques ni les abbés et qu'il ne lui sera accordé aucune audience en tant qu'évêque ou abbé. De plus, nous lui interdisons la faveur du

---

[1] Les *Annales Beneventani* indiquent que le concile s'est tenu au mois d'août: « Beneventum venit (Victor papa) mense augusto, sinodum celebravit » (MGH, SS, t. III, p. 182). La date du 29 est donnée par la bulle JAFFÉ-WATTENBACH, 5347.

[2] PIERRE DIACRE, *Chronica monasterii Casinensis*, III, 72 (MGH, SS, t. VII, p. 752). La version allemande, représentée par Bernold de Constance, est, sur ce point, pleinement d'accord avec celle du Mont-Cassin. Elle mentionne également le renouvellement, au début du pontificat, de la sentence qui frappait Henri IV, sans spécifier sa promulgation au concile de Bénévent : « Statim post electionem suam, missis usquequaque literis, se juxta decreta sanctorum patrum declaravit incessurum. Judicium quoque sui antecessoris piae memoriae Gregorii papae super Heinricum et omnes ejus fautores confirmavit » (MGH, SS, t. V, p. 446). VON SYBEL, *Geschichte des ersten Kreuzzuges*, p. 209, et SIMON, *Urbani II papae vita*, p. 29, pensent que Victor III a voulu conclure la paix avec Henri IV. La condamnation solennelle de l'antipape au concile de Bénévent exclut cette hypothèse que contredit aussi le texte de Bernold cité ci-dessus. HIRSCH, *Desiderius von Monte-Cassino als Papst Victor III*, dans *Forschungen zur deutschen Geschichte*, t. VII, p. 100-101, prétend que Victor III n'a pas observé à l'égard des pouvoirs temporels la même attitude que Grégoire VII. En réalité, il n'a pas été pape assez longtemps pour avoir le loisir d'indiquer une ligne de conduite un peu définie ; on ne peut enregistrer comme acte positif que le maintien des censures grégoriennes envers Henri IV et, étant donné la position prise par l'empereur il était difficile d'agir autrement.

bienheureux Pierre et l'entrée de l'Église jusqu'à ce qu'il ait abandonné le siège dont il s'est emparé tant par ambition que par désobéissance. Il en sera de même pour les dignités ecclésiastiques d'ordre inférieur. Enfin, si un empereur, roi, duc, marquis, comte ou autre pouvoir séculier a l'audace de conférer l'investiture d'un évêché ou d'une autre charge, qu'il se considère comme lié par la même sentence [1]. » Ce sont, à peu de chose près, les termes du décret de 1075, tel que l'a rapporté Hugues de Flavigny [2].

En même temps qu'il condamne à nouveau l'investiture laïque, Victor III maintient les mesures disciplinaires édictées par son prédécesseur et décide notamment que tout fidèle qui assiste à la messe d'un prêtre simoniaque ou prie avec lui est excommunié. Il va plus loin encore : il déclare nulles les ordinations simoniaques, ce que Grégoire VII n'avait jamais affirmé : « C'est une erreur, dit-il, de croire que de tels pasteurs sont prêtres »; il ajoute que, si l'on ne peut recevoir pénitence et communion des mains d'un prêtre catholique « il vaut mieux rester sans communion visible et communier invisiblement avec le Seigneur,... car les catholiques, bien qu'ils ne puissent, par suite du voisinage des hérétiques, communier visiblement et corporellement, peuvent communier invisiblement, s'ils sont unis au Christ de corps et d'esprit [3]. »

La chronique du Mont-Cassin est seule à rapporter ces propos qui paraissent assez extraordinaires dans la bouche de Victor III. Il est peu vraisemblable que Didier, italien de naissance, ait fait sienne une thèse intransigeante qui n'était guère conforme à son tempérament. Aussi est-on en droit de se demander si Pierre Diacre ne lui aurait pas prêté ces propos pour l'excuser en quelque sorte de la rigueur qu'il avait témoignée envers ceux des Grégoriens qui l'avaient combattu auparavant. C'est en effet au concile de Bénévent qu'il aurait excommunié Hugues de Lyon et Richard de Marseille, sans avoir esquissé le moindre geste de réconciliation [4]. La chose n'est pas impossible, car

[1] PIERRE DIACRE, *Chronica monasterii Casinensis*, III, 72 (MGH, SS, t. VII, p. 752).

[2] Cfr t. II, p. 179, n. 4.

[3] PIERRE DIACRE, *loc. cit.*

[4] PIERRE DIACRE, *Chronica monasterii Casinensis*, III, 72 (c'est Victor III qui parle) : « Quapropter omnium sibi fratrum videntes unanimitatem perti-

l'examen du contexte fait surgir de graves présomptions contre la véracité d'une narration que ne confirme aucune autre source : les chapitres qui précèdent sont consacrés à une pseudo-expédition de Henri IV en Italie et à un vaste projet de croisade qui n'ont jamais existé que dans l'imagination de Pierre Diacre[1]; comme ces légendes, destinées à faire ressortir l'orthodoxie de Victor III et à rehausser son prestige, encadrent l'histoire du concile de Bénévent, il est permis de se demander si l'histoire de cette assemblée n'aurait pas été elle aussi forgée de toutes pièces. Il est curieux de noter que l'on ne trouve nulle part ailleurs la trace des décrets réformateurs : les bulles pontificales, quoique empreintes de l'esprit grégorien, ne sont pas

---

nacius in eo scandalorum scelere reluctari, ab eorum et nostra continuo sunt communione sejuncti. Unde vobis apostolica auctoritate praecipimus ut ab eis abstinere curetis nec illis omnino communicetis quia Romanae ecclesiae communione sua sponte sejuncti sunt, quoniam, ut beatus scribit Ambrosius, qui se a Romana ecclesia segregat, vere ut haereticus aestimandus » (MGH, SS, t. VII, p. 752).

[1] Sur l'expédition de Henri IV en Italie cfr *supra*, p. 210. Voici ce que Pierre Diacre raconte au chapitre 71 du livre III au sujet du projet de croisade (MGH, SS, t. VII, p. 751) : « Le pape Victor bouillait d'un immense désir de confondre et de briser l'infidélité des Sarrasins qui séjournaient en Afrique. Aussi, après avoir tenu conseil avec les évêques et les cardinaux, il rassembla parmi les peuples de l'Italie une armée de chrétiens et, leur confiant l'étendard du bienheureux apôtre Pierre, il leur donna l'absolution de leurs péchés et les dirigea contre les Sarrasins d'Afrique. Sous la conduite du Christ, ils s'en allèrent assiéger une ville d'Afrique qu'ils prirent avec l'aide de Dieu, après avoir tué cent mille combattants dans l'armée des Sarrasins. » Ainsi Victor III, continuateur de Grégoire VII, serait aussi le précurseur d'Urbain II ; il aurait songé à la lutte contre l'Islam et, comme il était difficile de lui attribuer la délivrance de Jérusalem, Pierre Diacre s'est contenté de célébrer une croisade africaine dont il aurait été l'instigateur. Il faut sans doute voir là comme me l'a montré ERDMANN, *Die Entstehung des Kreuzzugsgedankens*, p. 272, une allusion à l'expédition organisée en 1087 contre les Musulmans d'Afrique par les Gênois, les Pisans et les Amalfitains, et qui aboutit à la prise de Melidia. Mais les *Annales Pisani* qui rapportent cette opération ne disent pas que Victor III y ait joué un rôle. Il ne s'agit d'ailleurs que d'une guerre économique et non pas d'une croisade.

Il ne saurait donc y avoir aucun doute : Pierre Diacre, témoin du succès de la croisade sous Urbain II, a voulu que le pape du Mont-Cassin eût sa part du triomphe de son successeur et il a transformé une razzia opérée par les Gênois et les Pisans en une guerre sainte, inspirée par Victor III, qui aurait causé la mort de cent mille infidèles. Le fait que la mention de cette croisade accompagne celle d'une expédition de Henri IV en Italie, qui certainement n'a pas eu lieu, constitue une grave présomption contre la véracité du chroniqueur qui, on l'a vu à plusieurs reprises, verse à tout moment dans le panégyrique du Mont-Cassin et de ses abbés.

assez nombreuses pour qu'on en puisse tirer argument [1]. On ne
saurait dire toutefois que Victor III ait rompu avec les directions grégoriennes. En réalité, le malheureux pontife n'a pas
eu le temps de laisser son empreinte dans l'œuvre de la réforme :
pendant un an, il s'est confiné dans une fâcheuse abstention, et,
pendant les quatre mois qui s'écoulent entre le jour de sa consécration et celui de sa mort (9 mai-16 septembre 1087) [2],
il a été constamment malade. Aussi est-il impossible de porter
sur lui un jugement quelconque [3]. Élu sous la pression des
princes normands, il a vu se dresser contre lui les purs Grégoriens, contre lesquels il n'a pas hésité à sévir ; mais ceux-ci,
si durement frappés qu'ils aient été, ont gardé une attitude
pleine de dignité et renoncé à une opposition qui eût risqué
de compromettre l'œuvre grégorienne à laquelle ils étaient
attachés par-dessus tout [4]. Leur esprit de discipline a sauvé
l'Église romaine et ruiné par avance les entreprises des polémistes qui travaillaient pour l'antipape Clément III. Didier
a lui aussi contribué à l'échec des Antigrégoriens en ne reniant
aucune des directions de son prédécesseur et, s'il n'a pu se signaler par aucune mesure de quelque portée, il n'a du moins,
pendant son court pontificat, jamais cherché à renouer avec
Henri IV les négociations autrefois ébauchées ; il a enfin
attesté sa fidélité aux principes grégoriens en désignant pour

---

[1] Ainsi, dans une bulle contemporaine du concile de Bénévent, Victor III
supplie l'archevêque de Cagliari, Jacques, et les autres évêques de Sardaigne,
de réformer leurs églises dont il a constaté la situation désastreuse ; il a même
songé un moment à sévir contre l'archevêque qui, comme primat de Sardaigne,
avait fait preuve de négligence et l'exhorte en termes pressants à se montrer
plus zélé pour l'avenir (JAFFÉ-WATTENBACH, 5347). Toutefois on ne saurait
attacher une importance excessive à un témoignage isolé et il faut se résoudre
à ignorer la position exacte prise par Victor III dans le gouvernement intérieur de l'Église.

[2] Sur la date de sa mort, cfr PIERRE DIACRE, *Chronica monasterii Casinensis*, III, 73 (MGH, SS, t. VII, p. 753) et BERNOLD DE CONSTANCE, a. 1087
(*Ibid.*, t. V, p. 447).

[3] HAUCK (*Kirchengeschichte Deutschlands*, t. III, p. 852-853) estime que
Victor III a rompu avec les directions de son prédécesseur. Cette opinion
ne nous paraît pas juste : Victor III n'ayant pas cherché à négocier avec
Henri IV, on ne peut pas dire qu'il ait renoncé au programme grégorien et
l'on ne saurait faire état d'un geste isolé, antérieur à son pontificat (cfr *supra*,
p. 74.)

[4] Cfr *supra*, p. 212.

lui succéder l'un des héritiers de la pensée de Grégoire VII, le Français Eudes de Châtillon, cardinal-évêque d'Ostie [1].

Dociles aux dernières volontés de Victor III qui ne faisaient que rééditer celles de Grégoire VII [2], les cardinaux, réunis à Terracine du 8 au 12 mars 1088, vont élire Eudes sous le nom d'Urbain II, affirmant par là l'unité de l'Église et la continuité de l'œuvre grégorienne.

Les choses toutefois n'allèrent pas sans difficulté. Les partisans de l'antipape tenaient toujours à Rome ; mais ils ne purent empêcher les cardinaux de se réunir en dehors de la ville. L'élection d'Urbain II, qu'ils ne purent prévenir, consacre leur défaite et souligne l'échec de l'opposition antigrégorienne, dont elle constitue l'épilogue.

La plupart des chroniqueurs se bornent à enregistrer l'avènement du nouveau pape sans aucun commentaire [3]. Quelques-uns signalent que l'élection a eu lieu non pas à Rome, mais à Terracine [4], ce qui n'a rien que de très naturel, puisque Victor III avait été chassé du Latran par les partisans de Guibert et s'était réfugié au Mont-Cassin où il est mort. Bernold de Constance, au contraire, place à tort cette élection à Rome ; il constate en outre qu'elle fut l'œuvre « des cardinaux-évêques et des autres catholiques du clergé et du peuple [5]. »

A côté de ces brèves mentions, nous avons conservé trois versions plus détaillées de l'élection d'Urbain II. Elles figurent, les deux premières dans deux bulles du pape lui-même, adressées, l'une à Gebhard de Salzbourg, et aux évêques alle-

---

[1] JAFFÉ-WATTENBACH, 5348 et 5349 ; PIERRE DIACRE, *Chronica monasterii Casinensis*, III, 73 (MGH, SS, t. VII, p. 753).

[2] Cfr *supra*, p. 195-196.

[3] *Annales Cavenses*, a. 1088 : « Oddo, Hostiensis episcopus, in papam Urbanum eligitur 4 idus maii *(lire* : martii). » (MGH, SS, t. III, p. 190). — SIGEBERT DE GEMBLOUX, a. 1088 : « Odo ex monacho Cluniacensi episcopus Ostiensis, contra imperatorem et Guibertum fit papa, et Urbanus nominatur » *(Ibid.,* t. VI, p. 366).

[4] *Chronica monasterii Casinensis*, IV, 2 : « ... ut quotquot ex eis possent, prima ebdomada quadragesimae Terracinam venient. » (MGH, SS, t. VII, p. 760). — *Annales Beneventani*, a. 1088 : « Otto, Hostiensis episcopus, in papam Urbanum consecratur a cardinalibus apud Terracinam » *(Ibid.,* t. III, p. 182).

[5] BERNOLD DE CONSTANCE, a. 1088 : « Romae cardinales episcopi et reliqui de clero et populo catholici Ottonem, Ostiensem episcopum, religione et eruditione praecipuum, papam 161um ordinaverunt, eique nomen secundi Urbani indiderunt, 4 idus martii » *(MGH, SS, t. V, p. 447).*

mands [1], l'autre à Hugues de Cluny [2], la troisième dans la chronique du Mont-Cassin qui a probablement utilisé une bulle pontificale aujourd'hui perdue [3].

Les deux bulles d'Urbain II sont, en quelque sorte, calquées l'une sur l'autre. Le nouveau pontife, en notifiant son avènement à Gebhard de Salzbourg et à Hugues de Cluny, leur relate les circonstances qui l'ont accompagné. Les cardinaux-évêques de Porto, Sabine, Tusculum, Albano et Segni (*lire* : Préneste), leur dit-il, assistés de vingt et un évêques [4], de quatre abbés et de laïques aussi nombreux qu'il était possible, se sont réunis à Terracine, cité de Campanie ; l'évêque de Porto était le mandataire de tous les clercs de Rome qui adhéraient au parti catholique ; l'abbé du Mont-Cassin, cardinal-diacre, représentait tous les cardinaux-diacres ; Renier, cardinal au titre de Saint-Clément, les autres cardinaux ; Benoît, préfet de Rome, les laïques. Après un jeûne de trois jours, l'élection a eu lieu le dimanche 12 mars et Urbain II, malgré son indignité, n'a pas cru pouvoir se dérober au vote unanime qui l'avait désigné [5].

Le récit de Pierre du Mont-Cassin s'accorde avec les deux bulles ; il y ajoute des détails qui ne sont pas sans intérêt et précise certains points un peu obscurs.

---

[1] JAFFÉ-WATTENBACH, 5348.

[2] JAFFÉ-WATTENBACH, 5349.

[3] *Chronica monasterii Casinensis*, IV, 2 (MGH, SS, t. VII, p. 760-761). SCHEFFER-BOICHORST, *Die Neuordnung der Papstwahl durch Nicolaus II*, p. 76, pense que Pierre Diacre a utilisé une bulle d'Urbain II, adressée aux fidèles d'Italie et analogue aux deux précédentes qui étaient destinées l'une aux Allemands, l'autre aux Français.

[4] La lettre à Hugues de Cluny indique seulement seize évêques, mais il y a là une faute de lecture : le copiste a lu XVI au lieu de XXI.

[5] Voici le texte de la lettre à Hugues de Cluny, dont la rédaction est plus claire, tout en étant identique à l'autre dans son contenu : « Notum itaque facimus dilectioni vestrae quod apud Terracinam, Campaniae civitatem, sanctae Romanae ecclesiae episcopi et cardinales, Portuensis videlicet, Sabinensis, Tusculanus, Albanensis et Signensis, cum aliis episcopis numero sexdecim et abbatibus quatuor, aliisque quam plurimis viris religiosis convenientes, cum Portuensis episcopus omnium Romanorum clericorum, catholicae parti faventium, se legatum diceret, abbas vero Casinensis, cardinalis diaconus, caeterorum diaconorum, R. quoque, cardinalis tituli S. Clementis, omnium cardinalium, praefectus autem Urbis (B., *ajoute l'autre bulle*) laicorum omnium se ferre assereret legationem, cumque, post triduanum jejunium, supplicationibus multis magnisque ad Deum precibus vehementer insisterent, quod ego quidem dignus non fui, tandem me sibi, quarto idus martii, in pontificem elegerunt. »

Pierre insiste tout d'abord sur la dispersion des cardinaux-évêques. Les Romains, appuyés par la comtesse Mathilde, les supplient de se réunir pour donner un chef à l'Église. Enfin ils réussissent à se joindre et, d'accord avec l'abbé du Mont-Cassin, Oderisier, ils convoquent les clercs et les laïques de Rome, fidèles au Saint-Siège, à Terracine, en priant ceux qui ne pourraient venir de confier leur vote à une personne élue par eux [1]. Il font également appel aux évêques et abbés de la Campanie, du Principat et de la Pouille, priant ceux qui auraient une excuse canonique de se faire représenter ou d'adresser leur consentement par écrit. [2]

Aucun texte ne permet de contrôler cette partie de la version de Pierre du Mont-Cassin. Elle paraît surtout destinée à expliquer cette circonstance, très particulière à l'élection d'Urbain II, qui est aussi mentionnée par les bulles pontificales, la représentation par mandataires de certaines catégories d'électeurs. On ne saurait établir si ce sont les cardinaux qui, au préalable, ont imaginé ce moyen pour tourner la difficulté résultant du fait que l'élection n'avait pas lieu au siège de l'évêché ou si ce sont les Romains qui, ne pouvant se rendre tous à Terracine, ont pris sur eux de nommer des délégués. Entre ces deux hypothèses il est difficile de se prononcer. Il n'y a pourtant aucune raison de rejeter la première, étant donné surtout que Pierre Diacre cite sa source, qui ne serait autre que la lettre des cardinaux au clergé et au peuple de Rome. On remarquera seulement dans son récit l'importance attribuée à l'abbé du Mont-Cassin, Oderisier, lors des négociations préparatoires : peut-être, étant donné les tendances du chroniqueur, y-a-t-il lieu de faire quelques réserves à ce sujet.

La chronique du Mont-Cassin rapporte ensuite que l'assemblée électorale s'est réunie le 8 mars. Elle comprenait les car-

---

[1] *Chronica monasterii Casinensis*, IV, 2 : « Tandem itaque rursum undique coadunati, una cum nostro abbate Oderisio, miserunt litteras Romanis clericis et laicis, sancti Petri fidelibus, ut quotquot ex eis possent, prima ebdomada quadragesimae Terracinam venirent : quotquot vero non possent assensum suum in persona quam ipsi concordi voto eligerent, propriis litteris repraesentarent » (MGH, SS, t. VII, p. 760).

[2] *Chronica monasterii Casinensis*, IV, 2 : « non autem valentes aut per idoneas personas aut certa per litteras consensum suum transmittere perstuderent » *(Loc. cit.)*.

dinaux-évêques, l'abbé Oderisier, des archevêques, évêques et abbés, accourus de divers côtés et dont le nombre se serait élevé à quarante [1]. Pierre mentionne également que Jean, évêque de Porto, représentait les clercs, le préfet Benoît les laïques : il signale enfin la présence des légats d'au-delà des monts, envoyés par la comtesse Mathide. Le lendemain, 9 mars, tous sont réunis dans l'église Saint-Pierre ; Jean, évêque de Tusculum, expose ce qu'avaient décidé Grégoire VII, puis Victor III au sujet de l'ordination de l'Église. Ensuite, l'évêque de Porto et le préfet Benoît prouvent qu'ils ont reçu mandat l'un des clercs, l'autre des laïques de Rome qui ratifiaient par avance le choix de l'assemblée. Enfin l'abbé du Mont-Cassin, l'archevêque de Capoue et tous les autres assistants, après avoir donné leur approbation, proposent d'implorer la miséricorde divine ; on décide, à cette fin, de consacrer les trois jours suivants, jeudi, vendredi et samedi, au jeûne, à l'abstinence, à la prière et à l'aumône, puis on se sépare jusqu'au dimanche [2].

---

[1] La bulle d'Urbain II à Gebhard de Salzbourg limite ce nombre à vingt et un évêques et à quatre abbés.

[2] *Chronica monasterii Casinensis*, *loc. cit.* : « Factum est, et, quarta feria primae ebdomadis quadragesimae, octavo scilicet idus martii, congregati sunt apud Terracinam, Campaniae civitatem, cum episcopis et cardinalibus Romanis superius nominatis, atque cum nostro abbate, Oderisio, archiepiscopi, episcopi atque abbates ex diversis partibus numero quadraginta, ab urbe autem Roma Johannes, Portuensis episcopus, omnium cardinalium et clericorum catholicae duntaxat parti faventium, Benedictus vero praefectus universorum laicorum fidelium, legationem et consensum unanimiter per litteras attulerunt. Legatorum autem ultramontanorum et Mattildae comitissae nonnulli interfuerunt, orantes instanter ut eidem propter quam convenerant rei, cum auxilio et gratia Spiritus sancti, ita studerent ut laeta illis a quibus legati fuerant nuntia referre valerent. Altera igitur die, convenerunt omnes pariter ad episcopium praedictae civitatis, in ecclesia beati Apostolorum principis et sancti Christi levitae Caesarii ; et cum resedissent, surgens in medium Tusculanensis episcopus retulit per ordinem omnia quae de ordinatione ecclesiae vel papa Gregorius antea, vel postmodum papa Victor statuerant ; simul etiam quam ob causam ipsimet universi tunc in eodem loco convenerant. Dein surgens episcopus Portuensis et Benedictus praefectus retulerunt et ipsi tam clericorum quam laicorum fidelium a Roma super hoc negotio legationem pariter atque consensum, videlicet ut quemcumque ipsi tunc unanimi voto ad hoc officium promoverent, eumdem omnes pari et simili consensu in apostolica sede statuendum reciperent. Cumque hujus monasterii abbas et archiepiscopus Capuanus et ad postremum cuncti qui convenerant bene factum recteque dictum laudassent atque omnipotentem Deum ut mise-

Le dimanche matin, nouvelle réunion dans la même église. Les trois cardinaux-évêques, qui étaient la tête de l'assemblée, à savoir les évêques de Porto, Tusculum et Albano, montent à l'ambon et, une fois le silence établi, ils proclament d'une seule voix qu'il leur plaît que l'évêque Eudes soit élu pontife romain. Ils demandent, suivant l'usage, si ce choix agrée à l'assemblée qui, à l'unanimité, acclame le nom d'Eudes. L'évêque d'Albano annonce alors qu'Eudes prendra le nom d'Urbain. Tous se lèvent, dépouillent le pape de sa chappe de laine et lui imposent celle de pourpre ; ils l'emmènent à l'autel de Saint-Pierre, tandis que les assistants chantent une invocation au Saint-Esprit, puis l'installent sur le trône pontifical ; le nouvel élu célèbre la messe et tous se séparent, en rendant grâces à Dieu [1].

Comme on peut le voir par cette analyse, la version de Pierre Diacre, sauf quelques divergences insignifiantes [2], ne contredit pas celle d'Urbain II. Elle ajoute, en revanche, quelques détails qui ont leur importance : 1. Elle mentionne la présence de délégués de la comtesse Mathilde. — 2. Elle rapporte que,

---

riam et afflictionem ecclesiae quandoque respicere ac relevare dignaretur, multis precibus implorassent, statuerunt demum communi consilio ut per tres illos dies, id est quintam et sextam feriam ac sabbato, triduanum specialiter jejunium celebrarent in abstinentia et orationibus ac elemosinis divinitus ostendi sibi personam tantae dignitati condignam continuis precibus impetrarent. »

[1] *Chronica monasterii Casinensis, loc. cit.* : « Dominica itaque die, valde mane, omnes iterum in eadem ecclesia congregati, cum inter se pariter nonnulla de re hujuscemodi tractavissent, exurgentes tres cardinales episcopi, qui caput ejusdem concilii erant, Portuensis scilicet, Tusculanensis et Albanensis, ambonem ascendunt, factoque silentio, uno simul ore pronuntiant, Ottonem episcopum placere sibi in pontificem eligendum. Cumque utrum omnibus idem quoque placeret, sicut est consuetudo, requirerent, repente mirabili ac summa concordia omnes magna voce hoc sibi placere dignumque illum universi conclamant apostolicae sedis papam existere. Tunc Albanensi episcopo pronunciante Urbanum illum placere vocari, mox cuncti surgentes capiunt, eumque, cappam laneam exuentes, purpuream induunt, et cum acclamatione atque invocatione sancti Spiritus ad altare beati Petri apostoli illum pertrahentes, in pontificali solio ponunt quarto idus martii ; sicque ab eodem pontifice missa sollemniter celebrata, universi, gaudentes Deoque gratias referentes, redierunt ad sua. »

[2] Elle n'est pas d'accord avec Urbain II sur trois points : 1° Elle augmente le nombre des évêques et des abbés. — 2° Elle diminue celui des mandataires. — 3° Trois cardinaux-évêques seulement sont nommés, ceux de Porto, Tusculum et Albano, mais cela n'exclut pas la présence des autres.

le 9 mars, s'est tenue une assemblée préparatoire où les mandataires ont fait vérifier leurs pouvoirs et où l'on a décidé
d'attirer les bénédictions de Dieu en jeûnant et en priant pendant trois jours. — 3. Elle raconte, avec plus de précision,
comment Eudes d'Ostie a été élu le 12 mars.

Il ne nous semble pas, malgré toutes les réserves que nous
avons déjà faites sur la valeur des derniers livres de la chronique
du Mont-Cassin, qu'il y ait lieu de rejeter ces différentes additions.

La présence des légats de Mathilde n'a, en elle-même, rien
d'invraisemblable. La pieuse comtesse avait été, en Italie,
le plus ferme soutien de Grégoire VII et Urbain II lui accordera,
à son tour, toute sa confiance. Aussi n'est-il pas impossible
que le pape, sans mentionner explicitement la présence de ces
délégués, les englobe dans la foule des hommes religieux (*aliisque
quam plurimis viris religiosis*) venus à Tarracine. Il est à remarquer d'ailleurs qu'il ne cite nommément que les personnages
qui ont eu un rôle officiel.

Quant à l'assemblée préparatoire, elle a certainement eu
lieu. Il suffit de rapprocher la chronique du Mont-Cassin des
deux bulles d'Urbain II pour s'en rendre compte. Dans la
lettre aux évêques français, le pape mentionne quatre étapes
successives : 1º les cardinaux-évêques se réunissent à Terracine
avec seize évêques et quatre abbés ; — 2º l'évêque de Porto,
l'abbé du Mont-Cassin, Renier, cardinal au titre de Saint-
Clément, Benoît, préfet de Rome, affirment qu'ils « apportent
la légation » des clercs, diacres, cardinaux, laïques ; — 3º on
jeûne trois jours ; — 4º on élit Eudes. — Le jeûne de trois
jours n'est mentionné qu'après la vérification des pouvoirs des
mandataires. De plus, qui aurait pu le prescrire sinon l'assemblée électorale elle-même ? Les deux bulles d'Urbain II im-
pliquent donc une première réunion plénière où l'on a réglé
officiellement la question du vote par mandat et décidé d'attirer les bénédictions de Dieu par la prière, l'aumône et la pénitence.

L'accord de la chronique du Mont-Cassin avec les lettres
pontificales persiste encore pour l'assemblée du dimanche 12
mars. La chronique distingue deux actes dans l'élection : 1º les
cardinaux-évêques de Porto, Tusculum et Albano montent à
l'ambon et font savoir qu'il leur a plu d'élire Eudes comme

pape ; 2º l'assemblée est appelée à donner son avis ; elle acclame
l'élu des cardinaux-évêques qui, ensuite, prend le nom d'Urbain,
revêt ses ornements et célèbre la messe. Les bulles d'Urbain
II ne font pas cette distinction. Toutefois, à certains indices de
rédaction, il semble prouvé que les cardinaux évêques ont eu
le *principale iudicium* dans l'élection. La lettre à Hugues de
Cluny dit en substance : « Les cardinaux-évêques de la sainte
Église romaine, réunis à Terracine avec d'autres prélats, abbés
et personnages religieux, lorsque les mandataires eurent fait
vérifier leurs pouvoirs et que l'on eut jeûné pendant trois jours,
m'ont élu pape. » Les cardinaux-évêques occupent une place
à part ; ils sont seuls le sujet de *ont élu*, ce qui paraît impliquer que, dans la pensée du pape, le reste de l'assemblée
n'a qu'un rôle secondaire. La lettre à Gebhard de Salzbourg,
il est vrai, se rapproche moins de la version de Pierre Diacre :
l'abbé du Mont-Cassin, le cardinal de Saint-Clément et le
préfet de Rome sont placés sur le même plan que les cardinaux-
évêques, mais il ne semble pas qu'il y ait là une raison sérieuse de suspecter le chroniqueur qui n'avait aucun intérêt à
accréditer une version fausse de l'élection.

De l'étude des trois sources, il paraît résulter que l'élection d'Urbain II a été, dans ses grandes lignes, conforme au
décret de Nicolas II.

Contrairement aux affirmations de certains historiens, le
privilège des cardinaux-évêques a été rigoureusement res-
pecté [1]. On ne peut prétendre que les laïques, au lieu de se
borner au *consensus*, aient pris part aux négociations préparatoires, à la *tractatio*. Cela ne saurait résulter ni des deux bulles
d'Urbain II, ni de la chronique du Mont-Cassin. On ne peut
en effet considérer l'assemblée du 9 mars comme ayant pour
objet la *tractatio* : le nom d'Eudes d'Ostie, ni aucun autre n'a
été prononcé ; il s'est agi uniquement de ratifier le mandat dont
certains personnages laïques et ecclésiastiques étaient porteurs
de la part du clergé et du peuple de Rome ; l'on pense si peu
à Eudes et aux autres candidats possibles que l'on décide de

---

[1] Cfr MARTENS, *Die Besetzung des päpstlichen Stuhls unter Heinrich IV
und Heinrich V*, p. 255-259, qui a été suivi par MEYER VON KNONAU, *Jahrbücher des deutschen Reichs unter Heinrich IV und Heinrich V*, t. IV, p. 194,
n. 4. SCHEFFERT-BOICHORST, *op. cit.*, p. 76-78, admet au contraire que les
cardinaux-évêques ont élu le pape.

solliciter par la prière et par la pénitence les lumières d'En Haut.
Il n'y a plus aucune réunion jusqu'au dimanche 12 ; ce jour-là,
les trois cardinaux-évêques montent à l'ambon, proposent à
l'assemblée de choisir Eudes d'Ostie et l'assemblée donne son
consensus sans avoir pris part à la *tractatio*. Le texte de la chronique du Mont-Cassin ne laisse subsister à cet égard aucune
équivoque : Pierre affirme catégoriquement que les cardinaux-
évêques sont la tête du concile (*caput eiusdem concilii*) ; il
marque non moins clairement que la décision, le *iudicium
maius*, leur appartient, quand il représente les cardinaux annonçant « qu'il leur plaît que l'évêque Eudes soit élu pontife
romain », et demandant, comme telle est l'habitude (*sicut est
consuetudo*), « si ce choix convient à tous. » L'assemblée n'a
donc nullement participé à ce choix ; elle l'a simplement ratifié [1].

Si le doute ne paraît pas permis en ce qui concerne la *tractatio*, il persiste pourtant, au sujet des cardinaux-évêques,
quelques difficultés de détail. D'après Pierre Diacre, la *pronuntiatio* a été faite par trois évêques seulement, ceux de Porto,
Tusculum et Albano. Or il y avait normalement six cardinaux-
évêques. Eudes, évêque d'Ostie, était l'un d'eux et l'on comprend
que, par une réserve très naturelle il se soit abstenu. Restent
ceux de Sabine et de Préneste. Faut-il admettre, comme on
l'a fait parfois [2], que le siège de Préneste était alors vacant et
que l'évêque de Sabine était absent le 12 mars ? Cette hypothèse, à notre avis, ne repose sur rien. L'évêque de Sabine,
d'après les deux lettres d'Urbain II à Gebhard de Salzbourg
et à Hugues de Cluny, a participé à la *tractatio* avec ceux de
Porto, Tusculum et Albano. D'autre part, il ne nous paraît

---

[1] La seule objection à notre manière de voir pourrait provenir de ces
mots par lesquels débute le récit de Pierre Diacre : *cum inter se pariter
nonnulla de re hujuscemodi tractavissent*. Il ne nous semble pourtant pas
qu'il s'agisse là de la *tractatio* : les mots *nonnulla de re hujuscemodi* paraissent
exclure cette hypothèse. Les clercs et les laïques sont réunis dans l'église ;
ils s'entretiennent naturellement de la question qui les préoccupe tous, l'élection pontificale, pendant que les cardinaux-évêques délibèrent à part. A
un moment donné, tandis que l'on cause, les trois cardinaux-évêques de Porto,
Tusculum et Albano s'avancent vers l'ambon, rétablissent le silence, font
connaître le résultat de leur colloque, sollicitent l'avis de l'assemblée qui alors
seulement intervient.

[2] C'est le cas de Martens et de Scheffer-Boichorst, *loc. cit.*, qui n'apportent aucun texte ni aucune raison à l'appui de cette hypothèse.

nullement sûr qu'il n'y ait pas eu de cardinal-évêque de Préneste en 1088. On est très mal fixé sur la chronologie de ce
siège qui effectivement était aux mains des Guibertistes. Le
nom de Bernard, évêque de Préneste, figure dans une bulle,
d'ailleurs suspecte, d'Urbain II pour l'abbaye de la Cava, en
date du 14 septembre 1092 [1], mais on ignore à quel moment
ce prélat est entré en fonction, car on perd toute trace des évêques grégoriens de Préneste depuis 1081, époque à laquelle
le siège était occupé par Hubert II. On ne voit pas pourquoi
il y aurait eu une interruption de longue durée, étant donné
que la plupart des sièges cardinalices ont eu simultanément des
évêques pontificaux et des évêques impériaux. Or, ce qui nous
fait penser qu'en 1088 Préneste avait un titulaire appartenant au parti grégorien, c'est que, dans les deux bulles d'Urbain II, on relève, dans l'énumération des cardinaux-évêques,
la mention de l'évêque de Segni dont il n'est pas question dans
la chronique du Mont-Cassin. Il paraît peu probable que les
cardinaux aient admis parmi eux, par exception, un évêque
de la province de Rome ; cela eût été contraire aux usages et
au décret de 1059. Aussi, croyons-nous que le scribe de la chancellerie pontificale qui a rédigé les bulles était peu au courant
de la répartition des sièges cardinalices et qu'il a écrit *Segni*
au lieu de *Préneste*. Le collège électoral, vraisemblablement,
était au complet et il a délégué trois de ses membres pour la
pronuntiatio. Ces trois membres sont ceux qui devaient consacrer le pape. Normalement le pouvoir appartient à l'évêque
d'Ostie assisté de ceux de Porto et d'Albano [2]. Dans le cas présent, l'évêque d'Ostie étant promu à la papauté, c'est celui de
Tusculum qui prend sa place.

Il est donc certain que l'assemblée de Terracine n'a porté
aucune atteinte au privilège des cardinaux-évêques. Mais en
a-t-il été de même pour les cardinaux-clercs ? Ici on peut
hésiter davantage. Suivant le décret de Nicolas II, après la
tractatio et avant la *pronuntiatio*, les cardinaux-évêques

---

[1] Cfr JAFFÉ-WATTENBACH, 5647, et PFLUGK-HARTTUNG, *Gefälschte Bullen
in Monte-Cassino* dans *Neues Archiv*, t. IX, p. 484.

[2] C'est ce qu'affirme très nettement GEBHARD DE SALZBOURG dans sa
lettre à Herman de Metz (*Codex Udalrici*, 69) : « Hujus enim ordinationis
privilegium solis cardinalibus et episcopis Hostiensi et Albanensi et Portuensi
a sanctis patribus concessum est » (*Monumenta Bambergensia*, p. 141).

font venir les cardinaux-clercs et sollicitent leur avis. Or, le récit de Pierre Diacre ne mentionne pas ce second stade de l'élection. Faut-il en conclure qu'il n'a pas eu lieu ? Nous ne le pensons pas. Urbain II écrit à Gebhard de Salzbourg et à Hugues de Cluny que les cardinaux-prêtres avaient pour mandataire Renier, du titre de Saint-Clément [1]. Il est très vraisemblable qu'avant de monter à l'ambon, les cardinaux-évêques ont dû le consulter sur le choix d'Eudes d'Ostie. La bulle, à laquelle Pierre Diacre emprunte sans doute sa narration, a omis ce détail, en somme assez accessoire. Le fait que les lettres pontificales signalent la présence d'un mandataire des cardinaux-prêtres porte à croire que les choses se sont passées dans l'ordre habituel.

Le vote par mandat n'était, il est vrai, nullement prévu par le décret de Nicolas II. Mais en est-il une violation positive ? Nous ne le croyons pas davantage. Alexandre II, Grégoire VII, Victor III avaient été élus à Rome ; l'intervention des ordres mineurs avait pu se produire au moment voulu, sans aucune difficulté. L'élection d'Urbain II est la première qui ait eu lieu hors la ville. De ce fait, la procédure devenait plus compliquée. Le décret de Nicolas II stipulait que les cardinaux-évêques se transporteraient dans une autre cité, que les clercs et les laïques, « quoique peu nombreux », les accompagneraient. Le terme *quoique peu nombreux* était assez vague et les cardinaux-évêques, lors de l'élection d'Urbain II, ont eu à l'interpréter ; ils l'ont fait dans le sens du mandat et il semble bien que ce fût la seule solution que l'on pût apporter à ce problème assez délicat. D'autres laïques ont d'ailleurs accompagné les délégués officiels qui représentaient les seuls absents. Ainsi l'élection a-t-elle pu être canonique. Urbain II est réellement le pape des cardinaux, du clergé et du peuple de Rome ; la procédure prévue par le décret de Nicolas II a été rigoureusement respectée et même les circonstances critiques, dans lesquelles il a fallu l'appliquer, ont contribué à en préciser certains détails.

---

[1] A vrai dire, ceux qui ont confié ce mandat ont dû être peu nombreux, puisque la plupart des cardinaux-prêtres étaient passés au schisme à la fin du pontificat de Grégoire VII (cfr *supra*, p. 81 et 249-250). Il y a d'ailleurs là une raison de plus d'assurer que l'on a dû veiller à respecter leurs droits dans l'élection pontificale.

Enfin l'on doit noter que le pontife, auquel ont été remises, le 12 mars 1086, les destinées de l'Église romaine, est un des disciples préférés de Grégoire VII. Évêque d'Ostie, très directement mêlé aux événements qui ont marqué la fin du pontificat de Grégoire VII, il n'a d'autre programme que l'observation stricte et minutieuse du programme tracé par son grand prédécesseur, dont il se propose d'être en toutes choses l'imitateur, le continuateur, ou, pour emprunter son intraduisible expression latine, le *pedisequus*. « Ayez confiance en moi, écrit-il, le 13 mars 1088 aux évêques allemands, comme jadis en notre bienheureux père, le pape Grégoire. En toutes choses je veux suivre sa trace. Je rejette ce qu'il a rejeté ; je condamne ce qu'il a condamné ; je chéris ce qu'il a aimé ; je confirme et approuve ce qu'il a considéré comme juste et catholique ; enfin en toutes choses je pense comme lui [1]. »

II

Le seul fait qu'Urbain II ait pu ceindre la tiare, avec l'intention bien arrêtée de continuer Grégoire VII, atteste l'échec de l'opposition antigrégorienne. Les attaques déclenchées contre Grégoire VII au lendemain du concile de Brixen n'ont pas réussi à le faire abdiquer ni à détacher de son obédience un nombre important de ses fidèles. Au lendemain de sa mort, le nouvel assaut de la polémique antigrégorienne, facilité pourtant par une crise redoutable au sein même de l'Église romaine, n'a pas abouti à des résultats plus saillants : l'antipape Clément III n'a pu supplanter Victor III ni prévenir, en 1088, l'élection d'un disciple de Grégoire VII, véritable héritier de sa pensée et de ses idées réformatrices.

Faut-il dès lors admettre que l'opposition antigrégorienne ait été complètement stérile ? Une telle conclusion ne saurait être formulée. Si le but immédiat qu'ont poursuivi les écrivains impérialistes n'a pas été atteint, du moins la littérature politico-religieuse s'est-elle enrichie grâce à eux d'un certain nom-

---

[1] JAFFÉ-WATTENBACH, 5348.

bre d'idées qui auront leur répercussion sur la marche des événements ultérieurs.

Il est évident tout d'abord que, sous l'impulsion d'un Petrus Crassus et d'un Benzon d'Albe, la conception de la monarchie impériale s'est sinon totalement transformée, du moins sensiblement rajeunie et fortifiée. Sans doute, dès l'époque d'Othon le Grand, l'empereur, fidèle à la tradition de Charlemagne, a prétendu exercer un pouvoir absolu, auquel l'Église ne devait pas plus échapper que la société laïque, et transmettre ce pouvoir à ses descendants ; sans doute, Othon III, plus Italien qu'Allemand, a-t-il voulu faire de cette monarchie absolue une monarchie universelle et a-t-il ébauché de chimériques projets d'« Empire romain », qu'une mort prématurée ne lui a pas laissé le temps de réaliser ni même de mettre au point ; mais au cours du XIe siècle, sous la poussée des faits, le rêve impérial s'est évanoui et l'absolutisme monarchique a subi de rudes atteintes dont la dernière lui a été portée par les décrets grégoriens. La polémique antigrégorienne marque un effort de redressement dont on ne saurait méconnaître la valeur ni la portée.

Une fois de plus, les faits ont joué leur rôle à l'origine de ce mouvement d'idées : la déposition de Henri IV par Grégoire VII, maintenue en dépit de toutes les menaces et de toutes les défaites militaires et diplomatiques, a conduit le roi et ses partisans à revendiquer pour l'autorité monarchique une indépendance totale à l'égard de l'autorité spirituelle, doublée d'un droit de regard sur l'Église romaine, source de cette puissance, tandis que le couronnement de Henri IV à Rome, en 1084, a ravivé l'idée impériale. Pour ruiner les prétentions pontificales aussi bien que pour justifier les actes du roi de Germanie, les écrivains se sont ingéniés à réunir des arguments canoniques, juridiques, historiques, et, si ces arguments ne portent pas toujours, il n'en est pas moins vrai qu'ils ont renouvelé les théories traditionnelles : l'entrée en scène du droit romain dans la conception de l'absolutisme impérial est une date dans l'histoire des idées au moyen âge, aussi bien que l'évocation, en vue de la reconstitution de l'Empire romain, des souvenirs de la Rome antique. Or, c'est à Petrus Crassus et à Benzon d'Albe que les souverains germaniques sont redevables de ces tendances nouvelles qui s'affirmeront par la suite.

De tels enseignements, en effet, ne seront pas perdus. Tout le règne de Frédéric Barberousse sera empreint de l'idée du *dominium mundi* et, à partir de ce moment, les jurisconsultes de Bologne assimileront les constitutions impériales à celles des Césars, si bien que le *Romanum imperium*, tant de fois prôné par Benzon d'Albe, tendra de plus en plus vers sa réalisation. La monarchie impériale du XIIᵉ siècle sera dominée par la double préocupation d'absolutisme et d'universalité : l'empereur sera « le prince des princes qui tient l'Empire et le diadème de la monarchie universelle » ou encore « le gouvernail de Rome et du monde », et l'un de ses jurisconcultes proclamera que le droit romain doit régir les Romains et les « sujets de l'Empire romain. » Ainsi se transposeront dans le domaine des faits les thèses développées, entre 1080 et 1088, par les écrivains antigrégoriens, notamment par Petrus Crassus et par Benzon d'Albe.

L'Église elle-même subira le contre-coup de l'opposition antigrégorienne. Si aucune concession ne sera faite par les successeurs de Grégoire VII sur le terrain doctrinal, en particulier en ce qui concerne la nature de la prééminence romaine, certaines idées, émises par les écrivains qui ont fait l'objet de cette étude, s'insinueront dans l'entourage pontifical. Le cardinal Benon a protesté contre le caractère trop personnel du gouvernement de Grégoire VII et réclamé pour les cardinaux une participation plus effective à la direction des affaires de l'Église : à la fin du XIIᵉ siècle, ce sera chose faite et le consistoire deviendra un des rouages essentiels de l'administration romaine. Guy de Ferrare a entrevu une distinction possible, dans l'évêché, entre le spirituel et le temporel ; si d'autres solutions que la sienne ont prévalu le jour où a été liquidée l'épineuse question de l'investiture, ces solutions reposent sur le même principe qui est à l'origine du compromis nécessaire entre la thèse grégorienne et la thèse royale, également exclusives, et par là, en apparence inconciliables.

En un mot, si l'on ne se borne pas au proche horizon de 1088, on découvre que malgré la faiblesse des méthodes de discussion, malgré un parti pris parfois violent envers les personnes, le mouvement d'idées, né de l'opposition antigrégorienne, a eu une indiscutable influence et contribué largement à créer une atmosphère nouvelle. Il a, en outre, provoqué, —

on le verra par la suite, — une inévitable riposte dans le clan opposé : à l'opposition antigrégorienne correspond une curieuse évolution des idées grégoriennes, qui se poursuit simultanément et en liaison avec elle.

APPENDICE

LES FAUSSES BULLES
DE LÉON VIII ET DE NICOLAS II

APPENDICE

LES FAUSSES BULLES
DE LÉON VIII ET DE NICOLAS II
SUR L'ÉLECTION DU PONTIFE ROMAIN

Les dernières années du pontificat de Grégoire VII ont été marquées par une remarquable éclosion d'œuvres polémiques destinées à justifier les attitudes prises, de part et d'autre, au début du grand conflit qui, depuis le concile romain du 7 mars 1080 et l'assemblée de Brixen, du 25 juin de la même année, mettait aux prises la papauté et la royauté germanique ou, pour employer les expressions consacrées, le Sacerdoce et l'Empire. Afin d'appuyer une argumentation parfois chancelante, les juristes à la solde du roi Henri IV et de l'antipape Clément III ne dédaignèrent pas de forger des documents faux : c'est pendant cette période, qui se prolonge jusqu'au début du pontificat d'Urbain II, qu'ont été confectionnées notamment les fausses bulles de Léon VIII et de Nicolas II relatives à l'élection du pontife romain [1].

La caractère apocryphe de ces documents a été mis suffisamment en lumière par les historiens antérieurs pour qu'il n'y ait pas lieu d'y revenir ici [2]. En revanche, la date à laquelle ils ont vu le jour n'a pas encore été déterminée avec une précision suffisante. Or, en les rapprochant de certaines œuvres polémiques, composées soit en Allemagne, soit en Italie entre 1080 et 1088, il paraît possible d'apporter sur ce problème chronologique quelques données nouvelles et, du même coup, d'éclairer l'origine de ces faux privilèges dont l'influence a été si décisive.

On remarquera au préalable que le contenu des deux textes diffère du tout au tout et que les dispositions édictées au sujet

---

[1] On trouvera les textes dans MGH, *Constitutiones et acta*, t. I, p. 541-546 et 665-667.

[2] Cfr pour le faux privilège de Léon VIII, E. BERNHEIM, *Das unechte Dekret Hadrians I, im Zusammenhang mit dem unechten Dekret Leos VIII*, dans *Forschungen zur deutschen Geschichte*, t. XV, p. 618-638 ; P. GMELIN, *Die Entstehung der ungeblichen Privilegien Leos VIII für Otto I* dans *Progr. der Landesoberrealschule zu Prossnitz*, 1879, et surtout l'introduction critique de L. WEILAND, dans *Constitutiones et acta*, t. I, p. 663-665. — Pour la bibliographie relative à la fausse bulle de Nicolas II, voir t. I, p. 316, n. 1.

de l'élection pontificale procèdent de conceptions assez divergentes.

La version apocryphe, dite impériale, du décret de Nicolas II (1059) est calquée sur le texte authentique. Celui-ci accorde dans l'élection du pape une place primordiale aux cardinaux-évêques : au cours de la *tractatio*, ils désignent le nouvel élu qui recevra ensuite l'approbation des cardinaux-clercs, puis du clergé et du peuple de Rome, « étant saufs l'honneur et la révérence dûs à notre très cher fils Henri, actuellement roi et bientôt, nous l'espérons, empereur avec la permission de Dieu [1]. » La version impériale maintient aux dignitaires de l'Église romaine le droit d'élire le pape, mais elle supprime la prérogative des cardinaux-évêques qui, à leur première délibération, sont déjà assistés des cardinaux-clercs ; par ailleurs, elle fait intervenir le roi de Germanie dès le début de la procédure et, tandis que le décret authentique indiquait que les « hommes religieux » devaient être les premiers à promouvoir l'élection, la version falsifiée ajoute ces mots « avec notre fils le roi Henri », si bien que l'élection pontificale, exclusivement confiée par Nicolas II aux cardinaux-évêques, résulte ici d'une entente entre le roi et le collège cardinalice [2].

Le faux privilège de Léon VIII nous est parvenu sous deux formes, le *privilegium minus* et le *privilegium maius*. L'opinion de Bernheim, qui voyait dans le *privilegium minus* un abrégé du *privilegium maius* [3], est aujourd'hui abandonnée, et l'on aperçoit au contraire dans ce dernier texte une amplification du premier. Comme l'a fort bien montré L. Weiland dans la préface de son édition des *Monumenta Germaniae historica* [4], le *privilegium maius* a beaucoup plus l'allure d'un traité que d'un décret, et les nombreuses citations patristiques ou autres, qui y sont incluses, ont été ajoutées pour prouver que le faux privilège était strictement conforme à la tradition de l'Église et au droit. On pourra remarquer en outre que seul le *privilegium minus* a été inséré dans les collections canoniques, dans la *Panormia* d'Yves de Chartres [5], plus tard dans le Décret de Gratien [6], ce qui semble bien prouver que seul il faisait autorité. C'est donc dans le *privilegium minus* qu'il faut aller chercher la théorie du faussaire qui d'ailleurs ne subira aucune modification appréciable en passant de la version originelle à la version amplifiée.

---

[1] *Constitutiones et acta*, t. I, p. 539-540.
[2] *Ibid.*, p. 543.
[3] BERNHEIM, *art. cité.*
[4] *Constitutiones et acta, loc. cit.*
[5] YVES DE CHARTRES, *Panormia*, VIII, 136 (PL, CLXII, 1337-1338).
[6] GRATIEN, *Decretum*, c. 23, dist. 63.

Les prescriptions édictées par la fausse bulle de Léon VIII ne ressemblent en rien à celles de la version impériale du décret de Nicolas II. Contemporain d'Othon le Grand, Léon VIII ne pouvait remettre l'élection qu'aux mains de l'empereur seul. Le faux privilège développe une phrase de l'*Historia Ottonis* de Luitprand de Crémone qui en est certainement la source et où il est dit que, en 963, l'empereur, après avoir déposé Jean XII et intronisé Léon VIII, fit jurer aux Romains de « n'élire ni ordonner aucun pape en dehors du consentement et de l'élection de l'empereur Othon et de son fils qui porte aussi le nom d'Othon [1]. » Sur ce thème on a greffé quelques considérations empruntées pour la plupart à un faux privilège d'Adrien Ier qui aurait remis à Charlemagne, avec le patriciat, « l'ordination du siège apostolique et des évêchés [2]. » C'est ce même pouvoir que le pseudo-Léon VIII confère à Othon et à ses successeurs, en stipulant que pape, archevêques et évêques recevront investiture et consécration des mains du « roi de l'Empire romain », si bien qu'un évêque, élu par le clergé et par le peuple, « ne pourra être consacré, tant qu'il n'aura pas été reconnu et investi par ce roi et patrice [3]. »

Bref, tandis que la fausse bulle de Nicolas II reconnaît le pouvoir des cardinaux en élargissant seulement le collège électoral et en lui adjoignant le roi de Germanie, celle de Léon VIII, ressuscitant le régime antérieur à 1059, remet au seul roi de Germanie le droit de désigner le pontife romain, « à l'exclusion des hommes religieux. » De cette simple comparaison il ressort que les deux actes ou bien ont dû être confectionnés à des époques différentes ou bien, s'ils sont contemporains, ne sont pas issus du même milieu ; tout au moins ne s'adressent-ils pas au même public qui n'eût pas manqué de relever les divergences qui les opposent. Pour fixer leur date de composition respective, il y a lieu tout d'abord de noter les plus anciennes recensions dont ils ont été l'objet.

Le *privilegium minus* de Léon VIII n'apparaît qu'assez tardivement : la première trace certaine que l'on puisse en relever figure dans la *Panormia* d'Yves de Chartres qui n'est pas antérieure à l'année 1094 [4]. Avant cette date, c'est le silence total. On ne saurait voir, comme l'a fait Koch, dans la théorie contractuelle de la royauté, exposée vers 1084 par Manegold de Lauten-

---

[1] Luitprand, *Liber de rebus gestis Ottonis magni imperatoris*, VIII (MGH, SS, t. III, p. 342).

[2] *Constitutiones et acta*, t. I, p. 660.

[3] *Ibid.*, p. 666-667.

[4] Cfr Paul Fournier et Gabriel le Bras, *Histoire des collections canoniques en Occident depuis les Fausses Décrétales jusqu'au décret de Gratien*, t. II, p. 95-97.

bach dans son *Liber ad Gebehardum*, une réfutation du *privilegium maius* [1] : non seulement le moine alsacien ne fait aucune allusion au faux privilège, mais, comme on l'a montré ailleurs [2], il n'y a aucune analogie réelle entre les thèses de la souveraineté développées par les deux écrivains. De même, le fait que dans le *Liber canonum contra Heinricum quartum*, écrit en mai 1085, on trouve sous le vocable de saint Jean Chrysostome, une phrase concernant l'abandon de la souveraineté entre les mains du roi [3] qui figure, sans attribution d'auteur, dans le *privilegium maius* [4], ne saurait autoriser l'hypothèse d'une filiation, car cette même phrase, également citée dans le manifeste des cardinaux schismatiques [5], apparait déjà au Xe siècle, avec la paternité de saint Jean Chrysostome, dans une lettre d'Atton de Verceil [6] ; ce texte était donc connu depuis longtemps et a été probablement puisé par les divers auteurs dans un recueil canonique. Aussi bien est-il impossible de conclure à l'existence certaine du faux privilège de Léon VIII avant les premières années du pontificat d'Urbain II. En est-il de même pour la version impériale du décret de Nicolas II ?

De celle-ci également on note la présence indubitable au temps d'Urbain II. C'est elle qui est visée dans ce passage du *Libellus contra invasores et simoniacos* du cardinal Deusdedit, paru en 1097 : « Guibert et ses partisans, pour se concilier des suffrages, ont ajouté certaines choses à ce décret (de Nicolas II), en ont modifié d'autres, et l'ont par là rendu tellement dissemblable à lui-même qu'on ne saurait trouver deux exemplaires dont le texte soit identique [7]. » L'allusion est très claire : les modifications résident dans la substitution de tous les cardinaux aux seuls cardinaux-évêques ; les additions résultent du rôle attribué au roi de Germanie dès le début de la procédure électorale. Mais, à la différence du faux privilège de Léon VIII, la version impériale du décret de Nicolas II existait sans aucun doute avant l'avènement d'Urbain II.

Au début du livre II de son *De scismate Hildebrandi*, contem-

---

[1] GEORGES KOCH, *Manegold von Lautenbach und die Lehre der Volkssouveränität unter Heinrich IV* (fasc. 34 des *Historische Studien* de EBERING, 1902), p. 90 et suiv.

[2] A. FLICHE, *Les théories germaniques de la souveraineté à la fin du XIe siècle*, dans *Revue historique*, t. CXXV, 1917, p. 53-54 et 58.

[3] *Liber canonum contra Heinricum quartum*, XXI (*Libelli de lite*, t. I, p. 492).

[4] *Constitutiones et acta*, t. I, p. 673.

[5] *Libelli de lite*, t. II, p. 422.

[6] ATTON DE VERCEIL, *Epist.* I (PL, CXXXIV, 99).

[7] DEUSDEDIT, *Libellus contra invasores et simoniacos*, I, 11 (*Libelli de lite*, t. II, p. 310).

porain du pontificat de Victor III (1086-1087) [1], Guy de Ferrare
reproche à Grégoire VII d'avoir été élu contrairement au décret
de Nicolas II qui, dit-il, frappe d'un perpétuel anathème celui
qui deviendrait pape « sans l'assentiment et le concours du prince
chrétien, à savoir l'empereur Henri et ses successeurs » ; il ajoute
qu'il a vu le décret et lu les noms des évêques qui l'avaient souscrit, toutes précisions qui ne permettent pas de douter que dans
l'entourage de Guibert de Ravenne, à la demande duquel Guy de
Ferrare a composé son traité, on montrait, en 1086, le texte de la
version impériale du décret de Nicolas II.

On relève une allusion identique dans un autre opuscule antérieur de deux années environ au *De scismate Hildebrandi*, le *De
papatu romano*. Sans doute, à la différence de Guy de Ferrare,
l'auteur anonyme n'a-t-il pas eu sous les yeux le texte même du
décret apocryphe. Il donne à son sujet des indications incomplè-
tes et erronées qui ne laissent aucun doute sur ce point : le chiffre
des évêques présents au concile de Latran — 125 au lieu de 123 —
n'est pas conforme et reproduit une inexactitude commise par
l'assemblée de Worms en 1076 ; le rôle des cardinaux n'est pas
mentionné et il est simplement indiqué que quiconque serait
élevé au siège apostolique sans l'assentiment et l'élection des empereurs Henri père et fils « devrait être considéré non comme pape,
mais comme Satan, non comme apostolique, mais comme apostat [2]. »
Or, si ces dernières expressions sont bien celles dont se sert la
version impériale du décret, on doit remarquer par ailleurs qu'en
1059 il n'y avait pas deux empereurs Henri « père et fils », mais un
seul roi Henri : l'auteur du *De papatu romano* n'aurait pas commis
cette grossière erreur s'il avait reproduit directement le texte
de la fausse bulle dont l'auteur était mieux informé. Toutefois,
s'il n'a pas vu le document, il en signale formellement la présence
« au palais de l'empereur et aux archives romaines [3] », ce qui ne
laisse aucun doute sur l'existence, à cette date, de cette version
impériale du décret.

On ne saurait en revanche découvrir aucune trace sûre de la
version impériale du décret de Nicolas II avant la dernière année
du pontificat de Grégoire VII. Certains historiens ont voulu voir
une allusion à la version impériale dans cette phrase de la lettre
adressée à Grégoire VII par les évêques allemands réunis à Worms

---

[1] Guy de Ferrare, *De scismate Hildebrandi*, II *(Libelli de lite*, t. I, p. 551-
552). — Sur la date, cfr *supra*, p. 258-260.

[2] *Libelli de lite*, t. I, p. 459.

[3] *Libelli de lite*, loc. cit. Cfr *supra*, p. 193.

le 24 janvier 1076 [1] : « Comme un concile était célébré au temps du
pape Nicolas II, où 125 évêques siégeaient, il a été décidé et décrété,
sous peine d'anathème, que personne ne pourrait jamais devenir
pape sans l'élection des cardinaux, l'approbation du peuple, le
consentement et l'autorité du roi [2]. » Or, ce passage ne suppose
en aucune façon l'existence de la version impériale ; il est même
beaucoup plus proche de la version pontificale : la version impériale ne mentionne pas l'*approbatio populi*, dont il est au contraire
fait état dans la bulle authentique *(sicque reliquus clerus et populus
ad consensum novae electionis accedant)* [3] ; l'intervention du roi est
placée à la fin de la procédure comme dans la version pontificale,
et non pas au début comme dans la version impériale. Sans doute,
il n'est pas question dans la déclaration de Worms du privilège
des cardinaux-évêques, mais, comme les cardinaux-évêques, d'après
les dispositions prises par Nicolas II, font appel, aussitôt après la
tractatio, au concours des cardinaux-clercs *(mox sibi clericos cardinales adhibeant)*, il est probable que la formule concise *per
electionem cardinalium* résume toutes les premières opérations,
suivies de l'approbation du peuple, puis de l'intervention royale,
la « révérence » due à notre très cher fils Henri ayant été interprétée dans le sens d'un *consensus* formel. Enfin la déclaration de
Worms mentionne 125 évêques présents au concile du Latran,
tandis que le plus ancien manuscrit de la version impériale n'en
indique que 123, chiffre reproduit par Guy de Ferrare dans son
De scismate Hildebrandi [4]. Bref, rien n'autorise à supposer que la
version impériale du décret de Nicolas II ait préexisté à la déclaration de Worms que la version pontificale suffit à expliquer.

Il en est de même pour l'assemblée de Brixen (25 juin 1080).
Dans le *Decretum synodi* il est dit que, lors de l'élection de Grégoire
VII, issue de la violence, on essaya bien de « rappeler le décret du
pape Nicolas, promulgué sous peine d'anathème par 125 évêques
et avec l'approbation d'Hildebrand, où il était dit que, si quelqu'un avait la présomption de devenir pape sans l'assentiment
du prince romain, il ne devait pas être considéré comme pape,
mais comme apostat [5]. » Or, dans la version impériale, il est bien

---

[1] Cfr P. SCHEFFER-BOICHORST, *Die Neuordnung der Papstwahl durch
Nicolaus II*, p.114, et plus récemment, H-X. ARQUILLIÈRE, *Saint Grégoire VII,
Essai sur sa conception du pouvoir pontifical*, p. 367, n. 2, qui écrit : « C'est
dans le milieu effervescent du parti henricien que sont nés, vers 1075-1076,
la version impériale du décret de Nicolas II (1059) et les deux privilèges de
Léon VIII. »

[2] *Constitutiones et acta*, t. I, p. 108.

[3] *Ibid.*, t. I, p. 539.

[4] *Ibid.*, p. 546.

[5] *Constitutiones et acta* p. 119.

spécifié que celui qui serait élu, ordonné et intronisé à l'encontre
du décret, apparaitrait « non comme pape, mais comme Satan,
non comme apostolique, mais comme apostat [1]. » Malgré l'emploi
de deux termes communs, qui d'ailleurs sont d'un usage courant,
les formules ne sont pas rigoureusement identiques, et surtout
l'application qui en est faite dans la version impériale du décret
de Nicolas II a une portée beaucoup plus générale, puisqu'elle se
rapporte à l'ensemble du décret et non pas à la seule clause relative à l'assentiment de l'empereur. On remarquera également que
le décret de Brixen fait *promulguer* celui de Nicolas II par 125
évêques, alors que la version impériale n'est souscrite, comme la
version pontificale, que par 76 prélats et indique seulement en
plus le chiffre des présents, fixé à 123 et non à 125, chiffre emprunté
à la déclaration de Worms. On peut ajouter enfin — et l'argument
n'est pas sans valeur — qu'à l'assemblée de Brixen l'antipape
Guibert de Ravenne a été élu non par les cardinaux, mais par de
simples évêques, un seul cardinal, Hugues Candide, étant présent ;
on ne voit pas, dans ces conditions, l'intérêt qu'eût pu présenter,
pour justifier ce coup d'état, la version impériale du décret de
Nicolas II qui maintient la participation des cardinaux à l'élection
pontificale. Au surplus, le cardinal Deusdedit, on l'a vu [2], spécifie
que la dite version a vu le jour dans l'entourage de l'antipape,
dont la tient également Guy de Ferrare : elle est donc certainement postérieure au 25 juin 1080.

D'ailleurs si elle avait été rédigée à l'occasion de l'assemblée
de Brixen, elle aurait été certainement citée par les traités et
pamphlets qui, entre 1080 et 1085, s'attachent à prouver l'illégi-
timité du pouvoir pontifical de Grégoire VII pour justifier l'élévation de Guibert de Ravenne. Aucune de ces œuvres ne fait
allusion à la version impériale du décret de Nicolas II pas plus
qu'au faux privilège de Léon VIII. Et pourtant, si ces fausses
bulles avaient alors existé, on n'aurait pas manqué de les utiliser
en raison de l'argument canonique de premier ordre qu'elles four-
nissaient. Ainsi Petrus Crassus, dans sa *Defensio Heinrici regis*,
pour démontrer que Grégoire VII n'est pas réellement pape, n'en
serait pas réduit à affirmer qu'Hildebrand n'était pas éligible
parce qu'excommunié en 1073 pour avoir enfreint sur certains
points la règle de saint Benoît [3]. De même, Wenric de Trèves,
dans l'*Epistola sub Theodorici episcopi Virdunensis nomine composita*, au lieu d'insinuer que Grégoire est arrivé à la dignité apos-

---

[1] *Ibid.*, p. 543.
[2] Cfr *supra*, p. 330-331.
[3] *Defensio Heinrici regis*, V (*Libelli de lite*, t. I, p. 441-442).

tolique par l'astuce et par la violence, ne manquerait pas de lui
reprocher d'avoir violé la constitution d'un de ses prédécesseurs [1].
Plus significatif encore est le cas de Guy d'Osnabrück qui, entre
le couronnement impérial de Henri IV (24 mars 1084) et la mort
de Grégoire VII (25 mai 1085), écrit son *Liber de controversia inter
Hildebrandum et Heinricum imperatorem,* où il se propose précisément de prouver que l'élection du pontife romain n'est valable
qu'après avoir reçu l'assentiment de l'empereur [2] : il se contente
d'extraire du *Liber pontificalis* une série de précédents qui auraient créé une tradition ; il ne cite ni la version impériale du
décret de Nicolas II ni le faux privilège de Léon VIII.

Dès lors, il semble bien que l'apparition de la version impériale
du décret de Nicolas II, ignorée de Guy d'Osnabrück au moment
où il rédigeait son *Liber de controversia*, mais mentionnée quelques
mois ou quelques semaines plus tard par le *De papatu romano*,
doive se placer entre le couronnement impérial de Henri IV (31
mars 1084) et la mort de Grégoire VII (25 mai 1085), c'est-à-dire
dans la période même où ces deux opuscules ont vu le jour. Un
autre indice vient confirmer cette hypothèse.

La version impériale du décret de Nicolas II ne se distingue pas
seulement de la version pontificale par le fait qu'elle réserve une
place plus importante au roi de Germanie dans l'élection du pape ;
elle présente une autre particularité fondamentale : tandis que dans
la version pontificale ce sont les cardinaux-évêques qui élisent,
les autres cardinaux se contentent d'approuver leur choix, dans
la version impériale le privilège des cardinaux-évêques disparaît
et les cardinaux-prêtres interviennent dès le début de la procédure
pour rechercher la personne susceptible de succéder au pape défunt.
On ne s'est pas assez demandé jusqu'ici quelle pouvait être la
raison de cette modification. Elle ne se comprendrait guère à
l'époque de l'assemblée de Brixen à laquelle les cardinaux-clercs
sont restés étrangers aussi bien que les cardinaux-évêques ; elle
s'explique fort bien en 1084.

Au début de cette année 1084, Grégoire VII, assiégé dans Rome
par l'armée allemande, a été abandonné par treize cardinaux qui
sont tous des cardinaux-prêtres ou diacres, tandis que les cardinaux-évêques restaient fidèles à son obédience [3]. L'un d'eux,
Benon, cardinal-clerc au titre de Saint-Marc, a rédigé, peu après

---

[1] *Epistola sub Theoderici episcopi Virdunensis nomine composita*, II (*Libelli
de lite*, t. I, p. 286).

[2] *Liber de controversia inter Hildebrandum et Heinricum imperatorem* (*Libelli de lite*, t. I, p. 462-467).

[3] Cfr *supra*, p. 81.

la mort du pape, ses *Gesta romanae ecclesiae*, véritable pamphlet destiné à justifier cette peu glorieuse défection [1]. Il y reproche amèrement à Grégoire VII de n'avoir pas permis aux cardinaux de participer au gouvernement de l'Église, ainsi que le prescrivent les canons, et il signale entre autres choses que les cardinaux auraient été écartés de l'élection qui, le 22 avril 1073, avait élevé Hildebrand sur le siège apostolique [2].

Une telle revendication en faveur des cardinaux-prêtres et diacres n'a été exprimée nulle part ailleurs. Comme la version impériale du décret de Nicolas II adjoint ceux-ci aux cardinaux-évêques pour l'élection pontificale, comme d'autre part les cardinaux-évêques sont restés jusqu'au bout fidèles à Grégoire VII et qu'aucun d'eux n'a assisté à l'intronisation de Clément III, à laquelle au contraire la plupart des cardinaux prêtres et diacres étaient présents, il y a tout lieu de supposer que la version impériale du décret de Nicolas II émane de ce milieu des cardinaux schismatiques gagnés à l'antipape au début de 1084 et que sa rédaction aurait suivi d'assez près l'intronisation de Clément III. Étant née à Rome, parmi les cardinaux de la discipline grégorienne passés à l'obédience de l'antipape, on s'explique que l'auteur du *De papatu romano* ait pu signaler sa présence à la fois dans les « archives romaines » où Guy de Ferrare a pu également la consulter, et au « palais de l'empereur » où Henri IV a dû la rapporter à son retour d'Italie, pendant l'été de 1084. Tout concorde donc pour placer sa rédaction en 1084.

La date de rédaction du faux privilège de Léon VIII est plus difficile à déterminer exactement. Ce document reste inconnu des polémistes dont certains, comme Guy d'Osnabrück et l'auteur du *De papatu romano*, se seraient servis de lui, s'il avait été déjà confectionné, comme du meilleur texte en faveur de la thèse qu'ils défendent. Guy de Ferrare a lu le faux privilège par lequel le pape Adrien aurait concédé à Charlemagne le droit d'investir des biens ecclésiastiques [3], mais il ne cite pas celui de Léon VIII qui le précise et le complète [4]. Ce qui est encore plus caractéristique, c'est le silence de Benzon d'Albe qui a réuni lui aussi en 1086 les divers fragments qui composent son *Liber ad Heinricum* et qui, dans son livre VII, postérieur au couronnement impérial de Henri IV, s'attache à prouver qu'il appartient à l'empereur romain seul de

---

[1] Cfr *supra*, p. 249 et suiv.

[2] *Gesta Romanae ecclesiae*, II *(Libelli de lite, t. II, p. 370)*.

[3] GUY DE FERRARE, *De scismate Hildebrandi*, II *(Libelli de lite, t.I, p.565)*. Cfr *supra*, p. 278.

[4] Cfr à ce sujet *supra*, p. 295, n. 2.

nommer le pape [1]. Benzon s'appuie à cet effet sur la législation constantinienne et sur un bon nombre de précédents plus ou moins discutables ; il ne cite pas le faux privilège qui eut été la meilleure des justifications.

Toutefois entre le *Liber ad Heinricum* et le *privilegium minus* on observe une parenté évidente. Le privilège reconnaît à Othon le Grand tout à la fois le droit de « choisir son successeur » et celui d'« ordonner le pontife du siège apostolique » ; il stipule en outre que, si un évêque a été élu par le clergé et par le peuple, il ne peut être consacré tant qu'il n'aura pas été approuvé et investi par le « roi de l'Empire romain. » Il est impossible de ne pas voir dans ces dispositions le reflet des idées qui animent toute l'œuvre de Benzon d'Albe : chez lui, pas plus que dans le faux privilège de Léon VIII, il n'est question de la participation des princes à la désignation du roi ni de celle des cardinaux à l'élection du pape.

En présence de ces analogies, il est permis de supposer qu'après l'apparition du *Liber ad Heinricum*, destiné à éclairer Henri IV sur ses droits, les juristes impériaux jugèrent opportun, étant donné que la majorité du collège cardinalice ne s'était pas ralliée au schisme. de substituer à la version apocryphe du décret de Nicolas II un privilège plus conforme à l'ancien droit et qui faisait de l'empereur, en accord avec la théorie de Benzon d'Albe, le maître incontesté de l'élection pontificale.

Il paraît donc probable que, tandis que la version impériale du décret de Nicolas II a été fabriquée à Rome même dans l'entourage des cardinaux schismatiques, le *privilegium minus* émane des juristes, formés par l'école de Ravenne, qui entouraient Henri IV. A quelle date cet acte a-t-il vu le jour ? Certainement pas avant l'élection de Victor III (24 mai 1086) et plus probablement au lendemain de celle d'Urbain II (12 mars 1088) qui avait ruiné les espérances des impérialistes [2]. Une nouvelle offensive a été déclenchée par Henri IV au début du pontificat pour replacer Clément III sur le siège romain qu'il avait dû momentanément abandonner à son rival. Le faux privilège de Léon VIII, mentionné pour la première fois en 1094, aurait eu pour but de l'appuyer juridiquement ; sa rédaction se placerait donc entre 1088 et 1091.

---

[1] Cfr *supra*, p. 239 et suiv.
[2] Cfr *supra*, p. 321.

TABLES

I. — LISTE DES OUVRAGES CITÉS

I. — SOURCES NARRATIVES

Annales Augustani, a. 973-1104 (MGH, SS, t. III, p. 123-136).

Annales Beneventani, a. 788-1113 (MGH, SS, t. III, p. 173-184).

Annales Brunvillarenses, a. 800-1179 (MGH, SS, t. XVI, p. 724-728).

Annales Cavenses, a. 569-1315 (MGH, SS, t. III, p. 185-197).

Annales Magdeburgenses, a. 1-1188 (MGH, SS, t. XVI, p. 105-196).

Annales Patherbrunnenses, édit. SCHEFFER-BOICHORST, Innsbrück, 1870.

Annales Pegavienses, a. 1000-1227 (MGH, SS, t. XVI, p. 232-270).

Annales Ratisponenses majores, a. 1084-1086 (MGH, SS, t. XIII, p. 48-50).

Annales S. Disibodi, a. 891-1200 (MGH, SS, t. XVII, p. 4-30).

Annales S. Vitoni Virdunensis, a. 96-1481 (MGH, SS, t. X, p. 525-530).

Annales Weissenburgenses, a. 708-1087 (MGH, SS, t. III, p. 35-65).

ANNALISTA SAXO, *Chronicon quo res gestae ab initio regno Francorum, a.* 741-1139, *enarrantur* (MGH, SS, t. VI, p. 542-777).

BERNOLD DE CONSTANCE. — *Chronicon, a.* 1-1100 (MGH, SS, t. V, p. 385-467).

BONIZON DE SUTRI. — *Liber ad amicum* (MGH, *Libelli de lite*, t. I, p. 568-620).

BRUN. — *Liber de bello saxonico, a.* 1073-1081 (MGH, SS, t. V, p. 327-384).

Chronica monasterii Casinensis (MGH, SS, t. VII, p. 551-844).

Chronica episcoporum Merseburgensium, pars prima-1137 (MGH, SS, t. X, p. 157-188).

Chronicon Pisanum (MURATORI, *Rerum italicarum scriptores*, t. VI, p. 99-106).

EKKARD D'AURA. — *Chronicon universale, a.* 1-1125 (MGH, SS, t. VI, p. 33-265).

FLODOARD. — *Historia ecclesiae Remensis* (MGH, SS, t. XIII, p. 405-499).

GEOFFROY MALATERRA. — *Historia Sicula* (MURATORI, *Rerum italicarum scriptores*, t. V, p. 547-603).

Gesta archiepiscoporum Magdeburgensium, a. 938-1142 (MGH, SS, t. XIV, p. 376-416).

Gestorum Treverorum additamentum et continuatio I, a. 1015-1132 (MGH, SS, t. VIII, p. 175-200).

GUILLAUME D'APULIE. — *Gesta Roberti Wiscardi ducis*, a. 1000-1085 (MGH, SS, t. IX, p. 239-298).

GUILLAUME DE MALMESBURY. — *De gestis regum Anglorum libri quinque*, édit. STUBBS (Coll. du Maître des Rôles), 1887-1889.

HERMAN DE REICHENAU. — *Chronicon a.* 1-1054 (MGH, SS, t. V, p. 67-133).

Historiae Farfenses (MGH, SS, t. XI, p. 519-590).

HUGUES DE FLAVIGNY. — *Chronicon*, a. 1-1102 (MGH, SS, t. VIII, p. 280-502).

LAMBERT DE HERSFELD. — *Annales*, a. 1040-1077 (MGH, SS, t. V, p. 134-263).

LANDULF. — *Historia Medionalensis*, a. 374-1085 (MGH, SS, t. VIII, p. 32-100).

LAURENT DE LIÉGE. — *Gesta episcoporum Virdunensium et abbatum S. Vitoni*, a. 1047-1144 (MGH, SS, t. X, p. 486-516).

Liber pontificalis, édit. L. DUCHESNE, Paris, 1886-1892, 2 vol.

LUITPRAND DE CRÉMONE. — *Liber de rebus gestis Ottonis I imperatoris*, a. 960-964 (MGH, SS, t. III, p. 340-346).

LUPUS PROTOSPATARIUS. — *Annales a.* 855-1102 (MGH, SS, t. V, p. 52-63).

MARIAN SCOT. — *Chronicon a.* 22 a. Chr.-1082 (MGH, SS, t. V, p. 481-562).

MILES CRISPIN. — *Vita Lanfranci* (PL, CL, 29-58).

ORDERIC VITAL. — *Historia ecclesiastica*, édit. LEPREVOST et DELISLE, Paris, 1838-1855, 5 vol.

Rodulfi gesta abbatum Trudonensium (MGH, SS, t. X, p. 213-272).

SIGEBERT DE GEMBLOUX. — *Chronographia*, a. 381-1111 (MGH, SS, t. VI, p. 268-274).

Vita Anselmi, episcopi Lucensis (MGH, SS, t. XII, p. 1-35).

Vita Altmanni, episcopi Pataviensis, auctore Ruberto abbate (MGH, SS, t. XII, p. 230-242).

Vita Gebehardi, Salzburgensis episcopi (MGH, SS, t. XI, p. 25-28).

Vita Heinrici IV imperatoris (MGH, SS, t. XII, p. 268-283).

WIPON. — *Vita Cuonradi imperatoris* (MGH, SS, t. XI, p. 254-275).

II. — TRAVAUX MODERNES

ARQUILLIÈRE, H.-X. — *L'Augustinisme politique*, Paris, 1934.
— *Saint Grégoire VII*. Essai sur sa conception du pouvoir pontifical, Paris, 1934.

BERNHEIM, E. — *Das unechte Dekret Hadrian I im Zusammenhang mit dem unechten Dekret Leos VIII*, dans les *Forschungen zur deutschen Geschichte*, t. XV, p. 618-638.

BÖHMER, H. — *Kirche in England und in der Normandie im XI und XII Jahrhundert*, Leipzig, 1899.

BRACKMANN, A. — *Heinrich IV als Politiker beim Ausbruch des Investiturstreits*, dans *Sitzungsberichte der preussischen Akademie der Wissenschaften, philologische historische Klasse*, Berlin, 1927, p. 393-411.

CARLYLE, A. J. — *A history of medieval political theory in the West*, Londres, 1903-1922, 4 vol.
— *The development of the theory of the authority of the spiritual over the temporal power from Gregory VII to Innocent III*, dans *Revue d'histoire du droit*, t. V, 1923, p. 35 et suiv.

CARTELLIERI, A. — *Der Aufstieg des Papsttums im Rahmen der Weltgeschichte: 1047-1095*, Berlin, 1936.

CAUCHIE, A. — *La querelle des Investitures dans les diocèses de Liége et de Cambrai*, Louvain 1890-93, 2 vol.

CHALAUDON, F. — *Histoire de la domination normande en Italie et en Sicile*, Paris, 1907, 2 vol.

CUQ, E. — *Les Institutions juridiques des Romains*, Paris, 1908.

DANTZER, A. — *La querelle des Investitures dans les évéchés de Metz, Toul et Verdun de 1075 au concordat de Worms (1122)*, dans les *Annales de l'Est*, t. XVI, 1902, p. 85-100.

DAVIDSOHN, R. — *Geschichte von Florenz*, Berlin, 1896-1927, 7 vol.

DE BRUYNE, D. — *Un traité inédit contre le mariage des prêtres*, dans la *Revue bénédictine*, t. XXXV, 1923, p. 246-253.

DELISLE, L. — *Canons du concile de Lisieux*, dans le *Journal des savants*, août 1901, p. 516 et suiv.

DRESDNER, A. — *Kultur und Sittengeschichte der ital. Geistlichkeit im X und XI Jahrhundert*, Breslau, 1890.

DUCHESNE, L. — *Les premiers temps de l'État pontifical*, 3e édit., Paris, 1911.

DUEMMLER, E. — *Eine Streitschrift für Priesterehe*, dans les *Sitzungsberichte der koenigl.-preuss. Akademie der Wissenschaften*, Berlin, 1902, t. I, p. 418-441.

ERDMANN, C. — *Die Entstehung des Kreuzzugsgedankens*, Stuttgart, 1935.

FICKER, J. — *Forschungen zur Reichs- und Rechtsgeschichte Italiens*, Innsbrück, 1868-1874, 4 vol.

FITTING, H. — *Les commencements de l'école de droit de Bologne*
(trad. Paul Leseur).

FLICHE, A. — *L'élection d'Urbain II*, dans le *Moyen âge*, deuxième
série, t. XIX, 1916, p. 356-394.

— *Les théories germaniques de la souveraineté à la fin du XIᵉ
siècle*, dans la *Revue historique*, t. CXXV, 1917, p. 1-67.

— *Le Pontificat de Victor III*, dans la *Revue d'histoire ecclésiastique*, t. XX, 1924, p. 387-412.

— *L'Europe occidentale de 888 à 1125*, dans l'*Histoire générale*,
Moyen-Age, sous la direction de G. Glotz, tome II, Paris,
1930.

— *Quelques aspects de la littérature polémique pendant la deuxième moitié du XIᵉ siècle*, dans les *Mélanges de Philologie,
Histoire et Littérature*, offerts à J. Vianey, Paris, 1934, p. 37-44.

FLICHE, A. et MARTIN, V. — *Histoire de l'Église depuis les origines
jusqu'à nos jours*, Paris, 1935 et suiv. 4 vol. parus.

FLOTO, H. — *Kaiser Heinrich IV und sein Zeitalter*, Stuttgart,
1855-1856, 2 vol.

FOURNIER, P. — *Les collections canoniques romaines de l'époque
de Grégoire VII* dans les *Mémoires de l'Académie des Inscriptions et Belles lettres*, t. XLI, 1918, p. 271-397.

FOURNIER, P. et LE BRAS, G. — *Histoire des collections canoniques
en Occident depuis les fausses décrétales jusqu'au décret de Gratien*, Paris, 1931-1932, 2 vol.

FUNK, F. X. — *Câlibat und Priesterehe im christlichen Alterthum*,
dans *Kirchengeschichtliche Abhandlungen und Untersuchungen*,
Paderborn, 1897.

GIERKE (VON), O. — *Les théories politiques du Moyen Age*, trad.
J. de Pange, Paris, 1914.

GIESBRECHT, W. — *Geschichte der deutschen Kaiserzeit*, 5ᵉ édit.,
Leipzig, 1881-1890, 5 vol.

GMELIN, P. — *Die Entstehung der ungeblichen Privilegien Leos VIII
für Otto I*, dans *Progr. der Landesoberrealschule zu Prossnitz*,
1879.

GRIMALDI, N. — *La contessa Matilde e la sua stirpe feudale*, Florence,
1928.

HAMPE, K. — *Heinrich IV Absagebrief an Gregor VII, VI 1076*,
dans *Historische Zeitschrift*, t. CXXXVIII, 1928, p. 315-328.

HASKINS, C. H. — *The Normans in European History*, Londres,
1919.

HAUCK, A. — *Ulrich B. von Augsburg*, dans *Realencyclopädie für protestantische Theologie und Kirche*, t. XX, 1908.
— *Kirchengeschichte Deutschlands*, 4e édit., Leipzig, 1912-1920, 5 vol.

HEFELE, CH. J. — *Histoire des conciles d'après les documents originaux*, trad. Leclercq, Paris, 1907-1921, 16 vol.

HEINEMANN, L. (von). — *Geschichte der Normannen in Unteritalien und Sicilien bis zum Austerben des normanischen Königshauses*, Leipzig, 1894.

HINSCHIUS, P. — *Decretales pseudo-isidorianae*, Leipzig, 1863.
— *Kirchenrecht*, Berlin, 1809-1897, 6 vol.

HIRSCH, F. — *De vita et scriptis Sigeberti monachi Gemblacensis*, Berlin, 1841.
— *Desiderius von Monte Cassino als Papst Victor III*, dans *Forschungen zur deutschen Geschichte*, t. VII, 1867, p. 1 et suiv.

HOMO, R. — *Rome médiévale*, Paris, 1934.

JORDAN, E. — *Dante et la théorie romaine de l'Empire*, dans la *Revue historique du droit français et étranger*, t. XLVI, 1922.

KEHR, P. — *Zur Geschichte Wiberts von Ravenna* (Clemens III) dans *Sitzungsberichte der koenigl. Akad. der Wissenschaften*, Berlin, 1921.

KILIAN, C. — *Itinerar Kaiser Heinrichs IV*, Karlsruhe, 1886.

KOCH, G. — *Manegold von Lautenbach und die Lehre der Volkssouveranität unter Heinrich IV (Historische Studien* de Ebering, fasc. 34, 1902).

KOEHNCKE, O. — *Wibert von Ravenna*, Leipzig, 1888.

LEHMANN. — *Uber den die Excommunication des Erzbischhofs Hugo von Lyon durch Papst Victor III betreffenden Brief des ersteren an die Gräfin Mathilde*, dans *Forschungen zur deutschen Geschichte*, t. VIII, 1868, p. 641-648.

LEHMGRUEBNER, P. — *Benzo von Alba. Ein Verfechter der kaiserlichen Staatsidee unter Heinrich IV*, Berlin, 1887 (*Historiche Untersuchungen* de Jastrow, fasc. 6).

LERNER, F. — *Hugo Candidus*, Munich, 1931.

LUEHE, W. — *Hugo von Die und Lyon, Legat von Gallien*, Strasbourg, 1898.

MAASSEN, F. — *Ueber eine Sammlung Gregors I von Schreiben und Verordnungen der Kaiser und der Päpste* dans *Sitzungsberichte der Akademie der Wissenschaften zu Wien*, phil.-hist. Klasse, t. LXXXV, 1877, p. 227-257.

MARTENS, W. — *Die Besetzung des päpstlichen Stuhles unter den Kaisern Heinrich III und Heinrich IV*, Fribourg, 1887.
— *Gregor VII, sein Leben und Wirken*, Leipzig, 1894, 2 vol.

MARTIN, V. — *Les cardinaux et la curie*, Paris, s. d. (1930).

MEYER VON KNONAU, G. — *Jahrbücher des deutschen Reichs unter Heinrich IV und Heinrich V*, Leipzig, 1890-1909, 7 vol.

MIRBT, C. — *Die Publizistik im Zeitalter Gregors VII*, Leipzig, 1894.

NOVATI, H. — *L'influsso del pensiero latino sopra la civilta italiana del medio evo*, Milan, 1899.

ORSI, P. — *Un libellisto del secolo IX : Benzone vescovo d'Alba*, Turin 1884.

OVERMANN, A. — *Gräfin Mathilde von Tuscien, ihre Besitzungen, Geschichte ihres Gutes, 1115-1230, und ihre Regesten*, Innsbrück, 1895.

PANZER. — *Wido von Ferrara*, Leipzig, 1880.

PFLUGK-HARTTUNG. — *Gefälschte Bullen in Monte Cassino* dans *Neues Archiv*, t. IX.

PIVEC, K. — *Studien und Forschungen zur Ausgabe des Codex Udalrici*, dans *Mitteilungen des österreichischen Instituts für Geschichtsforschung*, t. XLVIII, 1934, p. 348.

REVIRON, J. — *Les idées politico-religieuses d'un évêque du IXe siècle, Jonas d'Orléans, et son « De institutione regia »* Paris, 1930.

RONY (Abbé). — *L'élection de Victor III*, dans la *Revue d'histoire de l'Église de France*, t. XIV, 1928, p. 145-160.

SAGMUELLER, J. B.— *Die Thätigkeit und Haltung der Cardinäle bis Papst Bonifaz VIII*, Fribourg-en-Brisgau, 1896.

SALLOCH, S. — *Hermann von Metz.* Ein Beitrag zur Geschichte des deutschen Episkopats im Investiturstreit, Francfort sur Main, 1931.

SANDER, P. — *Der Kampf Heinrichs IV und Gregor VIII von der zweiten Excommunication des Königs bis zu seiner Kaiserkrönung*, Strasbourg, 1893.

SCHARNAGL, A. — *Der Begriff der Investitur in den Quellen und der Litteratur des Investiturstreits*, dans *Kirchenrechtliche Abhandlungen*, fasc. 56, Stuttgart, 1908.

SCHEFFER-BOICHORST, P. — *Die Neuordnung der Papstwahl durch Nicolaus II.* Text und Forschungen zur Geschichte des Papsthums im XI Jahrhundert, Strasbourg, 1879.

SCHMEIDLER, B. — *Kaiser Heinrich IV und seine Helfer im Investiturstreit.* Stilkritische und Sachkritische Untersuchungen, Leipzig, 1927.

SCHNITZER, J. — *Die Gesta romanae ecclesiae des Kardinals Beno und andere Schriften der schismatiken Kardinäle wider Gregor VII*, Bamberg, 1892.

SCHRAMM, E. — *Kaiser, Rom und Renovatio*, Leipzig, Berlin, 1929.

SCHWARTZ, G. — *Die Besetzung der Bistümer Reichsitaliens unter den sächsichen und salischen Kaisern* (951-1122), Leipzig, 1923.

SIEBER, G. — *Haltung Sachsens gegenüber Heinrich IV von* 1083 *bis* 1106, Breslau, 1888.

SOLMI, A. — *Stato e Chiesa secondo gli scrittori politici da Carlomagno fino al concordata di Worms* (800-1122), Modène, 1901.

SYBEL (VON). — *Geschichte des ersten Kreuzzuges*, 2e édit., Leipzig, 1881.

TELLENBACH, G. — *Libertas, Kirche und Weltordnung im Zeitalter des Investiturstreites*, Stuttgart, 1936.

VACANDARD, E. — *Les origines du célibat ecclésiastique*, dans *Etudes de critique et d'histoire religieuse*, Paris, 1905.

VAN DE VYVER et VERLINDEN, CH. — *L'auteur et la portée du* « *Conflictus ovis et lini* », dans la *Revue belge de philologie et d'histoire*, t. XII, 1933.

VOOSEN, É. — *Papauté et pouvoir civil à l'époque de Grégoire VII*, Gembloux, 1929.

WEBER, P. — *Archivio della Reale Societa romana di storia patria*, t. XXIII, 1900, p. 280-283.

II. — TABLE DES CITATIONS

N. B. Les sources narratives et les références scripturaires ou patristiques sont exclues de cette table.

BONIZON DE SUTRI

CONCILES

---

(1) *Journal des Savants*, avril 1901, p. 516.
(2) *Constitutiones et acta*, t. I, p. 118-120.
(3) *Ibid.*, t. I, p. 651-653.

(1) A moins d'indication contraire les numéros des lettres des papes renvoient aux *Regesta* de Jaffé-Wattenbach.

III. — TABLE ALPHABÉTIQUE
DES NOMS PROPRES ET DES MATIÈRES

TABLE ANALYTIQUE DES MATIÈRES

CHAPITRE II

LE SCHISME IMPÉRIAL
JUSQU'A LA MORT DE GRÉGOIRE VII

CHAPITRE III

LE SCHISME APRÈS LA MORT DE GRÉGOIRE VII

CHAPITRE IV

L'AVÈNEMENT D'URBAIN II

APPENDICE

TABLES

IMPRIMATUR :

Lovanii, 24 Februarii 1937.

† P. Ladeuze,
Rect. Univ., deleg.

IMPRIMERIE J. DUCULOT, GEMBLOUX (BELGIQUE).